이렇게
기막힌
적중률

리눅스마스터
1급(1·2차)
2권·문제집

"이" 한 권으로 합격의 "기적"을 경험하세요!

YoungJin.com Y.
영진닷컴

차례

이 책의 구성

STEP 01

합격을 다지는 예상문제(1권)

1권에서는 이론 학습 후 합격을 다지는 예상문제로 이론을 복습하고 자신의 실력을 체크하세요.

문제 바로 아래에 배치된 정답과 해설을 확인하며 오답에 대한 풀이도 제대로 점검하세요.

STEP 02

최신 기출문제

최신 기출문제 6회분도 알차게 준비했습니다. 실전처럼 풀어보고 감각을 키워보세요.

소요 시간에 유의하며 실제 시험처럼 시간을 재고 풀어 보세요.

정답 & 해설 ▶ 2-181쪽

해설과 따로 보는 최신 기출문제는 해당 시험지의 정답 해설이 있는 페이지를 표기하였습니다. 풀이 후 바로 채점해 보세요.

1차 시험 기출문제

CBT 온라인 문제집

시험장과 동일한
환경에서 문제 풀이
서비스

- QR 코드를 찍으면 원하는 시험에 응시할 수 있습니다.
- 풀이가 끝나면 자동 채점되며, 해설을 즉시 확인할 수 있습니다.
- 마이페이지에서 풀이 내역을 분석하여 드립니다.
- 모바일과 PC도 이용 가능합니다.

CHAPTER

01

해설과 함께 보는
최신 기출문제

1급	소요 시간	문항 수
	총 100분	총 100문항

수험번호 : _____

성   명 : _____

리눅스 실무의 이해

01 다음 (   ) 안에 포함될 내용으로 가장 적절한 것은 무엇인가?

> 리눅스는 대부분의 코드가 C 언어로 작성되어 있어 다양한 CPU 아키텍처로의 (㉠)(이)가 높고, 리눅스의 소스코드 및 프로그램은 자유롭게 사용, 수정, 배포할 수 있는 (㉡)이다.

① ㉠ 이식성 ㉡ 자유 소프트웨어
② ㉠ 범용성 ㉡ 상용 소프트웨어
③ ㉠ 이식성 ㉡ 상용 소프트웨어
④ ㉠ 범용성 ㉡ 자유 소프트웨어

리눅스는 플랫폼 종속적인 부분을 최소화하여 어셈블리 언어로 작성하고, 나머지 대부분을 C 언어로 구현했기 때문에 다양한 하드웨어에 쉽게 이식할 수 있다. 또한, 리눅스는 소프트웨어의 실행, 복제, 배포뿐만 아니라 소스 코드에 대한 학습, 수정, 개선의 자유를 제공하는 자유 소프트웨어이다.

02 다음에서 설명하는 리눅스 운영체제의 기술적인 특징으로 가장 적절한 것은 무엇인가?

> 운영체제의 파일 시스템, 프로세스 관리, 메모리 관리, 입출력 기능 등 핵심 기능을 하나의 커널 공간에서 실행되는 단일 코드 베이스로 통합한 구조를 의미한다.

① 리다이렉션
② 파이프
③ 모노리딕 커널
④ 마이크로 커널

오답 피하기

① **리다이렉션**: 명령어의 입력이나 출력을 파일이나 다른 명령어로 전달하는 기능이다.
② **파이프**: 한 명령의 출력을 다른 명령의 입력으로 연결해 데이터 흐름을 처리하는 방식이다.
④ **마이크로커널**: 운영체제의 핵심 기능을 최소화하고, 나머지 기능을 사용자 공간에서 실행하는 커널 구조이다.

03 다음 중 동일한 계열의 리눅스 배포판으로 묶이지 않은 것은?

① CentOS, Fedora
② Ubuntu, Raspbian
③ Rocky Linux, openSuse
④ 하모니카, 구름OS

Rocky Linux, openSUSE : Rocky Linux는 Red Hat 계열의 배포판이고, openSUSE는 SUSE 계열의 배포판으로 서로 다른 계열이다.

오답 피하기

① **CentOS, Fedora** : 둘 다 Red Hat 계열의 배포판이다.
② **Ubuntu, Raspbian** : 둘 다 Debian 기반의 배포판이다.
④ **하모니카, 구름OS** : 둘 다 한국에서 개발된 배포판이며, Ubuntu 기반이다.

정답 01① 02③ 03③

04 다음 중 LVM(Logical Volume Manager)의 설명으로 틀린 것은?

① 물리적 볼륨을 논리적 볼륨으로 결합하여 저장 공간을 유연하게 관리할 수 있다.

② 디스크를 추가하지 않고도 기존 볼륨의 크기를 동적으로 확장하거나 축소할 수 있다.

③ 디스크 스냅샷 기능을 제공하여 특정 시점의 데이터를 백업할 수 있다.

④ 파일 시스템의 성능을 향상시키기 위한 캐싱 기능을 기본적으로 제공한다.

LVM은 캐싱 기능을 기본적으로 제공하지 않으며, 파일 시스템의 성능 개선보다는 디스크 공간 관리와 관련된 유연성을 제공하는 것이 주요 목적이다.

05 다음 (   ) 안에 들어갈 내용으로 가장 적절한 것은 무엇인가?

> 리눅스 부팅 시 가장 먼저 실행되어 다른 모든 프로세스의 부모 역할을 하는 프로세스를 (㉠)(이)라고 한다. 현대 리눅스 배포판에서 (㉠)(을)를 대체하며, 병렬 처리를 통해 더 빠른 부팅 속도를 제공하는 시스템 관리 도구는 (㉡)이다.

① ㉠ init   ㉡ systemd
② ㉠ grub   ㉡ systemctl
③ ㉠ bash   ㉡ cron
④ ㉠ init   ㉡ sysV

리눅스에서는 부팅 시 가장 먼저 실행되는 프로세스 관리 시스템으로 전통적으로 init이 사용되었다. 그러나 레드햇 계열 배포판 7 버전 이후에서는 systemd가 이를 대체하여 병렬 처리로 빠른 부팅을 지원한다.

06 다음 중 systemd에서 제공하는 Unit 유형이 아닌 것은?

① Service Unit
② Device Unit
③ Socket Unit
④ Process Unit

systemd에서는 Service Unit, Target Unit, Device Unit, Mount Unit, Path Unit, Socket Unit, Timer Unit 등을 제공한다. 프로세스는 Service Unit에 의해 간접적으로 관리된다고 볼 수 있다.

07 다음 중 GRUB2 패스워드를 잃어버렸을 때 가장 부적절한 대처 방법은 무엇인가?

① BIOS 설정을 초기화하고 리눅스를 재설치한다.

② root 비밀번호를 잃어 버리지 않았다면, GRUB 설정을 편집하여 복구할 수 있다.

③ 부팅 시 GRUB 메뉴에서 'e' 키를 눌러 GRUB 설정을 편집한 후, 패스워드를 재설정한다.

④ GRUB 메뉴 접근이 불가하다면 복구 디스크를 통해 부팅한 후 GRUB 설정을 편집한다.

root 비밀번호를 알고 있다면 GRUB 메뉴를 통해 GRUB 설정을 변경하여 패스워드를 재설정할 수 있다. root 비밀번호 마저 잃어버렸다면 복구 디스크를 통해 GRUB 설정 편집을 시도해야 한다. BIOS 설정 초기화 및 리눅스 재설치는 불필요한 방법이다.

정답 04④ 05① 06④ 07①

08 systemd를 사용하여 전원 관리하는 명령이 아닌 것은?

① systemctl halt
② systemctl reboot
③ systemctl status
④ systemctl hibernate

systemctl status는 특정 서비스나 시스템의 현재 상태를 확인하는 명령어로, 전원 관리와는 관련이 없다. 반면, halt, reboot, hibernate는 각각 시스템 종료, 재부팅, 절전 모드로 전환하는 전원 관리 명령어이다.

09 다음 (　　) 안에 들어갈 내용으로 가장 적절한 것은 무엇인가?

> (　　)(은)는 실제 파일과 디렉터리의 데이터 위치를 알고 있는 자료구조이다. (　　)(은)는 파일 권한, 하드링크 수, 소유자 id, 파일 크기, 마지막 접근시간 등의 정보를 담고 있다.

① 블록 그룹
② 부트 섹터
③ 아이노드
④ 슈퍼 블록

오답 피하기

① 블록 그룹은 대형 파일 시스템을 더 작은 그룹으로 나누어 관리하기 위한 구조로, 각 그룹은 슈퍼 블록, 그룹 디스크립터 테이블, 데이터 블록, 아이노드 테이블 등을 포함한다.
② 부트 섹터는 디스크의 첫 번째 섹터로, 운영체제를 부팅하기 위한 정보를 포함한다.
④ 슈퍼 블록은 파일 시스템의 크기, 빈 블록 수, 사용된 블록 수 등의 블록 그룹의 전체적인 정보를 저장한다.

10 다음 중 X 윈도우의 설명 중 틀린 것은?

① 서버 클라이언트 구조를 기반으로 X 프로토콜을 통해 플랫폼 종속적 GUI 환경을 구현한다.
② X 서버는 키보드, 마우스, 화면과 같은 실제 장치와 직접 통신을 수행하고 관리한다.
③ X 클라이언트는 Xlib을 사용하여 작성된 응용 프로그램이다.
④ X 서버와 X클라이언트가 정보를 주고받기 위해 X프로토콜을 사용한다.

X 윈도우 시스템은 플랫폼 독립적인 GUI 환경을 제공한다. 즉, X 프로토콜을 통해 특정 플랫폼에 종속되지 않고, 다양한 운영체제에서 사용할 수 있는 범용적인 그래픽 시스템을 구현한다.

11 다음 (　　) 안에 들어갈 내용으로 알맞은 것은?

> [ihd@www ~] (　　) HOME
> /home/ihd

① printenv
② echo
③ cat
④ env

printenv를 사용하면 환경변수의 내용을 조회할 수 있다. echo 명령어도 환경변수를 조회할 수 있다. 하지만 $HOME과 같이 환경변수를 의미하는 '$'를 변수 이름 앞에 붙여줘야 한다.

정답 08③ 09③ 10① 11②

12 다음 중 셸의 메타문자가 아닌 것은?

① 〉〉

② *

③ | |

④ %

셸 메타문자는 셸에서 특별한 의미를 가지는 문자로, 명령어 입력 시 해석을 달리하여 명령어 실행에 영향을 준다.

오답 피하기

① 〉〉: 리다이렉션을 통해 출력을 파일에 추가하는 메타문자이다.

② *: 와일드카드로, 파일 이름 패턴에서 모든 문자를 의미하는 메타문자이다.

③ | | : 논리 OR 연산자로, 첫 번째 명령이 실패하면 두 번째 명령을 실행하는 메타문자이다.

13 kill 명령어에 대한 설명으로 틀린 것은?

① SIGKILL과 같은 특정 시그널을 다른 프로세스에게 전달할 수 있다.

② root 사용자만이 다른 사용자가 생성한 프로세스를 kill 할 수 있다.

③ root 사용자만이 사용자가 직접 생성한 프로세스를 kill 할 수 있다.

④ −l 옵션을 통해 리눅스가 제공하는 시그널 목록을 확인할 수 있다.

사용자는 자신이 생성한 프로세스를 직접 kill할 수 있다. 그러나 다른 사용자가 생성한 프로세스나 시스템 프로세스를 종료하려면 root 권한이 필요하다.

14 다음 중 좀비 프로세스에 대한 설명으로 가장 적절한 것은?

① 좀비 프로세스는 메모리와 CPU 자원을 계속해서 소비하는 프로세스이다.

② 좀비 프로세스는 부모 프로세스가 종료될 때 자동으로 사라진다.

③ 좀비 프로세스는 실행이 완료되었지만, 부모 프로세스가 종료 상태를 수거하지 않아 남아 있는 프로세스이다.

④ 좀비 프로세스는 kill 명령어로 쉽게 종료할 수 있다.

좀비 프로세스는 자식 프로세스가 실행을 완료했으나, 부모 프로세스가 자식의 종료 상태를 수거하지 않아 프로세스 테이블에 남아 있는 상태이다. 좀비 프로세스는 CPU와 메모리 자원을 소모하지 않지만, 프로세스 테이블의 엔트리를 차지한다. 또한 kill 명령어로 직접 종료할 수는 없다.

15 다음 중 셸 스크립트에서 위치 매개변수에 대한 설명으로 틀린 것은?

① $0은 현재 실행 중인 스크립트의 이름을 나타낸다.

② $1, $2 등은 스크립트 실행 시 전달된 인자(argument)를 나타낸다.

③ $#은 스크립트에 전달된 인자의 총 개수를 나타낸다.

④ $*은 인자를 배열로 처리하여 개별 인자를 나눠 출력한다.

"$*"는 인자 전체를 하나의 문자열로 처리하며, 개별 인자 사이에 구분자를 추가하지 않고 출력한다. 인자를 각각 나누어 출력하려면 "$@"를 사용해야 한다.

16 TCP/IP의 4가지 계층에 대한 설명이다. ( ) 안에 들어갈 알맞은 항목은?

> (㉠) : 데이터가 물리적으로 네트워크로 전송됨
> (㉡) : 네트워크 간 패킷의 라우팅을 담당
> (㉢) : 데이터의 신뢰성 있는 전송을 제공
> (㉣) : 어플리케이션이 사용자와 상호 작용

① ㉠ : 물리 계층, ㉡ : 데이터 링크 계층,
　㉢ : 전송 계층, ㉣ : 응용 계층
② ㉠ : 네트워크 엑세스 계층,
　㉡ : 인터넷 계층, ㉢ : 전송 계층,
　㉣ : 응용 계층
③ ㉠ : 네트워크 엑세스 계층,
　㉡ : 데이터링크 계층, ㉢ : 전송 계층,
　㉣ : 응용 계층
④ ㉠ : 네트워크 엑세스 계층,
　㉡ : 인터넷 계층,
　㉢ : 프리젠테이션 계층, ㉣ : 응용 계층

ⓓ는 네트워크 엑세스 계층이며 네트워크 인터페이스 계층이라고도 불린다.

17 다음 중 특수 목적 IP 주소에 대한 설명으로 틀린 것은?

① 127.0.0.1은 루프백 주소로, 자신의 컴퓨터를 가리키며 네트워크 인터페이스를 거치지 않고 내부에서 통신할 때 사용된다.
② 169.254.0.0 ~ 169.254.255.255는 APIPA 범위로, DHCP 서버로부터 IP 주소를 받지 못할 경우 자동으로 할당되는 IP 주소 범위이다.
③ 255.255.255.255는 브로드캐스트 주소로, 네트워크의 모든 호스트에게 데이터를 전송할 때 사용된다.
④ 192.168.0.0 ~ 192.168.255.255는 사설 IP 주소 범위로, 인터넷에서 직접 사용된다.

192.168.0.0 ~ 192.168.255.255 는 사설 IP 주소 범위로, 인터넷에서 직접 사용되지 않고 내부 네트워크 구축시 사용된다.

18 다음 ( ) 안에 들어갈 내용을 순서대로 나열한 것은?

> IP가 192.168.123.132/26 의 서브넷 마스크는
> ( )이고 네트워크 주소는 ( )이다. 실제
> 사용 가능한 호스트의 수는 ( )개이다.

① 255.255.255.240, 192.168.123.128, 14
② 255.255.255.192, 192.168.123.128, 62
③ 255.255.255.224, 192.168.123.0, 30
④ 255.255.255.248, 192.168.123.64, 6

/26은 네트워크 주소가 26비트이고 호스트 주소가 6비트임을 암시한다. 따라서 서브넷 마스크는 255.255.255.192가 되고 네트워크 주소는 192.168.123.128이 된다. 호스트 주소가 6비트이므로 2^6 = 64개의 주소 중 네트워크 주소와 브로드캐스트 주소를 제외한 62개의 호스트가 가능하다.

19 ip 명령어에 대한 설명 중 틀린 것은?

① ifconfig 명령어를 대체할 수 있는 명령어이다.
② 네트워크 인터페이스에 IP를 할당하거나 제거할 수 있다.
③ 네트워크 인터페이스를 활성화하거나 비활성화할 수 있다.
④ 라우팅 정보를 출력하기 위해서는 ip 명령어 대신 route 명령어를 사용해야 한다.

---

ip route 명령어를 사용하여 라우팅 정보를 출력하거나 수정할 수 있다. route 명령어는 이전의 명령어이며, 현대 시스템에서는 ip route가 이를 대체할 수 있다.

정답 16④ 17④ 18② 19④

20 다음 설명에 해당하는 명령어로 알맞은 것은?

> 네트워크 장애 분석을 위하여 패킷이 어떤 경로로 전송되는지 추적하기 위한 명령어이다.

① traceroute
② netstat
③ mii-tool
④ dig

오답 피하기

② netstat는 네트워크 연결, 라우팅 테이블, 인터페이스 통계 등을 보여주는 명령어이다.
③ mii-tool은 네트워크 인터페이스의 링크 상태를 확인하고 설정하는 도구이다.
④ dig는 DNS 서버에서 호스트 이름을 IP 주소로 변환하거나, 도메인 네임 정보를 확인하는 명령어이다.

2과목 **리눅스 시스템 관리**

21 다음 중 리눅스의 루트 계정 관리 방안에 대한 설명으로 틀린 것은?

① root 권한이 필요할 때 root 사용자로 로그인하는 것보다 sudo 명령어를 통해 임시로 권한을 획득하여 명령어를 실행한다.
② /etc/passwd 파일을 조사하여 UID 의 설정이 0인 복수의 사용자가 있는지 점검한다.
③ 환경 변수 TMOUT 설정을 하여 자동 로그 아웃이 되도록 한다.
④ 모든 관리 작업을 root 계정으로 수행하는 것이 보안상 유리하다.

일반 사용자 권한으로 가능한 작업은 해당 권한으로 수행하고, 반드시 root 권한이 필요한 경우에만 sudo를 사용하는 것이 보안상 유리하다.

22 다음 설명과 같은 상황에서 사용자 계정을 관리하는 방안과 가장 거리가 먼 것은?

> 운영팀에 새로 입사한 인턴은 3개월 간 근무를 한다. 인턴은 3개월간 시스템에 로그인하여 백업이 잘되는지 모니터링하는 업무를 수행한다.

① 사용자 계정을 추가 시 useradd -e 명령어를 사용한다.
② 사용자의 그룹은 운영팀으로 지정하고 적절한 권한을 부여 한다.
③ passwd -e 명령어를 사용하여 사용자가 다음 로그인시 패스워드를 직접 변경하도록 유도한다.
④ 3개월 이후 사용자 계정이 만료 되도록 chage -e 명령어를 사용한다.

계정 만료 후 패스워드가 비활성화 될 때까지 유예기간을 설정하는 명령어는 chage -E이다. chage -e 명령어는 존재하지 않는다. 참고로, useradd -e 명령어를 통해 사용자 계정을 생성하면서 만료일을 동시에 설정할 수 있다.

23 다음은 특정 파일의 내용을 출력한 결과이다. 이 파일을 출력하는 명령어로 알맞은 것은 무엇인가?

```
[root@www ~] #
root:$6$D2v/NwzEl6u9nOvL$oNSNUZZPaO
UXGD8Mmx6/6BfbcKuGRM::0:99999:7:::
bin:*:19326:0:99999:7:::
daemon:*:19326:0:99999:7:::
adm:*:19326:0:99999:7:::
lp:*:19326:0:99999:7:::
sync:*:19326:0:99999:7:::
shutdown:*:19326:0:99999:7:::
halt:*:19326:0:99999:7:::
mail:*:19326:0:99999:7:::
(중간 생략)
[root@www ~] #
```

① cat /etc/shadow
② cat /etc/passwd
③ cat /etc/gshadow
④ cat /etc/group

/etc/shadow 파일은 사용자의 암호화된 비밀번호 및 패스워드 정책 관련 정보를 저장하는 파일이다. 파일은 총 9개의 필드로 구성되어 있으며, 각 필드는 다음과 같다.
- **암호화된 패스워드** : 실제 암호화된 사용자 비밀번호
- **마지막 변경일** : 패스워드가 마지막으로 변경된 날짜
- **최소 사용 일수** : 패스워드를 변경할 수 있는 최소 일수
- **최대 사용 일수** : 패스워드가 유효한 최대 일수
- **경고 기간** : 패스워드 만료 전에 경고하는 기간
- **비활성화 기간** : 패스워드 만료 후 계정을 비활성화하기까지의 기간
- **만료일** : 계정이 만료되는 날짜
- **예약** : 예약 필드로 현재는 사용되지 않는다.

24 리눅스에서 newgrp 명령어의 역할과 관련된 설명 중 가장 적절한 것은 무엇인가?

① 현재 세션에서 새로운 그룹을 생성하는 명령어이다.
② 현재 사용자의 기본 그룹을 변경하여, 새로운 그룹의 권한을 적용받는 명령어이다.
③ 시스템에 등록된 모든 그룹을 출력하는 명령어이다.
④ 사용자의 그룹 목록을 /etc/group 파일에 저장하는 명령어이다.

newgrp 명령어는 사용자가 현재 세션에서 다른 그룹으로 전환하여 해당 그룹의 권한을 일시적으로 적용 받도록 하는 명령어이다.

25 다음 명령어 중 성격이 다른 하나는 무엇인가?

① grpck
② login
③ su
④ ls

gprck, login, su는 사용자와 그룹 관리와 관련된 명령어이나, ls 는 파일을 관리하는 명령어이다.
- grpck : 그룹 파일의 무결성을 검사하는 명령어
- login : 사용자가 시스템에 로그인할 때 사용하는 명령어
- su : 다른 사용자 계정으로 전환하는 명령어
- ls : 파일 및 디렉토리의 목록과 정보를 조회하는 명령어

26 다음 명령어의 실행결과로 알 수 있는 내용으로 틀린 것은 무엇인가?

```
$ ls -l /usr/sbin/adduser
lrwxrwxrwx. 1 root root 7 Oct  1  2022 /usr/
sbin/adduser -> useradd
```

① 일반사용자에게 useradd 파일을 실행할 권한이 없다.
② root 그룹의 사용자는 adduser 파일에 대한 읽기 권한이 존재한다.
③ adduser 파일의 소유자는 root이다.
④ adduser 파일을 실행하면 useradd 명령어가 실행된다.

....

/usr/sbin/adduser는 심볼릭 링크 파일로, 모든 사용자에 읽기, 쓰기, 실행 권한을 부여하고 있다. 그러나 이 명령어가 가리키고 있는 실제 파일 useradd의 실행 권한은 해당 출력 결과만으로는 확인할 수 없다. 심볼릭 링크 자체의 권한과 실제 파일의 권한은 별도로 관리되므로 useradd 파일의 권한을 추가로 확인해야 한다.

27 다음 명령어의 수행과 실행 결과에서 (   )에 들어갈 값은 무엇인가?

```
$ umask (     )
$ touch myfile
$ ls -l myfile
-rw-r--r--. 1 francis francis 0 Sep 19
15:39 myfile
```

① 0022
② 0033
③ 0644
④ 0666

....

umask는 파일을 생성할 때 기본 권한에서 차감되는 값을 의미한다. 파일의 기본 생성 권한은 0666이다. myfile이 생성된 후 0644 권한이 부여되었으므로, umask 값은 0022가 되어야 한다.

28 다음 명령어의 수행과 수행 결과에 대한 설명 중 틀린 것은?

```
$ ls -ld /tmp
drwxrwxrwt. 18 root root 4096 Sep 19 15:58
/tmp
```

① /tmp 는 디렉터리이다.
② 누구나 /tmp 디렉터리에 파일을 생성할 수 있다.
③ 모든 사용자는 /tmp 디렉터리에서 다른 사용자가 생성한 파일을 삭제할 수 있다.
④ 디렉터리 자체의 정보를 출력하기 위해 -d 옵션을 사용한다.

....

/tmp 디렉터리는 스티키 비트(t)가 설정되어 있어, 모든 사용자가 파일을 생성할 수 있지만, 자신이 생성한 파일만 삭제할 수 있다. 다른 사용자가 생성한 파일은 삭제할 수 없다.

29 다음 실행 결과의 상황에서 디렉터리 dir1을 삭제하는 방법으로 적절한 것은 무엇인가?

```
$ ls -lR
.:
total 0
drwxrwxr-x. 3 francis francis 18 Sep 19
16:57 dir1
./dir1:
total 0
 drwxrwxr-x. 2 francis francis 6 Sep 19
16:57 dir2
./dir1/dir2:
 total 0
```

① rmdir dir1
② rm -f dir1
③ rmdir -p dir1/dir2
④ rmdir - rf dir1

....

rmdir 명령어는 비어 있는 디렉터리만 삭제할 수 있다. rmdir -p 명령어는 경로에 있는 비어 있는 하위 디렉터리부터 상위 디렉터리까지 순차적으로 삭제한다. 따라서 dir2가 비어 있으므로, 이 명령어로 dir2와 dir1을 삭제할 수 있다.

정답 26① 27① 28③ 29③

30 다음 중 스왑(swap)과 관련된 설명으로 틀린 것은 무엇인가?

① swapon 명령어를 사용하여 활성화된 스왑 공간을 확인할 수 있다.
② swapoff 명령어는 스왑 공간을 비활성화하는 데 사용된다.
③ 스왑 공간은 메모리가 부족할 때 디스크의 일부를 메모리처럼 사용하는 영역이다.
④ 스왑 공간은 항상 물리적 메모리보다 우선적으로 사용된다.

스왑 공간은 물리적 메모리가 부족할 때 사용되며, 물리적 메모리보다 우선적으로 사용되지 않는다. 메모리가 부족할 때만 디스크의 일부를 메모리처럼 사용하는 영역이다. swapon 명령어는 활성화된 스왑 공간을 확인하는 데 사용되며, swapoff 명령어는 스왑 공간을 비활성화하는 데 사용된다.

31 다음 (   ) 안에 들어갈 내용으로 알맞은 것은?

(㉠) 명령어는 현재 실행 중인 백그라운드 작업 목록을 표시하고, 포그라운드에서 중지된 작업을 (㉡) 명령어로 백그라운드에서 다시 실행할 수 있다.

① ㉠ fg   ㉡ bg
② ㉠ jobs   ㉡ fg
③ ㉠ jobs   ㉡ bg
④ ㉠ ps   ㉡ bg

오답 피하기
ps는 프로세스 목록을 출력하는 명령어로, 백그라운드 작업에 특화된 명령어가 아니며 fg는 백그라운드 작업을 포그라운드로 가져오는 명령어이므로 적절하지 않다.

32 다음 중 nohup 명령어에 대한 설명으로 올바르지 않은 것은 무엇인가?

① nohup 명령어는 터미널 세션이 종료된 후에도 프로세스를 계속 실행할 수 있게 한다.
② nohup 명령어를 사용하면 기본적으로 nohup.out 파일에 출력이 저장된다.
③ nohup 명령어는 프로세스를 백그라운드에서 자동으로 실행한다.
④ nohup 명령어는 시스템이 종료되면 해당 프로세스도 종료된다.

nohup 명령어는 터미널 세션이 종료되더라도 프로세스를 계속 실행하게 하지만, 자동으로 백그라운드 실행을 수행하지는 않는다. 백그라운드에서 실행하려면 명령어 뒤에 &를 추가해야 한다.

33 다음 실행 결과와 관련된 설명으로 틀린 것은?

```
$ ls -l /etc/at.*
-rw-r--r--. 1 root root 1 Sep 29  2022 /
etc/at.deny
$ cat /etc/at.deny

$
```

① /etc/at.allow와 /etc/at.deny 환경 설정 파일을 통해 일반 사용자가 at 명령어를 사용하거나 불가하게 설정할 수 있다.
② /etc/at.deny 설정 파일은 root 사용자만 수정할 수 있다.
③ /etc/at.allow 파일이 존재하지 않으므로 일반 사용자는 at 명령어를 사용할 수 없다.
④ /etc/at.deny 설정 파일에 지정된 사용자가 없다.

/etc/at.allow 파일이 존재하지 않는 경우, 기본적으로 /etc/at.deny 파일을 참조하여 at 명령어 사용이 제한된다. 만약 /etc/at.deny 파일도 비어 있으면, 모든 사용자가 at 명령어를 사용할 수 있다.

정답 30 ④ 31 ③ 32 ③ 33 ③

34 다음 (   ) 안에 들어갈 수 있는 명령어로 알맞은 것은?

```
# (     ) nano*
```

① kill
② pkill
③ bg
④ killall

pkill 명령어는 주어진 정규 표현식에 부합하는 프로세스를 찾아 종료한다. 따라서 nano*와 같은 패턴을 사용해 nano로 시작하는 모든 프로세스를 종료할 수 있다. kill 명령어는 프로세스 ID(PID)를 대상으로 하며, bg 명령어는 잡 ID를 대상으로 한다. killall은 프로세스 이름을 기반으로 작동하지만 정규 표현식을 지원하지 않기 때문에 적절하지 않다.

35 다음 /proc 디렉터리에 대한 설명 중 틀린 것은?

① /proc은 시스템의 다양한 정보를 제공하며 디스크에 물리적으로 존재하는 디렉터리이다.
② 실행 중인 프로세스의 명령줄 인자, 작업 디렉터리, 환경변수 등 세부 정보를 포함하고 있다.
③ 프로세스에 대한 정보 외에도 시스템의 CPU, 장치, 파일시스템 등의 정보도 포함한다.
④ /proc/self/maps를 열람하면 현재 프로세스의 메모리 맵을 확인할 수 있다.

/proc 디렉터리는 가상 파일 시스템으로, 디스크에 물리적으로 저장된 파일이 아닌 메모리 상에서 동적으로 생성된 파일들로 구성된다. 이 디렉터리는 프로세스와 시스템 정보를 실시간으로 제공하며, 프로세스별 정보 및 CPU, 메모리 등 시스템 자원에 대한 정보를 포함하고 있다.

36 다음 패키지 관리 도구 중 다른 역할을 하는 하나를 고르시오.

① yum
② apt
③ rpm
④ zipper

yum, apt, zypper는 모두 고수준의 패키지 관리 도구로, 패키지 의존성을 자동으로 해결하고, 패키지 저장소를 통해 패키지를 관리할 수 있다. 반면, rpm은 저수준의 패키지 관리 도구로 개별 패키지를 설치, 삭제하거나 정보 확인만을 수행하며 의존성 해결을 자동으로 처리하지 않는다.

37 다음 중 rpm 명령어의 패키지 검증과 관련된 설명으로 틀린 것은?

① rpm −V 명령어는 패키지 파일의 무결성을 검증하는 데 사용된다.
② 검증 결과에서 '5'는 다이제스트(해시값)에 문제가 있음을 나타낸다.
③ 검증 결과에서 'S'는 파일의 소유권(ownership)과 관련된 문제가 있음을 나타낸다.
④ 검증 결과가 아무것도 출력되지 않으면 해당 패키지는 정상임을 의미한다.

검증 결과에서 'S'는 파일크기가 다름을 의미한다. 'U'는 파일의 소유권이 문제가 있음을 나타낸다.

38 다음 (   ) 안에 들어갈 수 없는 명령어는 무엇인가?

```
# yum (     ) mariadb
```

① install
② remove
③ update
④ clean

clean 옵션은 패키지 캐시 또는 메타데이터를 정리하는 명령어로, 특정 패키지와 관련된 명령어가 아니다.

39 다음 중 tar 또는 tar.gz 파일이 정상적으로 생성되었는지 검증하는 방법으로 올바른 것은?

① tar −tvf archive.tar 명령어를 사용하여 tar 파일의 해시값을 확인하여 무결성을 확인한다.
② tar −xvf archive.tar 명령어로 tar 파일을 실제로 추출하여 파일들이 정상적으로 해제되는지 확인한다.
③ gunzip −t archive.tar.gz 명령어를 tar.gz 파일을 실제로 추출하여 파일들이 정상적으로 해제되는지 확인한다.
④ tar −cvf archive.tar 명령어로 tar 파일의 내부 파일 목록을 확인한다.

오답 피하기

① tar −tvf 명령어를 통해 tar 파일의 내부 파일 목록을 확인할 수 있어 간접적으로 파일이 정상적으로 생성되었는지 확인할 수 있다.
③ gunzip 명령어는 직접적으로 무결성을 체크할 수 있는 −t 옵션을 제공한다.
④ tar −cvf 명령어는 tar를 생성하는 역할을 수행한다.

40 다음 실행 결과에 해당하는 명령어로 알맞은 것은?

```
#
893 libs found in cache `/etc/ld.so.cache'
    p11−kit−trust.so (libc6,x86−64) =>
    /lib64/p11−kit−trust.so
    libzstd.so.1 (libc6,x86−64) => /lib64/
    libzstd.so.1
    libzhuyin.so.13 (libc6,x86−64) => /lib64/
    libzhuyin.so.13
    libz.so.1 (libc6,x86−64) => /lib64/libz.so.1
    libyelp.so.0 (libc6,x86−64) => /lib64/
    libyelp.so.0
    libyaml−0.so.2 (libc6,x86−64) => /lib64/
    libyaml−0.so.2
    libyajl.so.2 (libc6,x86−64) => /lib64/
    libyajl.so.2
    libxtables.so.12 (libc6,x86−64) =>
    /lib64/libxtables.so.12
#
```

① rpm −i
② yum install
③ ldd −v
④ ldconfig −p

ldconfig는 시스템의 공유 라이브러리의 캐시를 관리하는 역할을 수행한다. 특히 −p 옵션은 시스템의 라이브러리 캐시에 등록된 라이브러리 목록과 경로를 출력하는 명령어이다. 주어진 출력은 /etc/ld.so.cache에 저장된 라이브러리 목록을 보여주고 있다.

41 다음 (   ) 안에 올 수 있는 명령어는?

```
$ (     )
5.15.0−60−generic
$
```

① uname −a
② uname −s
③ uname −r
④ uname − v

−s 옵션은 커널이름을 출력하고 −v 옵션은 커널이 빌드된 날짜 및 빌드번호 등 커널 컴파일과 관련된 정보를 출력한다. −r 옵션은 커널의 정식 버전 번호를 출력하여 어떤 커널 릴리스를 사용하고 있는지 명확하게 알려준다. 마지막으로 uname 명령어의 −a 옵션은 관련 모든 정보를 출력한다.

42 다음에서 상황에서 가장 먼저 사용할 수 있는 적절한 명령어는 무엇인가?

리눅스 커널을 컴파일할 때 필요한 모듈을 선택하고, 필요한 환경 설정을 완료하였다. 그리고 커널 컴파일 또한 이상 없음을 확인하였다. 이제 이러한 설정을 유지한 채 초기 상태에서 커널을 다시 컴파일하려고 한다.

① make clean
② make mrproper
③ make distclean
④ make config

정답 39② 40④ 41③ 42①

make mrproper는 make clean의 동작을 하면서 커널 환경 설정까지 모두 정리한다. make distclean은 make mrproper의 동작을 하면서 추가로 백업 및 패치 파일도 모두 제거한다. make config는 커널 설정을 새로 구성하거나 수정하는 명령어로 커널 컴파일 전 초기 상태로 만드는 과정과는 무관하다.

43 모듈 간의 의존성을 고려하여 모듈을 언로드 할 수 있는 명령어는 무엇인가?

① rmmod
② modprobe
③ insmod
④ lsmod

modprobe -r 명령어는 지정한 모듈을 제거할 때, 해당 모듈에 의존하는 다른 모듈도 함께 제거한다. 반면, rmmod는 모듈을 제거하는 기능은 있지만, 의존성이 있는 모듈이 있을 경우 제거에 실패한다. insmod는 모듈을 커널에 로드하는 명령어이며, lsmod는 현재 커널에 로드된 모듈의 목록과 정보를 출력하는 명령어이다.

44 다음 파일을 생성할 수 있는 명령어는 무엇인가?

```
$
kernel/drivers/net/ethernet/e1000e/
e1000e.ko: kernel/net/core/libphy.ko
kernel/drivers/net/ethernet/mii.ko
kernel/drivers/scsi/scsi_mod.ko: kernel/
drivers/scsi/scsi_common.ko
kernel/fs/nfs/nfs.ko: kernel/fs/lockd/lockd.
ko kernel/fs/sunrpc/sunrpc.ko
kernel/net/ipv4/tcp_cubic.ko: kernel/net/
ipv4/tcp_cong.ko
kernel/drivers/input/serio/i8042.ko:
```

① lsmod
② modprobe
③ modinfo
④ depmod

depmod는 모듈 간 의존성 정보를 분석하여 modules.dep 파일을 생성하는 명령어이다.

45 다음은 커널 컴파일 과정의 일부이다. 커널 컴파일 과정 순서로 알맞은 것은?

```
가. make install
나. make menuconfig
다. make bzImage
라. make modules
```

① 나 → 다 → 라 → 가
② 가 → 나 → 다 → 라
③ 나 → 라 → 다 → 가
④ 라 → 다 → 가 → 나

커널 컴파일을 시작하기 전에 커널 설정을 구성하고, 부팅 가능한 커널 이미지를 생성한다. 그리고 커널 외부에서 동적으로 로드할 모듈을 컴파일하고 최종적으로 생성된 커널 이미지와 모듈을 시스템에 설치한다.

46 다음은 하드디스크를 새로 장착한 후, 시스템에 마운트하기까지의 과정이다. 올바른 순서를 고르시오.

```
가. mount /dev/sd5 /mnt
나. fdisk -l
다. mkfs.ext4 /dev/sdb5
라. fdisk /dev/sdb
```

① 나 → 다 → 라 → 가
② 가 → 나 → 다 → 라
③ 나 → 라 → 다 → 가
④ 라 → 다 → 가 → 나

리눅스 시스템에서 하드디스크를 새로 장착한 후, 확인 → 파티션 생성 → 포맷 → 마운트 순서로 작업이 진행된다.

정답 43 ② 44 ④ 45 ① 46 ③

47 다음 중 CUPS(Common Unix Printing System)와 관련이 없는 항목은 무엇인가?

① cupsd
② lpadmin
③ ppd
④ fstab

fstab은 파일 시스템의 마운트 정보를 포함하는 환경설정 파일이다.

오답 피하기
① cupsd : CUPS의 데몬으로, 프린트 요청을 관리하고 처리하는 핵심 서비스이다.
② lpadmin : CUPS에서 프린터를 관리하는 명령어로, 프린터 추가, 제거, 속성 설정을 할 수 있다.
③ ppd(PostScript Printer Description) : 프린터 모델의 기능과 옵션을 설명하는 환경설정 파일이다.

48 다음 중 리눅스에서 프린터 작업의 대기열 상태 조회와 관련이 없는 것은 무엇인가?

① lpstat
② lpc
③ lpq
④ lpr

lpr은 프린터 작업을 전송하는 명령어로 대기열 상태 조회와는 관련이 없다.

오답 피하기
① lpstat : 프린터와 관련된 상태 정보 및 대기열 상태를 조회하는 명령어이다.
② lpc : LPD(Linux Printing Daemon) 관리 명령어로, 대기열의 상태를 관리할 수 있지만 CUPS에서는 대기열의 상태 정보만 한정적으로 제공한다.
③ lpq : 프린터 대기열 상태를 확인하는 명령어로, 현재 대기 중인 프린터 작업 목록을 조회할 수 있다.

49 다음 중 ALSA(Advanced Linux Sound Architecture)가 제공하는 기능으로 올바르지 않은 것은 무엇인가?

① 하드웨어 기반 MIDI 합성 기능
② 다중 채널 하드웨어 믹싱
③ 사운드 카드 자동 인식
④ 반이중(Half-duplex) 입출력 기능

ALSA는 전이중(Full-duplex) 오디오 입출력을 지원하며, 동시에 오디오의 입력과 출력을 처리할 수 있다.

50 리눅스에서 이미지 스캔을 수행하는 명령어를 고르시오.

① sane-find-scanner
② scanimage
③ scanadf
④ xsane

scanimage는 이미지 스캔을 수행하는 대표적인 명령어이다.

오답 피하기
① sane-find-scanner : 스캐너 장치를 탐지하는 명령어로, 스캔을 직접 수행하지는 않는다.
③ scanadf : ADF(Automatic Document Feeder)를 사용하는 스캐너에서 여러 장의 문서를 자동으로 스캔하는 명령어이다.
④ xsane : GUI 기반의 스캔 프로그램으로, 명령어가 아닌 그래픽 프로그램이다.

51 다음 설명에 해당하는 로그 파일로 알맞은 것은?

> 로그인 실패 기록을 보관하는 바이너리 형식의 로그 파일로, lastb 명령어로 확인할 수 있다.

① /var/log/wtmp
② /var/log/btmp
③ /var/log/utmp
④ /var/log/xtmp

오답 피하기
① /var/log/wtmp : 로그인 및 로그아웃 기록을 보관한다.
③ /var/log/utmp : 현재 로그인한 사용자 정보를 기록한다.
④ /var/log/xtmp : 존재하지 않는 파일이다.

정답 47④ 48④ 49④ 50② 51②

52 다음 조건에 해당하는 로그 파일 설정으로 알맞은 것은?

> 가. mail 서비스가 발생하는 로그 중 디버그(debug) 메세지 이상의 로그를 기록 한다.
> 나. 커널 관련 로그는 경고(warning) 수준 이상의 로그를 기록한다.

① mail.debug; kern.warning
② mail.= debug; kern.warning
③ mail.debug; kern.warning
④ mail.=debug; kern.=warning

'.'은 지정한 수준 이상의 로그를 기록함을 의미하며, '.='은 지정한 수준의 로그만 기록함을 의미한다.

53 다음 상황에서 사용할 수 있는 적절한 명령어는 무엇인가?

> 리눅스 시스템에서 로그 파일을 저장할 수 있는 공간에 제약이 있다. 저장공간의 한계로 오래된 로그는 삭제되어도 무방하다.

① logrotate
② journalctl
③ dmesg
④ truncate

오답 피하기
② journalctl : 저널 형식으로 보관된 systemd의 로그를 조회하는 명령어이다.
③ dmesg : 커널 메시지를 출력하는 명령어이다.
④ truncate : 특정 크기의 파일을 만드는 명령어이다.

54 다음 중 rsyslog 명령어에 대한 설명으로 틀린 것은?

① rsyslog는 시스템 로그 메시지를 수집하고 저장하는 데 사용된다.
② rsyslog는 원격 서버로 로그를 전송할 수 있다.
③ rsyslog는 로그 메시지에 따라 다양한 처리 규칙을 설정할 수 있다.
④ rsyslog의 환경설정 파일은 /var/log이다.

rsyslog의 환경설정 파일은 /etc/rsyslog.conf이다.

55 다음 (   )에 알맞은 내용은 무엇인가?

> sysctl 명령어를 사용해 커널 매개변수를 동적으로 변경할 수 있지만, 시스템이 재부팅되면 설정이 초기화된다. 이를 영구적으로 적용하려면 (   ) 파일의 수정이 필요하다.

① /etc/sysctl.conf
② /etc/fstab
③ /etc/rsyslog.conf
④ /etc/crontab

오답 피하기
② /etc/fstab : 파일 시스템 마운트와 관련된 설정 파일이다.
③ /etc/rsyslog.conf : 로그 관리 설정 파일이다.
④ /etc/crontab : 크론 작업을 관리하는 설정 파일이다.

정답 52① 53① 54④ 55①

56 리눅스 시스템의 보안을 강화하는 방법으로 성격이 다른 것은?

① 불필요한 네트워크 서비스 종료
② 방화벽 설정을 통해 외부 접근 제한
③ 루트 사용자 계정을 직접 사용하여 원격 접속 제한
④ 지문 인식을 통한 출입문 인증 강화

①, ②, ③은 리눅스 시스템 내부의 보안을 강화하는 기술적 방법이다. 반면, ④는 물리적 보안에 해당하며, 시스템 외부에서의 접근 제어와 관련이 있다.

57 다음 설명과 관련 있는 명령어는 무엇인가?

> 리눅스의 기본 허가권은 소유자, 그룹, 다른 사용자에 대하여 지정할 수 있다. 이 한계를 극복하기 위해 파일이나 디렉터리 접근에 대한 세밀한 권한을 부여하는 보안 통제 기능이다.

① umask
② setfacl
③ chmod
④ chown

파일 접근 제어 목록(ACL)을 설정하는 명령어로, 파일 및 디렉터리에 대한 읽기, 쓰기, 실행 권한을 부여할 수 있다.

58 SYN_FLOODING 공격을 방어하기 위한 방법으로 올바른 것은?

① /proc/sys/net/ipv4/tcp_timestamps 를 0으로 설정
② /proc/sys/net/ipv4/tcp_syncookies 를 1로 설정
③ /proc/sys/net/ipv4/icmp_echo_ignore_all 를 1로 설정
④ /proc/sys/net/ipv4/icmp_echo_ignore_broadcasts를 1로 설정

tcp_syncookies 설정은 SYN Flooding 공격을 방어하기 위해 SYN 쿠키를 활성화하는 설정이다. SYN 패킷이 과도하게 발생할 때 시스템 자원을 보호하는 효과가 있다.

59 다음 중 SELinux의 동작모드가 아닌 것은?

① Enforcing
② Permissive
③ Disabled
④ Restrictive

오답 피하기

Enforcing은 정책을 강제 적용하는 모드이고, Permissive는 정책을 적용하지 않고 경고만 기록하는 모드이다. 마지막으로 Disabled는 SELinux가 비활성화된 상태를 의미한다.

60 다음 중 백업과 관련이 적은 명령어는?

① rsync
② cpio
③ restore
④ cron

cron은 주기적으로 백업 작업을 스케줄링하는데 사용할 수 있지만, 백업을 직접 수행하는 명령어는 아니다.

3과목 **네트워크 및 서비스의 활용**

61 다음 중 아파치 웹 서버의 특징으로 가장 적절하지 않은 것은 무엇인가?

① 아파치 재단에서 주도하는 대표적인 오픈소스 웹 서버
② 사용자의 요청에 따라 별도의 프로세스 혹은 쓰레드를 생성하여 처리
③ Loadable Module 기능을 제공하여 서버의 동작을 확장
④ 비동기 이벤트 방식으로 동작하며, 로드밸런스와 리버스 프록시 등의 기능을 기본으로 제공

비동기 이벤트 방식으로 동작하며, 로드밸런스, HTTP 캐시, 리버스 프록시 등의 기능을 기본으로 제공하는 대표적인 웹 서버는 NGINX가 개발한 Nginx 웹 서버이다.

정답 56 ④ 57 ② 58 ② 59 ④ 60 ④ 61 ④

62 다음 중 아파치 웹 서버의 설치 여부를 확인하는 방법으로 가장 적절하지 않은 것은 무엇인가?

① httpd −v
② telnet localhost 80
③ sudo dnf list installed | grep httpd
④ sudo systemctl status httpd

- 아파치 웹 서버가 설치되어 있지 않은 경우 sudo systemctl status httpd는 'Unit httpd.service coud not be found.'와 같은 메시지를 표시한다.
- 최근 리눅스는 yum과 함께 dnf를 함께 지원하며 패키지(서비스)를 설치하고 관리할 수 있다.
- telnet localhost 80 명령은 아파치 웹 서버가 80 포트로 실행된 경우 정상적으로 응답한다. 웹 서버가 설치되어 있어도 실행되지 않은 경우라면 정상 응답하지 않는다.

63 아파치 웹 서버를 소스코드를 이용하여 설치하려고 한다. 다음 중 관련 명령어의 실행 순서로 가장 적절한 것은 무엇인가?

① configure → make → make install
② config → build → make install
③ make → configure → build
④ make → build → make install

아파치 웹 서버를 소스코드를 이용하여 설치하는 방법은 일반적으로 소스코드가 저장된 폴더에서 ./configure −−prefix=/usr/local/apache −−enable-mods-shared=all → make → make install 와 같은 순서를 따른다.

64 아파치 웹 서버의 데몬(프로그램) 명령어인 httpd의 실행 옵션에 대한 설명으로 가장 적절하지 않은 것은 무엇인가?

① httpd −t : 환경 설정 파일인 httpd.conf의 문법적 오류를 점검
② httpd −S : 서버의 실행 중인 상태(Status)를 상세하게 표시
③ httpd −l : 아파치 웹 서버와 함께 컴파일 된 모듈의 목록을 출력
④ httpd −M : 아파치 웹 서버에 로딩된 모듈의 목록을 출력

httpd −S : 현재 설정된 가상 호스트의 목록을 출력한다.

65 아파치 웹 서버의 기본 설정 항목 중 웹 디렉터리를 방문할 경우 처음으로 열릴(Open) 파일 목록을 지정하는 것으로 가장 적절한 것은 무엇인가?

① LoadModule
② DocumentRoot
③ DirectoryIndex
④ DefaultType

오답 피하기

① LoadModule : DSO(Dynamic Shared Object) 방식으로 로딩할 모듈을 지정한다.
② DocumentRoot : 웹 문서가 저장되는 기본 디렉터리 경로를 지정한다.
④ DefaultType : 기본 MIME 타입을 지정한다.

66 다음은 아파치 웹 서버의 접근 통제를 위한 설정의 예이다. 관련 설명으로 가장 적절하지 않은 것은 무엇인가?

```
Order Allow, Deny
Allow from 192.11.11.10
Deny from test.Hacking.com
```

① 192.11.11.10 IP는 접근 가능하다.
② test.Hacking.com 에서는 접근할 수 없다.
③ 192.11.11.0 에서는 접근할 수 있다.
④ 192.168.56.112 에서는 접근할 수 없다.

Order Allow, Deny 로 설정된 경우, 기본적으로 클라이언트의 접근을 거부한다.

67 PHP의 주요 설정 파일인 php.ini의 항목에 대한 설명으로 가장 적절하지 않은 것은 무엇인가?

① max_file_uploads : 업로드 할 수 있는 파일의 최대 크기(size)
② allow_url_open : HTTP, FTP 등 URL을 이용하여 파일을 오픈할 수 있도록 구성
③ short_open_tag : 〈? ~ 〉형식의 이전 소스코드 방식에 대한 지원 여부를 설정
④ max_execution_time : 요청을 처리할 최대 시간 설정

max_file_uploads : 한번의 요청으로 업로드할 수 있는 파일의 최대 개수를 지정한다.

68 MySQL의 root 패스워드를 변경하기 위해 사용할 명령어로 가장 적절한 것은 무엇인가?

① mysqladmin ② useradd
③ passwd ④ mysql - p

mysqladmin 명령어를 이용하여 MySQL의 root 패스워드를 변경할 수 있다.

69 다음 중 LDAP 서비스의 특징으로 가장 적절하지 않은 것은 무엇인가?

① TCP 기반의 프로토콜이다.
② LDAP 서버에는 여러 엔트리가 트리 구조로 구성된다.
③ LDAP의 엔트리는 다수의 속성으로 구성되며 속성은 '이름, 값'의 형식을 가진다.
④ RDBMS(Relational DataBase Management System)에 비하여 느린 응답 속도를 가지나, 자주 변경되는 정보의 관리에 유리하다.

LDAP은 RDBMS(Relational DataBase Management System)에 비하여 빠른 검색 속도를 제공하지만 자주 변경되는 정보의 관리에는 다소 불리하다.

70 다음 중 NIS 서버의 구성(맵 파일)의 내용을 확인하는 명령어로 가장 적절한 것은 무엇인가?

① ypwhich
② ypcat
③ ypchsh
④ nisdomainname

오답 피하기
① ypwhich : NIS를 이용하여 로그인한 후, 인증에 사용한 NIS 서버를 조회한다.
③ ypchsh : NIS 서버에 등록된 사용자의 셸(shell)을 변경한다.
④ nisdomainname : NIS 도메인 이름을 설정하거나 설정된 이름을 표시한다.

71 삼바(SAMBA) 서비스의 특징에 대한 설명으로 가장 적절하지 않은 것은 무엇인가?

① 삼바는 GPL 기반의 자유 소프트웨어로 리눅스와 윈도우 간 디렉터리와 파일을 공유한다. 단, USB와 같은 장치는 지원하지 않는다.
② TCP/IP를 기반으로 한 SMB(Server Message Block) 프로토콜을 이용한다.
③ WINS(Windows Internet Name Service)를 이용하여 IP 대신 컴퓨터 이름을 이용할 수 있다.
④ CIFS(Common Internet File System)은 SMB를 인터넷까지 확장한 표준 프로토콜이다.

삼바는 GPL 기반의 자유 소프트웨어로 리눅스와 윈도우 간 디렉터리, 파일, 프린터, USB 등을 공유하는 데 사용할 수 있다.

정답 67① 68① 69④ 70② 71①

72 삼바(SAMBA) 관련 구성요소 및 패키지에 대한 설명으로 가장 적절하지 않은 것은 무엇인가?

① nmbd : UDP 137, 138 포트를 이용하며 호스트를 검색하고, TCP 139번 포트를 이용하여 호스트에 접속한다.

② smbd : TCP 445 포토를 이용하며, 삼바 프로토콜의 주요 기능을 담당한다.

③ samba : 삼바 관련 라이브러리 및 스크립트 등을 포함하는 핵심 패키지이다.

④ samba-common : 삼바 클라이언트의 기능을 외부로 제공하기 위한 표준 라이브러리이다.

......

samba-common : 삼바 서버 및 클라이언트에서 공통으로 사용하는 설정 및 명령어를 포함하여 제공한다.

73 삼바 서비스가 사용하는 설정 파일인 smb.conf의 security 옵션 항목 중, 삼바 서버에 접속 시 OS에 로그온한 사용자명으로 패스워드를 확인하는 것으로 가장 적절한 것은 무엇인가?

① user
② share
③ server
④ domain

......

② share : 인증 없이 삼바 서버에 접근할 수 있다.

③ server : 윈도우 서버와 같은 다른 삼바 서버에 사용자명과 패스워드를 전달하여 확인한다.

④ domain : 윈도우 서버의 도메인 컨트롤러(Domain Controller)에 사용자명과 패스워드를 전달하여 확인한다.

> **참고**
>
> share, server는 deprecated (이후 사용하지 않도록 권장)되었다.

74 삼바 서비스 설정의 Share Definition(공유 폴더의 주요 설정) 항목 중 접근 가능한 사용자를 지정하는 항목은 무엇인가?

① comment
② valid users
③ write list
④ public

......

① comment : 공유 폴더에 대한 설명을 기술한다.

③ write list : 쓰기 가능한 사용자를 지정한다.

④ public = no : 개인 사용자만 사용할 수 있도록 설정한다.

75 NFS의 설정 파일인 /etc/exports의 항목에 대한 설명으로 가장 적절하지 않은 것은 무엇인가?

① no_root_squash : root 권한의 접근을 금지한다.

② root_squash : root 요청을 nobody(또는 nfsnobody)로 매핑시킨다.

③ all_squash : 모든 사용자(root 포함)의 권한을 nobody(또는 nfsnobody)로 매핑시킨다.

④ anonuid : 특정 계정의 권한(uid)을 할당한다.

......

no_root_squash : root 권한 접근을 허용한다.

76 vsftpd 서버 관련 설정 파일에 대한 설명으로 가장 적절하지 않은 것은 무엇인가?

① /etc/vsftpd/vsftpd.conf : vsftpd 서버의 기본 설정 파일이다.
② /etc/vsftpd/ftpusers : vsftpd 서버에 접근할 수 있는 사용자를 지정한다.
③ /etc/vsftpd/user_list : 'userlist_deny=NO'로 설정되면, user_list에 등록된 사용자는 FTP서비스를 사용할 수 있다.
④ /etc/pam.d/vsftpd : vspftd의 PAM(Pluggable Authentication Module)설정 파일이다.

/etc/vsftpd/ftpusers : vsftpd 서버에 접근할 수 없는 사용자를 지정한다.

77 메일 관련 프로토콜과 프로그램에 대한 설명으로 가장 적절하지 않은 것은 무엇인가?

① SMTP : TCP 25번 포트를 이용하며, 이메일을 전송하기 위한 프로토콜이다.
② IMAP : TCP 143번 포트를 이용하며 메일 서버에 도착한 메일을 수신하는 프로토콜이다.
③ MDA : 메일 박스에 도착한 메일을 가져오거나 전달하는 역할을 수행하는 프로그램이다.
④ MUA : 사용자가 메일을 수신 혹은 발신할 때 사용하는 프로그램으로 대표적으로 procmail이 있다.

• MUA의 대표적인 프로그램으로 kmail(KDE 기반), evolution(X 윈도우 기반), mutt(텍스트 기반) 등이 있다.
• procmail은 대표적인 MDA 프로그램이다. MDA는 일종의 대리인 역할을 수행하는 프로그램으로 메일박스(MailBox)에 도착한 메일을 대행해서 가져오거나 전달하는 역할을 수행한다.

78 sendmail의 주요 설정 파일 중 하나인 /etc/aliases에 대한 설명으로 가장 적절하지 않은 것은 무엇인가?

① 메일의 별칭 혹은 특정 계정으로 수신한 이메일을 다른 계정으로 전달하도록 설정한다.
② webmaster: ihduser,kaituser 와 같은 형식을 따른다.
③ sendmail --reload 명령으로 적용한다.
④ admin: :include:/etc/mail_admin 와 같은 형식으로 사용자 이름이 지정된 파일을 지정할 수 있다.

/etc/aliases를 수정한 후 newaliases나 sendmail -bi명령으로 적용한다.

79 다음은 /etc/mail/access 의 내용을 수정 한 후 이를 적용하기 위한 명령어 중 일부이다. (   ) 안에 포함될 명령으로 가장 적절한 것은 무엇인가?

```
$ (      ) hash /etc/mail/access < /etc/mail/access
```

① makemap
② newaccess
③ sendmail --reload
④ make

/etc/mail/access는 메일 서버에 접속하는 호스트의 접근을 제어하는 설정파일로 'makemap hash /etc/mail/access < /etc/mail/access'와 같은 명령으로 '/etc/mail/access.db'에 적용한다.

80 다음 중 sendmail의 /etc/mail/sendmail.cf 설정 파일 항목에 대한 설명으로 가장 적절하지 않은 것은 무엇인가?

① Cw : 메일수신 호스트의 이름을 설정
② Dj : 메일 발송 시 발신 도메인 이름을 강제로 지정
③ Dn : sendmail이 회신(return) 메일을 보낼 때 사용하는 사용자 이름을 지정
④ FR-o : Trusted user를 설정

- FR-o 는 Relay를 허용할 도메인을 설정한다. Trust user 설정은 Ft 항목을 이용한다.
- Trusted user는 메일 발신 시 발송자의 주소를 변경할 수 있다.

81 sendmail 관련 주요 명령어 중 메일 큐의 내용을 표시하는 명령으로 가장 적절한 것은 무엇인가?

① sendmail --show-queue
② mailq
③ mailqueue
④ showmail

mailq : 메일 큐의 내용을 표시하는 명령어로 'mailq [옵션]'의 명령 형식을 따른다.

82 다음 중 DNS 및 리눅스 DNS 서비스에 대한 설명으로 가장 적절한 것은 무엇인가?

① DNS는 TCP 53번 포트와 UDP 53번 포트를 모두 이용한다.
② /etc/host 파일을 이용하여 로컬 호스트에서만 사용할 수 있는 항목을 설정할 수 있다.
③ DNS 서버의 종류 중 secondary Name Server는 도메인 관리 없이 리졸빙(resolving) 역할만 수행한다.
④ DNS는 도메인 이름에 대한 IP를 관리하며, IP를 이용하여 도메인명을 역으로 확인할 수는 없다.

② /etc/hosts 파일을 이용하여 로컬 호스트에서만 사용할 수 있는 DNS 정보를 설정할 수 있다.
③ Caching Name Server는 도메인 관리 없이 리졸빙(resolving)역할만 수행하는 서버로 응답속도를 향상시키는 역할을 담당한다.
④ DNS의 PTR 레코드는 IP에 대한 도메인명을 확인하기 위해 사용할 수 있다.

83 DNS 관련 프로그램인 bind의 보안성을 향상하기 위하여 사용할 수 있으며 bind 관련 기본 디렉터리를 가상의 디렉터리로 변환하는 패키지는 무엇인가?

① bind-hide
② bind-chroot
③ bind-secure
④ bind-root

bind-chroot를 사용하면 데몬(daemon)과 설치한 사용자(root)만 설치 경로를 알 수 있도록 bind 관련 기본 디렉터리를 가상의 디렉터리로 변환한다.

84 /etc/named.conf 설정 파일에 대한 설명으로 가장 적절하지 않은 것은 무엇인가?

① 주석은 /* ~ */, //, # 등을 모두 사용할 수 있다.
② options, acl, logging, zone 등의 주요 구문이 있으며, 각 구문은 대괄호 "[ ]"로 둘러싼다.
③ 주요 구문의 마지막에는 세미콜론(;)을 붙인다.
④ 별도의 파일에 설정을 정의한 후 include 지시자로 포함할 수 있다.

options, acl, logging, zone 등의 주요 구문이 있으며, 각 구문은 중괄호 "{ }"로 둘러싸고 끝날 때는 세미콜론 ";"을 붙인다.

85 /etc/named.conf의 options 구문에 대한 설명으로 가장 적절하지 않은 것은 무엇인가?

① directory : zone 파일의 저장 디렉터리를 설정하며, 반드시 필요한 항목이다.

② forward only : forwarders와 함께 사용하며 도메인 주소에 대한 질의를 다른 서버에게 넘긴다.

③ allow-query : 네임 서버에 질의할 수 있는 호스트를 지정한다.

④ allow-transfer : 하위 도메인 검색허용 여부를 지정한다.

• **allow-transfer** : 존(zone)파일 내용을 복사(transfer)할 대상을 제한한다.
• **recursion** : 하위 도메인 검색허용 여부를 지정한다.

86 SOA(Start Of Authority) 레코드의 속성에 대한 설명으로 가장 적절하지 않은 것은 무엇인가?

① Serial_number : Zone 파일이 갱신되면 증가하게 되는 일종의 일련번호이다.

② Refresh_number : 보조 네임 서버가 정보 업데이트를 위해 주 네임서버에 얼마나 자주 접근·점검할 것인지 지정한다.

③ Nameserver : 네임 서버(Name Server)의 호스트명과 도메인명을 지정하며, 세미콜론(;)으로 끝난다.

④ Retry_number : 보조 네임 서버가 주 네임 서버로 접근 실패한 경우 재시도할 주기를 지정한다.

Nameserver의 지정은 youngin.com. 과 같이 '.'으로 끝난다.

87 리눅스 가상화 중 반가상화에 대한 설명으로 가장 적절하지 않은 것은 무엇인가?

① 게스트 OS는 하이퍼바이저에 하드웨어의 제어를 요청하여 동작한다.

② 하이퍼바이저가 하드웨어 사용을 통제하므로 상대적으로 높은 성능을 제공한다.

③ 윈도우, 리눅스 등 다양한 게스트 OS를 수정없이 사용할 수 있다.

④ XEN은 CPU 전가상화, 반가상화를 모두 지원하는 하이퍼바이저(Hypervisor) 기반의 가상화 기술이다.

반가상화는 게스트 OS의 수정이 필요하여 리눅스 등 오픈소스가 주로 지원한다.

88 리눅스에서 사용할 수 있는 가상화 기술 혹은 가상화를 지원하는 프로그램에 대한 설명으로 가장 적절하지 않은 것은 무엇인가?

① Docker : 게스트 운영체제의 설치가 필요 없는 경량화 된 가상화 기술이다.

② VirtualBox : 오라클이 주도하여 개발 및 배포하고 있는 가상화 소프트웨어이다.

③ OpenStack : SaaS 형태의 클라우드 컴퓨팅을 구축할 수 있는 상용 프로그램이다.

④ KVM : 인텔 CPU가 지원하는 VT-x 및 AMD-V를 기반으로 CPU 전가상화를 지원하는 기술이다.

OpenStack : IaaS (Infrastructure as a Service)형태의 클라우드 컴퓨팅을 구축할 수 있는 오픈소스 프로젝트이다.

89 가상화 관련 주요 명령어 혹은 관련 도구에 대한 설명으로 가장 적절하지 않은 것은 무엇인가?

① virt-top : 가상화 현황을 top(CPU 자원 상태 등 표시)과 유사한 형식으로 출력한다.

② virsh : 텍스트 기반의 콘솔 환경에서 가상머신을 관리해 주는 도구이다.

③ virt-manager : 가상 머신을 손쉽게 시작 및 종료할 수 있고, 가상 머신의 CPU 사용량, 호스트 CPU 사용량 등을 모니터링할 수 있는 GUI 기반의 도구이다.

④ virtlib : 가상화 관리 도구와 통신하여 원격 도메인의 명령을 전달한다.

• libvirt : Linux에서 가상화 지원을 위한 API, 데몬(daemon), 라이브러리, 관리 툴들의 모음이다.
• libvirtd : libvirt 관리 시스템의 서버 데몬으로 관리도구와 통신하여 원격 도메인의 명령을 전달한다.

90 가상화 지원 소프트웨어의 디스크 이미지 형식에 대한 설명으로 가장 적절하지 않은 것은 무엇인가?

① VDI(Virtual Disk Image) : 버추얼박스에서만 사용할 수 있는 고유의 이미지 형식

② VHD(Virtual Hard Disk) : 버추얼박스, Hyper-V, Xen에서 사용할 수 있는 디스크 이미지 형식

③ VMDK(Virtual Machine Disk) : 버추얼박스, VMWare Player에서 사용할 수 있는 디스크 이미지 형식

④ OVA(Open Virtualization Appliance) : 가상 머신의 디스크 이미지를 변환하기 위한 표준 규약

OVA(Open Virtualization Appliance): 제품 및 플랫폼 간의 가상 장치 교환을 지원하기 위한 파일 형식. 즉, 가상머신을 배포하고 이동할 수 있도록 설계된 패키지 형식이다.

91 다음 중 프록시 서버의 사용 분야로 가장 거리가 먼 것은 무엇인가?

① 데이터 캐시 : 컨텐트 요청에 대한 응답 속도 향상

② 요청 전달 : 다수의 서버로 서버 팜(Server Farm)을 구성한 후 규칙에 따라 요청을 전달하여 부하분산을 지원

③ 컨텐트 점검 : 전송 컨텐트를 분석 혹은 점검하여 악성 코드 전달을 방지

④ 구성 비용 절감 : 웹 서버와 응용 서버를 하나로 통합 및 대체하여 운영 비용 절감

프록시 서버는 일반적으로 서버의 데이터를 캐시(cache)하여 인터넷 전송 속도를 빠르게 하기 위해 사용하며, 서버의 가용성(availability) 향상을 위한 부하분산(load balancing), 악성코드 유입 방지, 접근 통제 등에 활용할 수 있다.

92 리눅스에서 사용할 수 있는 대표적인 프록시 서버의 명칭으로 가장 적절한 것은 무엇인가?

① named
② squid
③ dhcpd
④ smbd

오답 피하기

① named : DNS 서비스의 명칭이다.
③ dhcpd : DHCP 서비스의 명칭이다.
④ smbd : SAMBA 관련 서비스의 명칭이다.

정답 89 ④ 90 ④ 91 ④ 92 ②

93 DHCP의 설정 파일인 dhcpd.conf의 항목에 대한 설명으로 가장 적절하지 않은 것은 무엇인가?

① range : 클라이언트에 할당할 IP 범위를 지정
② option domain-name-servers : 네임 서버를 지정
③ option routers : 게이트웨이 주소를 지정
④ fixed-address : 임대 요청 만료 기간 없이 할당된 주소를 계속 유지하도록 지정

----

fixed-address : 특정 MAC 주소를 갖는 시스템에 고정적인 IP주소를 할당한다.

94 리눅스 원격 접속 및 제어를 위한 서비스 혹은 프로그램에 대한 설명으로 가장 적절하지 않은 것은 무엇인가?

① VNC (Virtual Network Computing) : 비트맵 기반 RFB (Remote Frame Buffer) 프로토콜을 이용하여 원격 접속
② vncpasswd : VNC 서버에 접근할 때 사용할 패스워드를 설정하는 명령어
③ tigervnc : 대표적인 VNC Client 프로그램
④ ssh : TCP 21번 포트를 이용하며 암호화를 이용한 안전한 명령어 전달 및 제어를 지원

• ssh는 TCP 22번을 기본 포트로 이용한다.
• TCP 21번 포트는 FTP를 위한 기본 제어 포트이다.

95 NTP 서비스 및 관련 명령어에 대한 설명으로 가장 적절하지 않은 것은 무엇인가?

① /etc/ntp.conf를 기본 설정 파일로 이용하며, server 항목에 NTP 서버를 지정한다.
② 계급(Stratum)을 이용하며 숫자가 낮은 계급(단계)가 더 품질이 우수하다.
③ ntpdate : NTP 질의(query) 명령어이다.
④ chrony : NTP(Network Time Protocol)을 구현한 프로그램이다.

----

ntpdate : 원격 서버와 시간을 동기화한다.

96 리눅스에서 ifconfig 명령을 실행한 결과 다음과 같은 결과를 얻었다. 네트워크 기반 공격 중 어떤 공격을 의심할 수 있는가?

```
[root@localhost ~]# ifconfig
    enp0s3: flags=4419<UP,BROADCAS
    T,RUNNING,PROMISC,MULTICAST>
    mtu 1500
    inet 10.0.2.54  netmask 255.255.255.0
    broadcast 10.0.2.255
    inet6 fe80::a00:27ff:fe5b:e837
    prefixlen 64  scopeid 0x20<link>
    ether 08:00:27:5b:e8:37  txqueuelen
    1000  (Ethernet)
    RX packets 444  bytes 67236 (65.6
    KiB)
    RX errors 0  dropped 0  overruns 0
    frame 0
    TX packets 465  bytes 51027 (49.8 KiB)
    TX errors 0  dropped 0 overruns 0
    carrier 0  collisions 0
```

① 스니핑(Sniffing)
② 스푸핑(Spoofing)
③ DoS(Denial of Service)
④ Malware

네트워크 정보에 PROMISC(Promiscuous Mode)가 설정되어 있으므로 패킷 모든 패킷 데이터를 확인할 수 있다.

정답 93④ 94④ 95③ 96①

97 DoS(Denial of Service) 공격에 대한 설명으로 가장 적절하지 않은 것은 무엇인가?

① Ping of Death : ICMP Echo 패킷을 정상적인 크기(64k)보다 매우 크게 전송하여 시스템에 문제를 일으키는 공격 기법
② Land Attack : 발신 IP주소를 공격 대상의 IP주소로 위장한 후 공격대상에게 전송하는 공격기법
③ UDP Flooding : 대량의 UDP 패킷을 전송하여 공격 대상의 자원을 소모시키는 공격기법
④ Teardrop Attack : 다양한 포트 번호를 이용한 접속 시도로 공격 대상 서버에서 동작하는 서비스를 발견하는 공격 기법

• Teardrop Attack : IP fragmentation에 따라 패킷을 재조립할 때 오프셋(offset)을 임의로 변조하여 문제를 일으키는 공격기법이다.
• Port Scanning : 공격 대상 서버에서 오픈되어 있는 포트번호를 탐지(스캐닝)하여 서비스를 발견하는 기법이다.

98 리눅스를 대상으로 한 해킹 혹은 악성 프로그램에 대한 설명으로 가장 적절하지 않은 것은 무엇인가?

① 랜섬웨어(Ransomware) : 데이터를 암호화하여 사용할 수 없도록 만든 후 금전을 요구하는 악성 프로그램
② 트로이목마(Trojan Horse) : 시스템 취약점을 이용하여 원격 접속 후 제어하여 해킹을 시도하는 악성 도구
③ 웜바이러스(Warm Virus) : 스스로 실행되는 악성 소프트웨어로 자기 복제와 다른 시스템으로 전파되는 특징을 가진다.
④ 루트킷(rootkit) : 해커와 같이 일반적으로 권한이 없는 사용자가 접근할 수 없는 영역에 접근하여 시스템을 제어하도록 설계된 악성 소프트웨어의 모음

트로이목마 (Trojan Horse) : 정상적인 프로그램으로 가장하였으나 내부에 악성코드를 담고 있는 프로그램이다.

99 리눅스 시스템에서 사용할 수 있는 대표적인 공개형 IDS 프로그램의 명칭으로 가장 적절한 것은 무엇인가?

① Snort
② iptables
③ firewalld
④ ifconfig

② iptables : 리눅스의 방화벽이라고도 하며 패킷 필터링 정책을 사용하여 특정 패킷을 분석하고 허용 혹은 차단할 수 있다.
③ firewalld : 최근 리눅스에서 방화벽 규칙(rule)을 관리하는 데몬이다.
④ ifconfig : 네트워크 설정을 확인하고 제어하는 명령어이다.

100 다음 iptables rule에 대한 설명으로 가장 적절하지 않은 것은 무엇인가?

```
iptables −A INPUT −s 192.168.10.7 −d
localhost −j DROP
```

① Source IP가 192.168.10.7인 패킷에 대하여 동작한다.
② 목적지 주소가 설정 시스템(localhost)인 경우에 동작한다.
③ 룰에 해당하는 패킷을 대상으로 한다.
④ 192.168.10.7에 거부가 되었음을 전달한다.

• DROP : 패킷을 거부하고 버린다.
• REJECT : 패킷을 거부하고 상대방에게 응답 메시지를 전송한다.

정답 97④ 98② 99① 100④

해설과 함께 보는 **최신 기출문제 02회**

1급	소요 시간	문항 수
	총 100분	총 100문항

수험번호 : ＿＿＿＿＿＿＿＿＿＿＿＿

성　명 : ＿＿＿＿＿＿＿＿＿＿＿＿

1과목 **리눅스 실무의 이해**

01 다음 중 배포된 리눅스의 순서가 초기부터 최근 순으로 알맞게 나열된 것은?

① SLS – SUSE – Slackware
② SLS – Slackware – SUSE
③ Ubuntu – Debian – SLS
④ Debian – Ubuntu – SLS

- SLS(Softlanding Linux System) : 1992에 발표된 초기 리눅스 배포판이다.
- Slackware : 1993년에 출시되었으며, 패트릭 볼커딩에 의해 개발되었다.
- Debian : 1993년에 출시되었으며, 패키지 설치 및 관리의 단순함이 특징이다.
- SUSE : 1994년에 출시되었으며, 유료 라이선스인 SUSE Linux Enterprise와 무료 버전인 openSUSE로 구분된다.
- Fedora : 2003년에 출시되었으며, RPM 기반의 소프트웨어가 결합된 리눅스 배포판이다.
- Ubuntu : 2004년에 출시되었으며, 사용자 편의성에 초점을 맞춘 리눅스이다.
- CentOS : 2004년에 출시되었으며, RHEL(RedHat Enterprise Linux)과 호환을 강조한 리눅스 배포판이다.
- Fedora, CentOS는 레드햇 계열의 리눅스이며, Ubuntu는 데비안 계열의 리눅스이다.

02 다음 설명에 해당하는 리눅스 배포판으로 알맞은 것은?

> Offensive Security에서 만든 데비안 기반의 리눅스로 정보 보안을 테스트하기 위해 해킹과 관련된 도구와 설명서 등을 내장하고 있다.

① Knoppix
② BackTrack
③ Kali Linux
④ Linux Mint

오답 피하기
① Knoppix : 데비안 계열의 리눅스로 컴퓨터 구동 시 압축된 파일을 램디스크에 풀어서 바로 사용하는 Linux Live Image(CD)의 특징이 있다.
② BackTrack : 슬랙스 등을 기반으로 하였으며 정보 보안을 테스트하기 위한 도구와 설명 등을 담고 있다. 현재 지원이 종료되었다.
④ Linux Mint : 독점 소프트웨어인 자바, 플래시 등을 기본으로 포함하여 편리함을 강조한다.

03 다음 설명에 해당하는 라이선스로 알맞은 것은?

> 해당 라이선스가 적용된 소프트웨어를 다운로드하여 부분 혹은 전체를 개인적 또는 상업적 목적으로 이용할 수 있다. 재배포 시에도 소스코드 또는 수정한 소스코드를 포함하여 반드시 공개하도록 요구하지 않는다. 다만 재배포할 경우에 해당 라이선스를 포함시키고 관련 소프트웨어임을 명확히 밝혀야 한다.

① GPL
② MPL
③ BSD
④ Apache

오답 피하기
① GPL : 수정한 소스코드 혹은 GPL 소스코드를 활용한 소프트웨어 모두 GPL로 공개해야 한다.
② MPL : 수정한 소스코드를 MPL로 공개해야 한다. 단, 단순히 활용만 할 경우 공개하지 않아도 된다.
③ BSD : 라이선스 및 저작권을 명시해야 한다. 배포 시 라이선스 사본 첨부에 대한 내용은 명시되어 있지 않다.

정답 01 ② 02 ③ 03 ④

04 다음 설명과 관련된 기술로 가장 알맞은 것은?

> 물리적인 메모리의 부족 현상을 해결하기 위한 방법으로 디스크의 일부를 사용한다.

① 스와핑(Swapping)
② 파이프(Pipe)
③ 라이브러리(Library)
④ 가상 콘솔(Virtual Console)

오답 피하기

② **파이프(Pipe)** : 프로세스의 표준 출력을 다른 프로세스의 표준 입력으로 보낼 수 있는 프로세스 간 통신 방식이다.
③ **라이브러리(Library)** : 여러 프로그램이 사용하는 공통의 기능을 구현한 것으로 동적 라이브러리, 정적 라이브러리로 구분된다.
④ **가상 콘솔(Virtual Console)** : 하나의 화면에서 여러 개의 콘솔을 사용할 수 있는 기능으로 리눅스는 총 6개의 가상 콘솔을 제공한다.

05 다음 설명으로 알맞은 것은?

> 영국의 한 재단이 학교와 개발도상국에서 기초 컴퓨터 과학 교육을 증진시키기 위해 개발한 신용카드 크기의 싱글 보드 컴퓨터이다. 리눅스, 유닉스 등 다양한 운영체제 설치가 가능하다.

① Arduino
② Micro Bit
③ Raspberry pi
④ Scratch

오답 피하기

① **Arduino** : 오픈소스 하드웨어와 소프트웨어를 기반으로 하는 단일 마이크로컨트롤러 보드와 개발 환경이다.
② **Micro Bit** : 오픈소스 하드웨어와 ARM 기반의 임베디드 시스템이다.
④ **Scratch** : 그래픽 환경에서 코딩(Coding)을 할 수 있는 프로그래밍 언어와 관련 도구이다.

06 다음은 LVM에 관한 설명이다. ( ) 안에 들어갈 내용으로 알맞은 것은?

> 실제 디스크의 분할된 파티션으로 (㉠)(을)를 생성하고, (㉠)(을)를 모아서 생성된 것을 (㉡)(이)라고 한다. (㉢)(은)는 (㉡)에서 사용자가 필요한 만큼 할당해서 만들어지는 공간이라고 볼 수 있다.

① ㉠-볼륨그룹
　㉡-물리적 볼륨
　㉢-논리적 볼륨

② ㉠-볼륨그룹
　㉡-논리적 볼륨
　㉢-물리적 볼륨

③ ㉠-물리적 볼륨
　㉡-볼륨그룹
　㉢-논리적 볼륨

④ ㉠-논리적 볼륨
　㉡-볼륨그룹
　㉢-물리적 볼륨

• **LVM(Logical Volume Management)** : 가상의 블록 스토리지를 구성하여 디스크 장치를 논리적으로 관리하는 시스템으로 유연한 용량 조절, 크기 조정이 가능한 스토리지 풀(Pool), 디스크 스트라이핑 및 미러 설정 등의 장점이 있다.
• **LVM의 주요 구성요소**

구성요소	설명
PV(Physical Volume)	블록 장치 전체 혹은 파티션들을 LVM에서 사용할 수 있도록 변환한 것을 의미한다.
PE(Physical Extent)	PV를 구성하는 일정한 크기의 블록으로 LVM2에서 기본 4MB 크기를 갖는다.
VG(Volume Group)	PV 들의 집합(Group)으로 LV를 할당할 수 있다.
LV(Logical Volume)	사용자가 최종적으로 사용하게 되는 논리적 스토리지이다.
LE(Logical Extent)	LV를 구성하는 일정한 크기의 블록으로 PE이 1:1로 매핑된다.

정답 04 ① 05 ③ 06 ③

07 다음 중 6개의 하드디스크로 여분(spare)없이 RAID-6를 구성하는 경우, 실제 사용 가능한 디스크의 비율로 가장 알맞은 것은?

① 33.3%

② 50%

③ 66.7%

④ 83.3%

- RAID-6은 2차 패리티 정보를 분산 저장하여 2개의 저장 장치에 문제가 발생한 경우에도 복구할 수 있다. N개의 디스크를 RAID-6 형식으로 구성할 경우, 실제 사용 가능한 용량은 (N-2)개의 디스크 크기와 같다.
- 6개의 하드디스크를 RAID-6으로 구성할 경우 실제 사용 가능한 디스크 공간은 4개가 되므로, 약 66.7%의 비율이 된다.

08 다음 중 시그널(signal)이 발생하는 키 조합으로 틀린 것은?

① `Ctrl` + `C`

② `Ctrl` + `D`

③ `Ctrl` + `Z`

④ `Ctrl` + `/`

- 시그널(Signal) : 커널이나 프로세스가 다른 프로세스에게 비동기적으로 사건(event)를 전달하기 위해 사용하는 기능을 의미한다. 시그널을 받은 프로세스는 해당 사건(event)에 적절한 동작으로 반응하게 된다.
- 주요 시그널 목록

시그널 (번호)	설명
SIGHUP (1)	로그아웃 혹은 모뎀 접속을 끊는다.
SIGINT (2)	`Ctrl`+`C`를 입력하면 발생하며, 프로세스를 종료한다.
SIGQUIT (3)	`Ctrl`+`\`를 입력하면 발생하며, 코어 덤프와 함께 프로세스를 종료한다.
SIGKILL (9)	프로세스를 즉시 종료시킨다.
SIGTERM (15)	소프트웨어 종료 시그널로 트래킹(track-ing)이 가능하다.
SIGCONT (18)	SIGSTOP 혹은 SIGTSTP에 의해 정지된 프로세스를 다시 실행한다.
SIGSTOP (19)	정지 시그널로 프로세스를 무조건 정지시킨다.
SIGTSTP (20)	• `Ctrl`+`Z`를 입력하면 발생하며, 프로세스의 실행을 정지시킨 후 다시 실행하기 위해 대기한다. • 트래킹이 가능하다.

오답 피하기

`Ctrl`+`D` : 터미널 입력 상태에서 EOF(End Of File)를 의미한다.

09 다음 ① 및 ⓒ에 들어갈 명령어로 알맞은 것은?

```
$ user1=lin
$ ( ③ ) | grep ^user.
user1=lin
$ ( ⓒ ) | grep ^user.
$ export user2=joon
$ ( ③ ) | grep ^user.
user1=lin
user2=joon
$ ( ⓒ ) | grep ^user.
user2=joon
```

① ③ set   ⓒ unset
② ③ set   ⓒ env
③ ③ env   ⓒ set
④ ③ env   ⓒ unset

• set : Bash의 셸 변수를 관리하는 명령어로 'set NAME=VALUE'의 형식. 혹은 'NAME=VALUE'와 같이 생략된 형식을 사용할 수 있다. 인자 없이 set 명령만 실행하면 현재 설정된 값을 출력한다.
• unset : set으로 설정한 값을 제거한다.
• e n v : 운영체제의 환경변수를 관련하는 명령어로 'e n v NAME=VALUE'로 설정, 'env –u NAME'으로 제거할 수 있다. 인자 없이 env 명령만 실행하면 현재 설정된 환경변수 값을 출력한다.
• export : 셸 변수를 환경변수로 사용할 수 있도록 하는 명령어이다.

오답 피하기

• 지문의 'user1=lin'은 set 명령어를 이용한 설정 방식이다. 따라서, 'set | grep ^user.' 명령을 이용하여 NAME이 user.로 시작하는 설정 항목을 출력한다.
• 지문의 'env | grep ^user.'는 env 명령을 이용하여 설정한 환경변수 중 NAME이 user.로 시작하는 설정 항목을 출력한다. 결과적으로 아무 것도 출력하지 않게 된다.
• 지문의 'export user2=joon'은 셸 변수를 생성한 후 이를 환경변수로 사용할 수 있도록 한다. 따라서 set과 env 명령 모두에서 user2 항목이 출력된다.

10 다음 중 원격지에서 X 클라이언트를 이용하기 위한 설정을 사용자 기반의 키 인증을 진행할 때 사용하는 명령어와 관련 파일의 조합으로 알맞은 것은?

① 명령어 : xhost
   관련 파일 : .authorized_keys
② 명령어 : xhost
   관련 파일 : .Xauthority
③ 명령어 : xauth
   관련 파일 : .authorized_keys
④ 명령어 : xauth
   관련 파일 : .Xauthority

• xauth : 사용자의 $HOME/.Xauthority 파일 안에 있는 MIT-MAGIC-COOKIEs 키 값을 이용하여 X 서버에 대한 접근을 제어한다.
• xhost : X 서버에 접근 가능한 클라이언트를 지정 혹은 해제하는 명령어로 'xhost + [IP 혹은 도메인명]'으로 접근을 허용하고 'xhost – [IP 혹은 도메인명]'으로 접근을 해제한다.

정답 09 ② 10 ④

11 다음과 같은 허가권(Permission)을 갖는 파일들이 위치하는 디렉터리로 가장 알맞은 것은?

```
brw-rw----
```

① /boot ② /dev
③ /proc ④ /var

지문에서 제시된 허가권은 brw-rw----로 파일 유형이 블록 디바이스이다. 따라서 하드웨어 장치에 대한 장치 파일을 저장하고 있는 /dev 디렉터리가 가장 알맞은 답이 된다.

오답 피하기
① /boot : 커널 파일이나 initrd 등 부팅이 필요한 파일이 위치하는 디렉터리이다.
③ /proc : 메모리에 존재하는 모든 프로세스들이 파일 형태로 매핑된다. 이 디렉터리를 통해 프로세스의 상태 정보, 하드웨어 정보, 기타 시스템 정보를 확인할 수 있다.
④ /var : 로그, 스풀 파일 등 임시로 생성되거나 상황에 따라 생성되거나 삭제될 수 있는 데이터가 보관된다.

12 다음 설명과 가장 관계가 깊은 것은?

telnet, rlogin 등과 같은 서비스를 이용하는 사용자는 적지만 반드시 서비스를 해야 하는 경우에 효율적인 메모리 관리가 가능하다.

① exec
② fork
③ inetd
④ standalone

오답 피하기
① exec : 현재 실행 중인 프로세스를 새로운 프로세스(명령)로 상태 변경하여 실행한다.
② fork : 자식 프로세스를 만드는 방법으로, 부모 프로세스의 상태를 복사하여 새로운 자식 프로세스를 만들고 실행한다.
④ standalone : 서비스를 담당하는 프로세스(데몬)를 항상 실행하여 서비스하는 방식으로, 메모리 등의 자원을 계속 차지한다는 부담이 있지만 상대적으로 많은 사용자에게 빠른 응답을 제공할 수 있다.

13 다음 설명에 해당하는 시그널(Signal)로 알맞은 것은?

로그아웃과 같이 터미널에서 접속이 끊겼을 때 보내지는 시그널이다. 데몬 관련 환경설정 파일을 변경시키고 변화된 내용을 적용하기 위해 재시작할 때 이 시그널이 사용된다.

① SIGHUP
② SIGINT
③ SIGSTOP
④ SIGQUIT

오답 피하기
② SIGINT : Ctrl+C를 입력하면 발생하며, 프로세스를 종료한다.
③ SIGSTOP : 정지 시그널로 프로세스를 무조건 정지시킨다.
④ SIGQUIT : Ctrl+\를 입력하면 발생하며, 코어 덤프와 함께 프로세스를 종료한다.

14 다음 중 최근 입력한 명령어 5개를 출력하는 명령으로 알맞은 것은?

① !5
② !-5
③ history 5
④ history -5

history : 입력한 명령어 목록을 확인하는 명령이며 'history [숫자]'의 명령 형식으로 최근 입력한 명령어 중 원하는 개수만 확인할 수 있다.

오답 피하기
!5 : history로 확인할 수 있는 명령어 목록 중 5번째 항목을 재실행한다.

정답 11② 12③ 13① 14③

15 다음 중 X 관련 프로그램의 종류가 나머지 셋과 다른 것은?

① Xfce
② KWin
③ Metacity
④ Mutter

Xfce : 유닉스 계열 플랫폼을 위한 데스크톱 환경으로 GTK 툴킷을 기반으로 한다.

오답 피하기

② KWin : X 윈도우 시스템의 창 관리자(Window Manager)이다.
③ Metacity : GNOME2 데스크톱 환경을 위한 기본 창 관리자이다.
④ Mutter : GNOME3 데스크톱 환경을 위한 기본 창 관리자로 Metacity를 대체하였다.

16 다음 중 /etc/sysconfig/network-scripts/ifcfg-eth0 파일에 기록할 수 있는 설정값으로 틀린 것은?

① DNS1
② NAME
③ PEERDNS
④ NETWORKING

- /etc/sysconfig/network-scripts/ifcfg-eth0 : eth0 네트워크 장치의 설정 파일이다.
- /etc/sysconfig/network-scripts/ifcfg-eth0의 주요 설정 항목

설정 항목	설명
DEVICE	설정 대상이 되는 네트워크 인터페이스 이름을 지정한다.
BOOTPROTO	IP 주소 할당 방법을 설정한다.
HWADDR	네트워크 장치의 MAC 주소를 지정한다.
BROADCAST	브로드캐스트(Broadcast) 주소를 지정한다.
IPADDR	IP 주소를 지정한다.
NETMASK	넷마스크(Netmast)를 지정한다.
NETWORK	네트워크 주소를 지정한다.
GATEWAY	게이트웨이 주소를 지정한다.
ONBOOT	시스템 시작 시 자동 활성화 여부를 설정한다.
PEERDNS	DCHP 서버의 DNS 정보를 resolv.conf 파일에 저장할지 사용 여부를 설정한다.
DNS1	1차 DNS 서버의 주소를 지정한다.
DNS2	2차 DNS 서버의 주소를 지정한다.
USRCTL	일반 계정 권한으로 제어할 수 있는지 허가 여부를 설정한다.
NM_CONTROLLED	네트워크 매니저(Network Manager) 사용 여부를 설정한다.

17 다음과 같이 IP를 설정하였을 때 적용되는 특징으로 알맞은 것은?

```
# ifconfig eth0 192.168.12.22 netmask
255.255.255.0 up
# route add −net 192.168.12.0 netmask
255.255.255.0 eth0
# route add default gw 192.168.12.1
```

① 재부팅되면 IP 정보가 초기화 된다.
② 설정된 서브넷 마스크는 B클래스이다.
③ 네트워크 데몬을 재시작해야 정보가 갱신된다.
④ /etc/sysconfig/network-scripts/ifcfg-eth0 파일에 IP 정보가 저장된다.

재부팅하거나 네트워크 데몬을 재시작하면 /etc/sysconfig/network-scripts/ifcfg-eth0 환경설정 파일에 따라 네트워크가 재설정된다. 즉 ifconfig 및 route로 직접 설정한 것은 삭제된다.

오답 피하기
② 설정된 서브넷 마스크는 C 클래스이다.
③ 네트워크 데몬을 재시작하면 정보가 네트워크 설정 파일에 따라 초기화된다.
④ ifconfig 및 route 명령을 사용하더라도 환경설정 파일에 반영되지는 않는다.

18 다음 중 OSI 7 계층에 대한 설명으로 틀린 것은?

① 물리 계층은 상위 계층에서 전송된 데이터를 물리적인 전송 매체를 통해 전송 단위를 바이트(bytes) 형태로 전송한다.
② 전송 계층은 송신 프로세스와 수신 프로세스 간의 연결(connection) 기능을 제공하고 안전한 데이터 전송을 지원한다.
③ 네트워크 계층은 데이터를 패킷(packet) 단위로 분할하여 전송하며 데이터 전송과 경로 선택에 관한 서비스를 제공한다.
④ 데이터링크 계층은 상위 계층인 네트워크 계층에서 받은 데이터를 프레임(frame)이라는 논리적인 단위로 구성하고 필요한 정보를 덧붙여 물리 계층으로 전달한다.

• OSI(Open System Interconnection Reference Model) 7 LAYER : 컴퓨터 네트워크 프로토콜 모델과 통신 방식을 7개의 계층으로 나누어 설명한 모델로 국제표준화기구(ISO)에서 정의하였다.
• OSI 7 Layer의 주요 특징

계층	설명
Layer 7	– 응용(Application) 계층으로 메시지(message) 단위로 데이터를 전송한다. – 응용 프로세스 간 정보 교환을 담당한다. – HTTP, FTP 등의 프로토콜이 포함된다.
Layer 6	– 표현(Presentation) 계층으로 코드 변환, 데이터 압축 등의 기능을 담당한다. – JPG, MPEG 등의 프로토콜이 포함된다.
Layer 5	– 세션(Session) 계층으로 양 끝 단의 프로세스가 통신할 수 있도록 연결을 담당한다. – NetBIOS, SSH 등의 프로토콜이 포함된다.
Layer 4	– 전송(Transport) 계층으로 종단 간 데이터 전송을 위한 제어와 에러를 관리한다. – TCP는 세그먼트(segment), UDP는 데이터그램(datagram) 단위로 데이터를 전송한다. – TCP, UDP 등의 프로토콜과 게이트웨이(Gateway) 장비가 포함된다.
Layer 3	– 네트워크(Network) 계층으로 패킷(packet) 단위로 데이터를 전송한다. – 한 호스트에서 다른 호스트로 패킷을 라우팅한다. – IP 등의 프로토콜과 라우터 장비가 포함된다.
Layer 2	– 데이터링크(Data Link) 계층으로 프레임(frame) 단위로 데이터를 전송한다. – Point to Point 간 신뢰성 있는 정보를 보장하기 위하여 오류 검출 및 제어와 흐름제어 기능을 수행한다. – 이더넷(Ethernet), PPP 등의 프로토콜과 브릿지(Bridge), 스위치(Switch) 장비가 포함된다.
Layer 1	– 물리(Physical) 계층으로 비트(bit) 단위로 데이터를 전송한다. – RS-232, RS-449 등의 프로토콜과 허브(Hub), 리피터(Repeater) 장비가 포함된다.

오답 피하기
물리 계층은 비트(bit) 단위로 데이터를 전송한다.

정답 17 ① 18 ①

19 다음 중 도메인에 관한 설명으로 틀린 것은?

① 도메인은 역트리(Tree) 형태의 계층적 구조로 되어 있다.

② 도메인 네임은 국제인터넷 주소자원 관리 기관인 W3C에서 관리하고 있다.

③ 최상위 도메인은 일반 최상위 도메인과 국가 코드 최상위 도메인으로 구분된다.

④ 도메인 네임 시스템이 등장하기 이전에는 /etc/hosts 파일을 사용하여 IP 주소를 매핑하였다.

- 도메인 네임은 국제 인터넷 주소지원 관리기관(ICANN)에서 관리한다.
- 도메인(Domain)은 도메인 레지스트리(Domain Registry)를 이용하여 관리하며, 인터넷에서 도메인 이름을 이용하여 시스템에 접속할 수 있도록 한다.

20 다음 중 ihduser 사용자가 cron 작업을 등록했을 때 생성되는 파일로 알맞은 것은?

① /etc/cron/ihduser

② /etc/cron.d/ihduser

③ /var/cron.d/ihduser

④ /var/spool/cron/ihduser

cron 설정 파일은 /var/spool/cron/에 위치한다. 사용자가 ihduser이므로 /var/spool/cron/ihduser가 정답이다.

21 다음 명령과 동일한 효과를 얻을 수 있는 작업으로 알맞은 것은?

```
# usermod −L ihduser
```

① /etc/passwd의 첫 번째 필드의 맨 앞에 !를 덧붙여서 로그인을 막는다.

② /etc/passwd의 두 번째 필드의 맨 앞에 !를 덧붙여서 로그인을 막는다.

③ /etc/shadow의 첫 번째 필드의 맨 앞에 !를 덧붙여서 로그인을 막는다.

④ /etc/shadow의 두 번째 필드의 맨 앞에 !를 덧붙여서 로그인을 막는다.

- usermod : 사용자 셸, 홈 디렉터리, 그룹, UID, GID 등 사용자 설정을 변경하는 명령어로 'usermod [옵션] [사용자명]'의 명령 형식을 따른다.
- usermod의 주요 옵션

옵션	설명
−l	사용자의 로그인 이름을 변경한다.
−L (−−lock)	사용자의 로그인을 일시적으로 정지시킨다.
−e	계정 만기일을 'YYYY−MM−DD' 혹은 'MM/DD/YY' 형식으로 지정한다.
−f	패스워드 만기일이 지난 후 유예 기간을 설정한다.
−d	사용자의 홈 디렉터리 경로를 지정한다.
−p	사용자의 패스워드를 변경한다.
−s	사용자의 로그인 shell을 지정한다.
−u	사용자의 ID를 변경한다.
−g	존재하는 그룹의 이름이나 GID를 이용하여 사용자 그룹을 변경한다.
−G	현재 지정된 그룹에 추가할 그룹을 지정하며, 복수 개로 지정할 수 있다.

- /etc/passwd : 로그인할 때 필요한 UID, GID, 홈 디렉터리, 셸 등의 사용자의 계정 정보를 포함하는 파일이다. 세부 필드 중 비밀번호 필드에 x를 설정하면, 암호화된 패스워드를 /etc/shadow 파일에 저장하여 사용하게 된다.

• /etc/passwd의 주요 필드

필드	설명
사용자명	로그인할 때 사용하는 사용자 이름이며 1에서 32의 길이를 갖는다.
비밀번호	x를 설정하면 암호화된 패스워드를 /etc/shadow에 보관하고 있다는 의미이다.
GID	/etc/group 파일에 보관된 주 그룹 ID이다.
사용자 설명	사용자에 대한 추가 설명을 할 수 있는 필드이다.
홈 디렉터리	사용자에게 할당된 기본 디렉터리이며 절대 경로로 설정한다.
셸	셸의 위치를 절대 경로로 지정한다.

• /etc/shadow : 사용자 패스워드를 해시 알고리즘으로 암호화한 값과 패스워드와 연관된 여러 속성을 담고 있는 파일이다.
• /etc/shadow의 주요 필드

필드	설명
사용자명	로그인 사용자 이름이다.
비밀번호	– 암호화된 사용자의 패스워드로, 형식은 idsalt$hashed이다. – $id는 암호화 알고리즘이다. 또한 암호화 해독을 어렵게 하기 위한 솔트를 의미하는 $salt와 실제 사용자 패스워드의 해시값인 $hashed로 구성된다.
마지막 변경일	마지막으로 패스워드를 변경한 날짜를 1970년 1월 1일 이후로 계산한 값이다.
패스워드 최소 사용일	패스워드 변경 후 최소 유지해야 하는 일수이다.
패스워드 최대 사용일	패스워드가 유효한 최대 일수이다.
패스워드 만료 경고일	패스워드가 만료되어 사용자에게 패스워드를 변경하라고 경고하는 일수이다.
유예기간	패스워드 만료 후 계정이 비활성화될 때까지의 일수이다.
만료일	사용자의 계정의 비활성화 날짜를 1970년 1월 1일 이후로 계산한 값이다.

• /etc/shadow의 두 번째 필드인 암호화된 비밀번호의 맨 앞에 !를 덧붙여서 로그인을 막을 수 있다.

---

22 오류 확인을 위해 해당 패키지 파일이 설치하는 파일 및 디렉터리를 확인하려고 한다. 다음 (   ) 안에 들어갈 내용으로 알맞은 것은?

> $ rpm (   ) nmap–5.51.6.el6.i386.rpm

① –qlp   ② –qfp
③ –qdp   ④ –qcp

• RPM : rpm 명령어는 레드햇 기반 리눅스에서 패키지 관리를 지원한다.
• 기본 질의 옵션인 '–q'와 목록 확인을 위한 'ㄴ', 패키지를 대상으로 하는 '–p' 옵션을 함께 사용하여 '–qlp'가 된다.
• rpm의 기본 옵션

옵션	설명
–v	자세한 정보를 출력한다.
––quiet	에러 메시지 외에는 다른 정보를 출력하지 않는다.
––version	rpm의 버전을 출력한다.

• rpm의 설치 및 업데이트 옵션

옵션	설명
–i	동일한 패키지가 설치되어 있지 않은 경우, 패키지를 새로 설치한다.
–h	설치 혹은 업그레이드 진행 상황을 # 문자를 이용하여 표시한다.
–U	패키지를 업그레이드한다. 기존에 설치된 패키지가 없을 경우 새로 설치한다.
–F	이전 버전이 설치되어 있는 경우에만 업그레이드한다.
––force	기존에 패키지가 설치되어 있더라도 강제로 설치한다.
––nodeps	패키지 설치 및 업그레이드 시 의존성을 점검하지 않는다.
––test	실제 설치하지 않고 잠재적 충돌이 있는지 체크한다.

• rpm의 제거 옵션

옵션	설명
–e	패키지를 삭제한다.
––nodeps	패키지 삭제 시 의존성을 점검하지 않는다.
––test	실제 삭제하지 않고 모의로 삭제한다.
––allmatches	패키지의 모든 버전을 제거한다.

정답 22①

• rpm의 질의 옵션

옵션	설명
-q	질의를 위해 기본적으로 사용해야 하는 옵션으로 패키지 이름, 버전, 릴리스 등 간단한 정보가 표시된다.
-i	패키지 정보, 이름, 버전, 설명 등 패키지에 대한 자세한 정보를 표시한다.
-l	패키지의 목록을 출력한다.
-f	지정한 파일을 설치한 패키지를 출력한다.
-a	설치된 모든 패키지에 대하여 질의한다.
-c	패키지의 설정 파일이나 스크립트 파일을 출력한다.
-s	패키지의 각 파일 상태를 normal, not installed, replaced로 표시한다.

• rpm의 검증 옵션

옵션	설명
-V	검증 시 사용하는 기본 옵션이다.
-a	시스템에 설치되어 있는 모든 패키지에 대해 검증한다.

23 다음 명령의 결과에 대한 설명으로 가장 알맞은 것은?

```
# nice -10 bash
```

① bash 프로세스의 NI 값을 -10으로 변경한다.
② bash 프로세스의 NI 값을 10으로 변경한다.
③ bash 프로세스의 NI 값을 10만큼 감소시킨다.
④ bash 프로세스의 NI 값을 10만큼 증가시킨다.

nice [-n 조정수치] [프로세스명] : 기존 값에서 조정수치만큼 변경된 우선순위로 새로운 프로세스를 생성한다. 이때 '[-n 조정수치]' 대신 '[-조정수치]'를 사용할 수 있다.

24 다음 중 1주일에 3회 실행되는 crontab 설정으로 알맞은 것은?

① 1,3,5 0 * * 0 /etc/work.sh
② 0 1,3,5 * * 0 /etc/work.sh
③ 0 * * 1,3,5 0 /etc/work.sh
④ 0 0 * * 1,3,5 /etc/work.sh

• 0 0 * * 1, 3, 5 /etc/work.sh : 월, 수, 금을 지정하여 1주일에 3회 실행된다.
• crontab 명령은 시스템에서 주기적으로 수행할 작업을 지정한다.
• 형식 : [minute] [hour] [day_of_month] [month] [weekday] [command]
  – minute(분) : 0~59
  – hour(시) : 0~23
  – day_of_month(일) : 1~31
  – month(월) : 1~12
  – weekday(요일) : 0~6(일요일~토요일)
  – command(명령) : 실행하고자 하는 명령어

정답 23 ④ 24 ④

25 다음 명령의 결과에 대한 설명으로 알맞은 것은?

```
# grep -v linux lin.txt
```

① lin.txt에서 linux라는 문자열이 없는 줄을 출력한다.
② lin.txt에서 linux라는 문자열이 있는 줄의 개수만 출력한다.
③ lin.txt에서 linux라는 문자열이 중복되어 있는 줄을 제거하고 출력한다.
④ lin.txt에서 linux라는 문자열의 대소문자를 무시하고 문자열이 있으면 무조건 출력한다.

- grep : 텍스트 파일을 한 줄씩 읽어서 지정한 패턴과 일치하는 문자열을 보여주는 명령어로 'grep [옵션] [패턴] [파일]'의 명령어 형식을 이용한다.
- grep의 주요 옵션

옵션	설명
-b, --byte-offset	- 지정한 패턴과 일치하는 줄의 offset을 줄 앞에 출력한다. - 만약 -o 옵션과 함께 사용하면 패턴과 일치하는 위치마다 offset을 출력한다.
-c, --count	패턴과 일치하는 줄이 몇 줄인지 표시한다.
-h, --no-filename	파일 이름을 출력하지 않는다.
-I, --ignore-case	패턴과 입력 파일 모두 대소문자를 구분하지 않는다.
-n, --line-number	출력 결과에 1부터 시작하는 행 번호를 붙인다.
-v, --invert-match	패턴과 매칭되지 않는 항목을 출력한다.
-w, --word-regexp	패턴과 한 단어가 일치하는 줄을 출력한다.
-x, --line-regexp	패턴과 전체 줄과 일치할 때 출력한다.
-l, --files-with-matches	정상적인 파일 출력 대신에 파일 이름을 출력한다.
-r, --recursive	지정한 디렉터리의 모든 파일에 대하여 패턴을 찾는다.
-o, --only-matching	패턴과 일치하는 부분만 출력한다.
-E, --extended-regexp	패턴을 확장 정규식으로 사용한다.
-F, --fixed-strings	패턴을 고정된 문자열의 리스트로 사용한다.

26 다음 설명에 해당하는 명령으로 알맞은 것은?

> ihduser는 kait 그룹의 일원이다. 추가로 admin 그룹의 일원이 되도록 작업한다.

① groupmod -n admin ihduser
② groupmod -g admin ihduser
③ usermod -g admin ihduser
④ usermod -G admin ihduser

---

usermod : 사용자 셸, 홈 디렉터리, 그룹, UID, GID 등 사용자 설정을 변경하는 명령어로 'usermod [옵션] [사용자명]'의 명령 형식을 따른다. 옵션으로 '-G'를 지정하면 추가 그룹을 지정할 수 있다.

오답 피하기
- groupmod : 그룹 관련 속성을 변경하는 명령어이다.
- usermod -g admin ihduser : -g 옵션은 사용자의 그룹을 변경하는 옵션이다.

27 다음 중 사용자의 패스워드에 적용되는 해시 알고리즘의 이름을 확인할 수 있는 파일로 알맞은 것은?

① /etc/passwd
② /etc/shadow
③ /etc/login.defs
④ /etc/default/useradd

오답 피하기
① /etc/passwd : 로그인할 때 필요한 UID, GID, 홈 디렉터리, 셸 등의 사용자의 계정 정보를 포함한다.
② /etc/shadow : 사용자 패스워드를 해시 알고리즘으로 암호화한 값과 패스워드와 연관된 여러 속성을 담고 있는 파일이다.
④ /etc/default/useradd : useradd 명령으로 사용자 생성 시 사용되는 기본 설정값이 저장된 환경설정 파일이다.

정답 25① 26④ 27③

28 다음 파일의 소유자를 ihduser, 소유 그룹 권한은 kait로 변경하는 명령으로 알맞은 것은?

```
# ls -l lin.txt
-rw-r--r--. 1 lin ihd 1222 May 13 00:13
lin.txt
```

① chown ihduser.kait lin.txt
② chgrp ihduser.kait lin.txt
③ gpasswd ihduser.kait lin.txt
④ groupmod ihduser.kait lin.txt

---

chown : 파일이나 디렉터리의 사용자 및 그룹의 소유권을 변경하기 위한 명령어로 'chown [옵션] owner[:group] [파일명]'의 명령어 형식을 따른다.

오답 피하기

② chgrp : 그룹의 소유권만 변경하는 명령어이다.
③ gpasswd : 그룹의 패스워드를 변경하는 명령어이다.
④ groupmod : 그룹 관련 속성을 변경하는 명령어이다

---

29 다음 중 30행인 lin.txt 파일에서 11번째 행부터 20번째 행까지만 출력하는 명령으로 알맞은 것은?

① head -n 11 lin.txt | tail
② head -n 20 lin.txt | tail
③ tail -n 10 lin.txt | head
④ tail -n 11 lin.txt | head

• head : 지정한 파일의 앞 부분을 출력하는 명령어로 'head [옵션] [파일]'의 명령어 형식을 따른다. '-n [숫자]'를 이용하여 출력할 수를 지정하며, 옵션을 지정하지 않으면 첫 10줄을 출력한다.
• tail : 지정한 파일의 끝 부분을 출력하는 명령어로 'tail [옵션] [파일]'의 명령어 형식을 따른다. '-n [숫자]'를 이용하여 출력할 수를 지정하며, 옵션을 지정하지 않으면 마지막 10줄을 출력한다.
• head -n 20 lin.txt | tail : lin.txt의 첫 20줄을 출력하되 파이프 명령으로 그 결과를 tail에 전달한다. 따라서 출력된 20줄 중 마지막 10줄만 출력된다. 결과적으로 lin.txt의 11번째 행부터 20까지가 출력되게 된다.

30 yum을 이용해서 텔넷 서버 패키지를 검색한 후에 설치하는 과정이다. ㉠ 및 ㉡에 들어갈 내용으로 알맞은 것은?

```
# yum ( ㉠ ) telnet
# yum ( ㉡ ) telnet-server
```

① ㉠ info   ㉡ search
② ㉠ search   ㉡ info
③ ㉠ search   ㉡ install
④ ㉠ info   ㉡ install

• yum : 패키지 관리 명령어로 /etc/yum.repos.d/ 디렉터리의 저장소 파일(repo)을 참조하여 동작한다.
• yum의 주요 명령 옵션

명령 옵션	설명
install	패키지를 설치한다.
check-update	업데이트 가능 목록을 확인한다.
remove	패키지를 삭제한다.
search	인터넷에서 설치 가능한 패키지를 확인한다.
info	패키지 정보를 확인한다.
list	관련 단어가 포함되어 있는 패키지 목록을 확인한다.

31 다음 설명에 해당하는 프로그램 설치 과정으로 가장 알맞은 것은?

> 대상 프로그램을 파생시키는 방법을 지정하는 Makefile이라는 파일을 읽어 들여서 소스코드에 실행 가능한 프로그램과 라이브러리를 자동으로 빌드하는 과정이다.

① configure
② make
③ make clean
④ make install

① configure : 현재 OS 종류, 컴파일러 종류, 주요 라이브러리의 위치 등 소스코드 빌드에 필요한 환경설정을 참고하여 Makefile을 생성한다.
③ make clean : 컴파일 이전 상태로 만든다. 즉, 컴파일로 생성한 파일을 삭제한다.
④ make install : make 파일로 만들어진 파일을 타깃 디렉터리로 복사(설치)한다.

32 ihduser 사용자의 모든 프로세스를 강제 종료하는 경우 (   ) 안에 들어갈 명령으로 알맞은 것은?

> # (   ) -9 -u ihduser

① kill
② pgrep
③ pkill
④ signal

• pkill : 지정한 패턴을 이용하여 일치하는 프로세스를 종료하는 명령어로 'pkill [옵션] [패턴]'의 명령 형식을 이용한다.
• pkill의 주요 명령 옵션

명령 옵션	설명
-signal, --signal signal	보낼 시그널을 지정한다.
-g, --pgroup pgrp,...	지정한 그룹의 프로세스 중 패턴이 매칭되는 프로세스에게 시그널을 보낸다.
-G, --group gid,...	지정한 리얼 그룹 ID(real group ID)의 프로세스 중 패턴이 매칭되는 프로세스에게 시그널을 보낸다.
-t, --terminal term,...	특정 터미널과 연관된 프로세스 중 패턴이 매칭되는 프로세스에게 시그널을 보낸다.
-u, --euid euid,...	특정 이펙티브 사용자 ID(effective user ID)의 프로세스 중 패턴이 매칭되는 프로세스에게 시그널을 보낸다.
-U, --uid uid,...	특정 리얼 사용자 ID(real user ID)의 프로세스 중 패턴이 매칭되는 프로세스에게 시그널을 보낸다.

① kill : 지정한 프로세스(Process ID)에 특정 시그널(signal)을 보낸다. 시그널을 지정하지 않는 경우 기본값으로 종료를 위한 TERM 시그널을 이용한다.
② pgrep : 프로세스 이름 전체 또는 일부가 매칭되거나 특정 프로세스 속성을 기반으로 현재 실행 중인 프로세스를 검색하는 명령어이다.
④ signal : 프로세스가 다른 프로세스에게 어떤 의미를 담은 신호를 보내기 위한 방식이다.

33 find 명령이 실행 중인 상태이다. 다음 중 이 명령을 계속 실행하면서 다른 작업을 수행하기 위한 과정으로 알맞은 것은?

> # find / −name '*.txt' 2)/dev/null 〉 text.list

① Ctrl + D 를 누른 후에 bg 명령을 실행한다.
② Ctrl + D 를 누른 후에 fg 명령을 실행한다.
③ Ctrl + Z 를 누른 후에 bg 명령을 실행한다.
④ Ctrl + Z 를 누른 후에 fg 명령을 실행한다.

• Ctrl+Z : 프로세스를 대기(suspend) 상태로 변경하기 위해 입력한다.
• bg : 프로세스를 백그라운드로 실행하는 명령어이다.

오답 피하기
• Ctrl+D : 터미널 입력 상태에서 EOF(End Of File)를 의미한다.
• fg : 백그라운드로 실행 중인 프로세스를 포어그라운드로 전환하는 명령어이다.

34 다음 중 데비안 패키지 관리 기법으로 거리가 먼 것은?

① dselect
② zypper
③ synaptic
④ aptitude

zypper : 오픈수세의 패키지 관리 도구이다.

오답 피하기
① dselect : 데비안 패키지 관리 도구로 메뉴 방식을 이용한다.
③ synaptic : 데비안 패키지 관리 도구로 그래픽 유저 인터페이스를 이용한다.
④ aptitude : 데비안 패키지 관리 도구로 Ncurses 인터페이스를 기반으로 한다.

35 다음 중 압축의 효율성이 좋은 프로그램부터 알맞게 나열된 것은?

① gzip 〉 bzip2 〉 xz
② bzip2 〉 gzip 〉 xz
③ xz 〉 gzip 〉 bzip2
④ xz 〉 bzip2 〉 gzip

압축 프로그램의 개발 순서는 'gzip → bzip2 → xy'로 압축의 효율성이 향상되었다.

36 다음 중 사용자 쿼터를 이용하기 위해 /etc/fstab 파일에 등록하는 설정값으로 알맞은 것은?

① quota.user   ② aquota.user
③ usrquota   ④ userquota

• /etc/fstab 파일은 장치를 마운트할 때 참조하는 파일로, /etc/fstab에 설정하여 부팅 시 자동으로 마운트되도록 구성할 수 있다.
• /etc/fstab의 4번째 필드에 usrquota와 grpquota를 지정하여 사용자 및 그룹 쿼터를 설정할 수 있다.
• /etc/fstab의 주요 설정 옵션

옵션	설명
파일 시스템 장치명	파티션 혹은 장치의 위치를 지정한다.
마운트 포인트	어떠한 디렉터리로 연결할 것인지 지정한다.
파일 시스템 종류	nfs, NTFS, ext3, iso9660 (DVD) 등을 지정한다.
마운트 옵션	− timeo : 타임아웃 후 첫 번째 재전송 요구 시간을 지정한다. − retrans : 타임아웃 후 재전송 요청 횟수를 지정한다. − soft : retrans에 설정한 값만큼 요청한다. − hard : 무한 반복하여 요청한다. − auto : 부팅 시 자동 마운트로 지정한다. − rw(읽기/쓰기), nouser(root만 마운트 가능), exec(실행 허용), suid(Set−UID, Set−GID 허용), quota(Quota 설정 가능) 등을 추가 지정할 수 있다.
덤프	백업 여부를 지정한다(0 : 불가능, 1 : 가능).
무결성 검사	fsck에 의한 무결성 검사 우선순위를 지정한다(0 : 하지 않음).

37 다음 중 분할된 디스크의 파티션별로 사용량을 확인하는 명령은?

① du
② df
③ free
④ blkid

---

df : 시스템에 마운트 된 전체 디스크 사용량을 확인하는 명령어이다.

① du : 디렉터리를 기준으로 디스크 사용량을 확인하는 명령어이다.
③ free : 물리 메모리의 사용량, 스왑 메모리의 사용량, 커널의 메모리의 사용량, 사용 가능한 메모리의 양 등 메모리의 사용 상태를 출력하는 명령어이다.
④ blkid : 블록 디바이스의 속성과 UUID 등 정보를 출력해 주는 명령어이다.

38 다음 그림에 해당하는 명령으로 알맞은 것은?

```
root@www:~
파일(F) 편집(E) 보기(V) 검색(S) 터미널(T) 도움말(H)
[root@www ~]#
uid=0(root) gid=0(root) groups=0(root) context=unconfined_u:unconfined_r:unconfi
ned_t:s0-s0:c0.c1023
[root@www ~]#
```

① w
② id
③ who
④ lslogins

---

id : 현재 접속한 나의 계정 및 그룹에 관련된 정보를 동시에 확인하는 명령어이다.

① w : 로그인한 사용자와 사용자가 수행 중인 작업을 출력하는 명령어이다.
③ who : 로그인한 사용자의 로그인명, 터미널, 로그인 시간 등을 출력하는 명령어이다.
④ lslogins : 시스템 사용자의 정보를 출력하는 명령어이다.

39 다음과 같은 형식이 기재된 파일로 알맞은 것은?

```
ihduser:x:501:
```

① /etc/passwd
② /etc/shadow
③ /etc/group
④ /etc/gshadow

/etc/group : 그룹에 속한 사용자를 관리하는 파일로 '[그룹명]:[패스워드]:[그룹ID]:[멤버목록]'으로 구성된다. 이때 암호화된 패스워드를 사용할 경우 'x'가 표시되고 /etc/gshadow 파일을 이용한다.

① /etc/passwd : 로그인할 때 필요한 UID, GID, 홈 디렉터리, 셸 등의 사용자의 계정 정보를 포함하며 '[사용자명]:[비밀번호]:[사용자ID]:[그룹ID]:[사용자설명]:[홈디렉터리]:[셸]'로 구성된다. 이때 암호화된 패스워드를 사용할 경우 'x'가 표시되고 /etc/shadow 파일을 이용한다.
② /etc/shadow : 사용자 패스워드를 해시 알고리즘으로 암호화한 값과 패스워드와 연관된 여러 속성을 담고 있는 파일이다.
④ /etc/gshadow : 그룹의 암호화된 비밀번호 정보를 포함하고 있는 파일이다.

40 ihduser 사용자가 다음 로그인 시에 패스워드를 반드시 바꾸도록 설정하려고 한다. 다음 (   ) 안에 들어갈 내용을 알맞은 것은?

```
# passwd (        ) ihduser
```

① −e
② −n
③ −w
④ −x

- passwd : 사용자의 패스워드를 설정, 변경, 삭제하는 명령어이다.
- passwd 명령의 주요 옵션

옵션	설명
−l	Lock. 계정을 잠금 설정하여 로그인이 불가능하게 설정한다.
−u	Unlock. 계정을 잠금 해제하여 로그인이 가능하게 설정한다.
−S	계정 정보를 자세히 출력한다.
−d	계정에 설정된 암호를 제거하여 패스워드 없이 로그인이 가능하게 설정한다.
−n	패스워드 변경 후 최소한 사용해야 하는 날짜 수를 지정한다.
−x	패스워드의 유효기간을 지정한다.
−w	패스워드 만료 전 경고 날짜를 지정한다.
−i	패스워드 만료 후 로그인이 불가능해질 때까지의 기간을 지정한다.
−e	다음 로그인 시 패스워드를 무조건 변경하도록 강제한다.

41 커널 컴파일 단계에서 기존에 수행한 작업이 있는 경우, 관련 파일을 제거하는 과정을 수행할 수 있다. 다음 (   ) 안에 들어갈 수 있는 내용을 가장 강력한 명령의 순서부터 알맞게 나열한 것은?

```
[root@www linux−4.12.2]# make (        )
```

① clean 〉 mrproper 〉 distclean
② mrproper 〉 clean 〉 distclean
③ mrproper 〉 distclean 〉 clean
④ distclean 〉 mrproper 〉 clean

- distclean : 소스코드를 처음 다운로드 받은 후 압축을 해제한 상태로 만든다.
- mrproper : 컴파일 환경설정 값, 버전 정보 등 컴파일에 영향을 주는 정보들을 삭제한다.
- clean : 컴파일 이전 상태로 만든다. 즉, 컴파일로 생성한 파일을 삭제한다.

42 다음 중 지정한 모듈과 의존성이 있는 모듈을 제거하기 위해 (   ) 안에 들어갈 내용으로 알맞은 것은?

```
# (        ) −r ip6table_filter
```

① insmod
② rmmod
③ depmod
④ modprobe

정답 40① 41④ 42④

- modprobe : 적재 가능한 커널 모듈(LKM : Loadable Kernel Module)을 리눅스 커널에 추가하거나 제거하는 명령어로, -r 옵션을 이용하여 의존성을 고려하여 모듈을 언로드할 수 있다.
- modprobe 명령의 주요 옵션

옵션	설명
-l, --list	로드 가능한 모듈의 리스트를 출력한다.
-r, --remove	– 모듈을 제거한다. – 의존성이 있는 모듈이 존재하고 참조가 없다면 이들도 함께 자동으로 언로드한다. – 여러 모듈을 지정할 수도 있다.
-c, --showconfig	모듈 관련 환경설정 파일의 내용을 모두 출력한다.

오답 피하기

① insmod : 커널에 모듈을 로드하는 명령어이다.
② rmmod : 커널에서 모듈을 제거하는 명령으로, 사용 중인 모듈은 제거할 수 없다.
③ depmod : 커널 모듈을 로드하기 위한 의존성을 점검하는 명령어이다.

43 다음 중 사용 가능한 모듈 목록을 출력할 때 사용하는 명령으로 알맞은 것은?

① lsmod
② depmod
③ modinfo
④ modprobe

modprobe : 적재 가능한 커널 모듈(LKM : Loadable Kernel Module)을 리눅스 커널에 추가하거나 제거하는 명령어로, -l 옵션을 이용하여 로드 가능한 모듈의 리스at트를 출력할 수 있다.

오답 피하기

① lsmod : 현재 로드된 모듈의 리스트와 정보를 출력하는 명령어이다.
② depmod : 커널 모듈을 로드하기 위한 의존성을 점검하는 명령어이다.
③ modinfo : 지정한 모듈에 대한 정보를 출력하는 명령어이다. 경로가 주어지지 않는다면 /lib/modules/$(uname -r) 경로에서 모듈을 찾는다.

44 다음 중 ㉠ 및 ㉡에 들어갈 내용으로 알맞은 것은?

> 모듈 간의 의존성 정보는 (㉠) 파일에 기록되어 있고, 이 파일을 갱신하고 관리해주는 명령어가 (㉡)이다.

① ㉠ modprobe.conf ㉡ modprobe
② ㉠ modprobe.conf ㉡ depmod
③ ㉠ modules.dep ㉡ modprobe
④ ㉠ modules.dep ㉡ depmod

- modprobe : 적재 가능한 커널 모듈(LKM : Loadable Kernel Module)을 리눅스 커널에 추가하거나 제거하는 명령어로 modprobe.conf 설정 파일을 이용한다.
- depmod : 커널 모듈을 로드하기 위한 의존성을 점검하는 명령어로 modules.dep 설정 파일을 이용한다.

45 다음 중 프린터 관련 프로토콜인 IPP(Internet Printing Protocol)가 사용하는 포트번호로 알맞은 것은?

① 92
② 631
③ 3096
④ 3396

IPP(Internet Printing Protocol) : 631 포트를 이용하며 네트워크 프린터와 통신할 때 사용하는 프로토콜이다.

46 다음 중 CentOS 6 버전에서 X 윈도우 기반의 프린터 설정 도구를 실행하는 명령으로 알맞은 것은?

① printconf
② printtool
③ redhat-config-printer
④ system-config-printer

레드햇 계열 배포판의 초기에는 printtool, printconf를 제공하다가 redhat-config-printer를 거쳐 현재는 system-config-printer를 통해 프린터를 설정한다.

47 다음 중 파일의 내용을 출력할 때 사용하는 명령어의 조합으로 알맞은 것은?

① lp, lpr
② lp, lpq
③ lpr, lpq
④ lpr, lpstat

프린트 관련 주요 명령어

명령어	설명
lpr	• 파일 내용을 프린트한다. • '-#' 옵션을 이용하여 출력 매수를 지정한다. • '-P' 옵션을 이용하여 프린터를 지정한다.
lprm	큐에 대기 중인 작업을 제거한다.
lp	• 프린터에 프린트를 요청한다. • '-n' 옵션을 이용하여 출력 매수를 지정한다. • '-d' 옵션을 이용하여 프린터 혹은 프린터 클래스를 지정한다. • '-t' 옵션을 이용하여 표제를 설정한다.
cancel	프린트를 취소한다.
lpq	프린터 큐의 작업 목록을 출력하는 명령어이다.
lpstat	프린터 상태 정보를 표시하는 명령어이다.

48 다음 중 리눅스에서 사용하는 프린팅 시스템의 조합으로 알맞은 것은?

① CUPS, ALSA
② CUPS, LPRng
③ LPRng, ALSA
④ LPRng, SANE

오답 피하기

• ALSA : 사운드 카드용 장치 드라이버를 위한 API를 제공하는 소프트웨어 프레임워크이다.
• SANE(Scanner Access Now Easy) : 이미지 스캐너 및 카메라 장치를 위한 표준 접근 방식을 제공하는 API(Application Programming Interface)이다.

49 다음 중 X 윈도우 환경에서만 사용 가능한 커널 컴파일 도구로 알맞은 것은?

① make config
② make nconfig
③ make gconfig
④ make menuconfig

오답 피하기

① make config : bash 혹은 csh에서 실행하는 텍스트 기반 환경설정 도구이다.
② make nconfig : 텍스트 기반 메뉴로 색상(Color)과 F1~F9의 기능키를 제공한다.
④ make menuconfig : 텍스트 기반의 메뉴를 제공하여 옵션을 설정한다.

50 다음 중 사운드카드를 제어하는 명령으로 알맞은 것은?

① OSS
② xsane
③ alsactl
④ cdparanoia

오답 피하기

① OSS(Open Sound System) : 유닉스와 유닉스 호환 운영체제를 위한 사운드 생성 및 캡처 인터페이스이자 인터페이스를 구현하기 위한 디바이스 드라이버와 사운드 컨트롤러 자체를 의미한다.
② xsane : 이미지 스캐너 및 카메라 하드웨어에 대한 표준화된 액세스를 제공하기 위한 누구나 자유롭게 사용할 수 있는 API이다.
④ cdparanoia : 오디오 CD를 읽어서 CD의 재생 정보와 음악 파일을 추출하는 유틸리티이다.

정답 47 ① 48 ② 49 ③ 50 ③

51 다음 중 시스템 백업에 대한 설명으로 틀린 것은?

① tar, cpio와 같은 유틸리티는 증분 백업이 가능하다.
② 리눅스에서는 tar, dd, dump, cpio, rsync와 같은 유틸리티로 백업이 가능하다.
③ 백업의 종류에는 전체 백업(Full Backup)과 부분 백업(Partial Backup)으로 구분된다.
④ 부분 백업은 증분 백업(Incremental Backup)과 차등 백업(Differential Backup)으로 구분된다.

증분 백업은 전체 백업 이후 변경된 데이터만 백업하는 것으로 tar 명령은 –g 옵션을 이용하여 증분 백업을 지원하나 cpio는 증분 백업을 지원하지 않는다.

52 tar 명령을 이용해 2019년 1월 1일 이후로 변경된 파일을 백업하려고 한다. 다음 중 ( ) 안에 들어갈 내용으로 알맞은 것은?

```
# tar –c –v (      ) '1 Jan 2019' –f backup.
tar /backup
```

① –D
② –H
③ –I
④ –N

- tar 명령어는 파일을 압축하거나, 압축된 파일을 해제한다.
- –N 옵션을 이용하며, 지정한 날짜 이후의 파일을 대상으로 한다.
- tar의 기본 옵션(아래 옵션 중 하나는 꼭 추가되어야 함)

옵션	설명
A	(––catenate) 기존 압축 파일(archive file)에 tar 파일들을 추가(append)한다.
c	(––create) 새로운 파일을 만든다. 만일 동일한 파일이 존재할 경우 overwrite한다.
d	(––diff) 압축 파일과 파일 시스템의 차이를 비교한다.
r	(––append) 기존 tar 파일의 마지막에 파일을 추가한다.
t	(––list) tar 파일 내 압축되어 있는 파일 목록을 출력한다.
u	(––update) 기존 파일보다 새로운 파일을 경우 파일을 추가한다.
x	(––extract) 압축된 파일을 압축해제한다.

- tar의 부가 옵션

옵션	설명
v	(––verbose) 진행 중인 파일 정보를 표시한다.
f	(––file) 파일명을 지정한다.
h	(––dereference) 심볼릭 링크가 가리키는 파일을 대상으로 압축한다.
s	(––same–order) 저장된 파일 목록과 같은 순서로 압축을 해제한다.
z	(––gzip) .tar.gz 형식으로 압축하거나 압축해제한다.
j	(––bzip2) .tar.bz2 방식으로 압축된 파일을 읽거나 압축해제한다.
J	.tar.xz 방식으로 압축된 파일을 읽거나 압축해제한다.
p	(––same–permissions) 모든 퍼미션 정보를 유지한다.
Z	(––compress) Compress를 이용하여 압축하거나 압축해제한다.
G	(––incremental) 예전 GNU 형식으로 증분 백업을 수행한다.
g	(––listed–incremental) 새로운 GNU 형식으로 증분 백업을 수행한다.

53 다음 중 로그 관련 파일의 설명으로 알맞은 것은?

① /var/log/xferlog : FTP 접속과 관련된 작업이 기록된 파일
② /var/log/lastlog : 시스템이 부팅할 때 출력되었던 로그들이 기록된 파일
③ /var/log/wtmp : 콘솔, telnet, ftp 등으로 접속이 실패한 경우가 기록된 파일
④ /var/log/btmp : 콘솔, telnet, ftp 등으로 접속한 사용자 기록, 시스템을 재부팅한 기록 등의 로그가 쌓이는 파일

오답 피하기

② /var/log/lastlog : lastlog 명령어가 참조하며, 각 계정에 대한 마지막 로그인 정보가 기록된 파일이다.
③ /var/log/wtmp : last 명령어가 참조하며, 로그인, 로그아웃, 재부팅 이력을 기록한 파일이다.
④ /var/log/btmp : lastb 명령어가 참조하며, 로그인 실패 정보를 기록한 파일이다.

54 서버의 커널 변수를 제어하여 TCP 연결 상태를 3시간 동안 유지하도록 변경하려고 한다. 다음 중 커널 변수 값을 설정하기 위한 명령으로 알맞은 것은?

① sysctl -w net.ipv4.tcp_fin_timeout=3
② sysctl -w net.ipv4.tcp_keepalive_time=3
③ echo 10800 > /proc/sys/net/ipv4/tcp_fin_timeout
④ echo 10800 > /proc/sys/net/ipv4/tcp_keepalive_time

• sysctl은 /proc/sys 디렉터리 이하의 커널 매개변수를 확인하거나 설정하는 명령어로서 세부 커널 설정을 통해 리눅스 보안 강화에 도움을 줄 수 있다.
• **sysctl의 명령 형식** : sysctl [옵션] 변수[=값]
• sysctl의 주요 옵션

옵션	설명
-a, -A	모드 커널 매개변수를 출력한다.
-p	• sysctl 설정 파일을 로드한다. • 파일을 설정하지 않으면 /etc/sysctl.conf 파일을 로드한다.
-n	지정한 변수의 값을 출력한다.
-w	지정한 변수에 값을 저장한다.

• echo 명령은 인자도 전달된 값을 화면에 출력하는 명령어이며, >를 이용하여 특정 파일로 출력 방향을 변경(Redirect)할 수 있다.
• TCP 연결 상태를 유지하는 시간을 설정하는 파일은 /proc/sys/net/ipv4/tcp_keepalive_time이며, 10800(초)로 3시간을 설정한다.

55 2일 전 로테이션이 실행되지 않는 시스템에 ihd 사용자가 시스템에 로그인하여 시스템 일부를 수정하였다. 다음 중 ihd 사용자가 로그인에 성공한 기록을 확인하기 위한 명령으로 틀린 것은?

① last
② last ihd
③ lastb ihd
④ lastlog -t 5

• last : /var/log/wtmp 정보를 참조하여 로그인, 로그아웃, 재부팅 이력을 확인한다.
• lastlog : /var/log/lastlog 정보를 참조하여 각 계정에 대한 마지막 로그인 정보를 출력한다.
• lastb : /var/log/btmp 로그 파일을 참조하여 로그인 실패 기록을 확인한다.

정답 53① 54④ 55③

56 다음 중 logrotate로 구현할 수 있는 작업으로 틀린 것은?

① 30분마다 한 번씩 로그 로테이트를 수행한다.
② 로그 크기가 250MB가 되면 로그 로테이트를 수행한다.
③ 로그 로테이트로 생성되는 백로그 파일을 3개로 제한한다.
④ 로그 로테이트가 된 후 "/usr/bin/killall-HUP httpd" 명령을 실행한다.

- logrotate는 시간에 따라 크기가 커질 수 있는 로그 파일을 일정 기간(시간/주/월/년), 크기 등 지정 조건에 따라 백업하는 명령어이며, /etc/logrotate.conf 설정 파일을 이용한다.
- logrotate 설정 예시

예시	설명

/var/log/wtmp {
weekly
create 0600 root utmp
rotate 4
}
	– /var/log/wtmp 로그에 대한 설정이다.
	– 매주 로그 파일을 백업하고 새롭게 바꾼다.
	– 신규 로그 파일의 퍼미션을 0600으로 하고, root를 소유자로 utmp를 소유그룹으로 한다.
	– rotate 4는 로그 파일을 4세대 분으로 남긴다. 이 경우 weekly로 로그를 백업하므로 총 4week 분이 남겨진다.

- 로그 로테이트는 시간, 주, 월, 년을 단위로 설정할 수 있다.

57 /var/log/messages 파일은 시스템에서 발생되는 표준 메시지가 쌓이는 파일로, 날짜 및 시간, 메시지가 발생한 호스트명, 메시지를 발생한 내부 시스템이나 응용 프로그램의 이름, 발생된 메시지 순으로 기록된다. 다음 중 내부 시스템이나 응용 프로그램의 이름과 발생된 메시지를 구분하는 기호로 알맞은 것은?

① 콜론(:)
② 콤마(,)
③ 파이프(|)
④ 세미콜론(;)

내부 시스템이나 응용 프로그램의 이름과 발생된 메시지를 구분하는 기호는 콜론(:)이다.

58 chattr 명령을 이용하여 파일 속성을 변경하려고 한다. 다음 중 속성 변경에 사용되는 기호로 틀린 것은?

① +
② −
③ *
④ =

- chattr : 파일의 속성을 수정하는 명령어이다. '+모드'로 속성을 추가하고, '-모드'로 속성을 제거할 수 있다. '=모드'를 이용하면 지정한 모드로 속성이 변경된다.
- chattr로 설정할 수 있는 모드

모드	설명
A	파일에 접근할 때 atime을 수정하지 않는다.
a	• 해당 파일은 오직 추가만 할 수 있다. • 덮어쓰거나 삭제하거나 이름을 변경할 수 없다.
d	dump 명령어로 백업할 때 이 속성을 갖는 파일은 통과한다.
i	해당 파일은 삭제되거나 이름을 변경할 수 없다.
S	파일의 속성이 변경되었을 때 그 즉시 디스크에 저장된다.
e	해당 파일은 블록 익스텐트(block extents)를 사용하여 저장된다.

정답 56 ① 57 ① 58 ③

59 다음 중 보안 도구 중 하나인 tripwire에 대한 설명으로 알맞은 것은?

① tripwire의 모태는 유닉스 계열 패스워드 크랙 도구(Password Crack tool)이다.
② 명령 행에서 사용하는 네트워크 트래픽 모니터링 도구로서 외부 호스트로부터 들어오는 패킷들을 검사할 수 있다.
③ 1992년 퍼듀(Purdue) 대학의 컴퓨터 보안 전문가인 Eugene Spafford 박사와 대학원생인 Gene Kim에 의해 개발되었다.
④ 네트워크 탐지 도구 및 보안 스캐너로 시스템에서 서비스 중인 포트를 스캔하여 관련 정보를 출력하는 기능을 제공한다.

tripwire : 호스트 기반 침입 탐지 시스템으로서 네트워크 침입 탐지보다는 외부 침입으로 인한 파일 시스템상의 주요 시스템 파일의 변경을 탐지하는 무결성 점검 도구이다. 즉, 지정한 디렉터리, 파일에 대한 스냅샷(Snapshot) 정보를 데이터베이스에 저장한 후, 관련 정보를 비교하여 무결성을 점검한다.

60 다음에서 설명하는 백업 유틸리티로 알맞은 것은?

- 원격지의 파일들을 동기화 하는 유틸리티이다.
- 링크된 파일이나 디바이스 파일도 복사가 가능하다.
- GNU tar와 옵션이 유사하다.
- ssh나 rsh를 이용하여 전송이 가능하다.

① rcp
② cpio
③ rsync
④ restore

① rcp : remote copy의 약자를 딴 명령어로 원격 호스트 간 파일을 복사할 수 있다.
② cpio : 대상 파일들을 복사하거나 하나의 파일로 아카이빙(Archiving) 혹은 아카이빙된 파일을 복원하는 명령어이다.
④ restore : dump 명령으로 생성한 백업 파일을 복원할 때 사용하는 명령어이다.

61 웹 브라우저를 사용해서 웹 서버에 접속했더니 그림과 같이 표시되었다. 다음 중 해당 내용과 관련된 httpd.conf의 Options 항목으로 알맞은 것은?

① Include
② Indexes
③ DirectoryIndex
④ FollowSymLinks

Indexes : default.html, index.php 등 기본 파일이 존재하지 않을 경우, 해당 디렉터리의 모든 파일 목록을 보여준다. 서버의 파일 목록이 표시되고 웹 브라우저를 이용하여 접근할 수 있으므로 보안 취약점이 발생한다. 따라서 설정하지 않는 것을 권장한다.

① Include : 별도의 설정 파일을 포함하며, 기본값은 'Include conf.d/*. conf'이다.
③ DirectoryIndex : 웹 디렉터리를 방문할 경우 처음으로 열릴(Open) 파일 목록을 정의한다.
④ FollowSymLinks : 디렉터리 내에서 심볼릭 링크 사용을 허가한다. 웹 브라우저에서 링크 파일의 경로까지 확인할 수 있으므로 보안 취약점이 발생한다. 따라서 설정하지 않는 것을 권장한다.

62 다음 중 VM1이라는 가상머신을 종료시키는 명령으로 알맞은 것은?

① virsh off VM1
② virsh halt VM1
③ virsh stop VM1
④ virsh shutdown VM1

virsh : 텍스트 기반의 콘솔 환경에서 가상 머신을 관리해 주는 도구로 생성, 시작, 재시작, 종료, 강제 종료 등의 기능을 수행한다. 'virsh start'로 가상 머신을 시작하고, 'virsh shutdown'으로 가상 머신을 종료할 수 있다. 'virsh reboot'는 리부팅, 'virsh list'는 VM 목록 확인, 'virsh destroy'는 VM을 강제종료한다.

63 다음 중 레드햇(Red Hat)사에서 개발한 LDAP 서버 프로그램으로 알맞은 것은?

① 389 Directory Server
② Active Directory Server
③ Tivoli Server
④ OpenLDAP

오답 피하기

② **Active Directory Server** : 마이크로소프트에서 개발한 LDAP (Lightweight Directory Access Protocol) 기반의 인증 서비스이다.
③ **Tivoli Server** : IBM에서 개발한 LDAP 기반의 서비스이다.
④ **OpenLDAP** : OpenLDAP 프로젝트에 의해 개발된 LDAP 오픈소스이다.

64 다음 조건일 때 NFS 클라이언트에서 설정하는 내용으로 알맞은 것은?

- NFS 서버의 주소 : 192.168.5.13
- NFS 서버의 공유 디렉터리명 : /nfsdata
- NFS 클라이언트에서 마운트할 디렉터리명 : /ndata

```
# vi /etc/fstab
(      ) timeo=15,soft,retrans=3 0 0
```

① /ndata   192.168.5.13:/nfsdata   nfs
② /ndata   nfs   192.168.5.13:/nfsdata
③ 192.168.5.13:/nfsdata   /ndata   nfs
④ 192.168.5.13:/nfsdata   nfs   /ndata

- **/etc/fstab** : 장치를 마운트할 때 참조하는 파일로 /etc/fstab에 관련 정보를 설정하여 부팅 시 자동으로 마운트되도록 구성할 수 있다.
- **예** 172.30.1.12:/var/youngjin-nfs /var/youngjin-local nfs timeo=15,soft,retrans=3 0 0

65 다음 ㉠ 및 ㉡에 들어갈 HTTP 요청 메소드로 알맞은 것은?

- (㉠) : 서버에서 자료를 가져오는 요청
- (㉡) : 서버에 정보를 전송해서 저장하는 요청

① ㉠ POST   ㉡ GET
② ㉠ GET   ㉡ POST
③ ㉠ PUT   ㉡ GET
④ ㉠ PUT   ㉡ POST

- 웹 클라이언트가 서버에게 데이터 및 관련 정보를 요청하기 위하여 HTTP 요청 메소드를 전달한다.
- HTTP의 주요 요청 메소드

메소드	설명
GET	URL 형식으로 리소스(resource) 데이터를 요청한다.
HEAD	리소스의 헤더(header) 정보를 요청하며, 서버는 응답 메시지로 본문(body)을 제외한 헤더 정보만 사용한다.
POST	- HTTP 요청을 헤더와 바디로 구분하여 사용하고, 요청할 내용을 바디에 담아 서버에 전송한다. - 주로 폼(form)문을 이용한 데이터 전송에 사용한다.
PUT	새로운 문서를 만들거나 기존 정보를 갱신하기 위해 사용한다.
DELETE	웹의 리소스(파일)를 삭제하기 위해 사용한다.
CONNECT	프록시(proxy)와 같은 중간 서버에 접속하기 위해 사용한다.
TRACE	요청한 리소스가 수신되는 경로를 확인하기 위해 사용한다.
OPTIONS	웹 서버가 제공하는 메소드를 확인하기 위해 사용한다.

66 다음 그림과 같이 php 연동 여부를 확인하려고 할 때 ( ) 안에 들어갈 내용으로 알맞은 것은?

```
<?php
    (     )
?>
```

① testphp( );
② testinfo( );
③ phpinfo( );
④ infophp( );

....

phpinfo( ) : PHP 관련 정보를 출력하는 함수로 PHP 연동 상태를 확인하기 위해 사용한다.

67 다음 중 NIS 서버에서 맵 파일들이 생성되는 디렉터리로 알맞은 것은?

① /var/yp
② /var/ypbind
③ /var/ypserv
④ /var/ypconv

....

NIS 관련 설정 후 NIS 정보를 갱신하면 /var/yp 디렉터리에 NIS 서버 이름의 디렉터리가 만들어지고 NIS 관련 정보를 갖고 있는 맵(Map) 파일들이 생성된다.

68 삼바 서버의 설정이 다음과 같은 경우에 윈도우에서 접근할 때 나타나는 폴더명으로 알맞은 것은?

```
[www]
comment = share
path = /web
public = yes
write list = @insa
```

① www
② share
③ web
④ insa

....

• Share Definition 영역에 공유 폴더의 주요 설정 옵션을 지정할 수 있다.
• Share Definition 공유 폴더의 주요 설정 옵션

설정 옵션	설명
[디렉터리 이름]	– '[ ]' 사이에 공유 폴더 이름을 지정한다. – 예 [homes]
comment	– 공유 폴더에 대한 설명을 기술한다. – 예 comment = Home Directories
path	– 공유 디렉터리의 절대 경로를 지정한다. – 예 path = /var/www/html
read only = yes	읽기만 가능하도록 설정한다.
writable = yes	쓰기가 가능하도록 설정한다.
write list = [사용자명]	– 쓰기가 가능한 사용자를 지정한다. – @를 앞에 붙여서 그룹을 지정할 수 있다. – 예 write list = smbuser @ manager
valid users = [사용자명]	접근 가능한 사용자를 지정하며, 만일 별도로 지정하지 않을 경우 전체 사용자가 접근 가능하게 된다.
public = no	개인 사용자만 사용할 수 있도록 설정한다.
browseable = no	이용 가능한 공유 리스트에 표시되지 않도록 설정한다.
create mask = 값	파일을 생성할 때 사용되는 기본 모드를 지정한다(예 0644).
follow symlinks = no	심볼릭 링크를 따르지 않도록 설정하여 잠재적인 보안 위협을 제거한다.

정답 66 ③ 67 ① 68 ①

69 다음 중 vsftpd.conf에서 익명의 사용자도 업로드가 가능하도록 지정하는 설정으로 알맞은 것은?

① anon_upload_enable=ON
② anon_upload_enable=OFF
③ anon_upload_enable=YES
④ anon_upload_enable=NO

- /etc/vsftpd/vsftpd.conf 파일을 이용하여 vsftpd의 동작 환경을 설정한다.
- vsftpd.conf의 주요 설정 항목

항목	설명
anonymous_enable =YES	익명(anonymous) 사용자의 접속을 허가한다.
anon_upload_ena ble=YES	익명 사용자의 업로드를 허가한다.
local_enable=YES	로컬 계정 사용자의 접속을 허가한다.
write_enable=YES	FTP 쓰기(write) 명령을 허가한다.
local_umask=022	기본 umask 값인 077을 지정한 값(022)으로 변경한다.
chroot_local_user =YES	접속한 사용자의 홈 디렉터리를 최상위 디렉터리가 되도록 지정한다.
chroot_list_enable =YES	홈 디렉터리의 상위 디렉터리로 이동할 수 있는 사용자 목록을 사용한다.
chroot_list_file= [파일명]	/etc/vsftpd/chroot_list와 같이 상위 디렉터리로 이동할 수 있는 사용자 목록을 담은 파일을 지정한다.
chown_uploads =YES	익명 사용자가 업로드한 파일의 소유권을 변경한다.
chown_username =[계정명]	익명 사용자가 업로드한 파일의 소유권을 갖게 될 사용자를 설정한다.
pam_service_name =[이름]	vsftpd와 같이 PAM 인증에 사용할 설정 파일의 이름을 지정한다.
userlist_enable =YES	/etc/vsftpd/user_list를 사용한다.

항목	설명
tcp_wrapper=YES	tcp_wrapper를 이용하여 접근제어를 수행한다.
session_support=YES	wtmp에 로그를 남겨 last 명령으로 접속 여부를 확인할 수 있다.
dirmessage_enable =YES	디렉터리 이동 시 해당 디렉터리의 메시지(.message 파일의 내용)가 표시된다.
ftpd_banner=[메시지]	FTP 접속 시 표시될 환영 메시지를 설정한다.
xferlog_enable=YES	FTP 관련 로그를 기록한다.
xferlog_file=[경로명]	/var/log/xferlog와 같이 로그 파일 경로를 지정한다.
xferlog_std_format =YES	로그 파일이 표준 포맷을 사용하도록 설정한다.
listen_port=[포트번호]	21과 같이 vsftpd의 접속포트를 지정한다.
ftp_data_port =[포트번호]	20과 같이 데이터 전송에 사용할 포트를 지정한다.
listen=YES	스탠드어론(standalone) 모드로 동작 시 설정하는 항목이다.
idle_session_timeout =[초]	Idle 상태에서 접속을 유지할 최대 시간을 설정한다. (기본 300초)
data_connection_time out=[초]	Data connection을 끊기 전까지의 대기시간을 설정한다. (기본 60초)
max_clients=[최대값]	접속할 수 있는 클라이언트(client)의 최대 허용 건수를 지정한다.
max_per_ip=[최대값]	한 IP 주소당 접속할 수 있는 최대 허용 건수를 지정한다.

정답 69 ③

70 다음 중 NFS 서버를 설정할 때 사용하는 root_squash 옵션에 대한 설명으로 알맞은 것은?

① root 사용자만 nfsnobody 권한으로 매핑시키고, 일반 사용자 권한은 그대로 인정된다.
② root 사용자는 권한이 인정되고, 일반 사용자를 nfsnobody 권한으로 매핑시킨다.
③ root 사용자와 일반 사용자 모두 nfsnobody 권한으로 매핑시킨다.
④ root 사용자와 일반 사용자 모두 권한이 그대로 인정된다.

root 사용자의 접근 권한 설정

설정값	설명
no_root_squash	root 권한 접근을 허용한다.
root_squash	root 권한 접근을 거부하기 위하여, 클라이언트의 root 요청을 nobody(또는 nfsnobody)로 매핑시킨다. (기본값)
all_squash	NFS 클라이언트에서 접근하는 모든 사용자 (root 포함)의 권한을 nobody(또는 nfsnobody)로 매핑시킨다.
anonuid	특정 계정의 권한을 할당한다.

71 다음 ㉠ 및 ㉡에 들어갈 내용이 알맞게 짝지어진 것은?

(㉠) 프로토콜은 서버에 도착한 메일을 클라이언트에서 직접 내려 받아 읽도록 해주는 프로토콜로 클라이언트가 메일을 가지고 가면 서버에 있는 메일은 삭제된다. 이 프로토콜은 (㉡)번 포트를 사용한다.

① ㉠ IMAP   ㉡ 110
② ㉠ IMAP   ㉡ 143
③ ㉠ POP3   ㉡ 110
④ ㉠ POP3   ㉡ 143

POP3 : 메일 서버에 도착한 메일을 수신하는 프로토콜로, 클라이언트 프로그램으로 메일을 가져온 후 서버에서 해당 메일을 삭제한다. TCP/110번 포트를 이용한다.

오답 피하기

IMAP : 메일 서버에 도착한 메일을 수신하는 프로토콜이며, POP3과 다르게 이메일 메시지를 서버에 남겨 두었다 나중에 삭제할 수 있다. TCP 143번 포트를 이용한다.

72 다음 중 발신 도메인을 ihd.or.kr로 강제 적용할 때 설정하는 sendmail.cf 파일의 내용으로 알맞은 것은?

① Cwihd.or.kr
② Fwihd.or.kr
③ Djihd.or.kr
④ Oihd.or.kr

- '/etc/mail/sendmail.cf' : sendmail의 주 설정 파일로 sendmail의 기본 동작 방식을 지정한다.
- sendmail.cf의 주요 설정 항목

설정 항목	설명
Cw	- 메일 수신 호스트의 이름을 설정하며, 보통 도메인명을 이용한다. 만일 여러 개의 도메인을 이용할 경우 'Fw' 항목으로 관련 설정 파일을 별도로 지정할 수 있다. - 기본값 : Cwlocalhost
Fw	- 여러 개의 도메인명을 수신 호스트의 이름으로 이용할 경우 관련 설정 파일을 지정한다. - 기본값 : Fw/etc/mail/local-host-names
Ft	- Trusted user를 설정한다. Trusted user는 메일 발신 시 발송자의 주소를 변경할 수 있다. - 기본값 : Ft/etc/mail/trusted-users Troot Tdaemon Tuucp
Dj	- 메일 발송 시, 발신 도메인 이름을 강제로 지정한다. 발신 도메인의 이름을 일반적으로 sendmail이 자동으로 결정하므로 특별한 경우에만 사용한다. - 예 Djyoungjin-mail.com
Dn	- sendmail이 회신(return) 메일을 보낼 때 사용하는 사용자 이름을 지정한다. - 기본값 : DnMAILER-DAEMON
FR-o	- Relay를 허용할 도메인을 설정한다. - 기본값 : FR-o /etc/mail/relay-domains
Kvirtuser	- 한 대의 메일 서버에서 동시에 운영하는 여러 개의 가상 호스트에서 동일한 계정을 공유하여 사용할 수 있도록 관련 설정 파일을 지정한다. - 기본값 : Kvirtuser hash -o /etc/mail/virtusertable.db
Kaccess	- sendmail 접근제어를 담당하며, 특정 호스트 혹은 도메인에 대한 접근 허가 여부를 설정한 파일을 지정한다. - 기본값 : Kaccess hash -T⟨TMPF⟩ -o /etc/mail/access.db
O AliasFile	- 특정 계정으로 전송된 메일을 다른 계정으로 전달할 수 있도록 설정한 파일을 지정한다. - 기본값 : O AliasFile=/etc/aliases
O MaxMessageSize	- 메일 메시지의 최대 크기를 바이트 단위로 지정한다. 주석 혹은 0으로 설정하면 제한 없이 사용할 수 있다. - 예 O MaxMessageSize=0
O ForwardPath	- 사용자 개인이 수신한 메일을 다른 메일로 포워딩(Forwarding)할 때 사용하는 설정 파일을 지정한다. - 기본값 : O ForwardPath=$z/.forward,$w:$z/.forward
O DaemonPortOptions	- SMTP 데몬(Daemon)의 옵션을 설정한다. - 기본값 : O DaemonPortOptions=Port=smtp,Addr=127.0.0.1, Name=MTA - Addr을 '127.0.0.1'로 설정하면 localhost에서만 사용할 수 있고, '0.0.0.0'으로 설정하면 모든 주소에서 사용할 수 있다. 참고로 SMTP의 기본 포트 번호는 25번이다.
O DeliveryMode	- sendmail의 동작 방식을 지정한다. - 기본값 : O DeliveryMo=background
O Timeout.queuereturn	- 설정한 기간 동안 메일이 발송되지 않을 경우 보낸 사람에게 반송된다. - 기본값 : O Timeout.queuereturn=5d
O QueueDirectory	- 메일 전송 시 사용하는 큐(Queue) 디렉터리를 지정한다. - 기본값 : O QueueDirectory=/var/spool/mqueue

73 다음 설명에 해당하는 메일 관련 파일로 알맞은 것은?

> 여러 회사의 도메인을 운영하는 호스팅 회사의 메일 서버이다. 여러 회사에서 webmaster라는 이메일 계정을 요구하였다. 이러한 요구를 처리하기 위해 사용되는 파일이다.

① /etc/aliases
② /etc/mail/access
③ /etc/mail/virtusertable
④ /etc/mail/local-host-names

/etc/mail/virtusertable : 가상의 메일 계정으로 들어오는 메일을 특정 계정으로 전달하는 정보를 설정한다.

오답 피하기

① /etc/aliases : 메일의 별칭 혹은 특정 계정으로 수신한 이메일을 다른 계정으로 전달하도록 설정하며, 보통 여러 사람에게 전달할 때 사용한다.
② /etc/mail/access : 메일 서버에 접속하는 호스트의 접근을 제어하는 설정 파일로 스팸 메일 방지 등에 사용할 수 있다.
④ /etc/mail/local-host-names : sendmail에서 수신할 메일의 도메인과 호스트, 즉 메일 수신자를 설정하며 sendmail을 다시 시작하여 적용한다.

74 다음은 /etc/named.conf 파일 설정의 일부이다. (   ) 안에 들어갈 내용으로 알맞은 것은?

> ```
> options {
> (        ) "/var/named";
> }
> ```

① type
② file
③ directory
④ recursion

• /etc/named.conf : 존(zone) 파일, 리버스 존(Reverse zone) 파일을 비롯한 DNS 서버의 주요한 환경을 설정하는 설정 파일이다.
• /etc/named.conf의 형식 : options, acl, logging, zone 등의 주요 구문이 있으며, 각 구문은 중괄호 "{ }"로 둘러싸고 끝날 때는 세미콜론 ";"을 사용한다.
• options 구문의 설정 예시

```
options {
     listen-on port 53 { 127.0.0.1; };
     listen-on-v6 port 53 { ::1; };
     directory          "/var/named";
     dump-file          "/var/named/data/cache_
dump.db";
     statistics-file     "/var/named/data/named_
stats.txt";
     memstatistics-file  "/var/named/data/named_
mem_stats.txt";
     allow-query        { localhost; };
     recursion yes;

     dnssec-enable yes;
     dnssec-validation yes;

     /* Path to ISC DLV key */
     bindkeys-file "/etc/named.iscdlv.key";

     managed-keys-directory "/var/named/dy-
namic";
};
```

• options 구문의 주요 설정 항목

설정 항목	설명
directory	– zone 파일의 저장 디렉터리를 설정하며, 반드시 필요한 항목이다. – 예 directory "/var/named";
dump-file	– 정보 갱신 시 저장 파일로 사용할 dump-file의 파일명을 지정한다. – 예 dump-file "/var/named/data/cache_dump.db";
statistics-file	– 통계 정보를 저장할 파일명을 지정한다. – 예 statistics-file "/var/named/data/named_stats.txt";
memstatistics-file	– 메모리 통계 정보를 저장할 파일명을 지정한다. – 예 memstatistics-file "/var/named/data/named_mem_stats.txt";
forward	– forwarders 옵션과 함께 사용하며, only 혹은 first 값을 가진다. – forward only : 도메인 주소에 대한 질의를 다른 서버에게 넘긴다. – forward first : 다른 서버에서 응답이 없을 경우, 자신이 응답하도록 설정한다.
forwarders	– forward를 처리할 서버를 지정한다. – 여러 개의 서버를 세미콜론으로 구분하여 설정한다.
allow-query	– 네임서버에 질의할 수 있는 호스트를 지정한다. – 예 allow-query { localhost; };
allow-transfer	– 존(zone) 파일 내용을 복사(transfer)할 대상을 제한한다. – 예 allow-transfer {172.3.1.0/24;};
datasize	– DNS 정보 캐싱에 사용할 메모리 크기를 제한한다. – 예 datasize 128M;
recursion	– 하위 도메인 검색 허용 여부를 지정한다. – yes로 설정하면, 네임 서버에 설정하지 않은 도메인을 질의할 경우 캐싱 네임 서버의 역할로 동작하여 DNS 질의를 수행한다. – 예 recursion yes;

75 다음은 zone 파일 설정의 일부이다. 관리자 계정이 ihduser, 도메인이 ihd.or.kr일 경우 ( ) 안에 들어갈 내용으로 알맞은 것은?

> @ IN SOA ns.ihd.or.kr. ( ) (
> 201902152120 ; serial
> ——— 이하 생략 ———

① ihduser.ihd.or.kr
② ihduser.ihd.or.kr.
③ ihduser@ihd.or.kr
④ ihduser@ihd.or.kr.

관리자 계정은 '계정.도메인.' 형식으로 지정하며, '.'으로 끝나야 한다.

76 다음 설명에 해당하는 가상화의 종류로 알맞은 것은?

> 게스트 운영체제와 VMM(Virtual Machine Monitor)과의 원활한 통신을 위해 게스트 운영체제의 커널 일부분을 수정하여 적용한다.

① 전가상화
② 반가상화
③ 호스트 기반가상화
④ 운영체제 레벨 가상화

반가상화 : 게스트 OS는 하이퍼바이저에 하드웨어의 제어를 요청하여 동작하며, 게스트 OS의 수정이 필요하다.

[오답 피하기]

① **전가상화** : Intel-VT(Virtualization Technology), AMD-V 등 CPU의 물리적 가상화 지원 기능을 이용하여 하드웨어를 완전히 가상화하며, 게스트 OS를 수정 없이 사용할 수 있다.
③ **호스트 기반 가상화** : 호스트 운영체제에 VMM을 설치하고 가상 머신(Virtual Machine)을 생성하며, 대표적으로 VirtualBox, VMware Player 등이 있다.
④ **운영체제 레벨 가상화** : 여러 개의 격리된 사용자 공간 인스턴스를 운영체제 커널 내부에서 생성하여 관리하는 가상화 방식이다.

정답 75 ② 76 ②

77 다음 중 다양한 하이퍼바이저(hypervisor)들을 통합 관리하기 위해 플랫폼에 해당하는 기술로 틀린 것은?

① Openstack
② Cloudstack
③ vSphere
④ Eucalyptus

vSphere : VMware의 클라우드 컴퓨팅 가상화 플랫폼이다.

오답 피하기

① Openstack : IaaS(Infrastructure as a Service) 형태의 클라우드 컴퓨팅을 구축할 수 있는 오픈소스 프로젝트로 다양한 커뮤니티 활동이 장점이다.
② Cloudstack : 시트릭스(Citirix)에서 오픈소스로 공개한 클라우드 컴퓨팅 프로젝트로, 쉬운 사용성과 다양한 도입 사례가 장점이다.
④ Eucalyptus : 사설 및 하이브리드 클라우드를 구축할 수 있는 오픈소스 소프트웨어로 Amazon Web Service와 호환 가능한 플랫폼을 구축할 수 있다.

78 다음 설명에 해당하는 가상화 기술로 알맞은 것은?

> CPU를 포함해서 이더넷 카드, Disk I/O, VGA 그래픽 인터페이스 등의 반가상화를 지원한다.

① KVM
② XEN
③ Docker
④ VirtualBox

XEN : CPU 전가상화, 반가상화를 모두 지원하는 하이퍼바이저(Hypervisor) 기반의 가상화 기술로 리눅스뿐만 아니라 윈도우, Solaris 등을 지원한다.

오답 피하기

① KVM : 인텔 CPU가 지원하는 VT-x 및 AMD-V를 기반으로 CPU 전가상화를 지원하는 기술로 리눅스 커널 2.6.20부터 포함되었다. 비록 CPU 반가상 기술을 지원하지 않으나 이더넷, Disk I/O, 그래픽 등은 반가상화를 지원한다.
③ Docker : 하이퍼바이저를 사용하거나 게스트 운영체제를 설치하지 않고, 서버 운영에 필요한 프로그램과 라이브러리만 이미지로 만들어 프로세스처럼 동작시키는 경량화된 가상화 기술이다.
④ VirtualBox : 오라클이 주도하여 개발 및 배포하고 있는 x86 기반 가상화 소프트웨어이다.

1차 시험 기출문제

정답 77 ③ 78 ②

최신 기출문제 02회 2-59

79 DNS 서버의 IP 주소가 192.168.12.220이고, 도메인이 ihd.or.kr이다. 다음 중 리버스 존(Reverse Zone) 파일을 지정할 때 (   ) 안에 들어갈 내용으로 알맞은 것은?

```
zone "(            )"    IN  {
type master;
file "linux.rev";
};
```

① 192.168.12.in-addr.arpa
② 12.168.192.in-addr.arpa
③ ihd.or.kr.in-addr.arpa
④ kr.or.ihd.in-addr.arpa

Reverse zone은 IP 주소를 도메인으로 변경하는 역할을 하며, 이름은 네트워크 ID를 역순으로 나열하고 in-addr.arpa를 붙인다.

80 다음 중 설치한 후에 해당 기술이 포함된 커널로 재부팅해야만 서비스 운영이 가능한 가상화 기술로 알맞은 것은?

① KVM
② XEN
③ Docker
④ VirtualBox

XEN은 반가상화를 지원하는 하이퍼바이저(Hypervisor) 기반의 가상화 기술이다. 게스트 OS는 하이퍼바이저에 하드웨어의 제어를 요청하여 동작하며, 게스트 OS의 수정이 필요하다.

오답 피하기
① KVM : 전가상화를 지원하며, 게스트 OS를 수정 없이 사용할 수 있다.
③ Docker : 게스트 운영체제를 설치하지 않는 경량화된 가상화 기술이다.
④ VirtualBox : 오라클이 주도하여 개발 및 배포하고 있는 x86 기반 가상화 소프트웨어이다.

81 아파치 2.x 버전 웹 서버의 포트 번호를 8080으로 변경하려고 한다. 다음 중 httpd.conf에 설정하는 항목 값으로 알맞은 것은?

① Port 8080
② Port :8080
③ Listen 8080
④ Listen :8080

• 아파치 웹 서버는 /etc/httpd/conf/httpd.conf를 환경설정 파일로 이용한다.
• httpd.conf의 주요 설정 항목

설정	내용
ServerRoot	웹 서버의 주요 파일들이 저장된 최상위 디렉터리를 지정한다.
Listen	웹 서버가 이용할 포트 번호를 지정한다.
ServerName	웹 서버의 호스트이름을 지정한다.
DocumentRoot	HTML과 같은 웹 서버의 컨텐츠가 저장되는 루트 디렉터리를 지정한다.
UserDir	일반 사용자의 웹 디렉터리를 지정한다.
ServerAdmin	관리자의 메일 주소를 지정한다.
DirectoryIndex	웹 브라우저(클라이언트)의 요청에 따라 지정한 순서의 파일을 응답으로 전송한다.
ServerTokens	HTTP 응답헤더에 포함하여 전송할 서버의 정보 수준으로, 보안을 위해 최소 정보만 사용하도록 prod로 설정하는 것을 권장한다.
KeepAlive	On으로 설정하면 아파치의 한 프로세스로 특정 사용자의 지속적인 요청 작업을 계속 처리한다.

82 다음 중 xinetd.conf 파일에서 instances 항목에 대한 설명으로 알맞은 것은?

① 사용 가능한 서비스의 목록을 지정한다.
② 동시에 서비스할 수 있는 서버의 최대 개수를 지정한다.
③ 동일한 IP 주소로 접속할 수 있는 서비스의 수를 지정한다.
④ 초당 요청 수가 일정 개수 이상일 경우에 지정한 시간 동안 접속 연결을 중단한다.

• xinetd 방식으로 동작하는 서비스 전체에 대한 설정 파일은 '/etc/xinetd.conf'이고, 개별 데몬에 대한 설정 파일은 '/etc/xinetd.d' 디렉터리에 저장된다.
• /etc/xinetd.conf의 주요 기본 설정

주요 기본 설정	내용
instances	− 동시에 서비스할 수 있는 서버의 최대 수를 지정한다. − UNLIMITED로 지정하면 제약 없이 동작한다.
log_type	− 로그 기록 방식을 지정하며, SYSLOG와 FILE 두 가지 형식을 지원한다. − SYSLOG : 'SYSLOG syslog_facility [syslog_level]' 형식을 따른다. − FILE : 'FILE 파일명 [limit 옵션]'의 형식을 따르며, limit 옵션은 로그 파일의 크기를 결정한다.
log_on_success	− 서버 시작, 종료 및 접속 시 기록할 내용을 지정한다. − PID, HOST(원격 호스트 IP), USERID(원격 사용자 ID), EXIT(종료 시의 상태), DURATION(세션 지속 상태) 등의 값을 조합해서 사용할 수 있다.
log_on_failure	− 서버가 시작될 수 없거나 접근이 거부되었을 때, 기록할 내용을 지정한다. − HOST, USERID, ATTEMPT(실패한 시도) 등의 값을 조합해서 사용할 수 있다.
cps	− 초당 최대 요청과 이를 초과할 경우 접속 제한 시간을 설정한다. − 'cps = 25 30'일 경우 초당 요구 사항이 25개 이상일 경우 30초 동안 연결을 제한한다.
only_from	이용 가능한 원격 호스트를 지정한다.
per_source	− 동일한 IP 주소로부터 접속할 수 있는 최대 접속 수를 지정한다. − UNLIMITED로 지정하면 제약 없이 접속할 수 있다.
includedir /etc/xinetd.d	− 각각의 서비스(daemon) 설정을 개별 파일에서 지정한다. − 이 속성을 이용하면 xinetd.conf에서 해당 서비스를 설정할 수 없다.

참고

• 최근 리눅스의 경우 CentOS 6까지 xinetd 방식으로 이용하던 많은 서비스들이 단독 데몬으로 전환되거나 systemd에 의한 관리방식으로 통합되었다.
• systemd 방식은 socket 기능(ondemand activation)을 통해 효율적으로 메모리를 관리할 수 있으며, 이에 따라 기존 xinetd를 통해 제공하던 rsync, telnet 등의 서비스가 systemd 방식으로 통합되었다.

83 다음 (   ) 안에 들어갈 내용으로 알맞은 것은?

```
# vi (     )
NISDOMAIN=ihd.or.kr
```

① /etc/yp.conf
② /etc/ypbind.conf
③ /etc/ypserv.conf
④ /etc/sysconfig/network

/etc/sysconfig/network에 NIS 도메인명을 설정하여 시스템 부팅 시 항상 적용되도록 할 수 있다.

오답 피하기

① /etc/yp.conf : NIS 서비스(서버)와 도메인 정보를 설정하며, ypbind의 환경설정 파일로 사용된다. **예** server server.youngjin-nistest.com
③ /etc/ypserv.conf : ypserv를 위한 옵션을 저장한다.

84 다음 중 NIS 서버의 사용자 계정 정보가 저장되는 맵 파일명으로 알맞은 것은?

① passwd.userid
② passwd.username
③ passwd.byid
④ passwd.byname

NIS 서버에서 사용자 관련 정보를 저장하는 맵 파일은 passwd.byname이며, NIS 데이터베이스의 키 값을 출력하는 ypcat에 파라미터(Parameter)로 지정하여 정보를 출력할 수 있다.

정답 82 ② 83 ④ 84 ④

1차 시험 기출문제

최신 기출문제 02회 2-61

85 다음 중 리눅스 시스템에서 윈도우 시스템에 공유된 디렉터리명을 확인할 때 사용하는 명령으로 알맞은 것은?

① smbstatus
② testparm
③ smbclient
④ nmblookup

- smbclient : 이용하여 삼바의 공유 디렉터리 정보를 확인하고, 서버에 접속한다.
- smbclient의 주요 옵션

옵션	내용
-L	삼바 서버의 공유 디렉터리 정보를 표시한다.
-M	Ctrl+D와 함께 사용하여 메시지를 전송한다.
-U [사용자 이름]	사용자 이름을 지정한다.
-p [TCP 포트]	서버의 TCP 포트 번호를 지정한다.

오답 피하기
① smbstatus : 삼바의 현재 접속 정보를 확인하는 명령어이다.
② testparm : 삼바의 설정 정보를 확인하는 명령어이다.
④ nmblookup : 삼바 서버의 NetBIOS 이름으로 IP 주소를 조회할 수 있는 명령어이다.

86 다음 중 PAM 관련 설정 파일에서 사용되는 파일로 기본 설정이 접근 거부될 사용자 목록 파일은?

① /etc/vsftpd/ftpuser
② /etc/vsftpd/ftpusers
③ /etc/vsftpd/user_list
④ /etc/vsftpd/users_list

/etc/vsftpd/ftpusers : PAM과 연관된 설정 파일로 FTP 서비스에 접근할 수 없는 사용자(계정)를 지정한다.

오답 피하기
③ /etc/vsftpd/user_list : vsftpd.conf의 항목 중 'userlist_enable=YES'로 설정되어야 사용할 수 있으며, 'userlist_deny=YES' (기본값)로 설정된 경우 등록된 사용자(계정)는 FTP 서비스에 접근할 수 없다.

87 다음 중 MTA(Mail Transfer Agent)에 속하는 프로그램으로 틀린 것은?

① kmail
② qmail
③ postfix
④ sendmail

---

kmail : KDE 기반 이메일 클라이언트로 GUI를 이용하여 이메일을 주고 받을 수 있는 MUA(Mail User Agent) 프로그램이다.

88 회사에서 두 개의 도메인을 사용하는 관계로 두 개의 도메인 모두 메일을 받을 수 있도록 파일에 등록하는 과정이다. 다음 (   ) 안에 들어갈 파일명으로 알맞은 것은?

```
# vi (      )
ihd.or.kr
kait.or.kr
```

① /etc/aliases
② /etc/mail/access
③ /etc/mail/virtusertable
④ /etc/mail/local-host-names

/etc/mail/local-host-names : sendmail에서 수신할 메일의 도메인과 호스트, 즉 메일 수신자를 설정하며 sendmail을 다시 시작하여 적용한다.

오답 피하기
① /etc/aliases : 메일의 별칭 혹은 특정 계정으로 수신한 이메일을 다른 계정으로 전달하도록 설정하며, 보통 여러 사람에게 전달할 때 사용한다.
② /etc/mail/access : 메일 서버에 접속하는 호스트의 접근을 제어하는 설정 파일로 스팸 메일 방지 등에 사용할 수 있다.
③ /etc/mail/virtusertable : 가상의 메일 계정으로 들어오는 메일을 특정 계정으로 전달하는 정보를 설정한다.

정답 85③ 86② 87① 88④

2-62　**PART 04 ·** CHAPTER 01 해설과 함께 보는 최신 기출문제

89 다음 ( ) 안에 들어갈 명령으로 알맞은 것은?

```
# cd /etc/mail
# (        ) sendmail.mc 〉 sendmail.cf
```

① m4
② makemap hash
③ newaliases
④ sendmail −bi

- /etc/mail/sendmail.mc : sendmail의 설정을 편리하게 관리할 수 있는 보조 파일이며, m4 유틸리티를 'm4 sendmail.mc 〉 sendmail.cf'와 같이 사용하여 sendmail.cf를 생성한다.
- /etc/mail/access : 메일 서버에 접속하는 호스트의 접근을 제어하는 설정 파일로 스팸 메일 방지 등에 사용할 수 있다. makemap hash /etc/mail/access 〈 /etc/mail/access'와 같은 명령으로 '/etc/mail/access.db'에 적용한다.
- /etc/aliases : 메일의 별칭 혹은 특정 계정으로 수신한 이메일을 다른 계정으로 전달하도록 설정하며, 보통 여러 사람에게 전달할 때 사용한다. sendmail이 참조하는 파일은 /etc/aliases.db이므로 /etc/aliases를 수정한 후 newaliases나 sendmail −bi 명령으로 적용한다.

90 다음은 존 파일(Zone File)의 일부 내용이다. ( ) 안에 들어갈 내용으로 알맞은 것은?

```
www IN (        ) 192.168.12.22
```

① A
② AAAA
③ NS
④ CNAME

A : Address Mapping Records. 도메인 이름에 해당하는 IPv4 주소를 의미한다.

오답 피하기

② AAAA : IPv6 Address Records. 도메인 이름에 해당하는 IPv6 주소를 의미한다.
③ NS : Name Server. 호스트에 대한 공식 네임서버를 의미한다.
④ CNAME : Canonical Name. 도메인 이름에 대한 별칭을 의미한다.

91 다음 설명에 해당하는 DNS 서버의 종류로 가장 알맞은 것은?

관리하는 도메인이 없어도 리졸빙(Resolving)만을 위해 구성하는 서버이다. 도메인에 대한 리졸빙 결과를 저장하고 서버에 기록된 정보에 대한 요청이 들어오는 경우에 직접 조회하지 않고 바로 응답해주는 역할을 수행한다.

① Caching DNS
② Secondary DNS
③ Master DNS
④ Slave DNS

오답 피하기

② Secondary DNS : Slave DNS라고도 하며, Primary Name Server의 zone 파일을 백업한다.
③ Master DNS : Primary Name Server라고도 하며, 필수 항목이다.
④ Slave DNS : Secondary DNS의 다른 이름이다.

92 다음은 squid.conf에서 포트 번호를 지정하는 항목이다. (　　) 안에 들어갈 내용으로 알맞은 것은?

> (　　) 3128

① port
② listen
③ http_port
④ proxy_port

• squid는 '/etc/squid/squid.conf' 파일을 환경설정 파일로 이용한다.
• squid.conf의 주요 옵션 항목

옵션	설명
cache_dir [옵션]	• 옵션 : cache_dir ufs [경로] [캐시 데이터크기] [첫번째디렉터리수] [두 번째디렉터리수] • ufs : squid의 저장 포맷 • 예 cache_dir ufs /var/spool/ squid 100 16 256
http_port [포트번호]	• 사용할 포트 번호를 지정한다. • 예 http_port 3128
acl [별칭] src [IP 주소대역] acl [별칭] dst [IP 주소대역] acl [별칭] port [포트번호] acl [별칭] src-domain [도메인명] acl [별칭] dstdo-main [도메인명]	• acl 구문으로 별칭을 지정한 후, 별 칭에 대한 접근 권한을 설정한다. 　－ http_access allow [별칭] : 접근 허가 　－ http_access deny [별칭] : 접근 거부 • 예 acl local src 192.168.10.0/ 255.255.255.0 http_access allow local http_access deny all acl Safe_ports port 80 acl Safe_ports port 21 http_access deny !Safe_ ports
cache_mem [크기]	• 캐시의 크기를 설정한다. • 예 cache_mem 2048 MB
cache_log [로그파 일경로]	로그 파일을 지정한다.

93 다음은 dhcpd.conf에서 게이트웨이 주소를 지정하는 항목이다. (　　) 안에 들어갈 내용으로 알맞은 것은?

> option (　　) 192.168.12.1;

① gateway
② gateway-address
③ routers
④ routers-address

• DHCP 데몬(daemon)인 dhcpd는 /etc/dhcp/dhcpd.conf를 설정 파 일로 이용한다. 이때 설정 문장 뒤에는 반드시 세미콜론(;)이 있어야 한 다.
• dchpd.conf의 주요 설정 항목

설정 항목	설명
range	클라이언트에 할당할 IP 범위 를 지정한다.
range dynamic-bootp	DCHP 클라이언트와 BOOTP 클라이언트를 함께 지원한다.
option domain-name	도메인 이름을 지정한다.
option domain-name-servers	네임서버를 지정한다.
option routers	게이트웨이 주소를 지정한다.
option broadcast-address	브로드캐스팅 주소를 지정한 다.
default-lease-time	초(second) 단위로 임대요청 만료시간을 지정한다.
max-lease-time	초 단위로 클라이언트가 사용 할 IP의 최대 시간을 지정한 다.
option subnet-mask	서브넷 마스크를 지정한다.
fixed-address	특정 MAC 주소를 갖는 시스 템에 고정적인 IP 주소를 할 당한다.

94 다음 중 VNC 서버의 환경설정 파일에서 해상도를 지정하는 옵션으로 알맞은 것은?

```
VNCSERVERARGS[2]="(      ) 1024x768"
```

① -set
② -pixel
③ -resolution
④ -geometry

CentOS 6 기준으로 정답이 ④번이다.

> **참고**
> • 최근 리눅스의 VNC 서비스 설정 파일은 /usr/lib/systemd/system/vncserver@.service 이다. 파일을 편집한 후 vncserver@:1.service와 같은 파일명으로 복사하여 저장한다. 여기서 '1'은 디스플레이 번호이다.
> • 해상도 설정이 필요할 경우, 설정 파일의 ExecStart 항목에 -geometry 옵션을 지정한다. **데** Exec-Start=/usr/bin/vncserver_wrapper master %i -geometry 1024×768

95 다음 (   ) 안에 들어갈 내용으로 알맞은 것은?

> NTP(Network Time Protocol)는 여러 계층으로 구성되는데, 이러한 계층을 (   )(이)라고 한다. 이 계층에서 최상위 계층은 0이 부여되는데 세슘 원자시계, GPS 시계 등과 같은 장치이다.

① class
② grade
③ layer
④ stratum

계급(Stratum)은 원자시계 또는 GPS와 같은 장치인 0단계부터 가장 낮은 15단계의 계층으로 구성되며, 숫자가 낮은 계급(단계)이 높은 계급(단계)보다 품질이 더 우수하다.

96 iptables 명령의 '-j LOG' 옵션을 통해서 특정 호스트에 대한 로그를 기록하도록 정책을 설정하였다. 다음 중 관련 로그가 기록되는 파일로 알맞은 것은?

① /var/log/btmp
② /var/log/secure
③ /var/log/iptables
④ /var/log/messages

/var/log/messages : 전체 시스템의 모든 동작 사항과 정보 메시지와 이벤트가 로그로 남겨진다.

> **오답 피하기**
> ① /var/log/btmp : 로그인 실패를 기록하며, lastb 명령으로 확인한다.
> ② /var/log/secure : 시스템의 로그인 행위에 대하여 성공, 실패, 인증 과정에 대한 로그가 기록된다.

97 다음과 같은 설정을 통해 ssh 침입을 시도하는 특정 호스트를 차단하려고 할 때 적용할 수 있는 파일로 알맞은 것은?

```
sshd: 192.168.7.4
```

① /etc/hosts.deny
② /etc/ssh/sshd_config
③ /etc/syscofing/iptlables
④ /etc/syscofing/selinux

xinetd 데몬에 의해 관리되는 서비스는 TCP Wrapper에 의해 접근 제어를 할 수 있으며, TCP Wrapper는 '/etc/hosts.allow' 파일과 '/etc/hosts.deny' 설정 파일을 이용하여 접근 제어를 제공한다.

> **오답 피하기**
> ② /etc/ssh/sshd_config : sshd 데몬의 환경설정 파일이다.

> **참고**
> • 최근 리눅스의 경우 CentOS 6까지 xinetd 방식으로 이용하던 많은 서비스들이 단독 데몬으로 전환되거나 systemd에 의한 관리방식으로 통합되었다.
> • systemd 방식은 socket 기능(ondemand activation)을 통해 효율적으로 메모리를 관리할 수 있으며, 이에 따라 기존 xinetd를 통해 제공하던 rsync, telnet 등의 서비스가 systemd 방식으로 통합되었다.

98 다음 중 INPUT 사슬에 대한 기본 정책을 거부로 설정하는 명령으로 알맞은 것은?

① iptables −F INPUT DROP
② iptables −N INPUT DROP
③ iptables −P INPUT DROP
④ iptables −X INPUT DROP

••

• iptables는 리눅스의 방화벽이라고도 하며 패킷 필터링 정책을 사용하여 특정 패킷을 분석하고 허용 혹은 차단할 수 있다.
• iptables는 filter, nat, mangle, raw의 4가지 테이블을 지원하며 각 테이블별로 고유한 사슬(Chain)을 지정하고 정책을 설정한다.
• iptables의 테이블

테이블 이름	설명
filter	iptables의 기본 테이블로 패킷 필터링 기능을 담당한다.
nat	– Network Address Translation. 즉, IP 주소 및 포트를 변환하고 관리한다. – 하나의 공인 IP를 여러 호스트가 사용하고자 할 때 주로 사용한다.
mangle	성능 향상을 위한 TOS(Type of Service) 설정과 같이 패킷 데이터를 변경하는 특수 규칙을 적용한다.
raw	연결추적(Connection tracking)을 위한 세부 기능을 제공한다.
security	SELinux(보안커널)에서 사용하는 접근제어 규칙을 적용한다.

• iptables의 filter 테이블에는 미리 정의된 3가지 체인이 있으며, 이를 이용하여 네트워크 패킷을 대상으로 정해진 규칙을 수행하고 패킷 필터링 및 방화벽 기능을 수행한다.
• filter 테이블의 체인

체인	설명
INPUT	호스트를 목적지로 유입되는 패킷을 필터링하는 데 사용한다.
OUTPUT	호스트를 출발지로 하여 나가는 패킷을 필터링하는 데 사용한다.
FORWARD	라우터로 사용되는 호스트를 통과하는 패킷이다. 즉, 호스트 컴퓨터가 목적지가 아닌 패킷을 관리한다.

• 'iptables [ㅓ테이블이름] [action] [체인이름] [match규칙] [ㅓ타깃]'의 형식을 이용한다.
• 체인을 대상으로 한 주요 action 항목

체인	설명
−N	– −−new−chain – 새로운 정책 체인을 만든다.
−X	– −−delete−chain – INPUT, OUTPUT, FORWARD를 제외한 비어 있는 정책 체인을 제거한다.
−L	– −−list – 현재 정책 체인 목록을 표시한다.
−F	– −−flush – 지정한 체인에 설정된 모든 정책을 삭제한다.
−C	패킷을 테스트한다.
−P	– −−policy – 체인의 기본 정책을 설정한다.
−Z	– −−zero – 체인 내의 모든 규칙들의 패킷과 바이트 카운트를 0으로 설정한다.

> **참고**
>
> 최근 리눅스는 firewalld를 기본 방화벽으로 사용하고 iptables 대비 편리한 사용성을 제공한다. 그러나 iptables를 사용하면 보다 상세하고 명확한 규칙 설정이 가능하므로 iptables는 여전히 중요하며, firewalld도 내부적으로 iptables를 기반으로 동작한다. 이후 출제 문제의 패턴을 예상하기 어려우므로 firewalld와 iptables를 모두 확인해 두어야 한다.

99 다음 설명에 해당하는 공격 유형으로 알맞은 것은?

> 공격자가 임의로 자신의 IP 주소 및 포트를 공격 대상 서버의 IP 주소 및 포트와 동일하게 하는 방식이다. 이러한 공격은 공격 대상의 패킷이 외부로 나가지 못하고 되돌아오도록 한다.

① TCP SYN Flooding
② Teardrop Attack
③ Land Attack
④ Smurf Attack

오답 피하기

① **TCP SYN Flooding** : TCP의 3-way 핸드쉐이킹(handshaking) 연결 방식을 악용한 공격 기법으로, 공격자는 TCP 연결 시 사용하는 SYN flag를 대량으로 공격 대상(Victim)에게 발송하며 SYN-ACK에 대한 최종 응답(ACK)을 전송하지 않는다.
② **Teardrop Attack** : IP fragmentation에 따라 패킷을 재조립할 때 오프셋(offset)을 임의로 변조하여 문제를 일으키는 공격 기법이다.
④ **Smurf Attack** : 공격자는 IP 주소를 공격 대상의 IP 주소로 위장하고 ICMP Request 패킷을 브로드캐스트(Broadcast)를 통해 다수의 시스템에 전송한다. 브로드캐스트를 수신한 다수의 시스템은 ICMP Echo Reply 패킷을 공격자가 아닌 공격 대상으로 전송하게 되면서 부하를 발생시킨다.

100 다음 소스코드와 관련 있는 DoS 공격 유형으로 알맞은 것은?

```c
#include <unistd.h>
#include <sys/file.h>
main( ) {
int fd;
char buf[1000];
fd=creat("/etc/attack",0777);
while(1)
write(fd,buf,sizeof(buf));
}
```

① 디스크 자원 고갈
② 메모리 자원 고갈
③ 프로세스 자원 고갈
④ 무작위 대입 공격

/etc/attack 파일을 만든 후, 데이터를 계속 기록하게 되므로 디스크 자원이 고갈된다.

소스코드 발췌	설명

...
fd=creat("/etc/attack", 0777);
while(1)
write(fd,buf,sizeof(buf));
...
	• /etc/attack 파일을 생성한다.
	• while(1)이므로, 이후 문장을 무한 반복한다.
	• 1000 byte 크기의 데이터를 계속 기록하게 된다.

오답 피하기

④ **무작위 대입 공격** : 데이터를 입력 받는 영역에 임의의 데이터를 반복해서 조작 및 입력하는 공격 기법으로 주로 패스워드 등을 우회하여 인증을 시도하기 위해 사용한다.

PART 04

1차 시험 기출문제

1급	소요 시간	문항 수
	총 100분	총 100문항

수험번호 : _____

성   명 : _____

`1과목` **리눅스 실무의 이해**

01 다음 중 관련 라이선스가 적용된 소스코드를 수정하여 만든 2차적 저작물에 대해 소스코드의 비공개가 가능한 라이선스로 틀린 것은?

① BSD
② Apache License
③ MPL
④ MIT

MPL : 소스코드와 실행 파일의 저작권이 분리된 것이 특징이다.
• MPL 라이선스의 소스코드를 수정한 경우 수정한 소스코드를 MPL로 공개하고 원저작자에게 수정한 부분을 알려야 한다.
• 실행 파일은 독점 라이선스로 배포 가능하며, MPL과 무관하게 작성된 소스코드는 공개하지 않아도 된다.

02 다음에 제시된 운영체제 관련 기술 중 하드디스크 공간의 효율성을 높여준 기술로 가장 알맞은 것은?

① 라이브러리
② 가상 메모리
③ 가상 콘솔
④ 파이프

라이브러리(Library)는 공통으로 사용하는 기능(함수 등)을 별도의 모듈로 만들어 사용하므로 중복을 최소화한다.

`오답 피하기`
② **가상 메모리**(Virtual Memory) : 물리적 메모리의 용량 한계를 극복하기 위하여 가상의 메모리를 할당한 후, 이를 실제 물리 메모리의 주소와 매핑하여 사용하는 방식이다. 프로그램(Program 혹은 Process)은 가상 메모리 기법을 이용하여 고유의 메모리 공간에서 독립적으로 실행될 수 있다.
③ **가상 콘솔**(Virtual Console) : 가상의 모니터(Monitor)라고 할 수 있으며, 사용자마다 별도의 콘솔을 제공한다.
④ **파이프**(Pipe) : 명령어 실행 결과를 다음에 실행할 명령어로 전달할 때 사용하는 기능이다. 또는 프로세스 간 데이터를 주고 받기 위해 사용하는 IPC(Inter Process Call) 기법 중 하나이다.

03 다음 중 레드햇 계열에 속하는 리눅스 배포판으로 틀린 것은?

① CentOS
② Scientific Linux
③ Vector Linux
④ Oracle Linux

Vector Linux : 슬랙웨어(Slackware) 계열에 속하는 리눅스 운영체제

`정답` 01 ③   02 ①   03 ③

04 다음 설명에 해당하는 리눅스의 기술적인 특징으로 알맞은 것은?

> 특정 프로세스의 입력이나 출력을 표준 입출력이 아닌 다른 입출력으로 변경할 때 사용한다.

① 파이프(Pipe)
② 스와핑(Swapping)
③ 리다이렉션(redirection)
④ 가상 콘솔(Virtual Console)

오답 피하기

① **파이프(Pipe)** : 명령어 실행 결과를 다음에 실행할 명령어로 전달할 때 사용하는 기능이다.
② **스와핑(Swapping)** : 보조기억장치(예 하드디스크)의 일부를 주기억장치(예 메모리)의 확장에 사용하는 가상 메모리 시스템에서 주기억장치와 보조기억장치의 메모리 영역을 교체하는 관리 기법이다.
④ **가상 콘솔(Virtual Console)** : 가상의 모니터(Monitor)라고 할 수 있으며, 사용자마다 별도의 콘솔을 제공한다.

05 다음 중 리눅스를 활용해서 고성능의 계산 능력이 제공되도록 시스템을 구성할 때 가장 알맞은 것은?

① Embedded System
② High Availability Cluster
③ Linux Virtual Server Cluster
④ High Performance Computing Cluster

고성능 처리를 위해 사용하는 컴퓨팅 방식을 클러스터(Cluster)라고 하는데, 이러한 고성능 계산에 가장 알맞은 것은 'High Performance Computing Cluster'이다.

오답 피하기

Embedded System : 특수 목적을 위해 개발된 전용 시스템

06 다음 (   ) 안에 들어갈 내용으로 알맞은 것은?

```
[root@localhost ~] # cat example
#!/bin/bash
var=0
cnt=$0
while [ "$var" -le ( ㉠ ) ]
do
var=`expr $var + 1`
done
echo $var
[root@localhost ~] # ./example
( ㉡ )
```

① ㉠ ${#cnt}   ㉡ 8
② ㉠ "$cnt"   ㉡ 8
③ ㉠ ${#cnt}   ㉡ 10
④ ㉠ "$cnt"   ㉡ 10

---

example 스크립트는 while문의 동작에 의하여 '스크립트의 전체 경로명'의 문자열 길이보다 1이 더 큰 값을 화면에 출력하게 된다.
• $# : 스크립트에 전달되는 인자들의 개수를 담고 있다.
• $0 : 실행한 스크립트의 전체 경로명을 담고 있다.
• $1, $2, … : 스크립트에 전달된 인자값을 순서대로 담는다.
• ${#문자열변수}는 문자열변수에 저장된 문자열의 길이를 반환하고, expr은 이후에 오는 수식을 계산한다.

07 다음에서 설명하는 데몬 관련 유틸리티로 알맞은 것은?

> 텍스트 환경에서 커서를 이용하여 부팅 중 자동으로 실행되는 서비스를 설정할 수 있는 유틸리티이다. 옵션을 이용하여 특정 실행 레벨의 서비스 데몬을 설정할 수 있다.

① systemctl
② chkconfig
③ ntsysv
④ service

① systemctl : 리눅스 서비스의 시작, 정지, 재시작 등을 제어하는 명령어로, 레드햇 계열 7 이후에 기본 명령으로 사용된다.
② chkconfig : 런레벨(Run level)별 서비스의 동작 방식을 설정하고 조회하는 명령어이다.
④ service : 리눅스 서비스의 시작, 정지, 재시작 등을 제어하는 명령어로 레드햇 계열 7 이전 기본 명령으로 사용되었다.

참고

특정 실행 레벨의 서비스 데몬을 설정하기 위해서 systemctl의 isolate 또는 set-default 옵션을 사용할 수 있다.

08 다음 설명에서 두 명령어를 실행한 것과 동일한 결과를 한 번의 명령으로 실행시키고자 할 때 알맞은 것은?

> # which passwd
> /usr/bin/passwd
> # ls -l /usr/bin/passwd
> -rwsr-xr-x. 1 root root 30768 2018-07-01 20:48 /usr/bin/passwd

① ls -l && which passwd
② ls -l grep which passwd
③ ls -l $(which passwd)
④ ls -l "which passwd"

'$(명령어)'의 형식을 이용하여 리눅스 명령어의 표준 출력을 변수처럼 사용할 수 있다.

오답 피하기

① 명령어(1) && 명령어(2) : 명령어(1)의 결과가 참인 경우 명령어(2)를 실행한다.
② 명령어 grep 문자열 : 명령어의 표준 출력 내용에서 문자열을 검색하여 일치한 경우만 찾는다.

09 다음 중 X 윈도우에 관한 설명으로 틀린 것은?

① 현재 리눅스를 비롯하여 유닉스 대부분이 XFree86 기반의 X 윈도우 시스템을 사용하고 있다.
② 디스플레이 장치에 의존적이지 않고 서로 다른 이 기종을 함께 사용할 수 있다.
③ 윈도 매니저는 X 윈도우 환경에서 윈도의 배치와 표현을 담당하는 시스템 소프트웨어이다.
④ X 윈도우는 서버와 클라이언트가 독립적으로 동작하는 네트워크 지향 시스템이다.

라이선스 논란으로 인하여 최근 리눅스는 X.Org 서버 시스템을 이용하는 추세이다.

07③ 08③ 09①

2-70 **PART 04** • CHAPTER 01 해설과 함께 보는 최신 기출문제

10 다음 중 /etc/rc.d/rc.local 파일에 관한 설명으로 알맞은 것은?

① 부팅과 관련된 실행 레벨이 정의되어 있다.
② 시스템 초기화와 관련된 내용이 설정되어 있다.
③ 부팅 시 각 레벨별로 진행되는 내용이 설정된 파일이다.
④ 실행 레벨 2, 3, 5에서 가장 마지막에 실행되는 파일이다.

- 데몬(daemon)과 같이 서버 부팅 시마다 자동으로 실행되어야 하는 명령어는 /etc/rc.d/rc.local에 기록하며, 부팅 시 가장 나중에 실행된다.
- 리눅스 실행 레벨(Run level)

실행 레벨	설명
0	시스템 종료 모드로 'init 0' 명령어를 이용하여 시스템을 종료할 수 있다.
1	싱글(관리) 모드로 원격 로그인이 불가능하고 root 계정만 사용할 수 있다.
2	멀티유저 모드로 NFS(Network File System)를 지원하지 않는다.
3	멀티유저 모드로 NFS를 지원한다.
4	사용자 지정 레벨로 일반적으로 사용하지 않는다.
5	X 윈도우 환경의 멀티유저 모드이다.
6	재부팅 모드이다.

> **참고**
>
> 레드햇 계열 7에서는 실행 레벨 대신 타겟 유닛을 사용하여 관리한다.

11 다음 중 (   ) 안에 들어갈 내용으로 알맞은 것은?

(㉠)(은)는 RAID-0의 단점인 결합 허용을 지원하지 않는 점과 RAID-1의 저장 공간의 비효율성을 보완한 레벨로 디스크의 개수를 늘릴수록 저장공간의 효율성이 좋아진다. (㉡)(은)는 2개의 패리티를 사용하여 2개의 디스크 오류에도 데이터를 읽을 수 있고 최소 4개의 디스크로 구성해야 한다.

---

① ㉠ RAID-3   ㉡ RAID-4
② ㉠ RAID-5   ㉡ RAID-6
③ ㉠ RAID-7   ㉡ RAID-8
④ ㉠ RAID-9   ㉡ RAID-10

- RAID(Redundant Array of Independent Disks 혹은 Redundant Array of Inexpensive Disks)는 여러 개의 저장 장치를 묶어 사용하여, 고용량·고성능 저장 장치의 효과를 제공하는 기술이다.
- RAID 주요 구성 방식

구성 방식	설명
RAID-0	스트라이프(Stripe) 모드로 데이터를 저장 장치에 나누어 기록한다.
RAID-1	미러링(Mirroring) 모드로 데이터를 저장 장치에 중복하여 기록한다.
RAID-2	해밍코드(Hamming Code)를 이용하여 오류를 점검한다.
RAID-3	바이트 단위의 패리티(Parity)를 이용하여 오류를 점검한다.
RAID-4	블록 단위의 패리티(Parity)를 이용하여 오류를 점검한다.
RAID-5	- 순환식 패리티 어레이를 포함하며 3개 이상의 디스크 어레이가 필요하다. - N개의 디스크를 RAID-5 형식으로 구성할 경우 실제 사용 가능한 용량은 (N-1)개의 디스크 크기와 같다.
RAID-6	- 2차 패리티 정보를 분산 저장하여 2개의 저장 장치에 문제가 발생한 경우에도 복구할 수 있다. - N개의 디스크를 RAID-6 형식으로 구성할 경우 실제 사용 가능한 용량은 (N-2)개의 디스크 크기와 같다.

12 다음 중 프로세스에 대한 설명으로 틀린 것은?

① 실행(executing) 중인 프로그램을 말한다.
② PCB(Process Control Block)를 지닌 프로그램을 말한다.
③ 사용자가 실행한 프로세스는 중간에 중지시킬 수 없다.
④ 백그라운드 프로세스와 포어그라운드 프로세스로 나눌 수 있다.

- PCB : PID(Process ID), 프로세스 상태, PC(Program Counter), 레지스터 정보 등 프로세스 실행에 필요한 정보를 저장하고 관리한다.
- kill 명령어를 이용하여 프로세스를 종료할 수 있다.
- 백그라운드(Background) 프로세스 : 사용자와 상호작용 없이 실행되는 프로세스이다.
- 포어그라운드(Foreground) 프로세스 : 터미널을 이용하여 사용자와 상호작용하는 프로세스이다.

13 다음에서 설명하는 내용으로 알맞은 것은?

> 이것은 X 윈도우를 실행시키는 스크립트로 시스템 환경을 초기화시키고 시작하는데 필요한 여러 프로그램을 호출하고, 최종적으로 xinit을 호출하는 명령이다.

① init
② kde
③ startx
④ gnome

오답 피하기
① init : 리눅스 운영체제의 부팅 과정 중 최초로 실행되는 프로세스이다.
② kde : K Desktop Environment의 약자로 기능성에 중심을 둔 그래픽 데스크톱 환경이다.
④ gnome : 최대한 단순하며 쉬운 환경을 제공하는 것을 목표로 하는 그래픽 데스크톱 환경이다.

14 다음 중 리눅스에 관한 설명으로 틀린 것은?

① 최근 리눅스 운영체제는 SSD(Solid State Drive)를 지원한다.
② 리눅스는 이더넷(ethernet) 등 대부분의 네트워크 인터페이스를 지원한다.
③ 최근 64비트 리눅스 운영체제는 물리적 메모리 용량을 16GB까지 지원한다.
④ 대부분 리눅스 배포판에서는 인텔사의 x86 계열 CPU를 기본적으로 지원한다.

32비트 리눅스 운영체제는 최대 16GB까지 물리적 메모리를 지원하며, 64비트 리눅스는 레드햇 계열 6 버전을 기준으로 최대 64TB를 사용할 수 있다. 참고로 2TB가 실제로 테스트된 한계 값이다.

15 다음 중 시그널(Signal)에 대한 설명으로 알맞은 것은?

① SIGKILL은 터미널이 시작될 때 보내오는 시그널이다.
② SIGINT는 키보드로부터 오는 인터럽트 시그널로 실행을 중지시킨다.
③ SIGQUIT는 터미널에서 입력된 정지 시그널로 [Ctrl]+[c] 입력 시 보내진다.
④ SIGSTOP은 실행 정지 후 다시 실행하기 위해 대기시키는 시그널이다.

시그널 (번호)	설명
SIGHUP (1)	로그아웃 혹은 모뎀 접속을 끊는다.
SIGINT (2)	Ctrl+c 를 입력하면 발생하며, 프로세스를 종료한다.
SIGQUIT (3)	Ctrl+q 를 입력하면 발생하며, 코어 덤프와 함께 프로세스를 종료한다.
SIGKILL (9)	프로세스를 즉시 종료시킨다.
SIGTERM (15)	소프트웨어 종료 시그널로 트래킹(tracking)이 가능하다.
SIGCONT (18)	SIGSTOP 혹은 SIGTSTP에 의해 정지된 프로세스를 다시 실행한다.
SIGSTOP (19)	정지 시그널로 프로세스를 무조건 정지한다.
SIGTSTP (20)	• Ctrl+z 를 입력하면 발생하며, 프로세스의 실행을 정지시킨 후 다시 실행하기 위해 대기한다. • 트래킹이 가능하다.

정답 12 ③ 13 ③ 14 ③ 15 ②

16 다음 중 OSI 7 계층의 하위 계층부터 상위 계층 순으로 사용하는 전송 단위를 알맞게 나열한 것은?

① bit-frame-packet-segment-data
② bit-frame-segment-packet-data
③ data-segment-packet-frame-bit
④ data-packet-segment-frame-bit

• OSI(Open System Interconnection) 7 Layer는 컴퓨터 네트워크의 프로토콜 디자인과 통신 방식을 계층으로 나누어 제시한 표준 모델이다.
• OSI 7 Layer의 주요 특징

계층	설명
Layer 7	− 응용(Application) 계층으로 메시지(message) 단위로 데이터를 전송한다. − 응용 프로세스 간 정보 교환을 담당한다. − HTTP, FTP 등의 프로토콜이 포함된다.
Layer 6	− 표현(Presentation) 계층으로 코드 변환, 데이터 압축 등의 기능을 담당한다. − JPG, MPEG 등의 프로토콜이 포함된다.
Layer 5	− 세션(Session) 계층으로 양 끝단의 프로세스가 통신할 수 있도록 연결을 담당한다. − NetBIOS, SSH 등의 프로토콜이 포함된다.
Layer 4	− 전송(Transport) 계층으로 종단 간 데이터 전송을 위한 제어와 에러를 관리한다. − TCP는 세그먼트(segment), UDP는 데이터그램(datagram) 단위로 데이터를 전송한다. − TCP, UDP 등의 프로토콜과 게이트웨이(Gateway) 장비가 포함된다.
Layer 3	− 네트워크(Network) 계층으로 패킷(packet) 단위로 데이터를 전송한다. − 한 호스트에서 다른 호스트로 패킷을 라우팅한다. − IP 등의 프로토콜과 라우터 장비가 포함된다.
Layer 2	− 데이터링크(Data Link) 계층으로 프레임(frame) 단위로 데이터를 전송한다. − Point to Point 간 신뢰성 있는 정보를 보장하기 위하여 오류 검출 및 제어와 흐름제어 기능을 수행한다. − 이더넷(Ethernet), PPP 등의 프로토콜과 브릿지(Bridge), 스위치(Switch) 장비가 포함된다.
Layer 1	− 물리(Physical) 계층으로 비트(bit) 단위로 데이터를 전송한다. − RS-232, RS-449 등의 프로토콜과 허브(Hub), 리피터(Repeater) 장비가 포함된다.

17 다음 중 리눅스 시스템에 설정된 게이트웨이의 주소 값을 확인하는 명령으로 틀린 것은?

① ip
② route
③ ethtool
④ netstat

ethtool : NIC(Network Interface Controller)의 정보를 표시하고, 전송 속도 및 상태값 등을 설정할 수 있다.

오답 피하기
• 'ip route' 명령으로 게이트웨이 주소를 확인할 수 있다.
• route 명령은 게이트웨이 주소를 포함한 정보를 출력한다.
• 'netstat -r' 명령으로 route 명령을 대신할 수 있다.

18 다음 설명과 같을 때 설정하는 서브넷 마스크 값으로 가장 알맞은 것은?

> C 클래스에 속한 1개의 네트워크를 할당받은 상태이다. 이 네트워크 대역을 사용하는 부서가 4곳이라 4개의 서브넷을 구성하려고 한다.

① 255.255.255.4
② 255.255.255.64
③ 255.255.255.128
④ 255.255.255.192

C 클래스 네트워크 대역이므로 255.255.255.0이 기본 서브넷 마스크가 되는데 이를 비트로 표시하면 11111111.11111111.11111111.00000000이 된다. 여기서 4개의 서브넷을 구성한다고 하였으므로 마지막 값이 11000000이 되어 255.255.255.192가 서브넷 마스크가 된다.

정답 16① 17③ 18④

19 다음 설명에 해당하는 네트워크 관련 파일로 알맞은 것은?

> 실제로 도메인을 확보하지 않았지만, 로컬 시스템에 가상의 도메인을 부여해서 서버 관련 실습을 진행하려고 한다.

① /etc/hosts
② /etc/resolv.conf
③ /etc/sysconfig/network
④ /etc/sysconfig/network−scripts

② /etc/resolv.conf : 요청할 DNS 서버를 지정할 때 사용하는 설정 파일이다.
③ /etc/sysconfig/network : 시스템 전체에 대한 기본 게이트웨이 주소, 호스트네임, 네트워킹 연결 허용 여부를 설정한다.
④ /etc/sysconfig/network−scripts/ : eth0(이더넷), lo(루프백) 등 시스템에 설치된 네트워크 인터페이스의 설정 정보 파일을 저장한다.

20 다음 설명에 해당하는 관련 기구로 알맞은 것은?

> 인터넷 도메인 이름, IP 주소, 프로토콜의 범주와 포트번호 할당, DNS 관련 기능 감독, 도메인 분쟁의 조율과 중재 등을 담당한다.

① ISO
② EIA
③ IEEE
④ ICANN

① ISO : Internal Organization for Standardization. 나라별 표준 제정 단체들의 대표로 구성된 국제 표준화 기구
② EIA : Energy Information Administration. 미국 에너지부에 속하는 통계 · 분석청
③ IEEE : Institute of Electrical and Electronics Engineers. 전기전자공학 국제 조직

---

21 다음 (   ) 안에 들어갈 내용으로 알맞은 것은?

```
[ihduser@www ~]$ umask (      )
[ihduser@www ~]$ touch a.txt
[ihduser@www ~]$ mkdir aaa
[ihduser@www ~]$ ls −l
−−−−−−w−−w−. 1 ihduser ihduser 0
09:11 a.txt
d−−−−w−−w−. 2 ihduser ihduser 4096
09:22 aaa
```

① 011
② 022
③ 644
④ 755

• 일반 파일은 '666 − umask 설정값'을 퍼미션으로 생성된다. 이때 각 자리의 숫자가 사용자(user), 그룹(group), 기타(other)의 권한으로 매핑된다.
• 디렉터리는 '777 − umask 설정값'을 퍼미션으로 생성된다.
• 지문의 내용에서 touch로 수정한 파일의 퍼미션이 022이므로 umask 설정값은 644가 되어야 한다고 생각할 수 있다. 그러나 이후에 생성한 디렉터리의 퍼미션이 022이므로 최종 umask 설정값은 755가 되어야 한다.

22 다음과 같이 /etc/passwd 파일만으로 사용자 계정을 관리하였으나 보안상의 문제로 인해 다시 /etc/shadow 파일에 사용자 패스워드를 관리하려고 할 때 사용하는 명령으로 알맞은 것은?

```
[root@www ~]# grep ihduser /etc/passwd
ihduser:$6$uBH9Mnug$dCJ9i9DJx4NfQiTDeIghpmsGw3cPGJuXgq53v
otVLQ2sAuTPVW3Wc0EtPuBaHNLbaUebIqX9mGHPQ.G4mthft/:502:502
::/home/ihduser:/bin/bash
[root@www ~]#
```

① pwck

② pwconv

③ pwunconv

④ vipw

23 다음 (　　) 안에 들어갈 내용으로 알맞은 것은?

```
# tar ( ㉠ )xvf httpd-2.2.34.tar.bz2
# tar ( ㉡ )xvf php-5.36.tar.xz
# tar ( ㉢ )xvf mysql-boost-5.7.22.tar.gz
```

① ㉠ z　㉡ j　㉢ J

② ㉠ z　㉡ J　㉢ j

③ ㉠ J　㉡ j　㉢ z

④ ㉠ j　㉡ J　㉢ z

- tar 명령어는 파일을 압축하거나 압축된 파일을 해제한다.
- tar의 주요 옵션

옵션	설명
A	(--concatenate) 기존 압축 파일(archive file)에 tar 파일들을 추가(append)한다.
c	(--create) 새로운 파일을 만든다. 만일 동일한 파일이 존재할 경우 overwrite한다.
d	(--diff) 압축 파일과 파일 시스템의 차이를 비교한다.
r	(--append) 기존 tar 파일의 마지막에 파일을 추가한다.
t	(--list) tar 파일 내 압축되어 있는 파일 목록을 출력한다.
u	(--update) 파일 날짜를 기준으로, tar 파일 내 압축되어 있는 파일과 비교하여 더 최신의 파일일 경우 업데이트한다.
x	(--extract) 압축된 파일을 압축해제한다.

- tar의 부가 옵션

옵션	설명
v	(--verbose) 진행 중인 파일 정보를 표시한다.
f	(--file) 파일명을 지정한다.
h	(--dereference) 심볼릭 링크가 가리키는 파일을 대상으로 압축한다.
s	(--same-order) 저장된 파일 목록과 같은 순서로 압축을 해제한다.
z	(--gzip) .tar.gz 형식으로 압축하거나 압축해제한다.
j	(--bzip2) .tar.bz2 방식으로 압축된 파일을 읽거나 압축해제한다.
J	.tar.xz 방식으로 압축된 파일을 읽거나 압축해제한다.
p	(--same-permissions) 모든 퍼미션 정보를 유지한다.
Z	(--compress) Compress를 이용하여 압축하거나 압축해제한다.
G	(--incremental) 예전 GNU 형식으로 증분 백업을 수행한다.
g	(--listed-incremental) 새로운 GNU 형식으로 증분 백업을 수행한다.

24 다음은 기존에 생성되어 있는 backup.tar 파일에 추가로 파일을 묶은 후에 확인하는 과정이다. ( ) 안에 들어갈 내용으로 알맞은 것은?

```
# tar ( ㉠ ) backup.tar lin.txt joon.txt
# tar ( ㉡ ) backup.tar
```

① ㉠ cvf ㉡ tvf
② ㉠ tvf ㉡ rvf
③ ㉠ rvf ㉡ tvf
④ ㉠ cvf ㉡ rvf

기존 tar 파일의 마지막에 파일을 추가하는 옵션은 'r'이고, tar 파일 내 압축되어 있는 파일 목록을 출력하는 옵션은 't'이다.

25 다음 중 프로세스의 우선순위를 변경할 때 사용하는 명령으로 틀린 것은?

① top
② jobs
③ nice
④ renice

---

jobs : 백그라운드로 실행 중인 프로세스나 현재 중지된 프로세스의 목록을 출력하는 명령어

26 월, 수, 금요일 오후 4시 30분에 백업 스크립트가 동작하도록 cron을 설정하는 과정이다. 다음 ( ) 안에 들어갈 내용으로 알맞은 것은?

```
# vi /etc/crontab
(      ) /etc/backup.sh
```

① 4 30 * * 1,3,5
② 30 4 * * 1,3,5
③ 16 30 * * 1,3,5
④ 30 16 * * 1,3,5

• crontab은 시스템에서 주기적으로 수행할 작업을 지정한다.
• 형식 : [minute][hour][day_of_month][month][weekday][command]
  – minute(분) : 0~59
  – hour(시) : 0~23
  – day_of_month(일) : 1~31
  – month(월) : 1~12
  – weekday(요일) : 0~6(일요일~토요일)
  – command(명령) : 실행하고자 하는 명령어

27 다음 중 사용자 추가할 때 할당되는 UID의 값을 1000번부터 부여되도록 지정할 때 설정하는 파일로 알맞은 것은?

① /etc/skel
② /etc/shadow
③ /etc/login.defs
④ /etc/default/useradd

오답 피하기

① /etc/skel : 사용자 계정이 생성될 때 /etc/skel/ 디렉터리의 내용들이 사용자의 홈디렉터리로 복사된다. 대표적으로 .bash_logout, .bash_profile, .bashrc가 있다.
② /etc/shadow : passwd의 비밀번호 부분을 암호화하여 관리하는 파일이다.
④ /etc/default/useradd : useradd 명령 실행 시 참조하는 기본 정보 파일이다.

28 다음 설명과 같은 경우에 실행하는 명령으로 가장 알맞은 것은?

> ihduser가 회사를 휴직하여서 휴직 기간 동안 일시적으로 시스템에 로그인을 불가능하도록 설정한다.

① passwd -d ihduser
② passwd -e ihduser
③ passwd -l ihduser
④ passwd -r ihduser

passwd 명령의 주요 옵션

옵션	설명
-l	Lock. 계정을 잠금으로 로그인이 불가능하게 설정한다.
-u	Unlock. 계정을 잠금 해제하여 로그인이 가능하게 설정한다.
-S	계정 정보를 자세히 출력한다.
-d	계정에 설정된 암호를 제거하여 패스워드 없이 로그인이 가능하게 설정한다.
-n	패스워드 변경 후 최소한 사용해야 하는 날짜 수를 지정한다.
-x	패스워드의 최대 유효기간을 지정한다.
-w	패스워드 만료 전 경고 날짜를 지정한다.
-i	패스워드 만료 후 로그인이 불가능해질 때까지의 기간을 지정한다.
-e	다음 로그인 시 패스워드를 무조건 변경하도록 강제한다.

29 다음 설명에 해당하는 명령으로 알맞은 것은?

> 아파치 웹 서버를 운영 중인데 웹 문서가 위치한 디렉터리가 /usr/local/apache/htdocs이다. 이 경로 이외에도 추가로 /etc/www로 접근이 가능하도록 설정하려고 한다.

① ln /etc/www /usr/local/apache/htdocs
② ln -s /etc/www /usr/local/apache/htdocs
③ ln /usr/local/apache/htdocs /etc/www
④ ln -s /usr/local/apache/htdocs /etc/www

---

ln은 리눅스 파일 시스템에서 링크 파일을 만드는 명령어로 'ln [옵션] 원본파일 대상파일'의 형식을 갖는다.
- **심볼릭 링크(Symbolic Link)** : -s 옵션을 이용하여 만들며, 새로운 i-node값이 할당되어 원본 파일의 i-node를 가리킨다. 따라서 원본 파일이 삭제되면 접근할 수 없게 된다. 심볼릭 링크는 파일과 디렉터리 모두에서 사용할 수 있다.
- **하드 링크(Hard Link)** : 원본 파일과 동일한 i-node 갖게 된다. 따라서 원본 파일이 삭제되어도 원본 파일의 i-node를 갖는 링크파일을 이용하여 계속 사용할 수 있게 된다. 단, 하드 링크는 파일에만 사용할 수 있다.

30 다음 그림과 같을 때 ihduser라는 계정이 lin.txt 파일을 삭제할 수 있도록 권한을 설정하는 명령으로 알맞은 것은?

```
[root@www ~]# ls -ld /data
drwxr-xr-x. 2 root root 4096 Jul 4 16:46 /data
[root@www ~]# ls -l /data
total 4
-rw-r--r--. 1 root root 33 Jul 4 16:47 lin.txt
[root@www ~]#
```

① chmod o+w /data
② chmod o+w lin.txt
③ chown ihduser lin.txt
④ chown ihduser.ihduser lin.txt

- 지문의 내용을 살펴보면 /data 디렉터리는 root가 소유자이며 다른 사용자는 '읽기, 폴더 안으로 접근'만 가능하고, lin.txt 파일은 root가 소유자로 다른 사용자는 '읽기'만 가능하다. 따라서 /data 디렉터리의 사용권한 혹은 lin.txt의 사용 권한을 변경하여 삭제할 수 있도록 설정한다.
- chmod 명령으로 권한을 설정할 경우 사용자(u 옵션), 그룹(g 옵션), 다른 사용자(o 옵션)를 지정하고 rwx로 각각 읽기/쓰기/실행 권한을 설정할 수 있다.
- chmod o+w /data : 다른 사용자(ihduser)가 /data 디렉터리 내의 파일을 삭제, 수정, 변경할 수 있도록 권한을 설정한다.
- chown : 파일의 소유자와 그룹을 변경하는 명령어이다.
- chmod 혹은 chown의 대상으로 파일을 지정할 경우 접근 가능한 경로(예 절대경로)를 지정해야 한다.

정답 29④ 30①

31 다음 중 시스템 전체에서 Set-UID가 설정된 파일을 전부 찾는 명령으로 알맞은 것은?

① find / -type f -perm 4000
② find / -type f -perm -4000
③ find / -type -f -perm 4000
④ find / -type -f -perm -4000

- setuid 비트 : 8진수로 4000이며, 실행 순간만 대상 파일의 소유자 권한을 갖게 된다.
- find : 'find [검색 대상 디렉터리] [찾기 옵션]' 형식으로 파일을 검색한다.
- find 명령의 주요 옵션

옵션	설명
-name [파일이름]	지정한 파일 이름과 일치한 파일을 찾는다.
-perm [권한]	권한과 일치하는 파일을 찾는다.
-empty	빈 파일 혹은 디렉터리를 검색한다.
-type [파일타입]	지정한 파일 타입을 대상으로 검색한다. - d : 디렉터리 - f : 일반 파일 - l : 심볼릭 링크

32 다음 설명에 해당하는 명령으로 알맞은 것은?

> hack.c 파일을 컴파일하여 ps라는 실행 파일을 생성한다.

① gcc -c ps hack.c
② gcc -e ps hack.c
③ gcc -o ps hack.c
④ gcc -p ps hack.c

---

gcc는 C 언어의 소스코드를 컴파일하는 명령어이다.
- gcc -o [실행 파일명] [소스파일명] : 소스 파일로부터 실행 파일을 생성한다.
- gcc -c [목적파일명] [소스파일명] : 소스 파일을 컴파일하여 목적 파일(object file)을 만든다.

33 다음 중 yum을 이용해서 telnet-sever 패키지를 제거하는 명령으로 알맞은 것은?

① yum telnet-server
② yum eliminate telnet-server
③ yum delete telnet-server
④ yum remove telnet-server

- yum(Yellow dog Updater, Modified)은 패키지 관리 명령어로 /etc/yum.repos.d/ 디렉터리의 저장소 파일(.repo)를 참조하여 동작한다.
- yum의 주요 명령 옵션

명령 옵션	설명
yum install '패키지명' -y	설치 여부를 묻는 질문에 'Yes'로 자동 응답하여 설치 진행한다.
check-update	업데이트 가능 목록을 확인한다.
remove	패키지를 삭제한다.
search	인터넷에서 설치 가능한 패키지 확인한다.
info	패키지 정보를 확인한다.
list	관련 단어가 포함되어 있는 패키지 목록을 확인한다.

- remove 대신 erase 명령 옵션을 사용할 수 있다.

정답 31② 32③ 33④

34 다음은 rpm 명령을 이용해서 httpd 패키지를 제거하는 과정이다. (   ) 안에 들어갈 내용으로 알맞은 것은?

```
# rpm ( ㉠ ) httpd
error: Failed dependencies:
httpd 〉= 2.2.0 is needed by (installed)
gnome-user-share-2.2.28.2-3.el6.i686
# rpm ( ㉠ ) httpd ( ㉡ )
```

① ㉠ -e   ㉡ --nodeps
② ㉠ -e   ㉡ --force
③ ㉠ -r   ㉡ --nodeps
④ ㉠ -r   ㉡ --force

....

• rpm 명령어는 레드햇 기반 리눅스에서 패키지 관리를 지원한다.
• rpm의 설치, 업데이트 및 삭제 주요 옵션

옵션	설명
-i	동일한 패키지가 설치되어 있지 않은 경우, 패키지를 새로 설치한다.
-h	설치 혹은 업그레이드 진행 상황을 # 문자를 이용하여 표시한다.
-U	패키지를 업그레이드한다. 기존에 설치된 패키지가 없을 경우 새로 설치한다.
--force	기존에 패키지가 설치되어 있더라도 강제로 설치한다.
-e	패키지를 삭제한다.
--nodeps	패키지 설치, 업데이트 및 삭제 시 의존성을 점검하지 않는다.
--test	실제 작업을 수행하지 않고 문제점을 점검한다.

• rpm의 질의 주요 옵션

옵션	설명
-q	질의를 위해 기본적으로 사용해야 하는 옵션으로 패키지 이름, 버전, 릴리즈 등 간단한 정보가 표시된다.
-i	패키지 정보, 이름, 버전, 설명 등 패키지에 대한 자세한 정보를 표시한다.
-l	패키지의 목록을 출력한다.
-f	지정한 파일을 설치한 패키지를 출력한다.

• rpm의 기타 옵션

옵션	설명
-v	자세한 정보를 출력한다.
--quiet	에러 메시지 외에는 다른 정보를 출력하지 않는다.
-V	검증 시 사용하는 기본 옵션이다.

35 다음 중 백그라운드로 실행 중인 프로세스나 현재 중지된 프로세스의 목록을 확인할 때 사용하는 명령으로 알맞은 것은?

① bg
② fg
③ jobs
④ pgrep

....

오답 피하기

① bg : jobs 명령으로 확인 가능한 ID를 이용하여 'bg %ID'의 형식으로 작업을 백그라운드로 실행할 수 있다.
② fg : 백그라운드에서 실행 중인 작업을 포어그라운드로 전환한다.
④ pgrep : 프로세스 정보를 확인하는 ps 명령과 원하는 정보를 필터링하는 grep 명령을 하나로 통합하여 실행하는 명령어이다.

정답 34 ①   35 ③

36 다음 중 httpd와 같이 프로세스 이름을 인자 값으로 사용하는 명령으로 틀린 것은?

① kill
② killall
③ pkill
④ nice

---

kill : PID(Process ID)를 인자로 하여 해당 프로세스에 원하는 시그널을 전달한다.

[오답 피하기]
② killall : 프로세스 이름을 인자로 하여 관련 프로세스를 모두 종료시킨다.
③ pkill : 프로세스 이름을 인자로 하여 해당 프로세스를 종료시킨다.
④ nice : 프로세스 이름을 인자로 하여 우선순위를 조정한다.

37 다음 중 Change Time과 같이 파일에 대한 시간 관련 정보인 타임스탬프(Timestamp) 정보를 확인하는 명령으로 알맞은 것은?

① ls
② info
③ stat
④ touch

---

stat : 'stat [파일명]'을 형식으로 하여, i-node 번호, UID 및 GID, 링크 수, 접근시간, 수정시간, 변경시간을 확인할 수 있다.

[오답 피하기]
① ls : 파일 목록을 확인하는 명령어로 요약된 정보를 출력한다.
② info : 명령어에 대한 상세한 설명을 제공하는 명령어이다.
④ touch : 파일의 시간 정보를 현재 시간으로 변경하는 명령어이다.

38 다음 중 파일 시스템을 검사하여 aquota. user와 같은 quota 기록 파일을 생성하는 명령으로 알맞은 것은?

① quota
② edquota
③ repquota
④ quotacheck

디스크 사용량 관련 주요 명령어

명령어	설명
edquota	Edit Quota를 의미하며, vi 편집기를 이용하여 사용자 혹은 그룹의 디스크 쿼터를 설정한다.
setquota	명령행 파라메터(옵션)을 지정하여 디스크 쿼터를 설정한다.
quota	사용자, 그룹의 디스크 쿼터 정보를 출력한다.
repquota	Report Quota를 의미하며, 현재 파일 시스템의 쿼터 정보를 요약하여 출력한다.
quotacheck	파일 시스템을 검사하여 쿼터 설정을 최신으로 갱신한다. 만일 오류 메시지가 표시되면 qutaoff 명령으로 쿼터 기능을 중지한 후 사용한다.
quotaon	파일 시스템의 쿼터 기능을 활성화한다.
quotaoff	파일 시스템의 쿼터 기능을 중지한다.

39 다음 결과에 해당하는 명령으로 알맞은 것은?

```
[root@www ~]#
 22:28:56 up  3:09,   2 users,  load average: 0.00, 0.00, 0.00
USER     TTY      FROM            LOGIN@   IDLE   JCPU   PCPU WHAT
root     tty1     :0              10:20   12:09m  4.05s  4.05s /usr/bin/Xorg :
root     pts/0    :0.0            10:20    0.00s  0.18s  0.12s
[root@www ~]#
```

① w
② who
③ whoami
④ lslogins

---

w : 로그인한 사용자와 사용자가 수행 중인 작업을 출력한다.

오답 피하기

② who : 로그인한 사용자의 로그인명, 터미널, 로그인 시간 등을 출력한다.
③ whoami : 로그인한 사용자가 현재 갖고 있는 권한의 ID를 출력한다. 만일 일반 사용자가 su 명령어를 이용하여 root 권한으로 변경한 경우 whoami 명령은 root를 결과로 출력한다. 이때 who 명령을 입력한다면 원래 사용자명이 출력된다.
④ lslogins : 시스템 사용자의 정보를 출력한다.

40 다음 설명 중 올바른 root 사용자 관리 기법으로 틀린 것은?

① 무의미하게 장시간 로그인되어 있지 않도록 한다.
② root 이외에 UID가 0인 사용자 하나를 추가로 생성한다.
③ ssh로 접근 시에 root로 직접 로그인되는 것을 막는다.
④ PAM(Pluggable Authentication Modules)을 이용해서 접근을 제어한다.

• root 권한을 갖는 사용자를 최소한으로 유지하는 것을 권장한다.
• PAM : 리눅스 시스템에서 애플리케이션과 서비스에 대한 중앙 집중적, 동적 인증을 제공한다.

41 다음 중 리눅스 커널에 대한 설명으로 틀린 것은?

① 리눅스에서 커널은 시스템 자원을 소유하고 관리하는 역할을 담당한다.
② 리눅스 커널 버전 확인은 'uname -r' 명령으로 할 수 있다.
③ 프로그램이 하드웨어 자원을 직접적으로 접근할 수 있도록 해준다.
④ 커널 컴파일은 커널 소스를 이용하여 시스템에 최적화된 커널을 만드는 과정이다.

리눅스 커널은 HAL(Hardware Abstract Layer)을 이용하여 하드웨어 자원을 간접적으로 접근할 수 있도록 한다.

42 다음 중 셸에서 example.txt 파일을 프린터로 출력하는 명령으로 알맞은 것은?

① lp -d example.txt
② lpstat -p example.txt
③ pr example.txt 〈 printer
④ cat example.txt 〉 /dev/lp0

/dev/lp0는 프린터 장치를 의미하며 리다이렉션(Redirection)의 대상으로 지정하여 출력할 수 있다.

오답 피하기

① lp : -d 옵션은 출력 대상 프린터를 지정한다.
② lpstat : LP 프린터의 상태 정보를 확인하는 명령어이다.
③ pr : 파일의 출력 형식을 조정하여 표준 출력(standard out)으로 출력한다.

43 다음 중 프린트 관련 명령어에 대한 설명으로 틀린 것은?

① 리눅스에서 프린트 관련 명령어는 BSD 계열과 System V 계열로 나눌 수 있다.
② BSD 계열 명령어는 lp, lpc 등이 있다.
③ System V 계열 명령어에는 lpstat, cancel 등이 있다.
④ 대부분의 배포판에서는 이 두 계열의 명령어를 모두 지원한다.

System V 계열의 프린트 명령어에는 lp(프린트), lpstat(LP 프린터 상태 정보 표시), cancel(프린트 취소)이 있다.

44 다음에서 설명하는 명령으로 알맞은 것은?

> 커널 컴파일할 때 설정된 작업을 초기화하기 위해 사용하는 명령으로 오브젝트 파일뿐만 아니라 설정된 환경 파일인 .config 파일까지 지우는 명령이다.

① make clean
② make depmod
③ make mrproper
④ make modprobe

오답 피하기
① make clean : 컴파일 이전 상태로 만든다. 즉 컴파일로 생성한 파일을 삭제한다.
② make dep : 소스 파일과 헤더의 의존성을 검사하고 /usr/src/linux/.depend를 생성한다.

45 다음 중 모듈 간의 의존성을 기록한 파일로 알맞은 것은?

① modules.dep
② modules.ko
③ modules.conf
④ modules.info

modprobe 명령은 모듈 간의 의존성 파악을 위해 /lib/modules/커널버전/modules.dep를 검색한다.

오답 피하기
modules.ko : .ko는 커널 모듈의 확장자이며 일반적으로 /lib/modules/커널버전/kernel/ 디렉터리에 저장된다. 실행 중인 커널 모듈은 lsmod 명령어를 이용하여 확인할 수 있다.

46 다음 중 리눅스에서 프린터를 지원해 주는 인쇄 시스템 조합으로 알맞은 것은?

① CUPS, LPRng
② LPRng, ALSA
③ ALSA, SANE
④ SANE, CUPS

오답 피하기
• ALSA : 사운드 카드용 장치 드라이버를 위한 API를 제공하는 소프트웨어 프레임워크
• SANE : 스캐너를 사용하기 위한 소프트웨어 프레임워크

정답 43 ② 44 ③ 45 ① 46 ①

47 다음 중 모듈에 대한 설명으로 틀린 것은?

① 리눅스에서 커널 모듈은 필요에 따라 커널 이미지에 합류시키거나 해제할 수 있다.
② 모듈 방식은 새로운 장치가 추가될 때마다 커널을 새롭게 만들어야 할 필요가 있다.
③ insmod 명령은 커널에 모듈을 적재하는 명령으로 자동으로 검색하고 삽입한다.
④ rmmod 명령은 커널에서 모듈을 제거하는 명령으로 사용 중인 모듈은 제거할 수 없다.

모듈 방식은 새로운 장치를 위한 모듈을 추가할 때에도 커널을 새롭게 컴파일하지 않을 수 있다.

48 다음 중 리눅스 시스템에 하드디스크를 추가하여 이용하는 과정에서 사용되는 명령으로 틀린 것은?

① mount
② mkfs
③ fdisk
④ backup

오답 피하기
① mount : 현재 마운트를 확인하고 작업하는 명령어
② mkfs : 파일 시스템을 생성하는 명령어
③ fdisk : 디스크 파티션을 확인하고 작업하는 명령어

49 다음 중 리눅스에서 사운드 카드용 장치에 대한 설명으로 틀린 것은?

① alsamixer는 오디오 CD에서 wav 파일로 추출하거나 재생할 때 사용하는 프로그램이다.
② ALSA는 사운드 카드를 자동으로 구성하게 하고 다수의 사운드 장치 관리를 목적으로 한다.
③ OSS는 표준 유닉스 장치 시스템콜 (POSIX read, write, ioctl 등)에 기반을 두고 있다.
④ alsactl 명령은 ALSA 사운드 카드를 초기화하거나 정보를 환경설정 파일에 저장할 수 있다.

---

alsamixer : 여러 개의 사운드를 믹싱(mixing)하는 GUI(Graphic User Interface) 프로그램

50 다음 중 scanadf 명령에 대한 설명으로 알맞은 것은?

① 스캐너, 디지털카메라, 디지털캠 등 다양한 장치에서 사용 가능하다.
② 사용 가능한 SCSI 및 USB 스캐너를 찾아 자세한 정보를 출력할 때 사용하는 명령이다.
③ 자동문서공급장치가 장착된 스캐너에서 여러 개의 사진을 스캔할 때 사용하는 명령이다.
④ GUI 기반으로 평판 스캐너나 카메라로부터 이미지를 스캔해주는 명령이다.

• sane-find-scanner : USB 혹은 SCSI 스캐너와 관련 장치 파일을 찾아주는 명령어
• scanadf : 자동 문서 공급 장치가 장착된 스캐너에서 다수의 사진을 스캔할 때 사용하는 명령어
• xcam : GUI 기반으로 평판 스캐너나 카메라로부터 이미지를 스캔해 주는 도구

정답 47② 48④ 49① 50③

51 다음은 GRUB 패스워드를 설정하는 과정의 일부이다. (   ) 안에 들어갈 내용으로 알맞은 것은?

```
# vi /boot/grub/grub.conf
splashimage=(hd0,0)/boot/grub/grub/
splash.xmp.gz
(     ) $1$MveMC$7Ps/RkijT6FrZLPF1rbfF.
titile CentOS 6 (2.6.32-504.el6.x86_64)
```

① passwd --md5
② password --md5
③ md5crypt
④ grub-md5-crypt

• GRUB(Grand Unified Bootloader)는 GNU에서 개발한 멀티부트로더로 리눅스 부팅의 전 과정을 관리하며, 리눅스 운영체제만 지원하는 LILO(Linux LOader)와 다르게 윈도우 등 다른 운영체제에서도 사용할 수 있다. GRUB은 /boot/grub/grub.conf를 설정 파일로 사용한다.
• grub.conf의 주요 항목

항목	설명
default	사용자가 부팅 메뉴를 선택하지 않은 경우 사용할 기본 부팅 메뉴를 지정한다.
timeout	부팅 초기 화면에서 부팅 메뉴 선택 화면을 표시할 시간을 설정한다(기본 10초).
splashimg	초기 부팅 화면에 표시될 배경 이미지를 설정한다.
password	부팅 시 GRUB 모드로 진입하기 위해 사용하는 암호화된 패스워드를 지정한다.
title	부팅 화면의 메뉴에 나타나는 제목을 설정한다.
kernel	선택한 메뉴로 부팅할 경우 사용할 커널 이미지의 경로를 지정한다.

오답 피하기

md5crypt : MD5 형식의 해시값을 생성하는 명령어

참고

레드햇 계열 7 이상의 기본 부트로더는 기존의 GRUB을 완전히 새로 작성한 GRUB2이다. 그렇기 때문에 기존의 GRUB을 GRUB Legacy라고 부르기도 한다.

52 다음 중 인증 관련 로그를 ihduser 사용자의 터미널에 나타나도록 rsyslog.conf 파일에 설정하는 내용으로 알맞은 것은?

① authpriv.*   ihduser
② authpriv.*   @ihduser
③ @ihduser   authpriv.*
④ ihduser   authpriv.*

• /etc/rsyslog.conf 파일을 이용하여 리눅스 시스템의 다양한 로그 파일 저장 방식을 설정할 수 있다.
• 설정 파일의 구성은 facility.priority;(facility.priority) action의 형식으로 지정된다.
  - facility의 종류

facility	설명
*	모든 메시지
auth	로그인과 같은 사용자 인증 관련 메시지
authpriv	보안 및 승인 관련 메시지
cron	cron 데몬 관련 메시지
daemon	ftp, httpd와 같은 데몬 관련 메시지
kern	커널 메시지
user	사용자 프로세스에 관련된 메시지
local0 ~ local7	시스템 부팅 관련 메시지

• priority는 메시지의 우선순위로 설정된 priority 이상의 메시지만 출력한다. 만일, '='과 같이 사용하면 해당 priority에 해당하는 메시지를 출력하며, '!='과 같이 사용하면 해당 priority에 해당하는 메시지만 제외하고 출력한다.
  - priority의 종류

priority	설명
*	모든 메시지
debug	디버깅(debugging)을 위해 발생하는 메시지
info	기본 정보
notice	주의를 요구하는 메시지
warning	주의를 요구하는 경고
err	에러 메시지
crit	시스템에 문제가 발생하는 단계의 메시지
alert	즉각적인 조치가 필요한 수준
emerge	모든 사용자에게 전파가 필요한 위험 수준
none	메시지로 저장하지 않음

- Action은 메시지를 보내거나 저장할 대상을 지정한다.
  – Action의 종류

action	설명
file	지정한 파일에 메시지 저장
host	지정한 host로 메시지 전달
user	지정한 사용자의 screen으로 메시지 전달
*	현재 로그인한 모든 사용자의 screen에 메시지 전달

53 다음 (　　　) 안에 사용 가능한 명령어로 알맞은 것은?

```
# find /home | (      ) > home.backup
```

① tar 명령과 옵션
② cpio 명령과 옵션
③ dump 명령과 옵션
④ rsync 명령과 옵션

---

cpio(copy in and out) 명령어는 대상 파일들을 복사하거나 하나의 파일로 아카이빙(Archiving) 혹은 아카이빙된 파일을 복원할 수 있으며 'cpio [옵션] [디렉터리 혹은 파일이름]'의 명령어 형식을 갖는다. 문제의 지문은 find 명령의 결과를 파이프로 전달하여 cpio 명령을 실행한다.

오답 피하기

① tar : 파일을 압축하거나 압축된 파일을 해제하는 명령어
③ dump : 파일 시스템 전체를 백업 및 복구할 수 있는 명령어
④ rsync : 두 대의 호스트에 저장된 파일을 서로 동기화하는 서비스

54 다음은 tar 명령을 이용해서 증분 백업(incremental backup)하는 과정의 일부이다. (　　　) 안에 들어갈 내용으로 알맞은 것은?

```
# tar (      ) –cvfp home.tar /home
# tar (      ) –cvfp home2.tar /home
```

① –N list
② –g list
③ –t list
④ –C list

- 증분 백업은 마지막 백업 이후 변경되거나 추가된 데이터만 선택적으로 백업하는 방식이므로 tar 명령의 '-g' 옵션을 이용한다.
- tar의 기본 옵션 : 아래 옵션 중 하나는 꼭 추가되어야 한다.

옵션	설명
A	(––concatenate) 기존 압축 파일(archive file)에 tar 파일들을 추가(append)한다.
c	(––create) 새로운 파일을 만든다. 만일 동일한 파일이 존재할 경우 overwrite한다.
d	(––diff) 압축 파일과 파일 시스템의 차이를 비교한다.
r	(––append) 기존 tar 파일의 마지막에 파일을 추가한다.
t	(––list) tar 파일 내 압축되어 있는 파일 목록을 출력한다.
u	(––update) 파일 날짜를 기준으로, tar 파일 내 압축되어 있는 파일과 비교하여 더 최신의 파일일 경우 업데이트한다.
x	(––extract) 압축된 파일을 압축해제한다.

• tar의 부가 옵션

옵션	설명
v	(--verbose) 진행 중인 파일 정보를 표시한다.
f	(--file) 파일명을 지정한다.
h	(--dereference) 심볼릭 링크가 가리키는 파일을 대상으로 압축한다.
s	(--same-order) 저장된 파일 목록과 같은 순서로 압축을 해제한다.
z	(--gzip) .tar.gz 형식으로 압축하거나 압축해제한다.
j	(--bzip2) .tar.bz2 방식으로 압축된 파일을 읽거나 압축해제한다.
J	.tar.xz 방식으로 압축된 파일을 읽거나 압축해제한다.
p	(--same-permissions) 모든 퍼미션 정보를 유지한다.
Z	(--compress) Compress를 이용하여 압축하거나 압축해제한다.
G	(--incremental) 예전 GNU 형식으로 증분 백업을 수행한다.
g	(--listed-incremental) 새로운 GNU 형식으로 증분 백업을 수행한다.

55 다음 설명에 사용할 수 있는 명령어로 알맞은 것은?

> project 그룹에 속해있지 않은 ihduser에서 project 그룹 소유의 파일에 쓰기 권한(w)이 가능하도록 설정한다.

① setfacl
② gpg
③ chattr
④ chcon

• setfacl : 'setfacl [옵션] [권한] [경로명]'의 형식을 이용하여 파일과 디렉터리의 ACL을 관리한다.
• ACL(Access Control List)는 리눅스 시스템의 자원에 사용자가 접근할 수 있는 권한을 설정하고 관리하는 기능이다.
• stfacl의 주요 옵션

옵션	설명
-m	권한을 추가(modify)한다.
-x	권한을 삭제한다.
-b	모든 권한을 초기화 한다.
-k	기본(default) 권한을 삭제한다.

• getfacl : 권한을 확인하는 명령어이다.

오답 피하기

② gpg : OpenPGP를 이용하여 암호화와 사인(sign)을 제공하는 명령어이다.
③ chattr : 파일과 디렉터리의 속성을 변경하는 명령어이다.
④ chcon : SELinux에서 파일의 보안속성(문맥)을 변경하는 명령어이다.

56 다음 설명에 해당하는 백업 도구로 가장 알맞은 것은?

> 공유 디렉터리로 사용되는 하드디스크(/dev/sdb) 전체를 CD-ROM 용량에 해당하는 650MB 단위로 분할해서 백업하려고 한다.

① dd
② cpio
③ rsync
④ dump

dd : 데이터를 블록 단위로 변환 혹은 복사하는 명령어로 파티션이나 디스크 단위의 백업에 사용할 수 있다.

오답 피하기

② cpio : 대상 파일들을 복사하거나 하나의 파일로 아카이빙(Archiving) 혹은 아카이빙된 파일을 복원하는 명령어이다.
③ rsync : 두 대의 호스트에 저장된 파일을 서로 동기화하는 서비스이다.
④ dump : 파일 시스템 전체를 백업 및 복구할 수 있는 명령어이다.

57 다음 설명에 해당하는 보안 도구로 알맞은 것은?

> 사용자 보안 강화를 위해 단순한 패스워드를 설정한 사용자를 찾아서 경고 조치를 시행하려고 한다.

① Nessus
② GnuPG
③ John the Ripper
④ SELinux

John the Ripper : 사전 방식으로 구성된 데이터를 이용하여 패스워드 무작위 대입 공격을 할 수 있는 도구이다.

오답 피하기
① Nessus : 시스템의 취약점을 확인할 수 있는 취약점 스캐너 도구이다.
② GnuPG : 공개키 방식의 암호화 기법을 사용하여 안전한 통신을 지원한다.
④ SELinux : 강제 접근 제어(MAC)를 포함한 접근 제어 보안 정책을 지원하는 리눅스 커널 보안 모듈이다.

58 다음 중 재부팅(reboot)한 기록을 가장 쉽게 확인할 수 있는 명령으로 알맞은 것은?

① last
② lastb
③ lastlog
④ dmesg

last : /var/log/wtmp 정보를 참조하여 로그인, 로그아웃, 재부팅 이력을 확인한다.

오답 피하기
② lastb : lastb 명령어는 /var/log/btmp 로그 파일을 참조하여 로그인 실패 기록을 확인한다.
③ lastlog : 각 계정에 대한 마지막 로그인 정보를 출력한다.
④ dmesg : 시스템 부팅 메시지 등 커널의 메시지 버퍼를 출력하는 명령어로 리눅스 커널 버전, CPU 정보 등을 포함한다.

59 다음 중 vi 편집기를 사용하여 편집이 가능한 로그 파일로 알맞은 것은?

① wtmp
② secure
③ lastlog
④ btmp

오답 피하기
① wtmp : last 명령어를 이용하여 내용을 확인한다.
③ lastlog : lastlog 명령어를 이용하여 내용을 확인한다.
④ btmp : lastb 명령어를 이용하여 내용을 확인한다.

60 다음 중 백업 대상이 되는 디렉터리의 조합으로 알맞은 것은?

> ㉠ /etc   ㉡ /tmp   ㉢ /usr   ㉣ /var

① ㉠ ㉡ ㉢
② ㉡ ㉢ ㉣
③ ㉠ ㉢ ㉣
④ ㉠ ㉡ ㉢ ㉣

오답 피하기
/tmp : 임시 파일을 저장하는 디렉터리

정답 57 ③ 58 ① 59 ② 60 ③

61 다음은 dhcpd.conf에서 syslog에 전달한 로그의 facility를 지정하는 항목이다. (   ) 안에 들어갈 내용으로 가장 알맞은 것은?

```
(      ) localhost7;
```

① log-facility
② syslog-facility
③ log.facility
④ syslog.facility

....

/etc/dhcp/dhcpd.conf 파일은 DHCP 데몬(daemon)인 dhcpd가 사용하는 설정 파일이며, DHCP의 로그 메시지를 다른 곳으로 전달하려면 log-facility 항목을 이용한다.

62 다음은 삼바 서버 설정 파일에서 공유 디렉터리를 이용할 수 있는 사용자를 지정하는 항목이다. (   ) 안에 들어갈 내용으로 알맞은 것은?

```
# vi /etc/samba/smb.conf
(      ) = ihduser kaitman
```

① valid user
② valid users
③ valid-user
④ valid-users

....

• 삼바 서버는 /etc/samba/smb.conf를 환경설정 파일로 이용하며, 각 공유 폴더(항목)별로 설정값을 지정한다.
• 삼바의 공유 폴더의 주요 설정 옵션

설정 옵션	설명
[디렉터리 이름]	'[ ]' 사이에 공유 폴더 이름을 지정한다.
comment	공유 폴더에 대한 설명을 기술한다.
path	공유 디렉터리의 절대경로를 지정한다.
read only = yes	읽기만 가능하도록 설정한다.
writable=yes	쓰기 가능하도록 설정한다.
write list = [사용자명]	쓰기 가능한 사용자를 지정한다.
valid users = [사용자명]	접근 가능한 사용자를 지정하며 만일 별도로 지정하지 않은 경우 전체 사용자가 접근 가능하게 된다.
public = no	개인 사용자만 사용할 수 있도록 설정한다.
browseable =,no	이용 가능한 공유 리스트에 표시되지 않도록 설정한다.
create mask = 값	파일을 생성할 때 사용되는 기본 모드를 지정한다(예 0644).
follow symlinks = no	심볼릭 링크를 따르지 않도록 설정하여 잠재적인 보안 위협을 제거한다.

63 다음은 LDAP의 구성에 관한 설명이다. ( ) 안에 들어갈 내용으로 알맞은 것은?

> LDAP은 이름·주소와 같이 하나 이상의 속성을 가진 객체로 구성되고 그 객체를 엔트리라고 부른다. 각각의 엔트리는 DIT라는 트리 구조로 조직화되고 이 조직 내에서 고유한 식별자인 (㉠)(을)를 사용하고 (㉠)(은)는 (㉡)(으)로 구성된다.

① ㉠ RDN   ㉡ DN
② ㉠ DN   ㉡ RDN
③ ㉠ CN   ㉡ SN
④ ㉠ SN   ㉡ CN

....

• LDAP(Lightweight Directory Access Protocol)는 디렉터리 서비스를 조회하고 수정하는 TCP 기반 응용 프로토콜이다.
• LDAP의 주요 속성

속성	설명
c	국가 이름
st	주 이름(우리나라는 도)
l	도시 혹은 지역
street	도로명 주소
dn	조직 내 고유한 식별자
rdn	상대(relative) DN
o	조직(회사) 이름
ou	부서 이름
cn	전체 이름(이름+성)
sn	성
givenName	이름
dc	도메인네임 요소
mail	이메일 주소
telephoneNumber	전화번호

64 다음 설명에 해당하는 명령으로 알맞은 것은?

> MySQL 5.7 버전의 소스 파일을 다운로드하여 설치한 후에 기본 관리 데이터베이스를 생성하고 root 사용자의 임시 패스워드를 부여 받는 과정이다. 참고로 명령 작업은 관련 명령어가 존재하는 디렉터리에서 실행하고 있다.

① ./mysqld_safe --user=root &
② ./mysqld_safe --initialize --user=root &
③ ./mysql --initialize --user=root &
④ ./mysqld --initialize --user=root &

....

오답 피하기

mysqld_safe : MySQL를 시작(실행)하기 위해 사용하는 명령어

65 다음은 squid.conf에서 특정 네트워크 대역만 사용할 수 있도록 허가하는 과정이다. ( ) 안에 들어갈 내용으로 가장 알맞은 것은?

> acl localnet src 192.168.12.0/255.255.255.0
> ( ) localnet

① http allow
② http_allow
③ http access allow
④ http_access allow

정답 63② 64④ 65④

- 프록시 서버인 squid는 /etc/squid/squid.conf를 환경설정 파일로 이용한다.
- squid.conf의 주요 옵션 항목

옵션	설명
cache_dir [옵션]	옵션 : cache_dir ufs [경로] [캐시 데이터 크기] [첫번째 디렉터리 수] [두 번째 디렉터리 수]
http_port [포트번호]	사용할 포트 번호를 지정한다.
acl [별칭] src [IP 주소 대역]	acl로 별칭을 만든 후 접근 권한을 설정한다. – http_access allow [별칭] : 접근 허가 – http_access deny [별칭] : 접근 거부
cache_mem [크기]	캐시의 크기를 설정한다.
cache_log [로그 파일경로]	로그 파일을 지정한다.

66 다음 중 터미널 환경에서 가상머신만을 대상으로 CPU 자원을 모니터링할 때 사용하는 명령으로 알맞은 것은?

① virsh
② vtop
③ virt-top
④ virt-manager

virt-top : 가상화 현황을 top과 유사한 형식으로 출력한다.

오답 피하기

① virsh : 텍스트 기반의 콘솔 환경에서 가상머신을 관리해주는 도구로 생성, 시작, 재시작, 종료, 강제 종료 등의 기능을 수행한다.
④ virt-manager : 가상머신을 손쉽게 시작 및 종료할 수 있고 가상머신의 CPU 사용량, 호스트 CPU 사용량 등을 모니터링할 수 있는 GUI 기반의 도구이다.

67 다음 설명에 해당하는 HTTP 요청 메소드(Method)로 알맞은 것은?

> 웹 페이지에 방명록을 만들어 입력된 글을 insert.php 파일을 통해 데이터베이스에 저장되도록 하였다.

① GET
② POST
③ HEAD
④ PUT

HTTP의 주요 요청 메소드

메소드	설명
GET	URL 형식으로 리소스(resource) 데이터를 요청한다.
HEAD	리소스의 헤더(header) 정보를 요청하며, 서버는 응답 메시지로 본문(body)를 제외한 헤더 정보만 사용한다.
POST	HTTP 요청을 헤더와 바디로 구분하여 사용하고 요청할 내용을 바디에 담아 서버에 전송한다. 주로 폼(form)문을 이용한 데이터 전송에 사용한다.
PUT	새로운 문서를 만들거나 기존 정보를 갱신하기 위해 사용한다.
DELETE	웹의 리소스(파일)을 삭제하기 위해 사용한다.
CONNECT	프록시(proxy)와 같은 중간 서버에 접속하기 위해 사용한다.
TRACE	요청한 리소스가 수신되는 경로를 확인하기 위해 사용한다.
OPTIONS	웹 서버가 제공하는 메소드를 확인하기 위해 사용한다.

정답 66 ③ 67 ②

68 다음 설명에 해당하는 관련 파일명과 항목의 조합으로 알맞은 것은?

아파치 2.2 버전을 소스 파일로 설치하여 웹 서버를 운영 중이다. ihduser 사용자가 개인 홈페이지를 운영할 수 있도록 관련 디렉터리명을 알려달라고 요청하였다.

① ㉠ httpd-homedir.conf ㉡ HomeDir
② ㉠ httpd-homedir.conf ㉡ UserDir
③ ㉠ httpd-userdir.conf ㉡ HomeDir
④ ㉠ httpd-userdir.conf ㉡ UserDir

아파치 웹 서버에서 사용자별 홈페이지를 이용하려면 'mod_userdir.so'를 사용하고 관련 정보를 설정한다.
• httpd.conf 내용 중 'LoadModule userdir_module modules/mod_userdir.so' 항목을 활성화(주석 처리 해제)한다.
• httpd.conf 내용 중 'Include conf/extra/httpd-userdir.conf' 항목을 활성화(주석 처리 해제)한다.
• httpd-userdir.conf 내용 중 'UserDir [디렉터리명]' 항목을 수정한다.

69 다음은 httpd.conf 파일에 php 확장자를 가진 파일을 해석할 수 있도록 설정하는 과정이다. (   ) 안에 들어갈 내용으로 알맞은 것은?

(   ) application/x-httpd-php .php .html .htm .php5
(   ) application/x-httpd-php-source .phps

① LoadModule
② Include
③ AddType
④ AddEncoding

오답 피하기
① LoadModule : 아파치 웹 서버의 동적 모듈을 로딩(loading)한다.
② Include : 아파치 웹 서버의 설정 파일을 나누어 작성한 후, 포함할 때 사용한다.

70 PHP 5.6 버전의 소스 파일을 다운로드하여 configure 작업을 진행하려고 한다. 다음 중 php.ini 파일의 경로를 지정하는 configure의 옵션으로 알맞은 것은?

① --enable-config-file-path
② --disable-config-file-path
③ --with-config-file-path
④ --prefix-config-file-path

PHP 소스코드의 configure 작업 시 '--with-configure-file-path=[경로명]'을 이용하여 php.ini의 위치를 지정할 수 있다.

71 다음 중 NIS 서버 구성 시에 반드시 구동해야 할 데몬으로 가장 거리가 먼 것은?

① yppasswdd
② ypxfrd
③ ypbind
④ rpcbind

ypbind : 바인드 정보를 관리하여 NIS 서버와 클라이언트를 연결한다.

오답 피하기
① yppasswdd : NIS 데이터베이스의 암호를 업데이트하기 위한 데몬이다.
② ypxfrd : NIS 서버와 NIS 클라이언트 간의 맵핑 속도를 높여주는 데몬이다.
④ rpcbind : RPC 서비스를 사용하는 프로그램에 고유번호를 부여하고 RPC 서비스를 관리한다.

정답 68 ④ 69 ③ 70 ③ 71 ③

72 다음은 NIS 클라이언트를 구성하는 과정의 일부이다. ( ) 안에 들어갈 내용으로 알맞은 것은?

```
# vi (    )
server nis.ihd.or.kr
ypserver nis.ihd.or.kr
domain ihd.or.kr
```

① /etc/yp.conf
② /etc/ypbind.conf
③ /etc/ypserv.conf
④ /etc/sysconfig/network

/etc/yp.conf : NIS 바인드 정보를 관리하는 ypbind의 환경설정 파일이다.

오답 피하기
③ /etc/ypserv.conf : ypserv를 위한 옵션을 저장한다.

73 다음 그림에 해당하는 명령으로 알맞은 것은?

① smbclient
② smbstatus
③ testparm
④ nmblookup

smbclient : smbclient는 'smbclient [옵션] [호스트명]' 형식을 갖는 명령어로 윈도우 공유 폴더를 확인하고 접근할 수 있다.

오답 피하기
② smbstatus : 삼바의 접속 정보를 확인하는 명령어이다.
③ testparm : 삼바의 설정 정보를 확인하는 명령어이다.
④ nmblookup : 삼바 서버의 NetBIOS 이름으로 IP 주소를 조회할 수 있는 명령어이다.

74 다음 중 NFS 클라이언트에서 NFS 서버에 익스포트(export)된 정보를 확인할 때 사용하는 명령으로 알맞은 것은?

① rpcinfo
② exportfs
③ showmount
④ nfsstat

오답 피하기
① rpcinfo : 메모리에 로딩된 RPC 기반 서비스 테이블을 관리하는 명령어이다. 서비스 테이블이란 프로그램과 포트번호를 매핑한 테이블을 의미한다.
② exportfs : NFS 서버의 익스포트(export)된 디렉터리 정보, 즉 공유 목록을 관리하는 명령어이다.
④ nfsstat : NFS 및 RPC 연결에 대한 통계 정보를 표시하는 명령어이다.

75 다음 중 ihduser 사용자가 회사로 들어오는 메일을 외부의 다른 메일 서버로 전송하려고 할 때 가장 알맞은 것은?

① /etc/aliases 파일에 관련 정보를 등록한다.
② mailq 명령을 사용해서 관련 정보를 등록한다.
③ /etc/mail/virtusertable에 관련 정보를 등록한다.
④ 홈 디렉터리에 .forward 파일을 생성하여 등록한다.

오답 피하기
① /etc/aliases : 메일의 별칭 혹은 특정 계정으로 수신한 이메일을 다른 계정으로 전달하도록 설정하며 보통 여러 사람에게 전달할 때 사용한다.
② mailq : 메일 큐의 내용을 표시하는 명령어이다.
③ /etc/mail/virtusertable : 가상의 메일 계정으로 들어오는 메일을 특정 계정으로 전달하는 정보를 설정하며 '[가상 이메일 주소] [포워딩할 이메일 주소 혹은 계정이름]'의 형식을 따른다.

76 다음 설명에 맞는 NFS 서버의 환경설정 내용으로 알맞은 것은?

> /nfsdata라는 디렉터리의 접근을 192.168.12.0 네트워크 대역에 속한 호스트만 가능하도록 설정한다. 또한 읽기 및 쓰기가 가능하고, root로 접근하는 경우에는 root 권한을 인정한다.

① /nfsdata 192.168.12.0(rw,root_squash)

② /nfsdata 192.168.12.0(rw,no_root_squash)

③ /nfsdata 192.168.12.0/255.255.255.0(rw,root_squash)

④ /nfsdata 192.168.12.0/24(rw,no_root_squash)

- NFS 서버가 참조하는 /etc/exports의 설정은 3가지 정보를 갖는다.
  - 공유 디렉터리명
  - **접근 가능한 클라이언트** : 네트워크 IP 주소 혹은 주소 대역을 설정할 수 있다.
  - **공유 옵션** : ro(read-only) rw(read-write), 사용자의 접근 권한
- root 사용자의 접근 권한 설정

설정값	설명
no_root_squash	root 권한 접근을 허용한다.
root_squash	root 권한 접근을 거부하기 위하여 클라이언트의 root 요청을 nobody(또는 nfsnobody)로 매핑시킨다(기본값).
all_squash	NFS 클라이언트에서 접근하는 모든 사용자(root 포함)의 권한을 nobody(또는 nfsnobody)로 매핑시킨다.
anonuid	특정 계정의 권한을 할당한다.

77 다음 중 관련 파일의 정보 업데이트 후에 'makemap hash' 명령을 사용해야 하는 파일의 조합으로 알맞은 것은?

> ㉠ /etc/mail/local-host-names
> ㉡ /etc/mail/sendmail.mc
> ㉢ /etc/mail/access
> ㉣ /etc/aliases
> ㉤ /etc/mail/virtusertable

① ㉢ ㉤

② ㉢ ㉣ ㉤

③ ㉠ ㉡ ㉢ ㉤

④ ㉠ ㉢ ㉣ ㉤

㉠ /etc/mail/local-host-names : sendmail에서 수신할 메일의 도메인과 호스트, 즉 메일 수신지를 설정하며 sendmail을 다시 시작하여 적용한다.

㉡ /etc/mail/sendmail.mc : 'm4 sendmail.mc 〉 sendmail.cf'와 같이 사용하여 sendmail.cf를 생성한다.

㉢ /etc/mail/access : 스팸 메일 방지 등을 위하여 특정 IP 혹은 도메인으로부터 발송된 메일을 차단하는 데 사용한다. 'makemap hash /etc/mail/access 〈 /etc/mail/access'와 같은 방식으로 '/etc/mail/access.db'에 적용한다.

㉣ /etc/aliases : 메일의 별칭 혹은 특정 계정으로 수신한 이메일을 다른 계정으로 전달하도록 설정하며 newaliases 혹은 'sendmail -bi'를 실행하여 적용한다.

㉤ /etc/mail/virtusertable : 가상의 메일 계정으로 들어오는 메일을 특정 계정으로 전달하는 정보를 설정하며 'makemap hash /etc/mail/virtusertable 〈 /etc/mail/virtusertable'와 같은 방식으로 '/etc/mail/virtusertable.db'에 적용한다.

정답 76 ④ 77 ①

78 다음 중 DNS 서버 구성 시에 리버스 존(Reverse zone) 파일을 생성하지 않았을 경우에 발생하는 가장 큰 문제점으로 알맞은 것은?

① 도메인에 대한 IP 주소 조회가 불가능하다.
② IP 주소에 대한 도메인 조회가 불가능하다.
③ 도메인을 사용해서 메일을 보낼 수가 없게 된다.
④ 도메인을 사용해서 메일을 받을 수가 없게 된다.

DNS 서버의 리버스 존을 생성하여 IP 주소에 대한 도메인 정보 조회를 제공할 수 있다.

79 다음은 /etc/named.conf 파일의 일부이다. ( ) 안에 들어갈 내용으로 알맞은 것은?

```
zone "." IN {
type (      );
file "named.ca";
}
```

① root
② hint
③ master
④ slave

hint : 루트 도메인을 지정하기 위해 사용한다.

오답 피하기
③ master : 1차 네임 서버를 지정하기 위해 사용한다.
④ slave : 2차 네임 서버를 정의하기 위해 사용한다.

80 다음 설명에 가상화의 효과 및 기능으로 알맞은 것은?

사용자의 요구사항에 맞게 할당, 배치, 배포할 수 있도록 만들어 놓는 것을 말한다. 가상화 기반의 자원 할당은 물리적 단위보다 더 세밀한 조각 단위로 가능하다.

① 프로비저닝(Provisioning)
② 단일화(Aggregation)
③ 에뮬레이션(Emulation)
④ 절연(Insulation)

오답 피하기
② 단일화(Aggregation) : 물리적으로 분리된 자원을 논리적으로 통합하여 제공하는 것을 의미한다.
③ 에뮬레이션(Emulation) : 물리적인 특징이 다른 장치를 범용적인 모델로 인식하여 사용할 수 있도록 지원하는 것을 의미한다.
④ 절연(Insulation) : 하나의 가상화 서비스에 문제가 발생하여도 다른 서비스로 장애가 전이되지 않도록 관리하는 것을 의미한다.

정답 78② 79② 80①

81 다음 중 CentOS 6.9 버전에서 가상화 서비스 운영을 위해 관련 데몬을 실행하는 명령으로 알맞은 것은?

① service libvirt start
② service libvirtd start
③ service libvirt-daemon start
④ service virt-manager start

....

libvirtd : libvirt 관리 시스템의 서버 데몬으로 관리도구와 통신하여 원격 도메인의 명령을 전달한다.

오답 피하기
① **libvirt** : Linux에서 가상화 지원을 위한 API, 데몬(daemon), 라이브러리, 관리 툴들의 모음이다.
④ **virt-manager** : 데스크탑 GUI 환경으로 가상머신을 생성, 관리할 수 있는 소프트웨어이다.

> **참고**
>
> 최근 리눅스의 경우 대부분의 서비스 관리 스크립트들이 '.service'로 끝나는 파일인 서비스 유닛(Unit)으로 변경되었으며 systemctl 명령어로 제어된다. 따라서 CentOS 6에서 사용하던 방식과 같이 service 명령을 이용하여 서비스를 제어할 경우 systemctl 명령을 사용하는 방식으로 재요청(Redirecting)된다.
>
> $ service libvirtd start
>   Redirecting to /bin/systemctl start libvirtd.
> service

82 다음 중 네트워크 서비스 종류가 다른 것은?

① NFS
② NIS
③ LDAP
④ Active Directory

....

NFS(Network File System) : 원격 호스트의 공유된 경로를 로컬에서 사용할 수 있도록 지원하는 서비스이다.

오답 피하기
② **NIS(Network Information Service)** : 호스트명, 사용자명, 사용자 암호 등과 같은 시스템 정보를 검색하고 관리하기 위한 서비스이다.
③ **LDAP(Lightweight Directory Access Protocol)** : 디렉터리 서비스를 조회하고 수정하는 TCP 기반 응용 프로토콜이다.
④ **Active Directory** : 마이크로소프트(Microsoft) 윈도우 운영체제의 서비스로 LDAP을 기반으로 인증 서비스를 제공한다.

83 다음 (   ) 안에 들어갈 명령으로 알맞은 것은?

```
# (        ) passwd.byname
```

① ypwhich
② ypcat
③ yppasswd
④ yptest

....

ypcat : NIS 데이타베이스의 모든 키의 값을 표시한다. 'ypcat hosts.byname'으로 호스트 관련 정보를 확인할 수 있고 'ypcat passwd.byname'으로 사용자 관련 정보를 확인할 수 있다.

오답 피하기
① **ypwhich** : NIS 서버 이름을 출력한다.
③ **yppasswd** : NIS 데이터베이스의 암호를 변경한다.
④ **yptest** : NIS의 도메인명, 맵 파일 정보, 계정 정보 등을 확인한다.

84 다음 중 vsftpd 패키지 설치 시에 생성되는 /etc/vsftpd/ftpusers 파일의 역할에 대한 설명으로 알맞은 것은?

① 원격지에서 접근할 수 있는 호스트의 IP 주소가 기입되어 있다.
② 원격지에서 접근할 수 없는 호스트의 IP 주소가 기입되어 있다.
③ 서버로 접근할 수 있는 사용자의 계정이 기입되어 있다.
④ 서버로 접근할 수 없는 사용자의 계정이 기입되어 있다.

....
/etc/vsftpd/ftpusers에 등록된 모든 계정은 접속 차단된다. vsftpd의 설정 파일인 /etc/vsftpd/vsftpd.conf의 항목 중 'userlist_enable=YES'로 설정하면 ftpusers와 함께 user_list에 등록된 모든 계정도 접속 차단된다.

85 다음은 vsftpd.conf 파일에 설정하는 항목 중 하나이다. 이 항목에 대한 설명으로 가장 알맞은 것은?

```
chroot_local_user=YES
```

① 접속한 사용자의 홈 디렉터리를 최상위 디렉터리가 되도록 지정한다.
② root 사용자의 홈 디렉터리를 최상위 디렉터리인 /로 지정한다.
③ 홈 디렉터리가 없는 사용자의 기본 디렉터리를 최상위 디렉터리인 /로 지정한다.
④ 접속한 사용자의 기본 디렉터리를 리눅스 시스템의 최상위 디렉터리인 /로 지정한다.

- vsftpd는 /etc/vsftpd/vsftpd.conf를 설정 파일로 사용한다.
- vsftpd.conf의 주요 설정 항목

항목	설명
anonymous_enable=YES	익명(anonymous) 사용자의 접속을 허가한다.
anon_upload_enable=YES	익명 사용자의 업로드를 허가한다.
local_enable=YES	로컬 계정 사용자의 접속을 허가한다.
write_enable=YES	FTT 쓰기(write) 명령을 허가한다.
local_umask=022	기본 umask값인 077을 지정한 값(022)으로 변경한다.
chroot_local_user=YES	접속한 사용자의 홈 디렉터리를 최상위 디렉터리가 되도록 지정한다
chroot_list_enable=YES	홈 디렉터리의 상위 디렉터리로 이동할 수 있는 사용자 목록을 사용한다.
chroot_list_file=[파일명]	/etc/vsftpd/chroot_list와 같이 상위 디렉터리로 이동할 수 있는 사용자 목록을 담은 파일을 지정한다.
chown_uploads=YES	익명 사용자가 업로드한 파일의 소유권을 변경한다.
chown_username=[계정명]	익명 사용자가 업로드한 파일의 소유권을 갖게 될 사용자를 설정한다.
pam_service_name=[이름]	vsftpd와 같이 PAM 인증에 사용할 설정 파일의 이름을 지정한다.
userlist_enable=YES	/etc/vsftpd/user_list를 사용한다.
tcp_wrapper=YES	tcp_wrapper를 이용하여 접근 제어를 수행한다.
session_support=YES	wtmp에 로그를 남겨 last 명령으로 접속 여부를 확인할 수 있다.
dirmessage_enable=YES	디렉터리 이동 시 해당 디렉터리의 메시지(.message 파일의 내용)가 표시된다.
ftpd_banner=[메시지]	FTP 접속 시 표시될 환영 메시지를 설정한다.

xferlog_enable=YES	FTP 관련 로그를 기록한다.
xferlog_file=[경로명]	/var/log/xferlog와 같이 로그 파일 경로를 지정한다.
xferlog_std_format=YES	로그 파일이 표준 포맷을 사용하도록 설정한다.
listen_port=[포트번호]	21과 같이 vsftpd의 접속 포트를 지정한다.
ftp_data_port=[포트번호]	20과 같이 데이터 전송에 사용할 포트를 지정한다.
listen=YES	스탠드어론(standalone) 모드로 동작 시 설정하는 항목이다.
idle_session_timeout=[초]	Idle 상태에서 접속을 유지할 최대 시간을 설정한다(기본 300초).
data_connection_timeout=[초]	Data connection을 끊기 전까지의 대기시간을 설정한다(기본 60초).
max_clients=[최대값]	접속할 수 있는 클라이언트(client)의 최대 허용 건수를 지정한다.
max_per_ip=[최대값]	한 IP 주소당 접속할 수 있는 최대 허용 건수를 지정한다.

86 다음 중 IMAP 및 POP3 서버로 사용되는 프로그램으로 알맞은 것은?

① qmail
② evolution
③ dovecot
④ postfix

① qmail : MTA (Mail/Message Transfer Agent)의 역할을 담당하는 프로그램
② evolution : X 윈도우를 위한 메일 클라이언트 프로그램
④ postfix : : MTA(Mail/Message Transfer Agent)의 역할을 담당하는 프로그램

87 다음 중 SMTP 프로토콜의 역할에 관한 설명으로 알맞은 것은?

> ㉠ Outlook 프로그램을 이용해서 지정한 메일 서버에 도착한 메일을 확인한다.
> ㉡ Outlook 프로그램을 이용해서 지정한 메일 서버를 통해 메일을 보낸다.
> ㉢ 메일 서버와 메일 서버 간에 메일을 주고받는다.
> ㉣ 회사에서 확인한 메일을 집에서도 다시 확인할 수 있다.
> ㉤ 회사에서 확인한 메일을 집에서는 확인할 수 없다.

① ㉢
② ㉡ ㉢
③ ㉠ ㉣
④ ㉠ ㉤

SMTP(Simple Message Transfer Protocol)은 인터넷에서 이메일을 전송하기 위해 사용하는 프로토콜이다.

Outlook 등을 이용하여 도착한 메일을 확인할 때 사용하는 프로토콜은 IMAP(Internet Message Access Protocol)과 POP3(Post Office Protocol 3)이다.

88 다음 ( ) 안에 들어갈 내용으로 알맞은 것은?

> DNS 서버를 운영하기 위해서는 (㉠)(이)라는 프로그램을 설치하고 (㉡)(이)라는 데몬을 실행하면 된다.

① ㉠ named   ㉡ named
② ㉠ named   ㉡ bind
③ ㉠ bind   ㉡ named
④ ㉠ bind   ㉡ bind

- bind : DNS 서버의 기능을 제공하는 대표적인 소프트웨어로 'yum install' 명령어를 이용하여 설치할 수 있다.
- named : bind의 데몬 이름이다.

89 다음 중 zone 파일이 위치하는 디렉터리로 가장 알맞은 것은?

① /etc/named
② /etc/named/chroot
③ /var/named
④ /var/named/chroot

zone 파일은 도메인 이름과 IP 주소 혹은 관련 리소스 간 매핑(mapping)을 포함하고 리소스 레코드(Resource Record)로 구성된다. 리눅스는 /var/named/에 zone 파일을 저장하며 named 데몬 실행 시 참고한다.

90 다음 중 KVM이 지원하는 반가상화 항목의 조합으로 알맞은 것은?

> ㉠ CPU   ㉡ 이더넷카드
> ㉢ Disk I/O   ㉣ VGA

① ㉠ ㉡ ㉢
② ㉡ ㉢ ㉣
③ ㉠ ㉡ ㉣
④ ㉠ ㉡ ㉢ ㉣

KVM은 인텔의 VT 및 AMD-V를 기반으로 CPU 전가상화를 지원하는 기술로 리눅스 커널 2.6.20부터 포함되었다. KVM은 CPU 에뮬레이터인 QEMU를 이용하여 리눅스/윈도우 등 다중 가상머신을 운영한다. 비록 CPU 반가상 기술을 지원하지 않으나 이더넷, Disk I/O, 그래픽 등은 반가상화를 지원한다.

91 다음 중 버추얼박스(VirtualBox)가 지원하는 디스크 이미지 형식으로 틀린 것은?

① VDI
② VHD
③ VMC
④ VMDK

VMC : Microsoft Virtual PC에서 사용하는 가상머신 설정 파일 형식

오답 피하기

① VDI(Virtual Disk Image) : 버추얼박스에서만 사용할 수 있는 전용 디스크 이미지 형식
② VHD(Virtual Hard Disk) : 버추얼박스, Hyper-V, Xen에서 사용할 수 있는 디스크 이미지 형식
④ VMDK(Virtual Machine Disk) : 버추얼박스, VMware Player에서 사용할 수 있는 디스크 이미지 형식

92 다음 중 xinetd 데몬으로 관리하면 최적인 네트워크 서비스의 유형으로 가장 알맞은 것은?

① 사용자가 많고 빠른 응답이 요구되는 서비스
② 사용자는 적으나 빠른 응답이 요구되는 서비스
③ 사용자는 많으나 빠른 응답이 요구되지 않는 서비스
④ 사용자가 많지 않고 빠른 응답도 요구되지 않는 서비스

xinet 방식은 standalone 방식과 비교하여 사용자 요청에 대한 처리 시간이 느리지만, 다양한 서비스를 제한된 시스템 자원으로 운영하기에 효율적이다.

> **참고**
>
> • 최근 리눅스의 경우 CentOS 6까지 xinetd 방식으로 이용하던 많은 서비스들이 단독 데몬으로 전환되거나 systemd에 의한 관리방식으로 통합되었다.
> • systemd 방식은 socket 기능(ondemand activation)을 통해 효율적으로 메모리를 관리할 수 있으며, 이에 따라 기존 xinetd를 통해 제공하던 rsync, telnet 등의 서비스가 systemd 방식으로 통합되었다.

93 다음 중 VNC 서버에 접근할 때 사용할 패스워드를 설정하는 명령으로 알맞은 것은?

① vncserver
② vncconfig
③ vncpasswd
④ Xvnc

오답 피하기
② vncconfig : VNC 서비스의 설정을 관리하고 제어하는 명령어
④ Xvnc : vncserver에 의해 실행되는 VNC 서버

94 다음은 리눅스 시스템의 날짜 및 시간이 맞지 않아서 원격지의 NTP 서버를 통해 시간을 설정하는 과정이다. (   ) 안에 들어갈 명령으로 가장 알맞은 것은?

```
# (      ) time.bora.net
```

① date
② rdate
③ ntpq
④ ntpdate

• NTP(Network Time Protocol)는 NTP 서버를 이용하여 시간을 동기화한다.
• ntpdate : 'ntpdate [서버주소]' 명령 옵션으로 원격 서버와 시간을 동기화한다. –d 옵션을 이용하면 원격 서버와 시간 차이를 확인할 수 있다.

오답 피하기
① date : 리눅스의 날짜와 시간을 확인하는 명령어이다.
② rdate : 원격지의 타임서버에서 시간 정보를 가져와 로컬 시스템의 시간과 동기화하는 명령어이다.
③ ntpq : NTP 질의(query)명령어로 '–p' 옵션으로 연결된 서버의 상태를 출력한다.

정답 92④ 93③ 94④

95 다음 그림에 해당하는 HTTP 상태코드로 알맞은 것은?

① 401

② 402

③ 403

④ 404

HTTP 상태코드는 1xx(조건부응답), 2xx(성공), 3xx(리다이렉션), 4xx(요청오류), 5xx(서버오류)로 구분되며 이 중 4xx의 주요 항목은 다음과 같다.

오류코드	설명
400	• Bad request • 클라이언트의 요청이 잘못되었다(문법오류).
401	• Unauthorized • 요청에 대한 권한이 부족하다(인증실패).
402	결재가 필요한 요청이다.
403	• Forbidden • 리소스에 대한 권한이 없다(인가실패).
404	• Not Found • 존재하지 않은 리소스를 요청하였다.
405	• Method Not Allowed • 지정된 방식으로 요청할 수 없다.
408	• Request Timeout • 요청시간이 오래되어 연결을 끊는다.

96 다음 중 iptables를 이용하여 192.168.10.11로부터 들어오는 패킷을 차단하는 정책을 추가하려고 할 때 알맞은 것은?

① iptables −I INPUT 192.168.10.11 −j ACCEPT

② iptables −I FORWARD 192.168.10.11 −j ACCEPT

③ iptables −A INPUT 192.168.10.11 −j DROP

④ iptables −A FORWARD 192.168.10. 11 −j DROP

• 정책을 추가하는 옵션은 '−A 혹은 −ㅣ [체인] [라인번호]'이다.
• 체인 내부의 주요 옵션 항목

옵션	설명
−A	새로운 정책을 가장 마지막에 추가/등록한다.
−I [체인] [라인번호]	지정한 라인번호에 추가한다.
−D [체인] [라인번호]	정책을 제거한다.
−R [체인] [라인번호]	정책을 수정한다.

• 들어오는 패킷을 대상으로 하므로 INPUT 체인을 선택한다.
• iptables의 filter 테이블 체인

체인	설명
INPUT	호스트를 목적지로 유입되는 패킷
OUTPUT	호스트를 출발지로 하여 나가는 패킷
FOWARD	라우터로 사용되는 호스트를 통과하는 패킷. 즉 호스트 컴퓨터가 목적지가 아닌 패킷

• 차단하는 정책이므로, 거부(REJECT), 제거(DROP) 정책을 설정한다. DROP은 거부 메시지 없이 거절되며, REJECT는 패킷을 허용하지 않는다는 메시지를 전송하며 거절한다.

> **참고**
>
> CentOS 7은 firewalld를 기본 방화벽으로 사용하고 iptables 대비 편리한 사용성을 제공한다. 따라서 firewalld의 특징과 설정 방법을 확인해 두어야 한다.

97 다음 설명으로 알맞은 것은?

> 네트워크에서 공격 서명을 찾아내 자동으로 조치를 취해 비정상적인 트래픽을 중단시키는 보안 시스템이다. 수동적인 방어 개념의 시스템이 아닌 침입 경고 이전에 공격을 중단시키는 데 초점을 둔 시스템이다.

① 침입 차단 시스템
② 로드 밸런싱(Load Balancing)
③ 패킷 스니퍼(Packet Sniffer)
④ 패킷 로거(Packet Logger)

오답 피하기

② 로드 밸런싱(Load Balancing) : 서버가 처리해야 할 업무 혹은 요청(Load)을 여러 대의 서버로 나누어(Balancing) 처리하는 것을 의미한다.
③ 패킷 스니퍼(Packet Sniffer) : 네트워크 패킷을 외부에서 확인할 수 있는 도구로, 와이어샤크(wireshark), tcpdump 등이 대표적이다.
④ 패킷 로거(Packet Logger) : 네트워크 패킷을 화면으로 표시하거나 파일로 저장할 수 있는 도구이다.

98 다음 DoS공격에 대한 설명으로 알맞은 것은?

> 공격자는 IP 주소를 공격 서버의 IP 주소로 위장하고 ICMP Request 패킷을 브로드캐스트를 통해 다수의 시스템에 전송한다. 이때 브로드캐스트를 수신한 다수의 시스템은 ICMP Echo Relay 패킷을 공격자가 아닌 공격 대상의 서버로 전송하게 되면서 부하를 발생시킨다.

① Ping of Death   ② UDP Flooding
③ Land Attack   ④ Smurf Attack

오답 피하기

① Ping of Death : ICMP Echo 패킷을 정상적인 크기(64k)보다 매우 크게 전송하여 시스템에 문제를 일으키게 하는 공격 기법이다.
② UDP Flooding : 대량의 UDP 패킷을 전송하여 공격대상(Victim)의 자원을 소모시키는 공격 기법이다.
③ Land Attack : 공격대상(victim)에 IP 패킷을 보낼 때 '발신자 IP, 수신자 IP'를 모두 victim의 IP'로 하여 문제를 일으키게 하는 공격 기법이다.

99 다음 설명에 해당하는 공격으로 알맞은 것은?

> 여러 대의 공격자를 분산 배치하여 동시에 서비스 거부 공격을 함으로서 공격 대상이 되는 시스템이 정상적인 서비스를 할 수 없도록 방해하는 공격

① Denial of Service
② Distributed Denial of Service
③ TCP SYN Flooding
④ Teardrop Attack

오답 피하기

① Denial of Service : 한 번에 많은 서비스 요청을 공격 대상(Victim)에 전달하여 정상적인 서비스를 할 수 없도록 방해하는 공격으로 가용성을 침해한다.
③ TCP SYN Flooding : TCP 3-way handshaking의 특징을 악용하여 공격대상에게 대량의 연결요청(SYN)를 전달하는 DoS 공격 기법이다.
④ Teardrop Attack : IP fragmentation에 따라 패킷을 재조립할 때 offset을 임의로 변조하여 문제를 일으키게 하는 공격 기법이다.

100 다음 중 DoS(Denial of Service) 공격의 분류로 틀린 것은?

① 파괴 공격
② 사운드 자원 고갈 공격
③ 시스템 자원 고갈 공격
④ 네트워크 자원 고갈 공격

DoS 공격은 한 번에 많은 서비스 요청을 공격 대상에 전달하여 네트워크 등 시스템 자원을 고갈시키고 정상적인 서비스가 불가능하도록 파괴하는 공격이다.

정답 97① 98④ 99② 100②

02

해설과 따로 보는
최신 기출문제

1급	소요 시간	문항 수
	총 100분	총 100문항

수험번호 : _____

성   명 : _____

정답 & 해설 ▶ 2-158쪽

1과목 **리눅스 실무의 이해**

01 리눅스의 일반적인 특징이 아닌 것은?

① 이식성
② 프리웨어
③ 멀티 태스킹
④ 멀티 유저

02 다음 중 소스코드 공개를 요구하지 않는 라이선스는?

① LGPL
② MPL
③ MIT
④ GPL

03 다음 설명에 적합한 리눅스 배포판으로 가장 알맞은 것은?

CentOS의 개발 중단 이후, 기존 CentOS 사용자들을 위해 탄생한 배포판으로, CentOS의 개발 목표를 지속적으로 달성하기 위해 커뮤니티 주도로 개발하고 있는 리눅스 배포판이다.

① Kali Linux
② Rocky Linux
③ Arch Linux
④ Ubuntu

04 다음 설명에 해당하는 프로그램으로 알맞은 것은?

애플리케이션을 컨테이너로 패키징하여 이미지로 빌드하고, 이러한 이미지를 배포 및 실행할 수 있게 해주는 오픈소스 프로그램이다.

① Docker
② Nginx
③ OpenStack
④ Kubernetes

05 다음 설명에 해당하는 기술로 알맞은 것은?

여러 대의 서버나 시스템에 작업 부하를 분산시켜 전체적인 성능과 처리 능력을 향상시키는 클러스터 기술이다.

① 고계산용 클러스터
② 부하분산 클러스터
③ 고가용성 클러스터
④ 스토리지 클러스터

06 다음 설명을 적용하지 않은 RAID 방식은?

디스크의 읽기 및 쓰기 향상을 위해 연속된 데이터를 여러 개의 디스크에 라운드로빈 방식으로 기록 하는 기술이다.

① RAID 1 ② RAID 2
③ RAID 3 ④ RAID 4

07 다음 설명에 해당하는 디스크 전송 기술은?

> 고성능 서버를 위해 병렬 처리와 저지연 특성을 갖춘 PCIe 인터페이스를 사용하는 디스크 전송 기술이다.

① S-ATA
② SAS
③ SCSI
④ NVMe

08 다음 용어 중 역할이 다른 하나는 무엇인가?

① MBR   ② LILO
③ GRUB   ④ GRUB2

09 다음 중 systemd에 대한 설명으로 틀린 것은 무엇인가?

① init 프로세스를 대체한다.
② 부팅 시 서비스가 병렬로 시작될 수 있는 기능을 제공한다.
③ 데몬을 필요한 순간에만 실행하는 온디맨드 액티베이션 기능을 제공한다.
④ 데몬, 타겟, 장치, 타이머 유닛을 제공한다.

10 다음 설명에 해당하는 파일시스템은?

> 최대 1EB의 파일시스템과 16TB의 파일 크기를 지원하며 익스텐트(Extent) 기술을 적용하여 단편화를 줄이고 성능을 향상시킨 파일시스템이다.

① ext   ② ext2
③ ext3   ④ ext4

11 다음 중 셸에 대한 설명으로 옳지 않은 것은?

① 셸은 사용자 요청에 따라 시스템 콜을 호출한다.
② 모든 셸은 명령어 기반의 대화형 사용자 인터페이스이다.
③ 리눅스의 대표적인 셸은 bash이다.
④ 셸을 통해 파일, 프로세스 관리, 배치 처리 및 시스템 환경 설정을 수행할 수 있다.

12 다음 설명에 해당하는 파일은 무엇인가?

> 로그인한 상태에서 새로운 터미널을 열 때 마다 로드되는 설정파일이다.

① /etc/profile
② ~/.bash_profile
③ ~/.bashrc
④ ~/.bash_logout

13 다음 셸 스크립트의 실행 결과는 무엇인가?

```
#!/bin/bash
i=10
until [ $i -lt 5 ]
do
    i=$((i-2))
done
echo "$i"
```

① 6
② 4
③ 5
④ 3

14 다음 설명에 해당하는 명칭으로 가장 알맞은 것은?

> 현재 프로세스의 이미지를 새로운 프로그램의 이미지로 교체하여 새로운 프로그램을 실행하는 함수이다.

① fork ② init
③ exec ④ systemd

15 다음은 실행 중인 명령어를 중지한 후, 포그라운드에서 다시 실행하도록 전환하는 과정이다. ( ) 안에 들어갈 알맞은 것은 무엇인가?

```
$ tar −czf backup.tar.gz /home/user

$ ( ㉠ )
[2]+ Stopped tar −czf backup.tar.gz /home/
user

$ ( ㉡ )
```

① ㉠ CTRL^C ㉡ fg
② ㉠ CTRL^Z ㉡ fg
③ ㉠ CTRL^D ㉡ bg
④ ㉠ CTRL^Z ㉡ bg

16 OSI 7계층 중 다음 기술과 가장 연관성이 높은 계층은 무엇인가?

> SDN(Software Defined Networking)은 제어 영역(Control Plane)과 데이터 전달 영역(Data Plane)을 분리하여, 네트워크의 경로 설정과 패킷 전송을 소프트웨어적으로 제어하는 기술이다.

① 데이터 링크 계층
② 네트워크 계층
③ 전송 계층
④ 응용 계층

17 다음 설명에 해당하는 포트 번호는 무엇인가?

> 리눅스 시스템 관리에서 원격 접속과 명령어 실행을 위해 가장 많이 사용되며, 보안적으로 필수적인 포트이다.

① 22
② 80
③ 443
④ 514

18 다음 중 IPv6에 대한 설명으로 틀린 것은?

① IPv6는 IPv4의 주소 고갈 문제를 해결하기 위해 등장한 규격이다.
② IPv6 주소의 길이는 128비트이다.
③ DHCPv6는 라우터가 제공하는 프리픽스와 인터페이스 식별자를 통해 IP 주소를 할당한다.
④ 흐름 레이블(Flow label)을 통해 QoS 처리가 가능하다.

19 다음 실행결과에 해당하는 명령어는 무엇인가?

```
$
gateway (192.168.1.1) at 00:1a:2b:3c:4d:5e
[ether] on eth0
printer (192.168.1.50) at 00:1b:44:11:3a:b7
[ether] on eth0
laptop (192.168.1.21) at 28:cf:e9:12:ab:cd
[ether] on eth0
```

① ip ② route
③ arp ④ ping

20 다음 명령어 중 다른 성격을 갖은 하나는 무엇인가?

① nslookup
② dig
③ host
④ ip

21 다음은 SSH 서비스에서 root 로그인을 막기 위한 설정 과정이다. (　　) 안에 들어갈 알맞은 내용을 고르시오.

```
# vi ( ㉠ )

( ㉡ ) no

# systemctl restart sshd
```

① ㉠ /etc/ssh/sshd_config,
　㉡ PermitRootLogin
② ㉠ /etc/ssh/sshd_config,
　㉡ AllowRootLogin
③ ㉠ /etc/hosts.allow,
　㉡ PermitRootLogin
④ ㉠ /etc/ssh/sshd_config,
　㉡ AllowUsers

22 다음은 /etc/passwd 파일의 일부 내용이다. 이에 대한 설명 중 틀린 것은 무엇인가?

```
john:x:1001:1001:Team1:/home/john:/bin/
bash
mary:x:1002:1002:Team2:/home/mary:/bin/
sh
```

① john의 UID는 1001이며, 기본 셸은 bash를 사용한다.
② john의 홈디렉터리는 /home/john이다.
③ mary의 GID는 1002이며 그룹명은 Team2이고 그룹 정보는 /etc/group에 보관된다.
④ john과 mary의 비밀번호는 /etc/shadow에 보관되어 있다.

23 다음은 useradd 명령어의 사용 예이다. 이에 대한 설명 중 틀린 것은 무엇인가?

```
# useradd -m -s /bin/bash -G
developers john
```

① -m 옵션은 사용자 계정의 홈 디렉터리를 생성한다.
② -s 옵션은 사용자가 로그인할 때 사용할 셸을 지정하며, 여기서는 /bin/bash이다.
③ -G 옵션은 사용자를 추가할 기본 그룹을 지정하며, 여기서는 developers 그룹이다.
④ john은 새로 생성된 사용자의 이름이다.

24 다음 중 su 명령어와 sudo 명령어의 특징에 대한 설명으로 옳지 않은 것은 무엇인가?

① su 명령어로 root 계정으로 전환 시, 해당 세션에서는 root 권한이 지속되므로 모든 명령어를 root 권한으로 실행할 수 있다.

② sudo 명령어는 /etc/sudoers 파일을 통해 특정 사용자에게 특정 명령어의 실행 권한을 부여할 수 있다.

③ sudo 명령어로 실행된 명령어는 로그 파일에 기록되지만, su 명령어로 전환된 후의 명령어는 로그에 기록되지 않는다.

④ su와 sudo 명령어 모두 사용 시 root 비밀번호를 입력해야 하며, 이를 통해 보안을 강화한다.

25 다음은 설명과 관련된 명령어는 무엇인가?

> /etc/passwd 파일에 저장된 사용자 암호를 /etc/shadow 파일로 옮겨서 더 안전하게 관리하려고 한다.

① pwconv   ② pwunconv
③ grpconv   ④ grpunconv

26 다음 명령어는 특정 디렉터리를 그룹이 공용 작업 공간으로 사용하기 위해 설정하는 명령어이다. 괄호에 들어갈 알맞은 내용을 고르시오.

> # (㉠) developers /project
> # chmod (㉡) /project

① ㉠ chown ㉡ 2775
② ㉠ chgrp ㉡ 2775
③ ㉠ chown ㉡ 755
④ ㉠ chgrp ㉡ 775

27 다음 설명에 해당하는 내용을 고르시오.

> 원본 파일과 동일한 inode를 공유하며, 원본 파일이 삭제되어도 대상 파일은 유지된다.

① 심볼릭 링크
② 파일 링크
③ 하드 링크
④ 소프트 링크

28 다음 설명에 해당하는 명령어를 고르시오.

> 빈 파일을 생성하거나 특정 파일의 타임스탬프를 변경하여 make 명령어가 해당 파일을 강제로 다시 빌드하도록 유도한다.

① touch
② cp
③ ln
④ mv

29 다음은 example.txt 파일의 내용이다. 다음 실행 결과의 (   ) 안에 알맞은 내용을 고르시오.

> $ cat example.txt
> Hello World
> This is an example text file.
> wc is a useful command.
>
> $ (㉠) example.txt
> 3 (㉡) 69 example.txt

① ㉠ sort ㉡ 13
② ㉠ sort ㉡ 11
③ ㉠ wc   ㉡ 13
④ ㉠ wc   ㉡ 11

30 다음은 어떤 명령어의 실행 결과를 나타낸 것인가?

```
$
sysfs on /sys type sysfs (rw,nosuid,nodev,n
oexec,relatime)
/dev/sda1 on / type ext4 (rw,relatime,errors
=remount−ro)
tmpfs on /run type tmpfs (rw,nosuid,noexec,
relatime,size=403796k,mode=755)
/dev/sda2 on /home type ext4 (rw,relatime)
```

① df
② mount
③ lsblk
④ fdisk −l

31 다음은 top 명령어의 실행 예시이다. 이에 대한 설명 중 틀린 것을 고르시오.

```
$ top
PID USER    PR NI  VIRT   RES   SHR
S %CPU %MEM   TIME+ COMMAND
1234 john    20  0 123456 65432  1234
S  1.3  0.4  0:05.67 myprocess
2345 mary    19 −1 234567 12345  2345
R  2.5  1.0  0:15.02 anotherproc
3456 root    14  5 345678 45678  3456
S  0.7  0.2  0:02.15 rootproc
```

① 1234번 프로세스의 PR 값은 20이며, NI 값이 0이기 때문에 기본 우선순위를 가진다.
② NI 필드는 niceness 값을 나타내며, −20에서 19까지 변경할 수 있다
③ 가장 우선순위가 높은 프로세스는 2345번이다.
④ 2345번 프로세스의 PR 값이 19로, 이는 NI 값이 −1이기 때문에 우선순위가 기본보다 높아졌다.

32 다음 설명에 해당하는 명령어로 알맞은 것은?

> 여러 프로세스를 실행하고 있는 데몬을 한 번의 명령어로 모두 종료할 때 유용한 명령어이다.

① kill
② pgrep
③ terminate
④ killall

33 다음 실행결과는 어떤 명령어의 결과인가?

```
$
2    Tue Feb  6 14:00:00 2024 a user1
5    Wed Feb  7 09:30:00 2024 a user2
8    Thu Feb  8 18:45:00 2024 a user1
```

① cron
② at
③ atq
④ atrm

34 다음 설명과 맞는 cron 설정파일을 고르시오.

> 매주 월요일 새벽 3시에 /home/user/backup.sh 스크립트를 실행하는 작업을 예약한다.

① 0 3 * * 1 /home/user/backup.sh
② 0 3 * * * /home/user/backup.sh
③ 0 3 1 * * /home/user/backup.sh
④ 0 3 * * 0 /home/user/backup.sh

35 다음의 설명과 부합하지 않는 ps 명령어 옵션은 무엇인가?

> 다른 사용자의 프로세스와 터미널에 연결되지 않은 프로세스를 포함한 시스템의 모든 프로세스를 표시한다.

① aux
② ax
③ −ef
④ −f

36 다음 중 Rocky Linux 패키지 관리 도구와 거리가 먼 것은?

① rpm
② dnf
③ yum
④ apt

37 yum 패키지 관리도구의 레포지토리에 대한 설명으로 틀린 것은?

① 보안 상 사내 전용 레포지토리를 운영할 수 있다.
② /etc/yum.repos.d 디렉터리에서 레포지토리 설정은 여러 개의 .conf 파일로 관리된다.
③ /etc/yum.repos.d 디렉터리의 변경이 있는 경우 yum clean all 명령어 실행이 필요할 수 있다.
④ EPEL 레포지토리를 설치하면 널리 알려진 패키지들을 간단히 추가할 수 있다.

38 다음 중 ldd 명령어에 대한 설명으로 옳지 않은 것은?

① ldd 명령어는 실행 파일이나 공유 라이브러리가 사용하는 동적 라이브러리를 확인하는 데 사용된다.
② ldd 명령어는 실행 파일이 참조하는 라이브러리 경로와 파일 이름을 출력한다.
③ ldd 명령어는 동적 라이브러리를 검사하는 동안 실행 파일을 실행시킨다.
④ ldd 명령어는 주로 디버깅 목적이나 의존성 확인을 위해 사용된다.

39 다음 상황에 맞는 tar 명령어 옵션으로 알맞은 것은?

> 특정 디렉터리 /home/user/data를 압축하여 data.tar.gz 파일로 저장하려고 한다. 또한, 압축 진행 상황을 확인하면서 압축하려고 한다.

① tar −xvf
② tar −cvzf
③ tar −cvf
④ tar −xvzf

40 다음 중 설치된 패키지 목록을 확인하는 YUM 명령어는?

① yum list installed
② yum list available
③ yum search
④ yum provides

41 다음 중 리눅스 커널을 컴파일하는 과정에 대한 설명으로 옳지 않은 것은?

① make menuconfig 명령어는 커널 설정 메뉴를 텍스트 기반의 인터페이스로 제공한다.

② make 명령어는 커널 소스 파일을 컴파일하여 바이너리 커널 이미지를 생성한다.

③ make modules_install 명령어는 컴파일된 커널 모듈을 /lib/modules/ 에 설치한다.

④ 커널 컴파일 후 반드시 grub-install 명령어를 사용하여 새 커널을 부팅 메뉴에 추가해야 한다.

42 다음 설명에 해당하는 것을 고르시오.

커널의 기능을 확장하기 위해 메모리에 동적으로 로드 및 언로드할 수 있는 커널 오브젝트 파일을 무엇이라고 하는가?

① 라이브러리
② 모듈
③ 커널
④ 오브젝트

43 다음은 어느 명령어의 실행 결과 일부이다. 해당하는 명령어를 고르시오.

$
filename: /lib/modules/5.4.0−26−generic/
kernel/drivers/net/ethernet/intel/e1000/
e1000.ko version: 7.3.21−k8−NAPI
license: GPL
description: Intel(R) PRO/1000 Network
Driver

① insmod
② rmmod
③ modprobe
④ modinfo

44 다음 중 /etc/modprobe.d/ 디렉터리 아래에 위치한 모듈 설정 파일의 설명으로 틀린 것은?

① options는 특정 모듈이 로드될 때, 그 모듈의 동작을 제어하는 옵션을 설정하는 데 사용된다.

② 부팅 시 자동으로 모듈을 로드하기 위해 설정 파일에 모듈명을 기재한다.

③ remove는 특정 모듈을 자동으로 제거한다.

④ blacklist는 특정 모듈의 로드를 금지하기 위해 사용된다.

45 다음 중 커널 환경설정과 관련된 명령어와 관계 없는 것은?

① make config
② make menuconfig
③ make xconfig
④ make mrproper

46 다음 설명에 해당하는 명령어는 무엇인가?

> 하드디스크의 파티션을 생성, 삭제, 수정할 수 있으며, MBR 파티션 테이블을 사용하는 디스크에 대해 파티션 관리를 제공하는 명령어이다.

① mkfs
② df
③ fdisk
④ mount

47 다음 설명에 해당하는 것은 무엇인가?

> 최신 파티션 방식으로, 무제한 파티션, 대용량 디스크 지원, 안정성, UEFI 시스템 호환 등의 특징이 있다.

① 주 파티션
② 확장 파티션
③ MBR 파티션
④ GPT 파티션

48 다음 리눅스 프린트 시스템에 대한 설명 중 틀린 것을 고르시오.

① CUPS(공통 UNIX 프린트 시스템)는 리눅스에서 가장 널리 사용되는 프린트 시스템이다.
② 리눅스 프린트 시스템은 IPP(Internet Printing Protocol)를 지원하며, 네트워크를 통한 프린트 서버 기능도 제공한다.
③ CUPS는 웹 인터페이스를 제공하지 않으며, 모든 설정은 터미널에서만 가능하다.
④ CUPS는 다양한 프린터 드라이버를 지원하며, 사용자가 직접 PPD 파일을 업로드할 수도 있다.

49 다음 오픈 사운드 시스템(Open Sound System, OSS)에 대한 설명 중 틀린 것을 고르시오.

① 리눅스 및 다양한 UNIX 계열 운영 체제에서 사운드를 처리하기 위한 초기 사운드 시스템이다.
② ALSA(Advanced Linux Sound Architecture)보다 후에 개발되었으며, 현대 리눅스 시스템에서 주로 사용된다.
③ 사운드 카드에 직접 접근하여 하드웨어 수준에서 오디오 처리를 제어한다.
④ 상용 라이선스로 제공되었으나 이후 오픈 소스로 전환되었다.

50 다음 SANE(Scanner Access Now Easy)에 대한 설명 중 틀린 것을 고르시오.

① SANE는 리눅스 및 UNIX 계열 운영 체제에서 스캐너 하드웨어에 접근할 수 있도록 설계된 표준 인터페이스이다.
② SANE는 주로 네트워크 스캐너를 지원하며, 로컬에 연결된 스캐너는 지원하지 않는다.
③ SANE는 다양한 스캐너 드라이버를 제공하며, 많은 제조사의 스캐너와 호환된다.
④ SANE는 사용자가 스캔을 제어하고, 스캔 설정을 세밀하게 조정할 수 있는 다양한 옵션을 지원한다.

51 다음 중 로키 리눅스 8의 시스템 로그의 특징에 대한 설명으로 틀린 것은?

① 시스템 로그는 보안, 커널, 인증, 하드웨어 등 다양한 이벤트와 시스템 동작 정보를 기록한다.

② 로그 파일은 주로 /var/log 디렉터리에 저장되며, 로그 파일별로 기록되는 정보가 다르다.

③ syslog 와 rsyslog 데몬에 의해 시스템 로그가 관리된다.

④ 시스템 로그는 서버 모니터링, 문제 해결, 보안 점검 등 다양한 용도로 활용된다.

52 다음 설명에 해당하는 로그 관리 데몬을 고르시오.

> 이 데몬은 시스템 및 커널 로그를 수집하고 저장하는 역할을 하며, 로그를 이진 형식으로 저장하여 검색과 필터링을 용이하게 한다. 시스템 이벤트, 인증, 하드웨어 메시지 등 다양한 정보를 관리한다.

① syslog

② rsyslog

③ systemd−journald

④ logrotate

53 다음 중 rsyslog 관련 파일에 대한 설명으로 틀린 것은?

① /etc/syslog.conf 파일은 rsyslog의 메인 설정 파일로, 로그의 형식, 필터링, 저장 위치 등을 설정할 수 있다.

② /var/log/messages 파일은 일반적인 시스템 이벤트와 커널 메시지 등의 로그를 저장하는 기본 로그 파일이다.

③ /etc/rsyslog.d/ 디렉터리에는 추가적인 rsyslog 설정 파일을 포함할 수 있으며, 개별 서비스나 애플리케이션에 대한 로그 규칙을 정의할 수 있다.

④ /var/log/secure 파일은 사용자 인증과 관련된 로그 파일이다.

54 rsyslog.conf 파일의 다음 예시와 같은 Omusrmsg에 대한 설명으로 거리가 먼 것은?

```
authpriv.* omusrmsg:mary
```

① 이 설정은 사용자가 로그인한 모든 터미널로 관련 로그를 실시간으로 전송한다.

② 모든 사용자에게 전송하기 위해서는 "omusrmsg:*"를 사용할 수 있다.

③ omusermsg 는 다수의 사용자에게 로그를 전송하는 기능은 없다.

④ 사용자가 여러 터미널에 로그인한 경우, 로그는 모든 로그인된 터미널로 전송된다.

55 다음 중 journalctl 명령어의 옵션에 대한 설명으로 틀린 것은?

① -f : 실시간으로 로그를 출력하며, 새로운 로그가 생성될 때마다 자동으로 갱신된다.

② -u [서비스명] : 특정 서비스에 대한 로그를 필터링하여 출력한다.

③ --vacuum-size : 시스템 로그를 압축하여 용량을 줄이는 옵션이다.

④ --since : 지정된 시점 이후의 로그만 출력한다.

56 다음 중 리눅스 진영이 오픈소스의 보안 취약성 문제를 극복하기 위해 수행한 활동에 대한 설명으로 틀린 것은?

① SELinux와 같은 보안 확장 기능을 통해 시스템의 권한 관리와 보안을 강화하고, 엄격한 보안 정책을 적용할 수 있다.

② 커뮤니티와 기업이 협력하여 취약점을 신속하게 발견하고 패치하는 시스템을 구축하여 보안 대응 속도를 높였다.

③ 모든 리눅스 배포판은 일관되게 동일한 보안 정책을 따른다.

④ AppArmor와 같은 보안 모듈을 도입하여 응용 프로그램 단위의 보안 정책을 설정하고, 시스템 보호를 위한 세밀한 접근 제어를 제공하고 있다.

57 다음 설명에 해당하는 명령어를 고르시오.

> 리눅스에서 파일의 속성을 변경하기 위해 사용되는 명령어로, 특정 파일을 삭제 불가능하거나 변경 불가능하도록 설정할 수 있다.

① chmod ② chown
③ chattr ④ lsattr

58 다음 중 sysctl을 통해 보안 강화를 할 수 있는 설정으로 틀린 것은?

① net.ipv4.tcp_timestamps = 0: TCP 타임스탬프를 비활성화하여 타임스탬프 기반의 공격을 방지한다.

② net.ipv4.tcp_syncookies = 1: SYN 플러딩 공격을 방지하기 위해 TCP Syncookies 기능을 활성화한다.

③ net.ipv4.icmp_echo_ignore_all = 0: 모든 ICMP Echo 요청을 무시하여 Ping 공격을 방지한다.

④ net.ipv4.tcp_keepalive_time = 600: TCP 연결 유지 시간을 설정하여 불필요한 연결을 빠르게 종료한다.

59 다음 중 재난 및 재해 대비를 위한 시스템 백업 및 서버 이중화 방안으로 가장 거리가 먼 것은?

① 오프사이트 백업을 통해 데이터를 다른 물리적 위치에 저장하여, 한 장소에서 발생한 재해로부터 데이터를 보호한다.

② 서버 이중화(HA, High Availability)를 통해 주요 서버의 다운타임을 최소화하고, 하나의 서버에 문제가 발생하더라도 다른 서버가 자동으로 서비스를 대체하도록 한다.

③ 클라우드 백업을 사용하여 중요한 데이터를 외부 클라우드에 저장하고, 필요 시 재해 발생 시에도 빠르게 복구할 수 있도록 한다.

④ RAID 구성을 통해 데이터의 이중화를 보장하여 재해 시 데이터를 완벽하게 보호할 수 있다.

60 다음 중 rsync 명령어의 옵션에 대한 설명으로 틀린 것은?

① -a : 아카이브 모드로, 디렉터리 구조, 소유권, 권한, 타임스탬프, 심볼릭 링크 등을 유지하여 복사 한다.

② -v : 상세 모드로, 전송 중인 파일 목록 및 진행 상황을 출력한다.

③ -z : 파일 전송 시 압축을 사용하여 네트워크 트래픽을 줄이고 전송 속도를 높인다.

④ -r : 파일 권한과 타임스탬프를 유지하면서 디렉터리와 하위 파일을 복사한다.

3과목 | 네트워크 및 서비스의 활용

61 다음 중 웹 서비스를 위한 구성요소에 대한 설명으로 가장 적절하지 않은 것은 무엇인가?

① 웹 문서는 .html을 확장자로 가진 정적 문서와 .php, .jsp 등의 확장자를 가진 동적 문서로 구성된다.

② Apache Web 서버는 비동기 이벤트 방식으로 동작하며, PHP를 기본 지원한다.

③ JavaScript는 웹 브라우저에서 실행되는 프로그램 루틴(기능)을 추가하여 사용자 동작에 반응할 수 있다.

④ Nginx는 로드밸런싱, HTTP Cache, 리버스 프록시 등의 기능을 제공한다.

62 HTTP 프로토콜에 대한 설명으로 가장 적절하지 않은 것은 무엇인가?

① HTTP 요청 메소드 중 GET 메소드는 요청할 내용을 바디에 담아 서버에 전송한다.

② HTTP 요청 메소드 중 POST 메소드는 HTML Form 문에서 데이터를 전송할 때 사용할 수 있다.

③ HTTP 응답 코드 중 404는 존재하지 않은 리소스를 요청한 경우 전달된다.

④ HTTP 응답 코드 중 502는 Bad Gateway에 해당하며 주로 연동하는 서비스에 문제가 있을 경우 전달된다.

63 HTTP 프로토콜의 요청 헤더에서 '웹 브라우저의 정보'를 확인할 수 있는 항목으로 가장 적절한 것은 무엇인가?

① Accept
② Cookie
③ User-Agent
④ Host

64 아파치 웹 서버의 동작 방식에 대한 설명으로 가장 적절하지 않은 것은 무엇인가?

① prefork : 실행 중인 프로세스를 복제(fork)하여 미리 동작시킨 후 클라이언트의 요청을 처리한다.

② worker : 리눅스의 기본 설정으로 1개의 프로세스를 통해 전체 요청을 처리한다.

③ 정적적재 : 아파치 웹 서버의 소스 컴파일 시 필요한 모듈을 함께 포함한다.

④ 동적적재 : 아파치 웹 서버를 실행한 후, 사용자의 요청이 있을 경우 필요한 모듈을 적재한다.

65 아파치 웹 서버의 기본 설정 항목 중 웹 문서가 저장되는 기본 디렉터리 경로를 지정하는 항목으로 가장 적절한 것은 무엇인가?

① LoadModule
② DocumentRoot
③ DirectoryIndex
④ ServerRoot

66 다음은 Apache Web 서버의 소스코드를 다운로드 하는 과정에서 무결성을 점검하기 위한 명령어의 일부이다. (   ) 안에 포함될 명령어로 가장 적절한 것은 무엇인가?

```
$ ls
httpd-2.4.37.tar.bz2  httpd-2.4.37.tar.bz2.
md5

$ cat httpd-2.4.37.tar.bz2.md5
6a36e742180ee74bff97b28eee90c3f7
*httpd-2.4.37.tar.bz2

$ (       ) httpd-2.4.37.tar.bz2
6a36e742180ee74bff97b28eee90c3f7
httpd-2.4.37.tar.bz2
```

① md5sum
② checksource
③ checksum
④ makemap

67 MySQL을 컴파일, 설치 및 초기화 하는 과정에서 사용하는 명령어에 대한 설명으로 가장 적절하지 않은 것은 무엇인가?

① cmake : MySQL의 소스코드를 빌드하기 위한 환경설정 작업을 수행한다.
② make --initialize : MySQL에 필요한 DB를 생성한다.
③ make install : 생성한 실행 파일을 대상(Target) 디렉터리로 복사(설치) 한다.
④ mysql --version : 설치한 MySQL의 버전을 확인할 수 있다.

68 PHP를 이용한 파일 업로드 시 업로드 파일의 크기를 10M로 제한하고자 한다. 이때 사용할 수 있는 php.ini의 설정 항목으로 가장 적절한 것은 무엇인가?

① post_max_size
② max_file_uploads
③ allow_max_size
④ short_open_tag

69 리눅스 시스템에서 사용할 수 있는 인증 방식에 대한 설명으로 가장 적절하지 않은 것은 무엇인가?

① /etc/passwd, /etc/shadow 파일을 이용하여 사용자 로그인 시 패스워드를 이용하여 인증할 수 있다.
② NIS는 대표적인 네트워크 기반 인증 서비스로 RPC(Remote Procedure Call)를 이용한다.
③ LDAP은 UDP를 이용하여 RDMBS 보다 빠른 검색 속도를 제공한다.
④ LDAP의 주요속성 중 dn은 조직 내 고유한 식별자를 가질 수 있다.

70 다음 중 NIS 서버와 NIS 클라이언트 간의 매핑 속도를 높이기 위해 사용하는 서비스로 가장 적절한 것은 무엇인가?

① ypserv.service
② yppasswdd.service
③ ypxfrd.service
④ rpcbind

71 NIS 서비스에 사용자를 추가하는 등 NIS 관련 설정 후 NIS 정보를 갱신하려고 한다. 이 때 사용할 수 있는 명령어로 가장 적절한 것은 무엇인가?

① make -c /var/yp
② yptest
③ ypwhich
④ systemctl restart rpcbind

72 삼바(SAMBA)가 사용하는 설정 파일인 smb.conf의 설정항목에 대한 설명으로 가장 적절하지 않은 것은 무엇인가?

① server string : 서버에 대한 설명을 지정한다.
② netbios name : IP 주소를 이용하여 직접 접속하기 위해 설정한다.
③ log file : 삼바 서버의 로그 파일을 지정한다.
④ interfaces : 여러 개의 네트워크 인터페이스를 갖고 있을 경우 어떠한 것을 이용할지 설정한다.

73 삼바 서비스 설정의 Share Definition (공유 폴더의 주요 설정) 항목에 대한 설명으로 가장 적절하지 않은 것은 무엇인가?

① path : 공유 디렉터리의 상대 경로를 지정한다.
② valid users : 별도로 지정하지 않을 경우 전체 사용자가 접근 가능하게 된다.
③ public = no : 개인 사용자만 사용할 수 있도록 설정한다.
④ write list : 쓰기 가능한 사용자를 지정한다.

74 리눅스 계정과 삼바 이용자명을 매핑하기 위해 사용할 수 있는 설정 파일로 가장 적절한 것은 무엇인가?

① valid_users
② samba_users
③ smbusers
④ smbpasswd

75 삼바의 계정과 패스워드를 설정하는 smb-passwd의 주요 옵션에 대한 설명으로 가장 적절하지 않은 것은 무엇인가?

① -a : 모든 삼바 사용자 계정의 정보를 출력한다.
② -x : 삼바 사용자 계정을 제거한다.
③ -d : 삼바 사용자 계정을 비활성화 한다.
④ -e : 삼바 사용자 계정을 활성화 한다.

76 NFS를 위한 설정 파일인 /etc/exports의 구성 항목에 대한 설명으로 가장 적절하지 않은 것은 무엇인가?

① no_subtree_check : 하위 디렉터리 검사를 금지한다.
② async : 데이터 변경을 기록할 때 비동기적으로 처리한다.
③ no_root_squash : root 권한 접근을 거부한다.
④ secure : 기본 설정값이며, 포트 번호가 1024 이하의 요청만 허가한다.

77 다음은 /etc/fstab 설정의 예이다. 관련 항목에 대한 설명으로 가장 적절하지 않은 것은 무엇인가?

> 192.168.45.223/var/youngjin-nfs /var/youngjin-local nfs timeo=15,soft,retrans=3 0 0

① 파일 시스템의 장치명은 192.168.45.223/var/youngjin-nfs 이다.
② 마운트 포인트는 /var/youngjin-local 이다.
③ NFS의 파일 시스템으로 ext3가 사용된다.
④ 백업과 무결성 검사는 하지 않는다.

78 vsftp의 설정파일인 vsftpd.conf의 항목에 대한 설명으로 가장 적절하지 않은 것은 무엇인가?

① anonymous_enable=YES : 익명(anonymous) 사용자의 접속을 허가한다.
② local_enable=YES : 접속한 사용자의 홈 디렉터리를 최상위 디렉터리가 되도록 지정한다.
③ max_per_ip : 한 IP 주소당 접속할 수 있는 최대 허용 건수를 지정한다.
④ userlist_enable=YES : /etc/vsftpd/user_list를 사용하며, /etc/vsftpd/user_list에 등록된 사용자는 vsftp를 사용할 수 없다.

79 다음 중 vsftp의 보안성을 확보하기 위해 설정할 수 있는 항목으로 가장 적절하지 않은 것은 무엇인가?

① /etc/vsftpd/user_list에 접속 가능한 사용자 계정을 등록한다.
② anon_upload_enable=NO로 설정하여 익명 사용자의 업로드를 제한한다.
③ session_support=YES로 설정하여 wtmp에 로그를 남긴다.
④ xferlog_enable=YES로 설정하여 로그를 기록한다.

80 다음 중 sendmail의 주요 설정파일에 대한 설명으로 가장 적절하지 않은 것은 무엇인가?

① /etc/mail/sendmail.mc : sendmail의 설정을 편리하게 관리할 수 있는 보조 파일이며, makemap 명령어를 이용하여 sendmail.cf를 생성한다.

② /etc/aliases : 메일의 별칭 혹은 특정 계정으로 수신한 이메일을 다른 계정으로 전달하도록 설정한다.

③ /etc/mail/access : 메일 서버에 접속하는 호스트의 접근을 제어하는 설정 파일이다.

④ /etc/mail/virtusertable : 가상의 메일 계정으로 들어오는 메일을 특정 계정으로 전달하는 정보를 설정한다.

81 sendmail의 설정 파일인 sendmail.cf의 설정 항목 중 Relay를 허용할 도메인을 설정하는 항목으로 가장 적절한 것은 무엇인가?

① Cw   ② Fw
③ Dj   ④ FR-o

82 다음은 DNS 서비스와 관련이 있는 설정 파일의 예이다. 해당 설정 파일의 이름으로 가장 적절한 것은 무엇인가?

```
127.0.0.1       localhost localhost.localdomain
localhost4 localhost4.localdomain4 ::1
localhost       localhost.localdomain
localhost6 localhost6.localdomain6

192.168.45.223 server.youngjin-nistest.com
192.168.45.216 client.youngjin-nistest.com
```

① /etc/hosts
② /etc/hosts.allow
③ /etc/pam
④ /etc/named.conf

83 DNS의 설정파일인 /etc/named.conf 파일의 특징에 대한 설명으로 가장 적절하지 않은 것은 무엇인가?

① 크게 주석문과 구문으로 구성된다.
② 주석은 /* ~ */, #, -- 등을 사용할 수 있다.
③ options, acl, zone 등의 주요 구문이 있으며, 구문의 끝에는 세미콜론(;)을 붙인다.
④ include 지시자를 이용하여 별도의 설정 파일을 포함할 수 있다.

84 DNS의 zone 파일에 대한 설명으로 가장 적절하지 않은 것은 무엇인가?

① 도메인 이름과 IP 주소 혹은 관련 리소스 간 매핑(mapping)을 포함한다.
② ';' 을 이용하여 주석(Comment)을 추가할 수 있다.
③ SOA 레코드는 $TTL 항목을 가지며 설정한 정보를 다른 DNS 서버에서 조회하였을 경우 캐시에 보관할 시간을 지정한다.
④ 도메인명, 레코드 클래스, 레코드 타입을 갖는 개발 도메인 속성을 포함한다.

85 DNS가 관리하는 레코드 타입에 대한 설명으로 가장 적절하지 않은 것은 무엇인가?

① A : 도메인 이름에 해당하는 IPv4 주소
② CNAME : 도메인 이름의 별칭
③ MX : IP 주소를 기반으로 도메인 이름 반환
④ NS : 호스트에 대한 공식 네임 서버

86 DNS와 관련된 주요 명령어에 대한 설명으로 가장 적절하지 않은 것은 무엇인가?

① named-checkzone : zone 파일의 문법적 오류를 점검한다.
② named-checkconf : /etc/named.conf 환경설정 파일의 문법적 오류를 점검한다.
③ rndc status : DNS 서버의 자세한 상태를 확인할 수 있다.
④ dig : DNS 서비스를 재실행하여 설정 파일을 적용한다.

87 리눅스 가상화 서비스의 대표적인 특징으로 가장 적절하지 않은 것은 무엇인가?

① 프로비저닝(Provisioning) : 사용자의 요구사항에 맞게 할당, 배치, 배포할 수 있도록 만들어 놓는 것을 의미한다.
② 단일화(Aggregation) : 여러 개의 물리적 자원을 논리적으로 통합하여 하나의 자원으로 사용할 수 있도록 제공한다.
③ 절연(Insulation) : 서비스 구간을 분할하여 독립적으로 사용할 수 있도록 한다.
④ 에뮬레이션(Emulation) : 물리적인 특징이 다른 장치를 범용적인 모델로 인식하여 사용할 수 있도록 지원하는 것을 의미한다.

88 리눅스의 대표적인 가상화 기술에 대한 설명으로 가장 적절하지 않은 것은 무엇인가?

① KVM은 인텔 CPU가 지원하는 VT-x 및 AMD-V를 기반으로 CPU 전가상화를 지원하는 기술이다.
② KVM은 CPU 반가상 기술을 지원하지 않으므로 이더넷, Disk I/O, 그래픽 등은 전용의 에뮬레이터를 이용한다.
③ XEN은 CPU 전가상화, 반가상화를 모두 지원하는 하이퍼바이저(Hypervisor) 기반의 가상화 기술이다.
④ XEN은 전가상화 구성 시 QEMU 기반으로 동작한다.

89 CPU의 가상화 지원 여부를 확인하기 위해 참고할 수 있는 파일로 가장 적절한 것은 무엇인가?

① /proc/cpuinfo
② /proc/stat
③ /dev/cpu
④ /etc/stat

90 리눅스 슈퍼 데몬(Super Daemon)에 대한 설명으로 가장 적절하지 않은 것은 무엇인가?

① 사용자의 요구에 따라 필요한 서비스를 실행하고, 요청을 완료하면 서비스를 종료하여 시스템 자원을 효율적으로 사용한다.
② standalone 방식과 비교하여 사용자 요청에 대한 처리 시간이 빠르고 효율적이다.
③ TCP Wrapper를 이용하여 접근을 통제할 수 있다.
④ /etc/xinetd.conf를 기본 설정 파일로 사용한다.

91 TCP Wrapper 설정에 대한 설명 중 가장 적절하지 않은 것은 무엇인가?

①
```
[hosts.allow]
ALL : 192.168.9.0/255.255.255.0
```
192.168.9.0 네트워크 대역에 속한 모든 클라이언트의 접속을 허가한다.

②
```
[hosts.allow]
ALL EXEPT in.telnetd : ALL
```
telnetd를 제외한 모든 서비스에 대하여 모든 클라이언트의 접속을 허가한다.

③
```
[hosts.allow]
sshd : 192.168.9.2 : deny
```
hosts.allow에 설정되어 있으므로 deny 지정은 무시된다.

④
```
[hosts.allow]
sshd : 192.168.9.7 : severity local0.alert
```
192.168.9.7에서 sshd 서비스를 사용할 수 있도록 설정하되 syslog을 기록한다.

92 클라이언트와 서버 사이에 위치하여, 요청과 응답 과정에서 데이터를 중계하는 역할을 담당하는 프로그램(서비스)의 명칭으로 가장 적절한 것은 무엇인가?

① squid
② smbd
③ named
④ dhcpd

93 DHCP의 설정 파일인 dhcpd.conf의 항목에 대한 설명으로 가장 적절하지 않은 것은 무엇인가?

① fixed-address : 특정 MAC 주소를 갖는 시스템에 고정적인 IP 주소를 할당한다.
② default-lease-time : 초(second) 단위로 임대요청 만료시간을 지정한다.
③ option subnet-mask : 서브넷 마스크를 지정한다
④ ip-range : 클라이언트에 할당할 IP 범위를 지정한다.

94 VNC(Virtual Network Computing)에 대한 설명으로 가장 적절하지 않은 것은 무엇인가?

① 비트맵 기반 RFB (Remote Frame Buffer) 프로토콜을 이용하여 원격 접속 및 사용하는 기능을 제공한다.
② 세션 공유 접속 방식은 로컬과 원격 호스트가 화면, 키보드, 마우스를 공유하는 방식이다.
③ 독립 세션 접속 방식은 별도의 세션을 이용하여 접속하는 방식이다.
④ vncpasswd 명령으로 VNC 서버에 접속할 때 사용할 비밀번호를 /etc/passwd 파일에 설정한다.

95 NTP 서비스의 설정 파일인 /etc/ntp.conf의 항목에 대한 설명으로 가장 적절하지 않은 것은 무엇인가?

① driftfile : NTP 서버의 우선순위를 지정한다.
② restrict : NTP 서버에 접근할 수 있는 클라이언트를 제한한다.
③ server : NTP 서버를 지정한다.
④ keys : 대칭키 암호화를 위한 키 파일을 지정한다.

96 chrony 서비스의 설정 파일인 /etc/chrony. conf의 항목에 대한 설명으로 가장 적절하지 않은 것은 무엇인가?

① pool : 공개된 서버들의 목록을 포함한 풀(pool)을 지정한다.
② stratumweight : 계급(Stratum) 당 보정해야 할 거리의 값을 지정한다.
③ allow : NTP 서버에 접근 가능한 클라이언트 주소 범위를 지정한다.
④ makestep : NTP 서버에 요청할 시간 간격을 지정한다.

97 다음은 네트워크 interface인 eth0를 무차별 모드로 변경하기 위한 명령이다. (   ) 안에 포함될 명령어와 옵션으로 가장 적절하게 짝지어진 것은 무엇인가?

```
$ (     ) eth0 (     )
```

① ifconfig , promisc
② netconfig , promiscuous
③ ifconfig , promiscuous
④ netconfig , promisc

98 IP 주소를 MAC 주소로 변환하는 과정을 변조하여 공격방식으로 가장 적절한 것은 무엇인가?

① IP Spoofing
② ARP Soofing
③ DNS Spoofing
④ E-Mail Spoofing

99 다음은 Land Attack을 탐지하기 위한 Snort Rule의 일부이다. (   ) 안에 포함될 항목으로 가장 적절한 것은 무엇인가?

```
alert ip any any -> any any (msg:"Land At-
tack"; (     ); sid:1000001;)
```

① sameip
② src==dst
③ ipsame
④ equalip

100 iptables의 테이블 종류 중 패킷 필터링을 위해 사용할 수 있는 항목은 무엇인가?

① filter
② nat
③ raw
④ firewall

해설과 따로 보는 최신 기출문제 02회

1급	소요 시간	문항 수
	총 100분	총 100문항

수험번호 : _____

성   명 : _____

정답 & 해설 ▶ 2-167쪽

1과목 **리눅스 실무의 이해**

01 다음 설명에 해당하는 라이선스로 알맞은 것은?

> 공개 소프트웨어 중의 하나를 선택해서 상업용 제품을 만들려고 한다. 수정된 소스코드에 대한 공개나 어떠한 표시도 하지 않으려고 한다.

① GPL
② MPL
③ BSD
④ LGPL

02 다음 중 나머지 셋과 다른 종류에 속하는 리눅스 배포판으로 알맞은 것은?

① Ubuntu
② Linux Mint
③ Elementary OS
④ Vector Linux

03 다음 중 리눅스 기반 운영체제로 틀린 것은?

① Tizen
② webOS
③ QNX
④ GENIVI

04 다음 그림에 해당하는 클러스터링 기법으로 알맞은 것은?

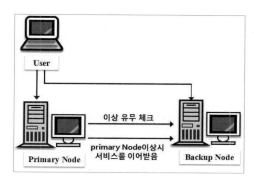

① 고계산용 클러스터
② 부하분산 클러스터
③ 고가용성 클러스터
④ 베어울프 클러스터

05 다음 중 유닉스(UNIX)를 개발한 인물로 알맞은 것은?

① 리누스 토발즈
② 켄 톰슨
③ 빌 조이
④ 리처드 스톨먼

06 다음은 grub.conf 파일의 일부이다. 관련 설정에 대한 설명으로 알맞은 것은?

```
default=1
timeout=100
```

① 10초 동안 대기한 후에 메뉴 선택이 없으면 첫 번째 항목의 운영체제로 부팅한다.
② 100초 동안 대기한 후에 메뉴 선택이 없으면 첫 번째 항목의 운영체제로 부팅한다.
③ 10초 동안 대기한 후에 메뉴 선택이 없으면 두 번째 항목의 운영체제로 부팅한다.
④ 100초 동안 대기한 후에 메뉴 선택이 없으면 두 번째 항목의 운영체제로 부팅한다.

07 다음 그림의 명령 결과에 대한 설명으로 알맞은 것은?

```
[lin@www ~]$ ls
joon.txt
[lin@www ~]$ mv joon.txt lin.txt || echo "OK"
```

① mv 명령의 사용법 오류로 인해 오류 메시지가 나타난다.
② mv 명령의 사용법 오류로 인해 오류 메시지 및 OK가 화면에 출력된다.
③ joon.txt는 lin.txt로 이름이 변경되고 화면에 아무것도 출력되지 않는다.
④ joon.txt는 lin.txt로 이름이 변경되고 화면에 OK라고 출력된다.

08 다음 중 X 클라이언트 프로그램을 X 서버로 전송하기 전에 변경해야 할 환경 변수로 알맞은 것은?

① TERM
② XTERM
③ DISPLAY
④ TERMINAL

09 6개의 하드디스크로 RAID를 구성하려고 한다. 1개는 여분(spare) 디스크로 구성하고, 나머지 디스크로 RAID-5을 구성했을 경우에 실제 사용 가능한 디스크의 비율로 가장 알맞은 것은?

① 33.3%
② 50%
③ 66.7%
④ 83.3%

10 다음 중 번호값이 가장 큰 시그널(signal)로 알맞은 것은?

① SIGTERM
② SIGINT
③ SIGTSTP
④ SIGQUIT

11 다음 설명에 해당하는 용어로 알맞은 것은?

보통 부팅 시에 실행되어 해당 프로세스가 메모리에 계속 상주하면서 클라이언트의 요청을 처리하는 방식이다. 웹, 메일 등과 같이 빈번한 요청이 들어오는 서비스인 경우에 이 방식으로 동작한다.

① exec   ② inetd
③ xinetd   ④ standalone

12 다음 중 포어그라운드 프로세스를 백그라운드 프로세스로 전환할 때 사용하는 키 조합으로 알맞은 것은?

① Ctrl + C
② Ctrl + D
③ Ctrl + Z
④ Ctrl + W

13 다음 중 장치 파일명의 종류가 나머지 셋과 다른 것은?

① IDE 디스크
② SCSI 디스크
③ S-ATA 디스크
④ SSD(Solid State Drive)

14 다음 설명에 해당하는 용어로 알맞은 것은?

> 런 레벨 5로 부팅할 경우에 사용자 이름과 암호를 요청하고 유효한 값이 입력되면 세션을 시작해주는 역할을 수행한다.

① 데스크톱 환경
② 윈도 매니저
③ 디스플레이 매니저
④ X 프로토콜

15 다음 바로 직전에 수행한 명령을 재실행할 때 사용할 때 명령으로 알맞은 것은?

① !0
② !1
③ !!
④ history -1

16 다음 설명에 해당하는 서브넷마스크값의 네트워크 접두어로 알맞은 것은?

> C클래스에 속하는 하나의 네트워크 주소 대역을 할당받았다. 이 주소 대역을 2개의 네트워크로 나누면 총 사용 가능한 전체 호스트의 개수는 252개가 된다.

① /24
② /25
③ /26
④ /27

17 다음 중 netstat의 State 결과값이 ESTAB-LISHED일 때 내용으로 알맞은 것은?

① 3 Way-Handshaking이 완료된 후 서버와 클라이언트가 서로 연결된 상태
② 서버에서 클라이언트로 들어오는 패킷을 위해 소켓을 열고 기다리는 상태
③ 로컬 시스템의 클라이언트 애플리케이션이 원격 호스트에 연결을 요청한 상태
④ 원격 호스트가 종료되고 소켓도 닫힌 상태에서 마지막 ACK 패킷을 기다리는 상태

18 다음 중 리눅스에서 지원하는 네트워크 하드웨어 장치명과 설명으로 알맞은 것은?

① lo : 로컬 루프백(Local Loopback)을 나타내는 장치로 물리적으로 존재하는 인터페이스
② enpx : CentOS 6 이전 버전에서 사용되었던 이더넷 카드 인터페이스 장치
③ pppx : 패러럴 케이블을 사용하는 패러럴 라인 인터페이스 장치
④ docker0 : 경량화된 서버 가상화 기술인 Docker를 사용할 경우 설정되는 네트워크 장치

19 다음 설명에 해당하는 OSI 7 계층으로 가장 알맞은 것은?

> 이 계층은 데이터를 패킷(packet) 단위로 분할하여 전송하며 데이터 전송과 경로 선택에 관한 서비스를 제공한다. 이 계층은 패킷을 최종 수신 측까지 정확하게 전송할 수 있도록 경로를 담당한다. 즉 송신호스트에서 전송한 데이터가 수신호스트에 도착하기 위해서는 여러 개의 중개 시스템을 거치는데, 올바른 경로를 선택할 수 있도록 지원하는 역할을 수행한다.

① 데이터링크 계층
② 네트워크 계층
③ 전송 계층
④ 세션 계층

20 다음에서 설명하는 장치의 이름으로 가장 알맞은 것은?

> • OSI 모델의 물리 계층, 데이터 링크 계층, 네트워크 계층의 기능을 지원하는 장치
> • 자신과 연결된 네트워크 및 호스트 정보를 유지하고 관리해야 하며, 어떤 경로를- 이용해야 빠르게 전송할 수 있는지를 판단하는 장치

① Router
② Bridge
③ Gateway
④ Repeater

2과목 **리눅스 시스템 관리**

21 다음 중 1시간 주기로 실행되는 crontab 설정으로 알맞은 것은?

① 1 * * * * /etc/joon.sh
② * 1 * * * /etc/joon.sh
③ * * 1 * * /etc/joon.sh
④ * * * 1 * /etc/joon.sh

22 다음 그림의 결과에서 lin 사용자가 /project 디렉터리에 파일을 생성했을 경우에 해당 파일의 그룹 소유권과 관련된 설명으로 알맞은 것은?

```
[root@www ~]# id lin
uid=505(lin) gid=508(kait) groups=508
(kait),504(project)
[root@www ~]# ls −ld /project
drwxrws−−T. 2 root project 4096 Nov 17
08:08 /project
[root@www ~]#
```

① 파일의 그룹 소유권은 아이디와 동일한 lin이 된다.
② 파일의 그룹 소유권은 주 그룹인 kait가 된다.
③ 파일의 그룹 소유권은 2차 그룹인 project가 된다.
④ lin 사용자는 주 그룹을 project로 전환해야만 접근이 가능하므로 파일을 생성할 수 없다.

23 다음 그림에 해당하는 명령으로 알맞은 것은?

```
[root@www ~]#          /bin/ls
        linux-gate.so.1 =>  (0x00554000)
        libselinux.so.1 => /lib/libselinux.so.1
        (0x004a5000)
        librt.so.1 => /lib/librt.so.1
        (0x00365000)
        libcap.so.2 => /lib/libcap.so.2
        (0x00dbf000)
        libacl.so.1 => /lib/libacl.so.1
        (0x04e03000)
        libc.so.6 => /lib/libc.so.6
        (0x0017c000)
        libdl.so.2 => /lib/libdl.so.2
        (0x0035e000)
        /lib/ld-linux.so.2 (0x80093000)
        libpthread.so.0 => /lib/libpthread.
        so.0 (0x00341000)
        libattr.so.1 => /lib/libattr.so.1
        (0x00cb5000)
```

① ldd
② blkid
③ ldconfig
④ ld.so.conf

24 다음 중 다수의 텍스트 파일이 10MB 정도로 묶여있는 tar 파일을 압축하려고 할 때 가장 압축률이 좋은 명령으로 알맞은 것은?

① xz
② gzip
③ bzip2
④ compress

25 rpm 파일을 설치하기 전에 어떠한 파일들이 설치되는지 미리 확인해보려고 한다. 다음 ( ) 안에 들어갈 내용으로 알맞은 것은?

```
# rpm ( ) totem-2.28.6-2.el6.i686.rpm
```

① -qlf
② -qlr
③ -qlc
④ -qlp

26 다음에 제시된 프로세스의 우선순위를 높이려고 한다. ( ) 안에 들어갈 내용으로 알맞은 것은?

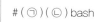

```
# ( ㉠ ) ( ㉡ ) bash
```

① ㉠ nice   ㉡ -10
② ㉠ nice   ㉡ --10
③ ㉠ renice ㉡ -10
④ ㉠ renice ㉡ --10

27 다음 중 root 사용자가 lin 사용자의 예약된 cron 작업을 제거하는 명령으로 가장 알맞은 것은?

① crontab -d -u lin
② crontab -e -u lin
③ crontab -r -u lin
④ crontab -x -u lin

28 사용자 디스크 용량을 제한하기 위해 쿼터를 설정하려고 한다. 다음 중 /etc/fstab에 설정 해야 하는 내용으로 알맞은 것은?

① 4번째 필드에 usrquota라는 옵션을 추가한다.
② 4번째 필드에 userquota라는 옵션을 추가한다.
③ 5번째 필드에 usrquota라는 옵션을 추가한다.
④ 5번째 필드에 userquota라는 옵션을 추가한다.

29 다음 그림과 같이 파일 및 디렉터리가 생성된 다. umask 명령을 실행했을 경우에 출력되는 값으로 알맞은 것은?

```
[lin@www ~]$ ls
[lin@www ~]$ touch a.txt
[lin@www ~]$ mkdir aaa
[lin@www ~]$ ls -l
total 4
-rw-------. 1 lin lin     0 Apr 15 18:07
a.txt
drwx------. 2 lin lin 4096 Apr 15 18:07
aaa
[lin@www ~]$
```

① 7000
② 0700
③ 0007
④ 0077

30 다음 중 특정 사용자가 자신이 속한 주(Primary) 그룹을 다른 그룹으로 변경할 때 사용 하는 명령으로 알맞은 것은?

① groupmod
② gpasswd
③ newgrp
④ groups

31 다음 명령의 결과에 대한 설명으로 가장 알맞은 것은?

```
# passwd -d lin
```

① lin 사용자는 패스워드 입력 없이 로그 인이 가능하다.
② lin 사용자는 다음 로그인 시에 반드시 패스워드를 변경해야 한다.
③ lin 사용자는 패스워드에 잠금이 설정되어서 일시적으로 로그인이 불가하다.
④ lin 사용자는 패스워드가 삭제되어서 관리자가 패스워드를 설정할 때까지 로그인이 불가하다.

32 다음 설명과 관련 있는 파일명으로 알맞은 것은?

> 사용자를 추가할 때에 2020년 12월 31일까지만 로그인이 가능하도록 지정하려고 한다.

① /etc/skel
② /etc/passwd
③ /etc/login.defs
④ /etc/default/useradd

33 다음 중 yum을 이용해서 telnet이라는 문자열이 들어있는 패키지를 검색하는 명령으로 알맞은 것은?

① yum −f telnet
② yum search telnet
③ yum −search telnet
④ yum −−search telnet

34 다음 중 시그널이름과 번호를 확인할 수 명령으로 알맞은 것은?

① kill −l
② killall −l
③ pkill −l
④ pgrep −l

35 다음 중 백그라운드로 수행 중인 작업번호가 2인 프로세스를 포어그라운드로 전환하는 명령으로 알맞은 것은?

① fg −2
② fg &2
③ fg %2
④ fg −n 2

36 다음 중 ihd라는 그룹명을 kait로 변경하는 명령으로 알맞은 것은?

① groupmod −n ihd kait
② groupmod −n kait ihd
③ groupmod −N ihd kait
④ groupmod −N kait ihd

37 다음 그림에 해당하는 명령으로 알맞은 것은?

```
[root@www ~]#
17:58:10 up 6:31, 2 users, load average: 0.00,
0.00, 0.00
USER TTY  FROM LOGIN@IDLE  JCPU  PCPU WHAT
root  tty1  :0      02:27   15:31m 34.99s 34.99s /usr/bin/xorg :
root  pts/0 :0.0   02:27   0.00s 0.21s 0.15s w
```

① w
② who
③ users
④ whoami

38 다음 그림에 해당하는 명령어로 알맞은 것은?

```
[root@www ~]#
Filesystem Size  Used Avail Use% Mounted
                                     on
/dev/sda1   15G 6.3G 7.4G   46% /
tmpfs       2.0G 304K 2.0G   1% /dev/shm
/dev/sda3 2.0G 3.2M 1.9G    1% /data
```

① du
② df
③ quota
④ repquota

39 다음 중 10줄이 기록된 텍스트 파일인 lin.txt 파일에서 4번째부터 7번째 줄까지 출력하는 명령으로 알맞은 것은?

① head −7 lin.txt | tail −3
② head −7 lin.txt | tail −4
③ tail −10 lin.txt | head −3
④ tail −10 lin.txt | head −4

40 다음 명령의 실행 결과에 대한 설명으로 알맞은 것은?

```
# gcc lin.c
```

① lin.o라는 오브젝트 파일이 생성된다.
② lin이라는 오브젝트 파일이 생성된다.
③ lin이라는 실행 파일이 생성된다.
④ a.out라는 실행 파일이 생성된다.

41 다음 중 커널 컴파일의 작업 내용과 명령어로 알맞은 것은?

① 커널 컴파일 옵션 설정 작업 : make mrproper
② 커널 소스의 설정값 초기화 : make menuconfig
③ 커널 모듈 생성을 위한 컴파일 작업 : make modules
④ 커널 모듈 파일 복사 및 grub.conf 파일 수정 작업 : make modules_install

42 특정 모듈을 제거하면서 의존성있는 모듈을 같이 제거하려고 할 때 ( ) 안에 들어갈 옵션으로 알맞은 것은?

```
# modprobe (    ) ip6table_filter
```

① −a
② −d
③ −e
④ −r

43 새로운 디스크를 인식하려고 한다. 다음 중 디스크 인식 여부를 확인하는 명령으로 가장 알맞은 것은?

① mount
② fdisk −l
③ cat /etc/fstab
④ cat /etc/mtab

44 다음 중 모듈에 대한 설명으로 틀린 것은?

① 모듈 관련 명령어로는 lsmod, insmod, rmmod가 있다.

② 모듈이 커널에 내장되는 방식을 모놀리식 방식이라고 한다.

③ 리눅스 모듈의 경우 C컴파일러로 만들어진 '*.ko' 파일 형태이다.

④ 사용 가능한 모듈은 /lib/modules/커널버전/kernel 디렉터리 안에서 확인할 수 있다.

45 다음 중 커널 컴파일을 하기 위한 과정으로 틀린 것은?

① 커널 컴파일 전에 반드시 리부팅을 해야 할 필요는 없다.

② 리눅스 커널 버전의 소스를 /usr/src/kernels에 다운로드하여야 한다.

③ 어셈블러, GCC, make 유틸리티 등 개발 도구가 사전에 설치되어 있어야 한다.

④ 커널 초기화 시 'make clean' 명령을 이용하면 .config 파일을 삭제하지 않고 초기화 할 수 있다.

46 새로운 디스크를 추가 할당하고 리부팅하였으나 해당 디스크가 mount되어 있지 않았다. 다음 중 리부팅 후에도 자동으로 mount되도록 설정하는 파일로 알맞은 것은?

① /etc/fstab

② /etc/groups

③ /etc/exports

④ /proc/partitions

47 다음 중 프린트 작업의 'Request-ID'를 확인하는 명령어로 알맞은 것은?

① lp

② lpc

③ lpstat

④ cancel

48 다음 중 자동 문서 공급 장치가 장착된 스캐너에서 스캔할 때 사용하는 명령으로 알맞은 것은?

① xcam

② scanadf

③ scanimage

④ sane-find-scanner

49 다음 중 CUPS 프린팅 시스템의 특징으로 알맞은 것은?

① 설정 정보는 /etc/printcap 파일에 저장된다.

② BSD 계열 유닉스에서 사용하기 위해 개발되었다.

③ 로컬에 직접 연결한 프린터를 네트워크 프린터처럼 설정이 가능하다.

④ 초기에는 printconf, printtool과 같은 도구를 사용하여 설정을 하였다.

50 다음 중 uname 명령을 이용하여 커널 버전을 확인하는 옵션으로 알맞은 것은?

① -n
② -o
③ -r
④ -s

51 다음 설명에 해당하는 백업 도구의 옵션과 의미로 틀린 것은?

> 장치 파일이나 네트워크 파일 등의 특수 파일도 백업이 가능하고 백업본의 크기도 작고, 백업본에 손상된 부분이 있더라도 손상된 부분을 제외하고 나머지 부분을 복구한다. 아울러, 기존의 명령어를 사용하여 백업을 진행하므로 다양한 조건을 활용하여 백업이 가능하다.

① -t : 내용만 확인할 때 사용한다. (--list)
② -b : 증분 백업으로 백업할 때 사용한다. (--incremental)
③ -d : 필요한 경우 디렉터리를 생성한다. (--make-directories)
④ -i : 표준입력으로 백업한 자료를 불러올 때 사용한다. (--extract)

52 다음 설명과 관련된 파일 시스템 보안에 관한 내용으로 알맞은 것은?

```
# setfacl -R -m g:docker:rwx docker/
```

① ext2부터 지원하는 시스템으로 파일권한 외 13가지 속성을 제어한다.
② 파일이나 디렉터리에 접근 권한을 제어할 수 있도록 만든 시스템이다.
③ 설명은 docker 디렉터리에 대한 접근 권한 리스트를 확인하는 명령이다.
④ 사용자를 인증하고 그 사용자의 서비스에 대한 접근을 제어하는 모듈화된 방법이다.

53 다음 중 리눅스 주요 보안 도구와 기능 설명에 대해 알맞은 것은?

① nmap : 모든 파일들에 대한 데이터베이스를 만들어 파일의 변조 여부를 검사한다.
② nessus : 운영 중인 서버에 불필요하게 작동하고 있는 서비스 포트를 확인할 수 있다.
③ tripwire : 서버의 보안 취약점을 검사해주는 도구로 문제가 되는 서비스에 대한 정보를 알려준다.
④ tcpdump : 조건식을 설정하여 네트워크 인터페이스를 거치는 패킷 헤더 정보를 출력할 수 있다.

54 다음 중 SSH(Secure Shell)의 설명으로 틀린 것은?

① 패킷을 암호화하여 telnet이나 rlogin에 비해 안전하다.

② ssh-keygen을 이용하면 인증키를 이용한 접속이 가능하다.

③ 기본 설정 포트는 22번이며 원격 셸, scp, sftp 기능을 지원한다.

④ ssh2는 ssh1을 개선한 것으로 하위호환성을 완벽하게 지원한다.

55 다음은 /var/log/xferlog 파일의 구성에 관한 설명이다. ( ) 안에 들어갈 내용으로 알맞은 것은?

전송된 지시를 나타내는 영역은 (㉠)이다. 사용자가 어떤 형태로 login 했는지를 나타내는 영역은 (㉡)이다. special-action-flag 영역에서 (㉢)(은)는 어떠한 action도 발생하지 않은 경우를 뜻한다.

① ㉠ direction
　㉡ access-mode
　㉢ _

② ㉠ direction
　㉡ completion-status
　㉢ !

③ ㉠ transfer-type
　㉡ access-mode
　㉢ !

④ ㉠ transfer-type
　㉡ completion-status
　㉢ _

56 다음 설명에 해당하는 로그 관련 주요 파일로 알맞은 것은?

콘솔, telnet, ftp 등 이용하여 접속한 사용자 기록, 시스템을 재부팅한 기록 등의 로그가 쌓이는 파일이다. 바이너리 파일로 last라는 명령으로 확인할 수 있다.

① /var/log/btmp
② /var/log/wtmp
③ /var/log/lastlog
④ /var/log/messages

57 다음 중 sudo에 관련된 설명으로 틀린 것은?

① 특정 사용자 또는 특정 그룹에 root 사용자 권한을 가질 수 있게 하는 도구이다.

② visudo는 환경설정 파일을 편집할 때 사용하는 명령이다.

③ 적용된 사용자는 'sudo 명령어' 형태로 실행하며 root 권한을 대행한다.

④ 환경설정 파일은 /etc/sudo이다.

58 다음 중 dmesg 명령에 관한 설명으로 알맞은 것은?

① 커널 변수의 값을 제어하여 시스템을 최적화 할 수 있는 명령이다.

② 커널 링 버퍼(kernel ring buffer)의 내용을 출력하고 제어하는 명령이다.

③ /var/log/dmesg 파일에 기록된 환경 변수 설정값을 출력하는 명령이다.

④ 커널 부트 메시지 로그를 보여주는 명령으로 실행 시 /var/log/dmesg에 기록된다.

59 다음 설명에 해당하는 명령으로 가장 알맞은 것은?

> 파일 시스템 전체를 백업할 때 사용하는 유틸리티로 보통 파티션 단위로 백업할 때 사용한다. 전체 백업과 증분 백업을 지원하고, 0~9 단계의 레벨을 가지고 증분 백업을 지원한다.

① dd
② cpio
③ dump
④ rsync

60 다음 중 rsync 명령에 관한 설명으로 틀린 것은?

① rcp(remote copy)에 비해 처리속도가 빠르다.
② 내부 파이프라인을 통하여 전송기간을 줄인다.
③ ssh을 이용하여 전송 가능하나 root 권한이 필요하다.
④ 링크된 파일도 복사 가능하고 소유권도 유지하여 복사할 수 있다.

3과목 **네트워크 및 서비스의 활용**

61 다음은 MySQL 5.7.28 버전을 설치한 후에 mysql에서 사용하는 기본 데이터베이스를 생성하는 과정이다. (   ) 안에 들어갈 내용으로 알맞은 것은?

```
# cd /usr/local/mysql/bin
(    ) ――initialize ――user=root
```

① ./mysql
② ./mysqld
③ ./mysqld_safe
④ ./safe_mysqld

62 다음 설명과 같을 때 메인보드의 BIOS에서 활성화 여부를 확인해야 하는 항목으로 알맞은 것은?

> 가상화가 지원되는 최신의 AMD CPU를 구입하여 사용 중이다. 서버 가상화 프로그램을 실행하였더니 가상화 지원 여부가 비활성화 상태라는 오류 메시지를 접하게 되었다.

① VT－x   ② SVM
③ VDI   ④ VMX

63 다음 ( ) 안에 들어갈 수 있는 설정 내용으로 틀린 것은?

```
# vi /etc/exports
/nfsdata (   )
```

① *.ihd.or.kr
② 192.168.12.
③ 192.168.12.0/255.255.255.0
④ 192.168.5.0/24

64 다음은 /etc/named.conf 파일 설정의 일부이다. ( ) 안에 들어갈 내용으로 알맞은 것은?

```
( ㉠ ) only;
( ㉡ )  168.126.63.1;  ;
```

① ㉠ forwarders ㉡ allow-query
② ㉠ forwarders ㉡ forward
③ ㉠ forward ㉡ forwarders
④ ㉠ allow-query ㉡ forward

65 다음 설명에 웹 서버 프로그램으로 알맞은 것은?

> 2004년에 등장한 웹 서버 프로그램으로 가벼움과 높은 성능을 목표로 한다. 제공되는 기능으로는 리버스 프록시, 로드 밸런서, HTTP cache 기능 등이 있다.

① Nginx
② Apache HTTP Server
③ GWS(Google Web Server)
④ IIS(Internet Information Server)

66 다음은 httpd.conf 파일의 문법적 오류를 명령어를 사용해서 점검하는 과정이다. ( ) 안에 들어갈 내용으로 알맞은 것은?

```
# httpd (   )
```

① -t
② -f
③ -S
④ -l

67 다음 중 LDAP에 대한 설명으로 틀린 것은?

① X.500 Directory Access Protocol 기반으로 만들어진 통신 규약이다.
② RDBMS에 비교해서 검색 속도가 빠르다.
③ 자주 변경되는 정보인 경우에 RDBMS보다 더욱 뛰어난 성능을 발휘한다.
④ 읽기 위주의 검색 서비스에서 상당히 좋은 성능을 발휘한다.

68 다음 설명과 같은 경우에 구성해야 할 서버로 가장 알맞은 것은?

> 다수의 텔넷 서버를 운영 중이다. 하나의 서버를 이용해서 텔넷 서버로 접속하는 사용자의 아이디 및 패스워드를 인증하려고 한다.

① SSH
② NFS
③ NIS
④ IIS

69 다음은 NIS 서버에서 사용자 관련 정보가 저장되는 파일명으로 알맞은 것은?

① uid.byname
② user.byname
③ hosts.byname
④ passwd.byname

70 NFS 서버의 IP 주소가 192.168.5.130이고 공유된 디렉터리가 /data일 때 NFS 클라이언트에서 마운트하는 과정이다. 다음 (   ) 안에 들어갈 내용으로 알맞은 것은?

```
# mount -t nfs (    ) /mnt
```

① /192.168.5.13/data
② //192.168.5.13/data
③ 192.168.5.13:/data
④ ~~WW192.168.5.13:/data~~

71 다음 중 메일 관련 프로그램의 종류가 다른 것은?

① qmail
② postfix
③ dovecot
④ sendmail

72 다음 설명과 관련 있는 설정 파일명으로 알맞은 것은?

> 하나의 메일 서버에 각각 ihd.co.kr이라는 도메인을 갖는 회사와 kait.co.kr이라는 도메인을 갖는 회사의 호스팅 서비스를 운영 중이다. 이 두 개 회사에서 ceo라는 E-mail 계정을 요구하였다.

① /etc/aliases
② /etc/mail/local-host-names
③ /etc/mail/virtusertable
④ /etc/mail/sendmail.cf

73 다음 설명과 관련 있는 설정 파일명으로 알맞은 것은?

> webmaster라는 계정으로 들어오는 메일을 회사의 고객지원실에 근무하는 다수의 사용자에게 메일을 전달하려고 한다.

① /etc/aliases
② /etc/mail/local-host-names
③ /etc/mail/virtusertable
④ /etc/mail/sendmail.cf

74 다음은 zone 파일에서 메일 서버를 설정하는 과정이다. 도메인이 ihd.or.kr이고, 관리자 계정이 kaituser일 때 (   ) 안에 들어갈 내용으로 알맞은 것은?

```
@    IN SOA ns.ihd.or.kr. (    ) (
                202004011200 ; serial
                -- 이하 생략 --
```

① kaituser@ihd.or.kr
② kaituser@ihd.or.kr.
③ kaituser.ihd.or.kr
④ kaituser.ihd.or.kr.

75 다음 설명에 해당하는 가상화의 기능으로 알맞은 것은?

> IP 네트워크상에서 가상 SCSI 버스를 구현하는 iSCSI나 물리적 디스크 스토리지상에서 가상 테이프 스토리지 등이 이에 해당한다.

① 단일화(Aggregation)
② 에뮬레이션(Emulation)
③ 절연(Insulation)
④ 프로비저닝(Provisioning)

76 다음 그림과 같은 방식의 가상화 기술로 알맞은 것은?

① VMware ESXi Server
② XenServer
③ Docker
④ VirtualBox

77 다음 설명과 같은 경우에 도입해야 할 가상화 기술로 알맞은 것은?

> VMware 기반의 가상 머신과 XenServer 기반의 가상 머신을 통합 관리하고자 한다.

① VirtualBox
② RHEV
③ Docker
④ Openstack

78 다음 중 xinetd 기반으로 동작하는 텔넷 서버를 활성화하기 위한 설정으로 알맞은 것은?

① disable = no
② disable = yes
③ enable = no
④ enable = yes

79 다음 중 TCP wrapper를 이용한 접근 제어가 가능한 서비스로 틀린 것은?

① sshd
② vsftpd
③ in.telnetd
④ squid

80 다음 설명과 같은 경우에 구성해야 할 서버로 알맞은 것은?

> 회사 내부에서 100여 대의 서버들을 운영 중이다. 이 서버들의 시간이 일정하지 않아서 동기화 시켜주는 서버를 구축하려고 한다.

① VNC 서버
② NTP 서버
③ Proxy 서버
④ DHCP 서버

81 다음 NTP 서버에서 계층을 나타내는 용어로 알맞은 것은?

① Layer
② Frame
③ Class
④ Stratum

82 아파치 웹 서버 2.4 버전에서 서버의 포트 번호를 8080으로 운영하려고 한다. 다음 중 관련 설정으로 알맞은 것은?

① Port 8080
② Listen 8080
③ http_port 8080
④ http_listen 8080

83 다음 중 이름과 성의 조합을 나타내는 LDAP의 속성 키워드로 알맞은 것은?

① ou
② cn
③ sn
④ dc

84 다음은 NIS 클라이언트에서 NIS 서버 및 도메인명을 지정하는 과정이다. ( ) 안에 들어갈 파일명으로 알맞은 것은?

```
# vi ( )
server nis.ihd.or.kr
ypserver nis.ihd.or.kr
domain ihd.or.kr
```

① /etc/hosts
② /etc/yp.conf
③ /etc/ypbind.conf
④ /etc/sysconfig/network

85 다음 중 삼바 서버와 관련 있는 프로토콜의 조합으로 가장 알맞은 것은?

① SMB, CIFS
② RPC, SMB
③ RPC, CIFS
④ SMB, IPC

86 다음은 중 삼바 서버의 환경설정의 일부이다. ( ) 안에 들어갈 내용으로 알맞은 것은?

```
[www]
comment = Web Directory
(    ) = /usr/local/apache/htdocs
```

① directory
② public
③ path
④ root

87 다음 중 vsftpd 설치 시에 제공되는 /etc/vsftpd/ftpusers 파일의 기능에 대한 설명으로 알맞은 것은?

① vsftpd 서버에 접근이 가능한 사용자 목록 파일이다.
② vsftpd 서버에 접근이 불가능한 사용자 목록 파일이다.
③ vsftpd 서버에 접근이 가능한 호스트의 IP 주소 목록 파일이다.
④ vsftpd 서버에 접근이 불가능한 호스트의 IP 주소 목록 파일이다.

88 다음 중 메일 클라이언트가 메일 서버에 도착한 E-mail을 가져올 때 사용되는 프로토콜의 조합으로 알맞은 것은?

① SNMP, SMTP
② IMAP, SMTP
③ SMTP, POP3
④ IMAP, POP3

89 다음 중 메일을 보낸 후에 외부로 메일이 전송되었는지 여부를 확인하는 명령으로 알맞은 것은?

① m4
② mailq
③ mail -v
④ sendmail -bi

90 다음 중 DNS 서버가 등장하는데 계기가 된 파일로 알맞은 것은?

① /etc/hosts
② /etc/host.conf
③ /etc/networks
④ /etc/sysconfig/network

91 다음은 /etc/named.conf 파일 설정의 일부로 Zone 파일이 위치하는 디렉터리를 지정하는 내용이다. 다음 (   ) 안에 들어갈 내용으로 알맞은 것은?

> (   ) "/var/named";

① zone
② path
③ include
④ directory

92 다음 중 리버스 존(Reverse Zone) 파일에만 사용하는 레코드 타입으로 알맞은 것은?

① RX
② MX
③ PTR
④ CNAME

93 다음 그림에 해당하는 프로그램을 실행하는 명령으로 알맞은 것은?

① virsh
② libvirtd
③ virt-top
④ virt-manager

94 다음 설명과 같은 경우에 구성해야 할 서버로 알맞은 것은?

> 리눅스 서버와 윈도우 클라이언트 간의 데스크톱 공유를 하려고 한다.

① VNC 서버
② NTP 서버
③ Proxy 서버
④ DHCP 서버

95 다음은 httpd.conf 파일에서 웹 문서가 위치하는 디렉터리를 변경하는 과정이다. ( ) 안에 들어갈 내용으로 알맞은 것은?

> ( ) "/usr/local/apache/html"

① ServerRoot
② ServerAdmin
③ ServerName
④ DocumentRoot

96 다음과 같은 설정을 통해 ssh 침입을 시도하는 특정 호스트를 차단하려고 할 때 적용할 수 있는 파일로 알맞은 것은?

> sshd: 192.168.7.4

① /etc/hosts.deny
② /etc/ssh/sshd_config
③ /etc/syscofing/iptlables
④ /etc/syscofing/selinux

97 다음 중 iptables에 구성되어 있는 각 테이블의 설명으로 알맞은 것은?

① filter : IP의 주소를 변환시키는 역할을 수행하는 테이블
② mangle : 패킷 필터링을 담당하는 iptables의 기본 테이블
③ nat : 패킷 데이터를 변경하는 특수 규칙을 적용하는 테이블
④ raw : 넷필터의 연결추적 하위 시스템과 독립적으로 동작해야 하는 규칙을 설정하는 테이블

98 다음에서 설명하는 네트워크 침해 유형으로 알맞은 것은?

> 데이터를 전송하기 위해서는 패킷을 분할하고 시퀀스 넘버를 생성하는데, 이러한 시퀀스 넘버를 조작하거나 중첩시켜 내부에 과부하를 발생시키는 공격 방법

① Land Attack
② Smurf Attack
③ Teardrop Attack
④ TCP SYN Flooding

99 다음 중 DDoS 공격 도구의 종류가 다른 것은?

① Boink
② Trinoo
③ TFN 2K
④ Stacheldraht

100 다음 중 iptables 관련 로그가 기록되는 로그 파일로 알맞은 것은?

① /var/dmesg
② /var/log/secure
③ /cat/log/xferlog
④ /var/log/messages

1급	소요 시간	문항 수
	총 100분	총 100문항

수험번호 : _____

성   명 : _____

정답 & 해설 ▶ **2-181쪽**

1과목 **리눅스 실무의 이해**

01 다음 중 클라우드 컴퓨팅에 대한 내용으로 틀린 것은?

① 클라우드 컴퓨팅 서비스는 크게 IaaS, PaaS, SaaS 등 세 가지 개념으로 구분할 수 있다.

② 클라우드 컴퓨팅이 발전하면서 하드웨어 자원을 제외한 나머지 IT자원은 서비스 형태로 제공할 수 있게 되었다.

③ 최근 세분화 된 개념으로 FaaS(Function as a Service) 형태로 제공되는 서버리스(Serverless) 컴퓨팅도 클라우드 컴퓨팅의 일종이다.

④ 사용자가 필요한 작업을 제시하면, 필요한 자원이 할당되어 작업하고 결과를 얻도록 해주는 'as a Service'로 제공되는 컴퓨팅 환경을 의미한다.

02 다음 설명에 해당하는 리눅스의 기술적인 특징으로 알맞은 것은?

> 프로그램 실행 시 메모리의 공간이 부족하면 가상메모리를 설정하여 메모리와 하드디스크 사이의 데이터 교환을 통해 새로운 프로그램을 실행시킬 수 있게 한다.

① 파이프(Pipe)

② 스와핑(Swapping)

③ 리다이렉션(Redirection)

④ 가상콘솔(Virtual Console)

03 다음 중 리눅스 주요 라이선스(License)에 대한 내용으로 틀린 것은?

① LGPL이 적용된 라이브러리는 독점 소프트웨어에서도 사용이 가능하고 LGPL을 사용해서 개발한 뒤 GPL로 변경이 가능하다.

② BSD라이선스는 공개 소프트웨어 라이선스로 해당 소프트웨어를 누구나 개작할 수 있고 수정한 것을 제한 없이 배포할 수 있다.

③ BSD, Apache, MIT 라이선스는 기본적으로 소스코드 취득 및 수정이 가능하므로 2차적 저작물 소스코드도 반드시 공개하여야 한다.

④ 아파치 라이선스2.0에 따르면 누구든 자유롭게 아파치 소프트웨어를 다운 받아 부분 혹은 전체를 개인적 또는 상업적 목적으로 이용할 수 있다.

04 다음 중 리눅스 운영체제의 특징으로 틀린 것은?

① 리눅스는 약간의 어셈블리와 대부분의 C언어로 작성되어 이식성이 뛰어나다.

② 하나의 시스템에 다중 사용자 접속 및 사용자별 다중 처리 시스템을 지원한다.

③ 운영체제의 핵심인 커널(Kernel)을 제외한 나머지 프로그램들은 소스가 공개되었다.

④ 고유 파일 시스템 외 DOS, Windows, 상용 유닉스 등의 다양한 파일 시스템을 지원한다.

05 다음 중 데비안 계열에 속하는 리눅스 배포판으로 틀린 것은?

① CentOS
② Ubuntu
③ Linux Mint
④ Kali Linux

06 다음 명령의 실행 결과로 (   ) 안에 알맞은 것은?

```
[ihd@www ~]$ cat tesh.sh
#!/bin/bash
echo "\$0 $1 $#"
[ihd@www ~]$ ./tesh.sh /the /sharp
(       )
```

① $0 /sharp #
② $0 /the 2
③ ./test.sh /the #
④ ./test.sh /the 2

07 다음 중 시그널(Signal)에 대한 설명으로 알맞은 것은?

① SIGQUIT는 터미널에서 입력된 정지 시그널이다.
② SIGKILL은 터미널이 시작할 때 보내오는 시그널이다.
③ SIGTERM은 정상 종료시키는 시그널로 15번으로 관리된다.
④ SIGSTOP은 실행 정지 후 다시 실행하기 위해 대기시키는 시그널이다.

08 다음에서 설명하는 데몬 관련 유틸리티로 알맞은 것은?

> 텍스트 기반의 명령형 프로그램으로 실행 레벨에 따른 서비스의 on/off 설정 리스트를 출력하거나 설정한다.

① ntsysv
② chkdsk
③ chkconfig
④ systemctl

09 다음 중 프로세스에 대한 정의로 틀린 것은?

① 실행(executing) 중인 프로그램
② PC(Program Counter)를 지닌 프로그램
③ PCB(Process Control Block)를 지닌 프로그램
④ 수동적인 개체(entity)로 순차적으로 수행하는 프로그램

10 다음 중 X윈도우에 관한 설명으로 틀린 것은?

① 원격지의 X클라이언트를 다른 시스템의 X서버에서 실행시킬 수 있다.
② 디스플레이 장치에 의존적이지 않고 서로 다른 기종을 함께 사용할 수 있다.
③ X윈도우는 클라이언트/서버 구조로 되어있고 서로 간의 통신을 위해 xhost를 사용한다.
④ 현재 리눅스를 비롯하여 유닉스 대부분이 X.org 기반의 X윈도 시스템을 사용하고 있다.

11 다음 ( ) 안에 들어갈 내용으로 알맞은 것은?

> • (㉠)은는 전통적인 유닉스 계열 파일 시스템에서 사용하는 일종의 자료 구조로 각각의 파일은 하나의 (㉠)을를 할당받아 관리된다.
> • 저널링 기술은 기존의 (㉡)에 걸리는 시간을 단축하기 위해 데이터를 디스크에 쓰기 전에 로그(log)에 데이터를 남겨 시스템의 비정상적인 종료에도 로그를 사용해 (㉡)보다 빠르고 안정적인 복구 기능을 제공하는 기술이다.

① ㉠ i-node   ㉡ fsck
② ㉠ journaling ㉡ fsck
③ ㉠ i-node   ㉡ chkdsk
④ ㉠ journaling ㉡ chkdsk

12 다음 설명으로 알맞은 것은?

> 하드디스크 4개를 이용해서 디스크 2개를 먼저 미러링(Mirroring)으로 구성하고 다시 스트라이핑(Striping)하는 방식으로 구성하는 형태

① RAID-5
② RAID-6
③ RAID-9
④ RAID-10

13 다음 중 로그인 메시지 관련 파일로 틀린 것은?

① /etc/motd
② /etc/inittab
③ /etc/issue
④ /etc/issue.net

14 다음에서 설명하는 내용으로 알맞은 것은?

> 이것은 X윈도를 실행시키는 스크립트로 시스템 환경을 초기화시키고 시작하는 데 필요한 여러 프로그램을 호출하고 최종적으로 xinit을 호출하는 명령이다.

① initw
② initx
③ startw
④ startx

15 다음 중 셸(shell)의 특징으로 알맞은 것은?

① bash에서는 명령어 히스토리 기능을 제공한다.
② 표준에러(Standard error)는 셸에서 숫자값 0으로 표기한다.
③ 사용자가 로그인 셸을 변경하려면 shch 명령을 사용하면 된다.
④ 사용자 로그인 셸 정보는 /etc/passwd 파일의 5번째 필드에서 확인할 수 있다.

16 다음 중 네트워크 설정인 점보 프레임(Jumbo Frame)에 대한 설명으로 틀린 것은?

① 점보 프레임의 최솟값은 1,300바이트이다.
② ifconfig 명령을 이용하여 점보 프레임 설정값을 변경할 수 있다.
③ ifconfig 명령을 이용하여 현재 설정된 점보 프레임 설정값을 확인할 수 있다.
④ 점보 프레임은 스위치와 네트워크 인터페이스 둘 다 지원해야 사용할 수 있다.

17 다음 중 TCP와 UDP의 설명으로 틀린 것은?

① TCP와 UDP는 둘 다 전송계층에서 사용되는 프로토콜이다.
② UDP는 3-way handshaking이라는 방식으로 세션을 연결한다.
③ TCP는 IP에 의해 전달되는 패킷의 오류를 검사하고 재전송을 요구하는 역할을 한다.
④ UDP는 시스템 내부 메시지 및 소규모 데이터 전송에 이용되고, DNS에서 많이 사용한다.

18 다음 중 프로토콜에 대한 설명으로 틀린 것은?

① 프로토콜의 주요 제정기관으로는 ISO, IEEE, EIA, ITU-T 등이 있다.
② OSI 7계층 중 인터넷 계층에 사용되는 프로토콜은 ICMP, ARP, IMAP 등이 있다.
③ 프로토콜의 3가지 구성요소는 순서(Timing), 구문(Syntax), 의미(Semantics)이다.
④ 프로토콜의 주요 기능으로는 캡슐화, 단편화와 재조합, 멀티 플렉싱, 흐름제어, 동기화 등이 있다.

19 다음 중 IPv6를 구분하는 구분자로 알맞은 것은?

① 콤마(,)
② 콜론(:)
③ 세미콜론(;)
④ 피어리어드(.)

20 네트워크 부하를 줄이기 위해 방화벽에서 ping과 traceroute 관련 프로토콜을 차단하려고 한다. 다음 중 차단해야 하는 프로토콜로 가장 알맞은 것은?

① IP
② ARP
③ UDP
④ ICMP

2과목 **리눅스 시스템 관리**

21 다음 설명에 해당하는 명령으로 알맞은 것은?

> /data 디렉터리를 여러 사용자가 자유롭게 파일 생성이 가능하나 삭제는 본인 소유의 파일만 가능한 공유 디렉터리로 만들려고 한다.

① chmod u+s /data
② chmod g+s /data
③ chmod o+s /data
④ chmod o+t /data

22 다음 중 PID가 1222번인 프로세스를 실행한 파일명을 확인할 때 사용하는 파일로 알맞은 것은?

① /proc/1222/fd
② /proc/1222/exe
③ /proc/PID/1222/fd
④ /proc/PID/1222/exe

23 다음 중 10분 주기로 실행되는 crontab 설정으로 알맞은 것은?

① */10 * * * * /etc/lin.sh
② * */10 * * * /etc/lin.sh
③ * * */10 * * /etc/lin.sh
④ * * * */10 * /etc/lin.sh

24 다음 중 lin.txt 파일에서 a로 시작되는 줄만 검색하려고 할 때의 명령으로 알맞은 것은?

① grep a lin.txt
② grep ^a lin.txt
③ grep [a] lin.txt
④ grep [^a] lin.txt

25 다음 (   ) 안에 들어갈 수 있는 명령으로 틀린 것은?

(   ) httpd

① kill
② pgrep
③ pkill
④ killall

26 다음 (   ) 안에 들어갈 내용으로 알맞은 것은?

rpm (   ) /bin/ls
coreutils-8.4-47.el6.i686

① -q
② -qc
③ -qf
④ -qp

27 다음 중 fdisk 명령을 이용해서 파티션 속성을 Linux LVM으로 변경할 때 지정하는 코드 값으로 알맞은 것은?

① 82
② 83
③ 8e
④ fd

28 묶여있는 소스 파일을 현재 디렉터리에 풀지 않고 내용만 확인하려고 한다. (   ) 안에 들어갈 내용으로 알맞은 것은?

tar (   ) php-7.4.2.tar.bz2

① jxvf
② jtvf
③ Jxvf
④ Jtvf

29 다음 설명과 관련 있는 파일명으로 알맞은 것은?

MySQL을 소스로 설치하여 생성된 /usr/local/mysql/lib를 공유 라이브러리 디렉터리로 추가 등록하려고 한다.

① /etc/ldd
② /etc/ldconfig
③ /etc/ld.config
④ /etc/ld.so.conf

30 다음 중 /etc/xinetd.d 디렉터리를 현재 디렉터리에 x로 연결하여 손쉽게 디렉터리를 이동하려고 할 때 설정하는 명령으로 알맞은 것은?

① ln x /etc/xinetd.d
② ln /etc/xinetd.d x
③ ln -s x /etc/xinetd.d
④ ln -s /etc/xinetd.d x

31 다음 중 ihduser 사용자의 계정만기일을 2020년 12월 31일로 지정하는 명령으로 알맞은 것은?

① usermod -i 2020-12-31 ihduser
② usermod -I 2020-12-31 ihduser
③ usermod -e 2020-12-31 ihduser
④ usermod -f 2020-12-31 ihduser

32 다음 중 root 권한을 갖는 사용자를 찾는 방법으로 가장 알맞은 것은?

① /etc/passwd의 두 번째 필드 값이 0인 사용자를 찾는다.
② /etc/passwd의 세 번째 필드 값이 0인 사용자를 찾는다.
③ /etc/passwd의 두 번째 필드 값이 1인 사용자를 찾는다.
④ /etc/passwd의 세 번째 필드 값이 1인 사용자를 찾는다.

33 다음 중 소스 컴파일 단계인 configure를 통해 생성되는 파일명으로 알맞은 것은?

① config.make
② config.h
③ make.config
④ Makefile

34 다음 중 yum을 이용해서 telnet-server라는 패키지를 제거하는 명령으로 알맞은 것은?

① yum erase telnet-server
② yum delete telnet-server
③ yum -e telnet-server
④ yum -d telnet-server

35 백업 작업이 수행 중인 터미널이 닫혀도 계속적으로 작업이 가능하도록 실행하려고 한다. ( ) 안에 들어갈 수 있는 명령으로 알맞은 것은?

```
# (      ) tar cf lin.tar /data/lin &
```

① bg
② fg
③ jobs
④ nohup

36 다음은 ihduser 사용자의 디스크 쿼터를 설정하는 과정이다. ( ) 안에 들어갈 명령어로 알맞은 것은?

```
# (      ) ihduser
```

① quotacheck
② edquota
③ quotaon
④ repquota

37 다음 중 프로세스의 우선순위 변경과 가장 거리가 먼 명령은?

① jobs
② top
③ nice
④ renice

38 다음 그림에 해당하는 명령으로 알맞은 것은?

```
[kaituser@www ~]$
uid=502(kaituser) gid=502(kaituser)
groups=502(kaituser)
context=unconfined_u:unconfined_
r:unconfined_t:s0-s0:c0.c1023
[kaituser@www ~]$
```

① w
② id
③ who
④ users

39 다음 중 /etc/group의 필드 구성 예로 알맞은 것은?

① ihd:x:500:
② ihd:500:x:
③ ihd:500:500:
④ ihd:500:500:x

40 다음 중 사용자 추가 시에 제공되는 파일이나 디렉터리를 확인할 수 있는 디렉터리로 알맞은 것은?

① /home
② /etc/skel
③ /etc/login.defs
④ /etc/default/useradd

41 다음 중 커널에 탑재되는 모듈 관련 디렉터리 경로로 알맞은 것은?

① /lib/커널버전/modules/kernel
② /lib/커널버전/kernel/modules
③ /lib/modules/커널버전/kernel
④ /lib/modules/kernel/커널버전

42 다음 그림에 해당하는 모듈 관련 명령어로 알맞은 것은?

```
[root@www net]#        8139cp.ko
filename:       8139cp.ko
license:        GPL
version:        1.3
description:    RealTek RTL-8139C+ series
                10/100 PCI Ethernet driver
author:         Jeff Garzik <jgarzik@pobox.
                com>
retpoline:      Y
srcversion:     432DC112E7DC175E908BB02
alias:          pci:v00000357d0000000As
                v*sd*bc*sc*i*
```

① lsmod
② depmod
③ modinfo
④ modprobe

43 다음 (   ) 안에 들어갈 내용으로 알맞은 것은?

```
모듈 간의 의존성이 변경되면 ( ㉠ ) 파일의 내
용이 변경되어야 하며, 이 파일을 갱신하고 관
리해주는 명령이 ( ㉡ )이다.
```

① ㉠ modprobe.conf   ㉡ modprobe
② ㉠ modprobe.conf   ㉡ depmod
③ ㉠ modules.dep   ㉡ modprobe
④ ㉠ modules.dep   ㉡ depmod

44 다음 제시된 프린터 관련 명령어 중 나머지 셋과 비교해서 다른 계열로 속하는 명령으로 알맞은 것은?

① lp   ② lpr
③ lpstat   ④ cancel

45 다음 설명으로 알맞은 것은?

> 평판 스캐너, 핸드 스캐너, 비디오 카메라 등 이미지를 스캐닝할 수 있는 하드웨어에 대한 표준화된 액세스를 제공하는 API이다.

① SANE
② ALSA
③ DSSI
④ LADSPA

46 다음 설명으로 알맞은 것은?

> 리눅스 및 유닉스 계열 운영체제에서 사운드를 만들고 캡처하는 인터페이스로 표준 유닉스 장치 시스템 콜에 기반을 두고 있다. 프로젝트 초기에는 Free Software였으나 현재는 사유화되면서 다양한 라이선스 기반을 배포하고 있다.

① OSS
② ALSA
③ SANE
④ PulseAudio

47 다음 중 지정한 파일이 프린터를 통해 출력되도록 작업을 요청하는 명령으로 알맞은 것은?

① pr
② lpr
③ lpq
④ lpstat

48 다음 설명에 해당하는 커널 컴파일 과정으로 알맞은 것은?

> configure 작업을 통해 생성된 오브젝트 파일뿐만 아니라 config 파일, 다양한 백업 파일 등도 제거한다.

① make config
② make clean
③ make mrproper
④ make xconfig

49 다음 설명으로 알맞은 것은?

> 애플이 개발한 오픈 소스 프린팅 시스템으로 유닉스 계열 운영체제의 시스템을 프린터 서버로 사용 가능하도록 해준다.

① CUPS
② LPD
③ IPP
④ LPRng

50 다음 (   ) 안에 들어갈 모듈 관련 명령어로 알맞은 것은?

```
# (      ) | grep conntrack
nf_conntrack_ipv4   7406   6  iptable_nat,nf_
nat
nf_defrag_ipv4           1039   1  nf_conntrack_
ipv4
```

① lsmod
② insmod
③ rmmod
④ modprobe

51 다음은 GRUB 패스워드를 설정하는 과정의 일부이다. (   ) 안에 들어갈 내용으로 알맞은 것은?

```
# vi /boot/grub/grub.conf
splashimage=(hd0,0)/boot/grub/grub/
splash.xmp.gz
(    ) $1$MveMC$7Ps/RkijT6FrZLPF1rbfF.
titile CentOS 6 (2.6.32-504.el6.x86_64)
```

① passwd --md5
② password --md5
③ md5crypt
④ grub-md5-crypt

52 다음 중 SSH에 관한 설명으로 알맞은 것은?

① ssh는 IPv6 주소체계에서는 접속이 불가능하다.
② ssh는 로그인 전에 보여주는 메시지를 별도의 파일로 지정할 수 있다.
③ ssh 서버의 환경설정 파일은 /etc/sshd_config이고 실행 데몬 스크립트는 /etc/rc.d/init.d/sshd이다.
④ ssh는 사용할 암호화 알고리즘을 지정할 수 있으나, ssh2 버전에서 알고리즘을 지정하지 않으면 기본적으로 DSA를 사용한다.

53 cpio명령을 이용하여 백업된 데이터의 내용만 확인하려고 한다. 다음 중 사용되는 옵션으로 가장 알맞은 것은?

① -ic
② -icvt
③ -icdv
④ -ocvF

54 다음 중 ASCII 형태의 로그 파일로 알맞은 것은?

① /var/log/btmp
② /var/log/wtmp
③ /var/log/lastlog
④ /var/log/xferlog

55 다음 중 로그 관련 파일의 특징으로 알맞은 것은?

① /var/log/wtmp : 콘솔, ftp 등 접속이 실패한 경우 기록
② /var/log/lastlog : 부팅 시 동작하는 데몬 관련 정보 기록
③ /var/log/dmesg : 시스템이 부팅할 때 출력되었던 로그 기록
④ /var/log/boot.log : telnet이나 ssh를 이용하여 접속한 사용자의 마지막 정보를 기록

56 다음 중 (   ) 안에 들어갈 내용으로 알맞은 것은?

logrotate는 시스템과 관련된 로그 설정을 (㉠)에서 제어하고, 응용 프로그램은 (㉡) 디렉터리 내에 위치하여 로그 파일을 관리하고 있다. 또한 (㉢) 디렉터리에 등록되어서 cron에 의해 스케줄링되어 실행되고 있다.

① ㉠ : /etc/logrotate.conf
  ㉡ : /etc/logrotate
  ㉢ : /etc/crontab
② ㉠ : /etc/logrotate.conf
  ㉡ : /etc/logrotate.d
  ㉢ : /etc/cron.daily
③ ㉠ : /etc/logrotate/logrotate.conf
  ㉡ : /opt/logrotate.d
  ㉢ : /etc/cron.daily
④ ㉠ : /etc/logrotate/logrotate.conf
  ㉡ : /opt/logrotate
  ㉢ : /var/lib/logrotate.status

57 single 모드 부팅을 제한하기 위하여 grub 패스워드를 설정하려고 한다. 다음 중 grub 패스워드 설정 시 사용되는 암호화 알고리즘으로 알맞은 것은?

① MD5
② SHA-1
③ SHA-256
④ Blowfish

58 다음에서 설명하는 보안 도구로 알맞은 것은?

> 네트워크 탐지 도구 및 보안 스캐너로 시스템의 서비스 중인 포트를 스캔하여 관련 정보를 출력해 준다. 이 도구를 이용하면 운영 중인 서버에 불필요하게 작동하고 있는 서비스 포트를 확인할 수 있다.

① nmap
② nessus
③ tripwire
④ tcpdump

59 다음 중 상호 대화식 복구 프로그램으로 알맞은 것은?

① dd
② cpio
③ rsync
④ restore

60 다음 중 증분 백업을 지원하지 않는 명령으로 알맞은 것은?

① tar
② cpio
③ rsync
④ dump

61 개인 홈페이지 사용자를 위해 httpd.conf 파일에서 관련 모듈을 활성화하려고 한다. 다음 (　　) 안에 들어갈 항목명으로 알맞은 것은?

> (　　) userdir_module modules/mod_userdir.so

① Include
② AddType
③ AddModule
④ LoadModule

62 다음 (　　) 안에 들어갈 명령으로 알맞은 것은?

> # (　　) destory VM1

① virsh
② libvirtd
③ virt-top
④ virt-manager

63 다음은 /etc/named.conf 파일 설정의 일부이다. 여러 호스트를 하나의 명칭으로 지정할 때 (　　) 안에 들어갈 내용으로 알맞은 것은?

> (　　) "ihd" { 192.168.12/24; 192.168.5.13; };

① acl
② list
③ group
④ member

64 다음 중 smb.conf 파일에서 특정 네트워크 대역의 접근을 허가하는 설정으로 알맞은 것은?

① hosts allow = 192.168.5
② hosts allow = 192.168.5.
③ hosts allow = 192.168.5.0
④ hosts allow = 192.168.5.0/24

65 다음 설명에 해당하는 HTTP 요청 메소드(Method)로 알맞은 것은?

> 폼(Form) 태그를 이용해서 페이지를 만든 후에 홈페이지 사용자가 작성한 내용을 insert.php를 통해 서버에 저장되도록 설계하였다.

① GET
② POST
③ PUT
④ HEAD

66 다음은 웹 페이지 인증을 위해 아파치 사용자를 만드는 과정이다. (   ) 안에 들어갈 명령으로 알맞은 것은?

> # (   ) -c /usr/local/httpd/conf/password ihduser

① htpasswd
② htuseradd
③ apachectl
④ httpd

67 다음 중 인증 관련 서비스와 가장 거리가 먼 것은?

① NFS   ② NIS
③ LDAP   ④ Active Directory

68 다음 중 이름을 나타내는 LDAP의 속성 관련 키워드로 알맞은 것은?

① c
② cn
③ sn
④ givenName

69 다음 중 NIS 서버에 동작 시켜야할 데몬명으로 가장 거리가 먼 것은?

① ypxfrd
② rpcbind
③ ypbind
④ ypserv

70 다음 (   ) 안에 들어갈 명령어로 알맞은 것은?

> # (   ) passwd.byname

① ypcat
② yppasswd
③ ypwhich
④ ypwhich -m

71 다음 설명에 해당하는 /etc/exports의 옵션으로 알맞은 것은?

> NFS 클라이언트에서 접근하는 root 사용자를 무시하고 서버상의 nfsnobody로 매핑시킨다. 일반 사용자의 권한은 그대로 인정된다.

① root_squash
② no_root_squash
③ all_squash
④ no_all_squash

PART 04

72 다음 (　　　) 안에 들어갈 명령으로 알맞은 것은?

```
# (      ) //192.168.12.22/src
```

① smbmount
② smbclient
③ smbstatus
④ testparm

73 다음 중 메일 관련 프로그램의 종류가 다른 것은?

① postfix
② evolution
③ qmail
④ sendmail

74 다음 중 sendmail.cf 파일에서 특정 도메인 명을 발신지 메일 주소로 강제 지정할 때 사용하는 항목으로 알맞은 것은?

① Cw
② Fw
③ Dj
④ O

75 다음 (　　　) 안에 들어갈 수 있는 명령으로 알맞은 것은?

```
# cd /etc/mail
# (      ) sendmail.mc 〉 sendmail.cf
```

① m4
② newaliases
③ sendmail
④ makemap hash

76 다음은 /etc/named.conf 파일 설정의 일부이다. 도메인 설정에 필요한 zone 파일을 별도의 파일로 지정하려고 할 때 (　　　) 안에 들어갈 내용으로 알맞은 것은?

```
(      ) "/etc/named.rfc1912.zones";
```

① zone
② include
③ directory
④ allow−zones

77 다음은 /etc/named.conf 파일 설정의 일부이다. (　　　) 안에 들어갈 내용으로 알맞은 것은?

```
zone "." IN {
     type (        );
     file "named.ca";
};
```

① hint
② master
③ slave
④ local

78 다음은 zone 파일에서 메일 서버를 설정하는 과정이다. 도메인이 ihd.or.kr일 때 (　　　) 안에 들어갈 내용으로 알맞은 것은?

```
IN ( ㉠ )( ㉡ )
www IN A 192.168.12.22
```

① ㉠ MX　㉡ ihd.or.kr
② ㉠ MX　㉡ ihd.or.kr.
③ ㉠ MX 0　㉡ ihd.or.kr
④ ㉠ MX 0　㉡ ihd.or.kr.

79 다음 설명에 해당하는 가상화 기술로 알맞은 것은?

> 2005년에 설립된 Qumranet에서 개발한 하이 퍼바이저로 x86 시스템을 기반으로 동작한다. 상용화된 제품에는 RHEV가 있다.

① Xen
② KVM
③ Docker
④ Ansible

80 운영 중인 텔넷 서버로 IP 주소가 192.168.5.13인 호스트의 접근을 Tcp Wrapper를 이용해서 접근을 차단하려고 한다. 다음 (   ) 안에 들어갈 내용으로 알맞은 것은?

> # vi /etc/hosts.deny
> (   ) : 192.168.5.13

① telnet
② telnetd
③ in.telnetd
④ telnet.service

81 다음 (   ) 안에 들어갈 내용으로 알맞은 것은?

> [root@www htdocs] cat test.php
> (㉠)
> phpinfo();
> (㉡)

① ㉠ 〈?php   ㉡ ?〉
② ㉠ 〈%php   ㉡ %〉
③ ㉠ 〈!php   ㉡ !〉
④ ㉠ 〈&php   ㉡ &〉

82 다음 중 CPU 반가상화 기술을 기반으로 가상 머신을 생성할 때 사용하는 기술로 가장 알맞은 것은?

① Xen
② KVM
③ VirtualBox
④ Docker

83 다음 (   ) 안에 들어갈 파일명으로 알맞은 것은?

> # vi (   )
> NISDOMAIN=ihd.or.kr

① /etc/hosts
② /etc/yp.conf
③ /etc/ypbind.conf
④ /etc/sysconfig/network

84 다음은 NFS 클라이언트에서 NFS 서버 (192.168.5.13)에 익스포트된 정보를 확인하는 과정이다. (   ) 안에 들어갈 명령으로 알맞은 것은?

> # (   ) -e 192.168.5.13

① exportfs
② nfsstat
③ rpcinfo
④ showmount

85 다음 중 vsftpd.conf에서 익명(anonymous) 사용자의 접근을 허가할 때 사용하는 설정으로 알맞은 것은?

① anonymous_disable=YES
② anonymous_disable=NO
③ anonymous_enable=YES
④ anonymous_enable=NO

86 다음 중 메일 서버간의 송신 및 수신에 사용되는 프로토콜로 알맞은 것은?

① POP3
② IMAP
③ SMTP
④ SNMP

87 다음 설명과 같은 경우 ihduser가 본인의 홈 디렉터리에 생성해야 할 파일명으로 알맞은 것은?

> 본인 계정으로 들어오는 메일은 다른 메일 주소로 전달하려고 한다.

① aliases
② .forward
③ virtusertable
④ local-host-names

88 다음 중 named.ca를 비롯하여 사용자가 선언하는 zone 파일 등이 위치하는 디렉터리로 알맞은 것은?

① /etc/named
② /etc/named/zones
③ /var/named
④ /var/named/zones

89 다음 설명에 해당하는 가상화의 기능으로 알맞은 것은?

> 가상의 자원을 여러 개의 물리적 자원들에 걸쳐서 만들 수 있으며 이를 통해 외견상 전체 용량을 증가시키고, 전체적인 관점에서 활용과 관리를 단순화시킬 수 있다.

① 단일화(Aggregation)
② 에뮬레이션(Emulation)
③ 절연(Insulation)
④ 프로비저닝(Provisioning)

90 다음 중 명령행에서 가상 머신만을 대상으로 CPU 자원을 모니터링할 때 사용하는 명령으로 알맞은 것은?

① xm
② xend
③ virt-top
④ virt-manager

91 다음 중 xinetd 기반으로 동작하는 서비스의 초당 요청 개수가 50개 이상일 경우 10초 동안 접속 연결을 중단하기 위한 설정 항목과 값으로 알맞은 것은?

① cps = 50 10
② cps = 50 100
③ cps = 10 50
④ cps = 100 50

92 프록시 서버의 설정 파일인 squid.conf에서 포트 번호를 8080으로 변경하려고 한다. 다음 ( ) 안에 들어갈 내용으로 알맞은 것은?

```
(      ) 8080
```

① Port
② Listen
③ http_port
④ proxy_port

93 DHCP 서버의 환경설정 파일인 dhcpd.conf에서 할당되는 게이트웨이 주소를 192.168.5.1로 변경하려고 한다. ( ) 안에 들어갈 내용으로 알맞은 것은?

```
option (      ) 192.168.5.1;
```

① gw
② gateway
③ gw-address
④ routers

94 다음 중 VNC(Virtual Network Computing)와 가장 관련 있는 프로토콜로 알맞은 것은?

① RFB(Remote Frame Buffer)
② NTP(Network Time Protocol)
③ MQTT(MQ Telemetry Transport)
④ DHCP(Dynamic Host Configuration Protocol)

95 다음 ( ) 안에 들어갈 httpd.conf 파일의 항목명으로 알맞은 것은?

```
(      ) 192.168.5.13:80
```

① ServerRoot
② ServerAdmin
③ ServerName
④ DocumentRoot

96 다음 설명에 해당하는 iptables의 테이블로 알맞은 것은?

> 넷필터의 연결 추적(connection tracking) 시스템과 독립적으로 동작해야 하는 규칙을 설정한다.

① raw
② nat
③ filter
④ mangle

97 다음 설명에 해당하는 공격 유형으로 알맞은 것은?

> 공격자는 IP 주소를 공격 서버의 IP 주소로 위장하고, ICMP Request 패킷을 브로드캐스트를 통해 다수의 시스템에 전송한다. 이때 브로드캐스트를 수신한 다수의 시스템은 ICMP Echo Reply 패킷을 공격자가 아닌 공격 대상의 서버로 전송하게 되면서 부하를 발생시킨다.

① UDP Flooding
② Land Attack
③ Smurf Attack
④ Teardrop Attack

98 다음 설명에 해당하는 iptables의 타겟(target) 값으로 알맞은 것은?

> 패킷을 거부하는 것으로 더 이상 어떤 처리도 수행되지 않고 버린다.

① DENY
② DROP
③ REJECT
④ RETURN

99 다음 중 C 언어의 malloc( )과 가장 관련 있는 공격 유형으로 알맞은 것은?

① 네트워크 대역폭 고갈
② 가용 메모리 자원 고갈
③ 가용 디스크 자원 고갈
④ 가용 프로세스 자원 고갈

100 다음 중 침입 탐지 시스템으로 이용되는 도구로 가장 알맞은 것은?

① John the Ripper
② Tripwire
③ Stacheldraht
④ Suricata

해설과 따로 보는
최신 기출문제
정답 & 해설

정답 & 해설

최신 기출문제 01회

2-104쪽

01 ②	02 ③	03 ②	04 ①	05 ②	06 ①	07 ④	08 ①	09 ④	10 ④
11 ②	12 ③	13 ②	14 ③	15 ②	16 ②	17 ①	18 ③	19 ③	20 ④
21 ①	22 ③	23 ③	24 ④	25 ①	26 ②	27 ③	28 ①	29 ③	30 ②
31 ③	32 ④	33 ③	34 ①	35 ④	36 ④	37 ②	38 ③	39 ②	40 ①
41 ④	42 ②	43 ④	44 ③	45 ④	46 ③	47 ④	48 ③	49 ②	50 ②
51 ③	52 ③	53 ①	54 ④	55 ③	56 ③	57 ③	58 ③	59 ④	60 ④
61 ②	62 ①	63 ③	64 ②	65 ②	66 ①	67 ②	68 ①	69 ③	70 ③
71 ①	72 ②	73 ①	74 ④	75 ①	76 ③	77 ③	78 ②	79 ①	80 ①
81 ④	82 ①	83 ②	84 ③	85 ③	86 ④	87 ③	88 ②	89 ①	90 ②
91 ③	92 ①	93 ④	94 ④	95 ①	96 ④	97 ①	98 ②	99 ①	100 ①

1과목 │ 리눅스 실무의 이해

01 ②

프리웨어는 무료로 사용할 수 있지만, 소스 코드가 공개되지 않으며 수정이나 재배포의 자유가 없는 소프트웨어를 말한다. 그러나 리눅스는 자유 소프트웨어로서, GNU GPL 라이선스하에 소스 코드가 공개되어 있고, 누구나 수정 및 재배포가 가능하다.

02 ③

MIT는 소스코드 공개를 요구하지 않는 관대한 라이선스이다.

오답 피하기
① LGPL : 라이브러리의 수정된 부분에 대해 소스코드 공개를 요구한다.
② MPL : 수정된 파일의 소스코드 공개를 요구한다.
④ GPL : 수정한 소스코드뿐만 아니라 소스코드를 활용한 소프트웨어의 소스코드도 공개를 요구한다.

03 ②

오답 피하기
① Kali Linux : 보안 테스트와 윤리적 해킹을 위한 전문 배포판이다.
③ Arch Linux : 단순하고 유연하면서 경량을 추구하는 배포판이다.
④ Ubuntu : 데비안 기반의 사용자 친화적인 배포판이다.

04 ①

오답 피하기
② Nginx는 웹 서버나 리버스 프록시로 많이 쓰이고 로드 밸런서로도 활용하는 프로그램이다.
③ OpenStack은 클라우드 인프라를 구축하는 데 사용하는 오픈소스 플랫폼이다.
④ Kubernetes는 Docker 같은 컨테이너들을 관리하고 오케스트레이션해주는 도구이다.

05 ②

오답 피하기
① 고계산용 클러스터 : 복잡한 계산이나 시뮬레이션을 빠르게 처리하기 위한 과학계산용 클러스터이다.
③ 고가용성 클러스터 : 시스템의 안정성과 지속적인 서비스를 보장하기 위해 이중화된 클러스터이다.
④ 스토리지 클러스터 : 대용량 데이터 저장을 위해 여러 스토리지를 연결한 클러스터이다.

06 ①

주어진 설명은 스트라이핑(Striping) 기술에 대한 설명이다. RAID 2, 3, 4는 모두 스트라이핑 기술을 사용하여 각각 비트, 바이트, 블록 단위로 데이터를 여러 디스크에 나누어 기록하며 동시에 입출력을 수행한다. 반면 RAID 1은 미러링(Mirroring) 기술을 사용하여 데이터의 안정성을 위해 동일한 데이터를 두 개 이상의 디스크에 복제하여 저장한다.

07 ④

① S-ATA : 일반 소비자 컴퓨터 환경에 적합하며 6Gbps 대역폭 수준의 직렬 방식 인터페이스이다.
② SAS : 대량의 데이터 처리와 고성능 요구 환경에 적합하며 12GBPS 대역폭 수준의 직렬 방식 인터페이스이다.
③ SCSI : 병렬 연결 방식을 사용하지만 단일 명령어큐를 사용하여 명령어를 순차적으로 처리하기 때문에 속도가 느리다.

08 ①

부트로더는 컴퓨터 부팅 시 운영체제를 선택하고 로드하는 역할을 수행한다. LILO, GRUB, GRUB2는 모두 부트로더의 예시이다. 반면, MBR(Master Boot Record)는 하드 디스크의 첫 번째 섹터에 위치하며, 부트로더의 위치 정보와 부팅에 필요한 정보를 담고 있는 영역이다.

09 ④

systemd의 유닛은 시스템 및 서비스를 관리하기 위한 단위이다. 서비스, 타겟, 장치, 타이머 유닛 등을 제공한다. 데몬 유닛은 올바른 용어가 아니며 서비스 유닛을 사용해야 한다.

10 ④

ext, ext2, ext3는 이러한 고용량 지원과 익스텐트 기능을 제공하지 않는다. 반면, ext4는 익스텐트(Extent)를 통해 연속적인 데이터 블록을 한 번에 할당하여 단편화를 최소화하고, 대용량 파일 처리에 적합하도록 성능을 개선한 파일시스템이다.

11 ②

셸은 명령어를 통한 CLI 인터페이스뿐만 아니라 GUI 인터페이스로도 구현될 수 있다. 또한 셸은 스크립트를 사용하여 비대화형으로 자동 작업을 처리할 수도 있다.

12 ③

~/.bashrc 는 사용자가 별도로 로그인하지 않고도 새로운 셸이 시작될 때 적용된다.

① /etc/profile은 시스템 전반의 설정을 정의하는 파일로, 사용자가 로그인할 때 한 번 로드된다.
② ~/.bash_profile은 로그인 셸이 시작될 때 실행되는 사용자별 설정 파일이다.
④ ~/.bash_logout은 사용자가 로그아웃할 때 실행되는 설정 파일이다.

13 ②

스크립트는 i=10으로 시작하고, i가 5보다 작아질 때까지 반복한다. 반복문 내에서 i는 매번 2씩 감소한다. i가 5보다 작아질 때 조건이 참이 되며, 반복문이 종료된다. 따라서 echo "$i"의 출력 결과는 4이다.

14 ③

① fork : 현재 프로세스를 복제하여 자식 프로세스를 생성하는 함수이다.
② init : 시스템 부팅 시 실행되는 첫 번째 프로세스로, 모든 프로세스의 부모 역할을 한다.
④ systemd : 현대 리눅스 시스템에서 init 프로세스를 대체하는 시스템 및 서비스 관리 도구이다.

15 ②

CTRL^Z는 실행중인 명령어를 중지 상태로 만들며 fg 명령어는 중지된 프로세스를 포그라운드로 전환한다.

• CTRL^C는 SIGINT 시그널을 전송하여 프로그램을 종료한다.
• CTRL^D는 EOF(end of file)을 입력하여 파일의 입력을 종료한다.
• bg는 중지된 프로세스를 백그라운드로 전환한다.

16 ②

SDN은 네트워크의 경로 설정과 패킷 전달을 소프트웨어적으로 제어하는 기술로, 이는 네트워크 계층과 밀접하게 관련이 있다.

오답 피하기
① 데이터 링크 계층 : 동일 네트워크 내의 프레임 전송과 물리적 링크 제어를 담당한다.
③ 전송 계층 : 종단 간 연결 및 데이터 전송의 신뢰성을 제공하는 계층이다.
④ 응용 계층 : 사용자가 직접 접하는 애플리케이션 서비스를 제공하는 계층이다.

17 ①

SSH (Secure Shell) 프로토콜은 원격 접속과 명령어 실행을 위해 사용되며, 포트 번호는 22이다.

오답 피하기
② 80번 포트는 HTTP 웹 트래픽을 처리하는 데 사용된다.
③ 443번 포트는 HTTPS 암호화된 웹 트래픽을 처리하는 데 사용된다.
④ 514번 포트는 Syslog를 통해 시스템 로그를 전송하는 데 사용된다.

18 ③

DHCPv6는 IPv4의 DHCP와 유사하게 중앙의 서버가 각 노드에 IP 주소를 할당하는 방식이다. IPv6에서는 DHCPv6 없이도 SLAAC(Stateless Address Autoconfiguration)을 통해 IP 주소를 자동으로 할당할 수 있다. SLAAC 방식에서는 네트워크에 연결된 장치가 라우터로부터 프리픽스 정보를 받아, 자신의 인터페이스 식별자를 결합하여 IP 주소를 생성한다.

19 ③

문제의 실행 결과는 ARP(Address Resolution Protocol) 테이블을 보여주는 결과이다. arp 명령어는 네트워크의 IP 주소와 해당 MAC 주소 간의 매핑 정보를 확인하는 데 사용된다.

20 ④

nslookup, dig, host는 모두 DNS 조회와 관련된 명령어이나, ip는 네트워크 인터페이스 및 라우팅과 관련된 정보를 설정하거나 확인하기 위한 명령어이다.

2과목 **리눅스 시스템 관리**

21 ①

SSH 설정 파일은 /etc/ssh/sshd_config이다. PermitRootLogin 옵션을 no로 설정하면 root 사용자의 SSH 로그인을 막을 수 있다. 설정을 변경한 후 systemctl restart sshd 명령어로 적용한다.

22 ③

Team2는 그룹명이 아니라 사용자 정보(주석) 필드로, 추가적인 설명을 나타낸다.

23 ③

−G 옵션은 사용자가 속할 보조 그룹을 설정하는 데 사용된다. 기본 그룹을 지정하려면 −g 옵션을 사용해야 한다.

24 ④

su 명령어는 root 비밀번호가 필요하지만 sudo 명령어는 사용자의 비밀번호를 요구한다.

25 ①

pwconv 명령어는 /etc/passwd 파일에 저장된 사용자 암호를 /etc/shadow 파일로 옮겨서 관리하는 명령어이다.

오답 피하기
② pwunconv : /etc/shadow 파일에 있는 암호 정보를 /etc/passwd로 복원하는 명령어이다.
③ grpconv : 그룹 정보를 /etc/group에서 /etc/gshadow로 옮기는 명령어이다.
④ grpunconv : /etc/gshadow 파일의 그룹 정보를 다시 /etc/group으로 되돌리는 명령어이다.

26 ②
- chown은 파일의 소유자와 그룹을 동시에 변경하는 명령어이다. 공용 작업 공간으로 설정하기 위해서는 그룹 소유권만 변경하면 되므로, chgrp 명령어가 적절하다.
- 그룹이 공용으로 작업할 수 있도록 하기 위해서는 /project 디렉터리의 그룹 소유권을 변경하고, Set-GID 비트를 설정하여 디렉터리 내에 생성된 모든 파일이 동일한 그룹 소유권을 갖도록 해야 한다.

27 ③
심볼릭 링크(소프트 링크)는 원본 파일의 경로를 참조하는 방식이다. 원본 파일이 삭제되면 심볼릭 링크는 더 이상 유효하지 않게 된다.

오답 피하기
파일 링크는 존재하지 않는 용어이다.

28 ①

오답 피하기
cp 명령어는 파일을 복사하는 명령어이고, ln 명령어는 파일 링크를 생성하는 명령어이다. 마지막으로 mv는 파일의 이름을 변경하거나 파일의 위치를 이동하는 명령어이다.

29 ③
wc 명령어의 실행 결과이다. wc 명령어는 줄 수, 단어의 수, 파일의 크기를 출력한다.

30 ②
mount 명령어의 출력 결과이다. mount 명령어는 현재 마운트된 파일 시스템의 목록을 출력하며, 파일 시스템의 타입, 마운트 위치, 마운트 옵션 등의 정보를 상세히 보여준다.

오답 피하기
- df는 파일 시스템의 디스크 사용량을 표시하는 명령어로, 용량 관련 정보가 주로 출력된다.
- lsblk는 블록 장치의 정보를 나열하는 명령어이며, 마운트 정보가 포함될 수 있지만 형식이 다르다.
- fdisk -l는 디스크의 파티션 정보를 나열하며, 파일 시스템의 마운트 여부와는 관련이 없다.

31 ③
우선순위가 가장 높은 프로세스는 3456번이다. PR 값이 작을수록 우선순위가 높다. 참고로, PR 값은 NI 값이 적용된 최종 우선순위 값을 의미한다.

32 ④
같은 이름을 가진 여러 프로세스를 한 번에 종료할 수 있는 명령어로, 여러 프로세스를 동시에 종료해야 할 때 유용하다.

33 ③
해당 실행 결과는 현재 예약된 작업 목록을 출력하는 것으로, 이 기능을 수행하는 명령어는 atq이다. at 명령어는 예약 작업을 추가하는 데 사용하며, atrm 명령어는 예약된 작업을 삭제하는 데 사용된다.

34 ①
0 3 * * 1는 cron 설정 형식으로, 각 필드는 다음을 의미한다.
- 분 : 0 (0분)
- 시간 : 3 (새벽 3시)
- 일 : * (매일)
- 월 : * (매월)
- 요일 : 1 (월요일)
따라서, 이 설정은 매주 월요일 새벽 3시에 /home/user/backup.sh 스크립트를 실행하는 것이다.

35 ④
a 옵션은 현재 사용자뿐 아니라 모든 사용자의 프로세스를 출력하고, x 옵션은 터미널에 연관되지 않은 프로세스를 출력하며, 이 두 옵션은 모두 BSD 스타일이다. 동일한 효과를 내는 UNIX 스타일 옵션으로는 시스템 전체 프로세스를 출력하는 -e 옵션이 있다.

36 ④
Rocky Linux는 레드햇 계열의 CentOS를 계승한 오픈소스 기반의 리눅스 배포판이다. rpm, dnf, yum은 모두 레드햇 계열에서 사용하는 패키지 관리 도구로, Rocky Linux에서도 동일하게 사용된다. 반면, apt는 데비안 계열(예: Ubuntu)의 패키지 관리 도구로, Rocky Linux와는 관련이 없다.

37 ②

/etc/yum.repos.d 디렉터리에서 레포지토리 설정은 .conf 파일이 아닌 여러 개의 .repo 파일로 관리된다.

38 ③

ldd 명령어는 실행 파일을 직접 실행하지 않는다.

39 ②

tar 명령어에서 c 옵션은 새 압축 파일을 생성하고, v 옵션은 압축 진행 상황을 표시하며, z 옵션은 gzip 형식으로 압축을 수행한다. 마지막으로, f 옵션은 출력 파일명을 지정하는 역할을 한다.

40 ①

yum list installed는 시스템에 설치된 패키지 목록을 확인하는 명령어이다.

오답 피하기

② yum list available : 설치할 수 있는 사용 가능한 패키지 목록을 조회한다.
③ yum search : 패키지를 이름 또는 설명으로 검색한다.
④ yum provides : 특정 파일이 어떤 패키지에 속해 있는지를 확인한다.

41 ④

커널 컴파일 과정에서 make install을 하면, 새로 컴파일된 커널이 자동으로 부팅 메뉴에 추가된다. 이때 GRUB 부트로더의 설정 파일이 자동으로 업데이트되어 새 커널을 선택할 수 있게 된다. 그래서 grub-install은 부트로더 자체를 새로 설치할 때 쓰는 명령어로 일반적인 커널 컴파일 후에는 쓸 필요가 없다.

42 ②

모듈(Module)에 대한 설명이다. 모듈은 커널의 기능을 확장하거나 하드웨어 드라이버를 추가할 때 사용되며, 시스템이 실행 중인 상태에서도 메모리에 동적으로 로드하거나 언로드할 수 있다.

43 ④

이 실행 결과는 커널 모듈의 정보를 출력하고 있으며, 모듈 파일 경로, 버전, 라이선스, 설명 등의 정보를 확인할 수 있다. 이러한 정보를 제공하는 명령어는 modinfo이다.

44 ③

remove는 모듈이 제거될 때 실행될 명령어를 지정한다.

45 ④

make mrproper는 커널 설정을 구성하는 명령어가 아니라, 대상 디렉터리에서 중간 파일, 임시 파일, 이전 설정 파일 등을 모두 제거하여 디렉터리를 초기화하는 명령어이다. 이를 통해 이전 빌드에서 남은 불필요한 파일들을 정리하고, 새로운 컴파일을 위한 깨끗한 환경을 준비할 수 있다.

46 ③

오답 피하기

① mkfs 는 ext4, xfs 등 파일 시스템을 생성하는 명령어이다.
② df 는 현재 마운트된 파일 시스템의 디스크 사용량을 표시하는 명령어이다.
④ mount는 디스크 파티션이나 파일 시스템을 시스템에 마운트하는 명령어이다.

47 ④

GPT(Guid Partition Table)에 대한 설명이다.
- 무제한 파티션 : GPT는 MBR과 달리 4개의 파티션 제한이 없다. 거의 무제한에 가까운 파티션을 만들 수 있다.
- 대용량 디스크 지원 : GPT는 2TB 이상의 디스크와 최대 9.4ZB(제타바이트)까지 지원한다.
- 더 안전함 : GPT는 파티션 테이블의 복사본을 디스크의 시작과 끝에 저장하므로, 데이터 손상 시 복구할 수 있는 백업이 존재한다.
- UEFI 시스템과 호환 : GPT는 BIOS 대신 UEFI 기반 시스템에서 주로 사용되며, 최신 운영 체제에서 부팅 파티션으로 자주 사용된다.

48 ③

CUPS는 웹 인터페이스를 제공하여 사용자가 브라우저를 통해 프린터를 관리할 수 있으며, 터미널뿐만 아니라 GUI에서도 설정이 가능하다. 기본적으로 localhost:631에서 접근 가능하다.

49 ②

OSS는 ALSA보다 먼저 개발되었으며, ALSA가 OSS의 한계를 극복하기 위해 등장했다. 현대 리눅스 시스템에서는 주로 ALSA가 사용되고, OSS는 일부 레거시 시스템에서만 사용된다.

50 ②

SANE는 네트워크 스캐너뿐만 아니라 로컬에 연결된 스캐너도 지원한다. USB, SCSI 등의 연결을 통해 로컬 스캐너에 접근할 수 있다.

51 ③

syslog는 더 이상 사용되지 않으며, 시스템 로그는 systemd-journald와 rsyslog에 의해 관리된다.

52 ③

syslog와 rsyslog는 로그를 텍스트 형식으로 저장하며, 로그 파일은 /var/log 디렉터리 아래에 저장된다. 반면에, systemd-journald는 로그를 이진 형식으로 저장하여 검색과 필터링을 더 효율적으로 처리할 수 있다. 이진 형식으로 저장된 로그는 journalctl 명령어를 사용하여 확인할 수 있으며, 다양한 필터링 옵션을 통해 필요한 로그를 쉽게 조회할 수 있다.

53 ①

/etc/syslog.conf 파일은 전통적인 syslog 시스템에서 사용되는 설정 파일로, rsyslog와는 다른 구성을 가진다. rsyslog 의 메인 설정 파일은 /etc/rsyslog.conf 파일이다.

54 ③

여러 사용자에게 로그를 전송할 수 있으며, omusrmsg:user1, user2, user3과 같이 설정하면 다수의 사용자에게 로그를 전달할 수 있다.

55 ③

--vacuum-size는 로그가 차지하는 디스크 용량이 지정한 크기를 초과할 때, 오래된 로그를 삭제하는 기능을 한다.

56 ③

모든 리눅스 배포판이 동일한 보안 정책을 따르지는 않는다. 각 배포판은 서로 다른 보안 요구 사항에 맞게 보안 정책을 커스터마이즈할 수 있다. 참고로 AppArmor는 우분투와 같은 데비안 계열에서 기본으로 설치되는 보안 모듈로, SELinux와 유사한 MAC(Mandatory Access Control) 정책을 제공하지만, 설정과 적용 방식에서 약간의 차이가 있다.

57 ③

chattr 명령어는 파일의 읽기 전용, 삭제 금지 등과 같은 파일 속성을 변경하는 명령어로, 파일 시스템 레벨에서 파일을 보호하는 데 사용된다.

58 ③

net.ipv4.icmp_echo_ignore_all을 0으로 설정하면 모든 ICMP Echo 요청을 허용하게 된다. Ping 공격을 방지하려면 1로 설정하여 ICMP Echo 요청을 무시해야 한다.

59 ④

RAID 구성은 로컬 백업 방안의 하나로, 로컬에서 재난이나 재해가 발생할 경우 데이터가 손상되므로 오프사이트 백업 방안이 꼭 필요하다.

60 ④

-r 옵션은 디렉터리와 그 하위 파일 및 서브디렉터리를 재귀적으로 복사하는 옵션이다. 파일 권한과 타임스탬프를 유지하기 위해서는 -a 옵션도 함께 사용해야 한다.

3과목　네트워크 및 서비스의 활용

61 ②

Apache Web 서버는 사용자 요청에 따라 별도의 프로세스 혹은 쓰레드를 생성하여 처리하며, 일반적으로 별도의 모듈을 탑재하여 PHP를 지원한다.

62 ①

HTTP 요청 메소드 중 요청할 내용을 바디에 담아 서버에 전송하는 방식은 POST이다.

63 ③

오답 피하기
① Accept : 서버로부터 전송 받고자 하는 콘텐츠의 마임(MIME) 타입을 지정한다.
② Cookie : 웹 서버의 요청에 의해 클라이언트에 저장해 놓은 쿠키를 키와 값의 쌍으로 전송한다.
④ Host : 서버의 도메인 이름을 지정한다.

64 ②

worker 방식 : 프로세스당 여러 개의 쓰레드를 갖는 구조로, 각 쓰레드가 클라이언트의 요청을 처리한다. 일반적으로 프로세스당 최대 쓰레드의 개수는 64개이다. 이를 초과 할 경우 새로운 프로세스를 생성하게 된다.

65 ②

오답 피하기
① LoadModule : DSO(Dynamic Shared Object) 방식으로 로딩할 모듈을 지정한다.
③ DirectoryIndex : 웹 디렉터리를 방문할 경우 처음으로 열릴(Open) 파일 목록을 정의한다.
④ ServerRoot : 아파치 웹 서버의 주요 파일들이 저장된 최상위 디렉터리를 절대경로로 지정한다.

66 ①

무결성은 해당 파일이 변경되지 않음을 확인하는 것으로 md5sum 으로 MD5 해시값을 계산한 후 비교하여 무결성을 점검할 수 있다.

67 ②

MySQL에 필요한 DB를 생성하는 명령은 mysqld —initialize이다.

68 ①

오답 피하기
② max_file_uploads : 한 번의 요청으로 업로드할 수 있는 파일의 최대 개수를 지정한다.
④ short_open_tag : 〈? ~ 〉 형식의 이전 소스코드 방식에 대한 지원 여부를 설정한다.

69 ③

LDAP은 TCP를 기반으로 동작하며 RDBMS에 비하여 빠른 검색 속도를 제공하지만 자주 변경되는 정보의 관리에는 다소 불리하다.

70 ③

오답 피하기
① ypserv.service : NIS 서버의 메인 데몬을 구동한다.
② yppasswdd.service : NIS 사용자 패스워드를 관리한다.
④ rpcbind : RPC daemon을 담당한다.

71 ①

오답 피하기
② yptest : NIS 클라이언트에서 NIS의 동작 및 설정 등을 확인하고 도메인명, 맵 파일 목록, 사용자 계정 정보 등을 출력한다.
③ ypwhich : NIS를 이용하여 로그인한 후, 인증에 사용한 NIS 서버를 조회한다.
④ rpcbind : RPC daemon을 담당한다.

72 ②

netbios name : 이름을 이용하여 접속할 때 사용하는 명칭이다.

73 ①

path : 공유 디렉터리의 절대 경로를 지정한다.

74 ③

/etc/samba/smbusers 설정 파일을 이용하여 리눅스 계정과 삼바 이용자명을 매핑할 수 있다.

75 ①

−a : 삼바 사용자 계정을 추가하고 패스워드를 설정한다.

76 ③

no_root_squash : root 권한 접근을 허용한다.

77 ③

파일 시스템으로 nfs가 지정되었다.

78 ②

local_enable=YES : 로컬 계정 사용자의 접속을 허가한다.

79 ①

/etc/vsftpd/user_list에 등록된 사용자 계정은 vsftp를 사용할 수 없다.

80 ①

/etc/mail/sendmail.mc : sendmail의 설정을 편리하게 관리할 수 있는 보조 파일이며, m4 유틸리티를 'm4 sendmail.mc 〉 sendmail.cf'와 같이 사용하여 sendmail.cf를 생성한다.

81 ④

오답 피하기

① Cw : 메일 수신 호스트의 이름을 설정하며, 보통 도메인명을 이용한다
② Fw : 여러 개의 도메인명을 수신 호스트의 이름으로 이용할 경우 관련 설정 파일을 지정한다.
③ Dj : 메일 발송 시 발신 도메인 이름을 강제로 지정한다.

82 ①

/etc/hosts 파일을 이용하여 로컬 호스트에서만 사용할 수 있는 DNS 정보를 설정할 수 있다.

83 ②

주석은 /* ~ */, //, # 등을 사용할 수 있다.

84 ③

$TTL는 zone 파일에 별도로 존재하는 항목이다.

85 ③

• MX : 도메인 이름에 대한 메일 교환 서버
• PTR : IP 주소를 기반으로 도메인 이름 반환

86 ④

dig : 도메인을 조회하는 명령어이다.

87 ③

절연(Insulation) : 하나의 가상화 서비스에 문제가 발생하여도 다른 서비스로 장애가 전이되지 않도록 관리하는 것을 의미한다.

88 ②

KVM은 비록 CPU 반가상 기술을 지원하지 않으나 이더넷, Disk I/O, 그래픽 등은 반가상화를 지원한다.

89 ①

/proc/cpuinfo 파일의 flag 값을 확인하여 CPU 가상화 지원 여부를 점검할 수 있다.
• Intel VT−x를 지원할 경우 vmx가 포함된다.
• AMD−V를 지원할 경우에는 svm이 포함된다.

90 ②

슈퍼 데몬(inetd, xinetd)방식은 standalone 방식과 비교하여 사용자 요청에 대한 처리 시간이 느리지만, 다양한 서비스를 제한된 시스템 자원으로 운영하기에 효율적이다.

91 ③

비록 hosts.allow에 설정되어 있으나 deny를 지정하여 접근을 금지한다.

92 ①

클라이언트와 서버 사이에 위치하여, 요청과 응답 과정에서 데이터를 중계하는 역할을 담당하는 서비스는 프록시 서버로 대표적으로 squid를 사용할 수 있다.

> **오답 피하기**
> ② smbd : SAMBA 관련 서비스의 명칭이다.
> ③ named : DNS 서비스의 명칭이다.
> ④ dhcpd : DHCP 서비스의 명칭이다.

93 ④

클라이언트에 할당할 IP 범위를 지정하는 설정 항목은 range이다.

94 ④

vncpasswd 명령으로 VNC 서버에 접속할 때 사용할 비밀번호를 설정하며, 패스워드는 사용자 홈디렉터리 ~/.vnc/passwd에 저장된다.

95 ①

driftfile : NTP 데몬에 의해 자동으로 생성되는 driftfile의 위치를 지정한다. driftfile은 시간 오차의 평균값을 저장하여 시간을 정확하게 유지하는 역할을 한다.

96 ④

makestep : 시스템의 시간이 크게 빠르거나 느릴 때 조정하는 방식을 지정한다.

97 ①

네트워크 interface를 무차별 모드로 변경하기 위하여 ifconfig eth0 promisc 와 같은 명령어를 사용할 수 있다.

98 ②

ARP Spoofing은 IP 주소를 MAC 주소로 변환하는 ARP 프로토콜의 취약점을 악용한 공격이다.

99 ①

• Land Attack : 공격 대상에 IP 패킷을 보낼 때 '발신자 IP, 수신자 IP'를 모두 공격 대상의 IP'로 하여 문제를 일으키게 하는 공격 기법이다.
• snort rule에서는 sameip로 탐지 옵션을 지정할 수 있다.

100 ①

> **오답 피하기**
> ② nat : Network Address Translation. 즉, IP 주소 및 포트를 변환하고 관리한다.
> ③ raw : 연결추적(Connection tracking)을 위한 세부 기능을 제공한다.

최신 기출문제 02회

2-123쪽

01 ③	02 ④	03 ③	04 ③	05 ②	06 ④	07 ③	08 ③	09 ③	10 ③
11 ④	12 ③	13 ①	14 ③	15 ③	16 ②	17 ①	18 ④	19 ②	20 ①
21 ①	22 ③	23 ①	24 ①	25 ④	26 ②	27 ③	28 ①	29 ④	30 ③
31 ①	32 ④	33 ②	34 ①	35 ③	36 ②	37 ①	38 ②	39 ②	40 ④
41 ③	42 ④	43 ②	44 ②	45 ②	46 ①	47 ③	48 ②	49 ③	50 ③
51 ②	52 ②	53 ④	54 ④	55 ①	56 ②	57 ④	58 ②	59 ③	60 ③
61 ②	62 ②	63 ②	64 ③	65 ①	66 ①	67 ③	68 ③	69 ④	70 ③
71 ③	72 ③	73 ①	74 ④	75 ②	76 ④	77 ①	78 ①	79 ④	80 ②
81 ④	82 ②	83 ②	84 ②	85 ①	86 ③	87 ②	88 ④	89 ②	90 ①
91 ④	92 ③	93 ④	94 ①	95 ④	96 ①	97 ④	98 ③	99 ①	100 ④

1과목 | 리눅스 실무의 이해

01 ③

BSD 라이선스는 수정된 소스코드에 대한 공개가 의무사항이 아니다.

오답 피하기

① GPL 라이선스를 따르는 공개 소프트웨어의 소스코드를 수정하여 적용하였다면 관련 소스코드 공개가 반드시 필요하다.
② MPL 공개 소프트웨어의 소스코드를 수정하였다면 이에 대한 공개가 필요하나 그 외의 소스코드를 공개할 필요는 없다.
④ LGPL 공개 소프트웨어와 동적 링크하여 사용한다면 소스코드 공개가 필요하지 않다. 하지만 정적 링크하여 사용한다면 오브젝트 파일의 제공이 필요하므로 상용 프로그램에서는 적당하지 않다.

02 ④

Vector Linux는 슬랙웨어 계열 리눅스이다.

오답 피하기

Ubuntu, Linux Mint, Elementary OS는 데비안 계열 리눅스이다.

03 ③

QNX는 첫 상용 마이크로 커널 운영체제이며, 자동차 산업에서 주로 사용하고 있는 유닉스 기반 실시간 상업용 운영체제이다.

04 ③

오답 피하기

① 고계산용 클러스터 : 고성능 계산 능력을 제공하며 주로 과학 계산용으로 활용된다.
② 부하분산 클러스터 : 로드 밸런서를 통해 대규모의 트래픽을 여러 대의 서버로 분산한다.
④ 베어울프 클러스터 : 저렴한 PC를 이더넷과 같은 LAN으로 연결하여 클러스터 구성 후 병렬화한 프로그램 실행하여 슈퍼 컴퓨터를 구현한다.

05 ②

유닉스는 1970년대 초반 벨 연구소의 켄 톰슨, 데니스 리치 등이 처음 개발하였다.

오답 피하기

① 리누스 토발즈 : 핀란드 헬싱키에서 태어난 소프트웨어 개발자이자 리눅스 커널과 깃(git)을 개발한 인물이다.
③ 빌 조이 : C언어를 기반으로 강력한 셸 프로그래밍 기능을 가진 C셸을 개발한 인물이다.
④ 리처드 스톨먼 : 자유 소프트웨어 운동의 중심 인물이며 GNU 프로젝트와 자유 소프트웨어 재단(Free Software Foundation)의 설립자이다.

06 ④

default는 사용자가 아무런 선택을 하지 않을 때 기본으로 선택되는 운영체제를 의미한다. 0번은 grub.conf상의 첫 번째 운영체제이고 1번은 두 번째 운영체제이다. timeout은 사용자가 운영체제를 선택할 때까지 기다리기 위한 대기시간(초 단위)을 의미한다.

07 ③

mv 명령어로 지정한 파일이나 경로를 지정한 파일이나 경로로 이동하거나 이름을 변경할 수 있다. '||' 은 앞 명령어가 성공하면 그 결과를 출력하고 실패하면 그 다음 명령어를 실행한다.

08 ③

DISPLAY 환경 변수 : X 클라이언트 프로그램이 윈도우를 표시할 X 서버의 주소를 설정하기 위한 환경 변수이다.

09 ③

RAID-5는 블록 수준 스트라이핑을 사용하고 각 디스크마다 패리티를 저장한다.

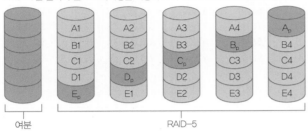

10 ③

SIGTERM은 15, SIGINT는 2, SIGTSTP는 20, SIGQUIT는 3의 번호값을 갖는다.

11 ④

오답 피하기

① exec는 프로세스 실행 방식 중 하나이다. fork( )를 통해 부모 프로세스를 복제한 후 자식 프로세스가 생성되고 exec( )를 통해 자식 프로세스의 프로그램으로 교체된다.

②, ③ inetd와 xinetd 데몬이 상주하고 있다가 사용자의 서비스 요청이 있을 때만 관련 데몬을 시작해 준다. 이를 통해 필요 시에만 데몬을 시작할 수 있는 이점이 있다.

> **참고**
> systemd는 사용자의 요청이 있을 경우 관련된 서비스를 시작하는 온디맨드(on-demand) 기능을 제공하고 있다.

12 ③

오답 피하기

① Ctrl+C : SIGINT 시그널이 발생하며 프로세스를 종료한다.

② Ctrl+D : EOF(End Of File)를 의미한다.

④ Ctrl+W : Ctrl+Q와 동일하다. SIGQUIT 시그널이 발생하며 코어 덤프와 함께 프로세스를 종료한다.

13 ①

IDE 또는 ATA는 /dev/hdX 파일명을 갖고 S-ATA, USB, SSD, SCSI는 /dev/sdX 파일명을 갖는다.

14 ③

디스플레이 매니저에 대한 설명으로 로그인 매니저(Login Manager)라고도 한다.

오답 피하기

① 데스크톱 환경 : 윈도 매니저뿐만 아니라 계정 관리, 디바이스 관리, 시작 프로그램 관리, 네트워크 관리, 문서 관리 등 데스크톱 구성을 위한 모든 애플리케이션을 포함한 패키지 형태를 말한다.

② 윈도 매니저 : 윈도 생성 위치, 윈도의 이동/크기 변경, 윈도의 외관(look and feel) 등 윈도 그래픽 요소를 관리하는 매니저 프로그램이다.

④ X 프로토콜 : X 서버와 X 클라이언트 간의 통신 규약이다.

15 ③

오답 피하기

①, ② !! 은 히스토리 목록의 첫번째를 실행한다. !0은 오류가 발생한다.

④ history 30이라고 입력하면 이전 히스토리 3개만을 보여준다. history -1은 오류가 발생한다.

16 ②

C클래스의 접두어는 /24이다. 즉 24비트를 네트워크 주소로 사용하고 나머지 8비트를 호스트 주소로 사용할 수 있다. 이를 2개의 네트워크로 나누려면 1개의 추가 비트가 필요하다.

17 ①

오답 피하기
② LISTEN 상태
③ SYN_SENT 상태
④ TIME—WAIT 상태

18 ④

오답 피하기
① lo는 논리적으로 존재한다.
② enpx는 pci 버스상의 디바이스를 나타낸다.
③ pppx는 ppp(point—to—point) 연결을 위한 장치이다. 패러럴 포트는 lpx 장치명을 갖는다.

19 ②

오답 피하기
① 데이터링크 계층 : 프레임(frame) 단위로 데이터를 전송한다.
③ 전송 계층 : 종단 간의 데이터 전송을 위한 제어와 에러를 관리한다.
④ 세션 계층 : 양 끝 단의 프로세스가 통신할 수 있도록 연결을 담당한다.

20 ①

오답 피하기
② Bridge : 여러 개의 네트워크 세그먼트를 연결하기 위해 데이터 프레임의 MAC 주소를 보고 해당 포트로 포워딩하는 OSI 2계층의 네트워크 장비이다.
③ Gateway : 서로 다른 프로토콜이나 통신망을 사용하는 네트워크를 연결하기 위한 네트워크 장비이다.
④ Repeater : 신호를 증폭하고 재생하여 전송 거리를 늘려주는 OSI 1계층 네트워크 장비이다.

2과목 **리눅스 시스템 관리**

21 ①

crontab은 분(minute), 시(hour), 일(day of month), 월(month), 요일(day of week) 순으로 설정한다. 매시간 1의 의미는 결국 1시간 주기임을 뜻한다.

22 ③

setgid 사용 권한이 설정되어 있으므로 /project 디렉터리에 생성한 파일은 /project 디렉터리를 소유한 그룹에 속하게 된다.

오답 피하기
lin 사용자의 2차 그룹은 project이고 /project 디렉터리의 그룹 허가권이 rws이므로 파일을 생성할 수 있다.

23 ①

지정한 프로그램의 의존성을 확인하는 명령어를 고른다.

오답 피하기
② blkid : 블록 디바이스의 속성과 UUID 등 정보를 출력해주는 명령어이다.
③ ldconfig : 빠른 동적 라이브러리 경로 검색을 위한 /etc/ld.so.cache 파일을 생성하는 명령어이다.
④ ld.so.conf : 동적 라이브러리의 경로를 설정하기 위한 환경설정 파일이다.

24 ①

일반적으로 압축률은 gzip 〈 bzip2 〈 xz 순으로 성능이 우수한 것으로 알려져 있다.

25 ④

기본 질의 옵션인 '−q'와 목록 확인을 위한 '−l'과 패키지 대상으로 하는 옵션을 찾는다.

26 ②

인자로 지정한 프로그램의 우선순위를 변경할 수 있는 명령어인 nice를 사용하고 우선순위를 높이기 위해서는 우선순위의 값을 낮춰야 한다. 우선순위의 범위는 −20〜19이다.

renice는 현재 실행 중인 프로세스의 우선순위를 변경하기 때문에 인자로 PID를 입력해야 한다.

27 ③

−e : crontab 설정을 편집한다.

28 ①

/etc/fstab의 첫 번째 필드는 디바이스 장치명, 두 번째 필드는 마운트 위치, 세 번째 필드는 파일 시스템 유형, 네 번째 필드는 마운트 옵션, 다섯 번째 필드는 덤프 여부, 여섯 번째 필드는 파일 시스템 점검 여부이다.

29 ④

- a.txt 파일의 허가권은 0600이고, 파일의 기본 허가권은 666이다.
- aaa 디렉터리의 허가권은 0700이고, 디렉터리의 기본 허가권은 777이다.
- 기본 허가권에서 umask의 보수를 구한 후 AND 연산한 값이 생성 파일 및 디렉터리의 기본 허가권이 된다.

30 ③

① groupmod : GID, 그룹 이름 등의 그룹 관련 속성을 변경한다.
② gpasswd : 그룹의 패스워드를 변경한다.
④ groups : 특정 사용자나 현재 로그인한 사용자가 속한 그룹을 표시한다.

31 ①

−d 옵션 : 패스워드를 삭제한다. 패스워드 삭제의 의미는 로그인 시 입력해야 할 패스워드가 없어진다는 것이고 따라서 로그인 시 비밀번호 입력이 불필요하다.

- −e 옵션 : 패스워드를 만료하고 다음 로그인 시 변경될 패스워드를 요구한다.
- −l 옵션 : 패스워드에 락(lock)을 걸어 로그인을 막는다. −u 옵션으로 락(lock)을 해제할 수 있다.

32 ④

① /etc/skel : 홈 디렉터리 생성 시 기본으로 제공할 파일이 존재한다.
② /etc/passwd : 사용자 계정의 아이디, 그룹 정보 등 계정 정보를 포함하고 있다.
③ /etc/login.defs : 로그인 수행 시 PASS_MAX_DAYS, UID_MIN, GID_MIN과 같은 기본 설정을 포함하고 있다.

33 ②

dpkg 명령어는 −−search를 사용한다.

34 ①

② killall −l을 통해 사용 가능한 시그널의 목록을 확인할 수 있으나 번호는 확인할 수 없다.
③, ④ pkill과 pgrep은 −l 옵션을 제공하지 않는다.

35 ③

fg 2도 동일한 역할을 수행한다. fg 명령만 사용하면 가장 최근의 잡을 포어그라운드로 전환한다.

36 ②

그룹명을 변경하기 위해 −n 옵션 뒤에 변경할 그룹명을 입력한다.

37 ①

w 명령어는 현재 로그인한 사용자가 어떤 시스템에서 로그인했는지 출력한다.

오답 피하기
② who : 현재 호스트에 로그인되어 있는 모든 사용자의 정보를 출력한다.
③ users : 현재 로그인한 사용자의 사용자명을 출력한다.
④ whoami : 현재 호스트에 로그인되어 있는 모든 사용자의 사용자명을 출력한다.

38 ②

df는 파일 시스템의 전체 크기, 가용 용량 등 파일 시스템에 대한 자세한 정보를 출력한다.

오답 피하기
① du : 디렉터리 또는 파일이 차지하는 공간의 정보를 출력한다.
③ quota : 지정한 사용자 또는 그룹의 디스크 사용량과 쿼터 정보를 출력한다.
④ repquota : 현재 시스템상 사용자 및 그룹의 파일 시스템 사용량과 쿼터 정보를 출력한다.

39 ②

head 명령어는 앞에서부터 지정한 줄 수만큼 출력한다. tail 명령어는 파일 끝을 기준으로 지정한 줄 수만큼 출력한다.

40 ④

gcc는 지정한 소스코드를 컴파일하여 목적 파일을 생성한 후 실행 파일을 생성한다.

오답 피하기
• 목적 파일만을 생성하기 위해서는 −c 옵션을 사용한다.
• 실행 파일명을 변경하기 위해서는 −o 옵션을 사용한다.

41 ③

오답 피하기
① make mrproper : 기존의 오브젝트 파일, 환경 파일, 다양한 백업 파일을 모두 제거한다.
② make menuconfig : 커널 컴파일 시 원하는 커널의 기능을 메뉴를 통해 활성화한다.
④ make modules_install : 컴파일된 커널 모듈을 복사한다.

42 ④

rmmod는 모듈의 의존성을 고려하지 않고 모듈을 언로드하나 modprobe는 모듈과 관련 있는 모듈을 먼저 언로드하고 지정한 모듈을 언로드할 수 있다.

43 ②

오답 피하기
① mount : 디스크를 파일 시스템의 특정 경로로 마운트하는 명령어이다.
③ /etc/fstab : 시스템 부팅 시 자동으로 마운트할 대상을 설정하기 위한 환경설정 파일이다.
④ /etc/mtab : 현재 마운트되어 있는 파일 시스템 목록을 기록한다.

44 ②

모놀리식 커널은 입출력 기능, 네트워크 기능, 장치 지원 등 운영체제의 일반적인 기능을 커널 메모리 공간에 적재, 실행하는 운영체제 아키텍처를 말한다. 상반된 운영체제 아키텍처로 마이크로 커널이 있다.

45 ②

커널 소스를 반드시 정해진 경로에 다운로드해야 하는 것은 아니며 일반적으로 /usr/src/kernels 경로에 다운로드할 뿐이다.

46 ①

오답 피하기
② /etc/groups : 그룹에 속한 사용자를 관리하기 위한 환경설정 파일이다.
③ /etc/exports : 서버의 모든 공유 디렉터리를 표시한다.
④ /proc/partitions : 시스템의 파티션 정보를 포함하고 있다.

47 ③

lpstat은 설정한 프린터와 클래스, 인쇄 작업에 대한 상태 정보를 출력한다.

오답 피하기
① lp : 문서를 프린터로 출력한다.
② lpc : 프린터와 CUPS 프린팅 시스템에서 제공하는 프린터 클래스 대기열을 제어한다.
④ cancel : 인쇄 작업을 취소한다.

48 ②

오답 피하기
① xcam : 그래픽 기반 평면 스캐너나 카메라로부터 이미지를 스캔할 수 있는 SNE의 프론트엔드 프로그램이다.
③ scanimage : 평면 스캐너나 카메라와 같은 장치의 이미지 스캔을 제어하는 명령어이다.
④ sane-find-scanner : SANE 백엔드를 지원하는 스캐너를 검색하기 위한 명령이다.

49 ③

오답 피하기
① /etc/printcap은 LPRng를 위한 환경설정 파일이다.
② BSD 계열뿐 아니라 System V 계열에서도 사용할 수 있다.
④ LPRng의 초기에는 printconf, printtol과 같은 도구를 사용하였다.

50 ③

오답 피하기
① -n : 네트워크 호스트 이름을 출력한다.
② -o : 운영체제를 출력한다.
④ -s : 커널 이름을 출력한다.

51 ②

cpio에 대한 설명이다.

오답 피하기
cpio는 증분 백업 기능을 제공하지 않는다.

52 ②

setfacl은 리눅스 기본 허가권의 대상이 소유자, 그룹, 다른 사용자로만 지정할 수 있는 한계를 극복하기 위해 ACL을 설정하는 명령어이다.

오답 피하기
/docker 디렉터리에 대해 docker 그룹에게 rwx 권한을 부여하고 있다.

53 ④

오답 피하기
① nmap : 네트워크 탐지 도구 및 보안 스캐너로 시스템의 서비스 중인 포트를 스캔하여 관련 정보를 출력해 준다.
② nessus : 상용 취약점 스캐너이다.
③ tripwire : 호스트 기반 침입 탐지 시스템이다.

54 ④

ssh2는 ssh1과 호환되기는 하지만 ssh1 서버가 반드시 필요하다. 즉, ssh2만으로는 ssh1을 지원할 수 없다.

55 ①

• FTP 로그 파일이며 proftpd 또는 vsftpd 데몬의 활동이 기록된다. direction은 Outgoing, Incoming과 같은 전송의 방향을 뜻한다.
• access-mode는 익명 사용자, 패스워드 방식 게스트 사용자, 실제 인증된 사용자와 같은 로그인 방식을 뜻한다.
• special actions flag에는 파일 압축됨을 뜻하는 'C', 파일이 압축되지 않음을 뜻하는 'U', 파일이 아카이브됨을 뜻하는 'T'를 포함한다.

56 ②

① /var/log/btmp는 모든 로그인 실패 기록을 보관하고 있으며 바이너리 형식이다. lastb 명령어로 확인이 가능하다.
③ /var/log/lastlog는 각 사용자의 마지막 로그인 기록을 보관하며 바이너리 형식이다. lastlog 명령어로 확인할 수 있다.
④ /var/log/messaes는 전체 시스템의 모든 동작 사항과 정보 메시지와 이벤트가 로그로 남겨진다. 텍스트 형식이기 때문에 grep과 같은 명령어로 원하는 로그만 필터해서 볼 수 있다.

57 ④

sudo 명령어의 환경설정 파일은 /etc/sudoers이다.

58 ②

/var/log/dmesg 파일에 시스템에 대한 전반적인 동작상 로그가 저장되며 시스템에 문제가 되었을 때 원인을 파악할 때 가장 먼저 보는 로그이기도 하다.

커널 부트 메시지는 /var/log/boot.log 로그 파일에 저장된다.

59 ③

① dd : 데이터를 블록 단위로 변환 혹은 복사하는 명령어이며 파일 단위 백업은 불가하다.
② cpio : 대상 파일들을 복사하거나 하나의 파일로 아카이빙 혹은 아키이빙된 파일을 복원하는 명령어이다.
④ rsync : 특정 디렉터리를 동기화하거나 백업하는 명령어이다.

60 ③

rsync는 root 권한 없이 모든 사용자가 사용할 수 있다.

3과목 **네트워크 및 서비스의 활용**

61 ②

'mysqld initialize' 명령을 이용하여 필요한 DB를 생성한다.

62 ②

• /proc/cpuinfo 파일의 flag 값을 확인하여 CPU 가상화 지원 여부를 점검할 수 있다.
• Intel VT-x를 지원할 경우 vmx가 포함된다.
  − Invel VT-x 지원을 확인하는 예제

```
$ egrep 'svm|vmx' /proc/cpuinfo
flags           : fpu vme de pse tsc msr pae mce cx8 apic sep mtrr pge mca cmov pat pse36 clflush mmx fxsr sse sse2 ss ht syscall
nx rdtscp lm constant_tsc nopl xtopology nonstop_tsc eagerfpu pni pclmulqdq vmx ssse3 fma cx16 …
```

• AMD-V를 지원할 경우 svm이 포함된다.

① VT-x : Intel CPU가 지원하는 CPU 가상화 기술
③ VDI : VDI(Virtual Desktop Infrastructure), 서버에 설치된 가상 PC 환경에 접속하여 데이터와 응용 프로그램을 사용하는 기술(환경)

63 ②

• NFS 서버가 참조하는 /etc/exports의 설정은 3가지 정보를 갖는다.
  − 공유 디렉터리명
  − 접근 가능한 클라이언트 : 네트워크 IP 주소 혹은 주소 대역 설정
  − 공유 옵션 : ro(read-only) rw(read-write), 사용자의 접근 권한

• root 사용자의 접근 권한 설정

설정값	설명
no_root_squash	root 권한 접근을 허용한다.
root_squash	root 권한 접근을 거부하기 위하여, 클라이언트의 root 요청을 nobody(또는 nfsnobody)로 매핑시킨다(기본값).
all_squash	NFS 클라이언트에서 접근하는 모든 사용자 (root 포함)의 권한을 nobody(또는 nfsnobody)로 매핑시킨다.
anonuid	특정 계정의 권한을 할당한다.

64 ③

• /etc/named.conf의 형식 : options, acl, logging, zone 등의 주요 구문이 있으며, 각 구문은 중괄호 "{ }"로 둘러싸고 끝날 때는 세미콜론 ";"을 사용한다.
• options 구문의 주요 설정 항목

설정 항목	설명
directory	− zone 파일의 저장 디렉터리를 설정하며, 반드시 필요한 항목이다. − 예 directory "/var/named";
dump−file	− 정보 갱신 시 저장 파일로 사용할 dump−file의 파일명을 지정한다. − 예 dump−file "/var/named/data/cache_dump.db";
statistics−file	− 통계 정보를 저장할 파일명을 지정한다. − 예 statistics−file "/var/named/data/named_stats.txt";
memstatistics−file	− 메모리 통계 정보를 저장할 파일명을 지정한다. − 예 memstatistics−file "/var/named/data/named_mem_stats.txt";
forward	− forwarders 옵션과 함께 사용하며, only 혹은 first 값을 가진다. − forward only : 도메인 주소에 대한 질의를 다른 서버에게 넘긴다. − forward first : 다른 서버에서 응답이 없을 경우, 자신이 응답하도록 설정한다.
forwarders	− forward를 처리할 서버를 지정한다. − 여러 개의 서버를 세미콜론으로 구분하여 설정한다.
allow−query	− 네임서버에 질의할 수 있는 호스트를 지정한다. − 예 allow−query { localhost; };
allow−transfer	− 존(zone) 파일 내용을 복사(transfer)할 대상을 제한한다. − 예 allow−transfer { 172.3.1.0/24; };

65 ①

오답 피하기

② Apache HTTP Server : 아파치 재단이 주도하는 대표적인 오픈소스 웹 서버이다.
③ GWS(Google Web Server) : 구글이 제공하는 웹 서버(Google Web Server)이다.
④ IIS(Internet Information Server) : 마이크로소프트(Microsoft)가 개발 및 제공하는 웹 서버이다.

66 ①

httpd 명령은 'httpd [옵션] [파일이름]'의 형식을 따르며, 주요 실행 옵션은 다음과 같다.

옵션	설명
−t	환경설정 파일인 httpd.conf의 문법적 오류를 점검한다.
−f	특정 환경설정 파일을 지정하여 아파치 데몬(daemon)을 실행한다.
−S	현재 설정된 가상 호스트 목록을 출력한다.

	아파치 웹 서버와 함께 컴파일된 모듈의 목록을 출력한다.

−l	**예**
	$ httpd −l
	  Compiled in modules:
	  core.c
	  prefork.c
	    http_core.c
	    mod_so.c

−M	로딩된 모든 모듈의 목록을 출력한다. (static, shared)
	예
	$ httpd −M
	  Loaded Modules:
	  core_module (static)
	  actions_module (shared)

67 ③

RDBMS(Relational DataBase Management System)에 비하여 빠른 검색 속도를 제공하지만 자주 변경되는 정보의 관리에는 다소 불리하다.

68 ③

NIS : NIS 서버에 등록된 사용자 계정, 암호, 그룹 정보 등을 네트워크를 이용하여 다른 시스템(클라이언트)에게 제공한다. 따라서 여러 호스트들이 동일한 계정 정보를 사용할 수 있다.

오답 피하기
① SSH : 원격의 서버나 시스템에 안전하게 연결하기 위한 프로토콜이다. 호스트와 클라이언트 간의 패킷을 암호화하여 주고 받음으로써 보안에 강하다.
② NFS : TCP/IP를 이용하여 원격 호스트(컴퓨터)의 파일 시스템을 마치 로컬 호스트(PC) 있는 것처럼 마운트(Mount)하여 사용할 수 있는 서비스이다.
④ IIS : 마이크로소프트(Microsoft)가 개발 및 제공하는 웹 서버이다.

69 ④

오답 피하기
③ hosts.byname : 호스트 관련 정보를 확인할 수 있다.

70 ③

NFS를 위한 mount 명령은 'mount − t nfs [NFS 서버]:[대상 디렉터리] [마운트 디렉터리]'의 형식을 따르며 'mount − t nfs' 대신 'mount.nfs'를 이용할 수도 있다.

71 ③

dovecot : IMAP, POP3 이메일 서버 프로그램이다.

오답 피하기
① qmail : MTA(Mail/Message Transfer Agent)의 역할을 담당하는 프로그램이다.
② postfix : 메일 서버 역할(Mail Transfer Agent, MTA)을 수행하는 프로그램이다.
④ sendmail : SMTP 프로토콜을 이용하여 메일을 전송하는 대표적인 MTA 프로그램이다.

72 ③

/etc/mail/virtusertable : 가상의 메일 계정으로 들어오는 메일을 특정 계정으로 전달하는 정보를 설정한다. 'makemap hash /etc/mail/virtusertable 〈 /etc/mail/virtusertable'와 같은 방식으로 '/etc/mail/virtusertable.db'에 적용한다.

오답 피하기
① /etc/aliases : 메일의 별칭 혹은 특정 계정으로 수신한 이메일을 다른 계정으로 전달하도록 설정하며, 보통 여러 사람에게 전달할 때 사용한다. sendmail이 참조하는 파일은 /etc/aliases.db이므로 /etc/aliases를 수정한 후 newaliases나 'sendmail −bi' 명령으로 적용한다.
② /etc/mail/local−host−names : sendmail에서 수신할 메일의 도메인과 호스트, 즉 메일 수신지를 설정하며 sendmail을 다시 시작하여 적용한다.
④ /etc/mail/sendmail.cf : sendmail의 기본(main) 설정 파일이다.

73 ①

/etc/aliases : 메일의 별칭 혹은 특정 계정으로 수신한 이메일을 다른 계정으로 전달하도록 설정하며, 보통 여러 사람에게 전달할 때 사용한다. sendmail 이 참조하는 파일은 /etc/aliases.db이므로 /etc/aliases를 수정한 후 newaliases나 'sendmail –bi' 명령으로 적용한다.

② /etc/mail/local-host-names : sendmail에서 수신할 메일의 도메인과 호스트, 즉 메일 수신지를 설정하며, sendmail을 다시 시작하여 적용한다.
③ /etc/mail/virtusertable : 가상의 메일 계정으로 들어오는 메일을 특정 계정으로 전달하는 정보를 설정한다. 'makemap hash /etc/mail/virtusertable 〈 /etc/mail/virtusertable'와 같은 방식으로 '/etc/mail/virtusertable.db'에 적용한다.
④ /etc/mail/sendmail.cf : sendmail의 기본(main) 설정 파일이다.

74 ④

'계정.도메인.' 형식으로 관리자의 이메일 주소를 지정한다.

75 ②

① 단일화(Aggregation) : 가상의 자원을 여러 개의 물리적 자원들에 걸쳐서 만들 수 있으며 이를 통해 외견상 전체 용량을 증가시키고, 전체적인 관점에 서 활용과 관리를 단순화시킬 수 있다.
③ 절연(Insulation) : 하나의 가상화 서비스에 문제가 발생하여도 다른 서비스로 장애가 전이되지 않도록 관리하는 것을 의미한다.
④ 프로비저닝(Provisioning) : 사용자의 요구사항에 맞게 할당, 배치, 배포할 수 있도록 만들어 놓는 것을 의미한다.

76 ④

VirtualBox : 오라클이 주도하여 개발 및 배포하고 있는 x86 기반 가상화 소프트웨어이다.

① VMware ESXi Server : 가상 컴퓨터를 배치하고 서비스를 제공할 목적으로 VMware가 개발한 엔터프라이즈 계열 Type-1 하이퍼바이저 서버이다.
② XenServer : 오픈소스 반가상화 하이퍼바이저인 Xen을 기반으로 한다.
③ Docker : 하이퍼바이저를 사용하거나 게스트 운영체제를 설치하지 않고, 서버 운영에 필요한 프로그램과 라이브러리만 이미지로 만들어 프로세스처 럼 동작시키는 경량화된 가상화 방식이다.

77 ④

Openstack : IaaS(Infrastructure as a Service) 형태의 클라우드 컴퓨팅을 구축할 수 있는 오픈소스 프로젝트로 다양한 커뮤니티 활동이 장점이다.

① VirtualBox : 오라클이 주도하여 개발 및 배포하고 있는 x86 기반 가상화 소프트웨어이다.
② RHEV : Red Hat Enterprise Virtualization, KVM 기반의 오픈소스 가상화 솔루션이다.
③ Docker : 하이퍼바이저를 사용하거나 게스트 운영체제를 설치하지 않고, 서버 운영에 필요한 프로그램과 라이브러리만 이미지로 만들어 프로세스처 럼 동작시키는 경량화된 가상화 방식이다.

78 ①

• xinetd의 기본 설정 파일은 '/etc/xinetd.conf'이며, '/etc/xinetd.d/' 디렉터리에 각 서비스들의 설정이 저장된다.
• xinetd 방식 서비스의 설정에서 'disabled = no'로 설정해야 서버를 활성화할 수 있다.

> **참고**
> • 최근 리눅스의 경우 CentOS 6까지 xinetd 방식으로 이용하던 많은 서비스들이 단독 데몬으로 전환되거나 systemd에 의한 관리방식 으로 통합되었다.
> • systemd 방식은 socket 기능(ondemand activation)을 통해 효율적으로 메모리를 관리할 수 있으며, 이에 따라 기존 xinetd를 통해 제공하던 rsync, telnet 등의 서비스가 systemd 방식으로 통합되었다.

> **참고**
>
> • 최근 리눅스의 경우 CentOS 6까지 xinetd 방식으로 이용하던 많은 서비스들이 단독 데몬으로 전환되거나 systemd에 의한 관리방식으로 통합되었다.
> • systemd 방식은 socket 기능(ondemand activation)을 통해 효율적으로 메모리를 관리할 수 있으며, 이에 따라 기존 xinetd를 통해 제공하던 rsync, telnet 등의 서비스가 systemd 방식으로 통합되었다.
> • TCP Wrapper를 사용하려면 xinetd 방식으로 서비스되거나 libwrap 라이브러리를 사용해야 한다. 대표적으로 sshd의 경우 TCP Wrapper를 사용할 수 있다.
> • 최근 리눅스는 xinetd, TCP Wrapper를 제공하는 서비스가 제한적이므로, 접근 제한이 필요할 경우 firewalld 혹은 iptables 사용을 권장한다.

80 ②

NTP 서버 : NTP 서버를 이용하여 시간을 동기화하는 서비스이다.

오답 피하기

① VNC 서버 : 비트맵 이미지 기반의 RFB(Remote Frame Buffer) 프로토콜을 이용하고 GUI(Graphic User Interface) 방식으로 원격 컴퓨터에 접속 및 사용하는 기능을 제공한다.
③ Proxy 서버 : 클라이언트와 서버 사이에 위치하여, 요청과 응답 과정에서 데이터를 중계하는 역할을 담당한다. 일반적으로 서버의 데이터를 캐시(cache)하여 인터넷 전송 속도를 빠르게 하기 위해 사용하며, 서버의 가용성(availability) 향상을 위한 부하분산(load balancing)에 사용할 수도 있다.
④ DHCP 서버 : 클라이언트 호스트가 사용할 IP 주소, 게이트웨이(Gateway) 주소, 네임 서버(Name Server) 주소 등을 자동으로 할당한다.

81 ④

NTP(Network Time Protocol)의 계층은 Stratum이라 하며, 원자시계 또는 GPS와 같은 장치인 0단계부터 가장 낮은 15단계의 계층으로 구성된다. Stratum16은 비동기 장치를 의미한다.

82 ②

• 아파치 웹 서버는 /etc/httpd/conf/httpd.conf를 환경설정 파일로 이용한다.
• httpd.conf의 주요 설정 항목

설정	내용
ServerRoot	웹 서버의 주요 파일들이 저장된 최상위 디렉터리를 지정한다.
Listen	웹 서버가 이용할 포트 번호를 지정한다.
ServerName	웹 서버의 호스트이름을 지정한다.
DocumentRoot	HTML과 같은 웹 서버의 컨텐트가 저장되는 루트 디렉터리를 지정한다.
UserDir	일반 사용자의 웹 디렉터리를 지정한다.
ServerAdmin	관리자의 메일 주소를 지정한다.
DirectoryIndex	웹 브라우저(클라이언트)의 요청에 따라 지정한 순서의 파일을 응답으로 전송한다.
ServerTokens	HTTP 응답헤더에 포함하여 전송할 서버의 정보 수준으로, 보안을 위해 최소 정보만 사용하도록 prod로 설정하는 것을 권장한다.
KeepAlive	On으로 설정하면 아파치의 한 프로세스로 특정 사용자의 지속적인 요청 작업을 계속 처리한다.

83 ②

• cn : 전체 이름(이름+성)을 나타내는 LDAP의 속성 키워드이다.
• LDAP의 주요 속성

속성	설명	속성	설명
c	국가 이름	ou	부서 이름
st	주 이름(우리나라는 도)	cn	전체 이름(이름+성)
l	도시 혹은 지역	sn	성
street	도로명 주소	giveName	이름
dn	조직 내 고유한 식별자	dc	도메인 네임 요소
rdn	상대(relative) DN	mail	이메일 주소
o	조직(회사) 이름	telephoneNumber	전화번호

84 ②

/etc/yp.conf : NIS 바인드 정보를 관리하는 ypbind의 환경설정 파일이다.

오답 피하기

① /etc/hosts : 도메인 이름과 IP 주소의 매핑 정보를 설정하는 파일이다.
④ /etc/sysconfig/network : /etc/sysconfig/network에 NIS 도메인명을 설정하여 부팅 시 항상 적용되도록 할 수 있다.

85 ①

• 삼바는 TCP/IP 기반의 NetBIOS상에서 동작하는 SMB(Server Message Block) 프로토콜을 이용한다.
• CIFS(Common Internet File System)는 SMB를 인터넷까지 확장한 표준 프로토콜로, 유닉스와 윈도우 환경을 동시에 지원한다.

오답 피하기

• RPC : Remote Procedure Call, 위치에 상관 없이 원격 함수나 프로시저를 실행할 수 있게 해주는 프로세스 간 통신 방법
• IPC : Inter Process Communication, 두 프로세스가 상호 통신하여 정보를 교환하는 방법

86 ③

• 삼바 서버는 /etc/samba/smb.conf를 환경설정 파일로 이용하며, 각 공유 폴더(항목)별로 설정값을 지정한다.
• 삼바의 공유 폴더의 주요 설정 옵션

설정 옵션	설명
[디렉터리 이름]	'[ ]' 사이에 공유 폴더 이름을 지정한다.
comment	공유 폴더에 대한 설명을 기술한다.
path	공유 디렉터리의 절대 경로를 지정한다.
read only = yes	읽기만 가능하도록 설정한다.
writable=yes	쓰기 가능하도록 설정한다.
write list = [사용자명]	쓰기 가능한 사용자를 지정한다.
valid users = [사용자명]	접근 가능한 사용자를 지정하며, 만일 별도 지정하지 않을 경우 전체 사용자가 접근 가능하게 된다.
public = no	개인 사용자만 사용할 수 있도록 설정한다.
browseable = no	이용 가능한 공유 리스트에 표시되지 않도록 설정한다.
create mask = 값	파일을 생성할 때 사용되는 기본 모드를 지정한다(⑩ 0644).
follow symlinks = no	심볼릭 링크를 따르지 않도록 설정하여 잠재적인 보안 위협을 제거한다.

87 ②

/etc/vsftpd/ftpusers에 등록된 모든 계정은 접속 차단된다. vsftpd의 설정 파일인 /etc/vsftpd/vsftpd.conf의 항목 중 'userlist_enable=YES'로 설정하면 ftpusers와 함께 user_list에 등록된 모든 계정도 접속 차단된다.

88 ④

- POP3 : 메일을 수신하는 프로토콜이다.
- IMAP : 이메일 서버로부터 이메일을 가져오는 데 사용하며, POP3와 달리 이메일 메시지를 서버에 남겨 두었다 나중에 삭제할 수 있다.

SMTP : Simple Message Transfer Protocol, 인터넷에서 이메일을 전송하기 위해 사용하는 프로토콜이다.

89 ②

mailq : 메일 큐의 내용을 표시한다.

① m4 : 'm4 sendmail.mc 〉 sendmail.cf'와 같이 사용하여 sendmail.cf를 생성한다.
④ sendmail −bi : /etc/aliases의 정보를 읽어들여 관련 DB 정보인 /etc/aliases.db를 업데이트한다.

90 ①

/etc/hosts : 로컬 호스트에서만 사용할 수 있는 DNS 정보를 설정할 수 있다. 외부 DNS 서버에 질의하기 전에 /etc/hosts 파일의 내용을 먼저 참조한다.

④ /etc/sysconfig/network : 시스템 전체에 적용할 기본 게이트웨이 주소, 호스트명, 네트워크 연결 허용 여부, 게이트웨이 장치 파일 설정, NIS 도메인 이름을 설정한다.

91 ④

① zone : zone 구문은 도메인을 관리하기 위한 데이터 파일인 zone 파일을 지정한다.
③ include : 별도의 파일에 정의한 설정을 include 지시자를 이용하여 포함할 수 있다.

92 ③

② MX : 도메인 이름에 대한 메일 교환 서버
④ CNAME : Canonical Name. 도메인 이름에 대한 별칭

93 ④

virt−manager : 가상 머신을 손쉽게 시작 및 종료할 수 있고, 가상 머신의 CPU 사용량, 호스트 CPU 사용량 등을 모니터링할 수 있는 GUI 기반의 도구이다.

① virsh : 텍스트 기반의 콘솔 환경에서 가상 머신을 관리해 주는 도구로 생성, 시작, 재시작, 종료, 강제종료 등의 기능을 수행한다.
② libvirtd : libvirt 관리 시스템의 서버 데몬으로 관리 도구와 통신하여 원격 도메인의 명령을 전달한다.
③ virt−top : 가상화 현황을 top과 유사한 형식으로 출력한다.

94 ①

VNC 서버 : 비트맵 이미지 기반의 RFB(Remote Frame Buffer) 프로토콜을 이용하고 GUI(Graphic User Interface) 방식으로 원격 컴퓨터에 접속 및 사용하는 기능을 제공한다.

② NTP 서버 : NTP 서버를 이용하여 시간을 동기화하는 서비스이다.
③ Proxy 서버 : 클라이언트와 서버 사이에 위치하여, 요청과 응답 과정에서 데이터를 중계하는 역할을 담당한다. 일반적으로 서버의 데이터를 캐시(cache)하여 인터넷 전송 속도를 빠르게 하기 위해 사용하며, 서버의 가용성(availability) 향상을 위한 부하분산(load balancing)에 사용할 수도 있다.
④ DHCP 서버 : 클라이언트 호스트가 사용할 IP 주소, 게이트웨이(Gateway) 주소, 네임 서버(Name Server) 주소 등을 자동으로 할당한다.

95 ④

DocumentRoot : HTML과 같은 웹 서버의 컨텐트가 저장되는 루트 디렉터리를 지정한다.

① ServerRoot : 웹 서버의 주요 파일들이 저장된 최상위 디렉터리를 지정한다.
② ServerAdmin : 관리자의 메일 주소를 지정한다.
③ ServerName : 웹 서버의 호스트이름을 지정한다.

96 ①

- TCP Wrapper는 '/etc/hosts.allow' 파일과 '/etc/hosts.deny' 설정 파일을 이용하여 접근 제어를 제공한다.
- 접근을 허가하는 호스트는 '/etc/hosts.allow'에 등록하고 접근을 거부하는 호스트는 '/etc/hosts. deny'에 등록한다. 설정 파일은 hosts.allow → hosts. deny 순으로 적용된다. 따라서 hosts.allow와 hosts.deny의 규칙이 중복되면 hosts.deny 규칙은 무시된다.

> **참고**
> - 최근 리눅스의 경우 CentOS 6까지 xinetd 방식으로 이용하던 많은 서비스들이 단독 데몬으로 전환되거나 systemd에 의한 관리방식으로 통합되었다.
> - systemd 방식은 socket 기능(ondemand activation)을 통해 효율적으로 메모리를 관리할 수 있으며, 이에 따라 기존 xinetd를 통해 제공하던 rsync, telnet 등의 서비스가 systemd 방식으로 통합되었다.
> - TCP Wrapper를 사용하려면 xinetd 방식으로 서비스되거나 libwrap 라이브러리를 사용해야 한다. 대표적으로 sshd의 경우 TCP Wrapper를 사용할 수 있다.
> - 최근 리눅스는 xinetd, TCP Wrapper를 제공하는 서비스가 제한적이므로, 접근 제한이 필요할 경우 firewalld 혹은 iptables 사용을 권장한다.

97 ④

raw : 넷필터의 연결 추적(connection tracking) 시스템과 독립적으로 동작해야 하는 규칙을 설정한다.

> **오답 피하기**
> ① filter : iptables의 기본 테이블로 패킷 필터링 기능을 담당한다.
> ② mangle : 성능 향상을 위한 TOS(Type of Service) 설정과 같이 패킷 데이터를 변경하는 특수 규칙을 적용한다.
> ③ nat : Network Address Translation. 즉, IP 주소 및 포트를 변환하고 관리한다.

> **참고**
> CentOS 7은 firewalld를 기본 방화벽으로 사용하고 iptables 대비 편리한 사용성을 제공한다. 그러나 iptables를 사용하면 보다 상세하고 명확한 규칙 설정이 가능하므로 iptables는 여전히 중요하며, firewalld도 내부적으로 iptables를 기반으로 동작한다. 이후 출제 문제의 패턴을 예상하기 어려우므로 firewalld와 iptables를 모두 확인해 두어야 한다.

98 ③

> **오답 피하기**
> ① Land Attack : 공격 대상에 IP 패킷을 보낼 때 '발신자 IP, 수신자 IP를 모두 공격 대상의 IP'로 하여 문제를 일으키게 하는 공격 기법이다.
> ② Smurf Attack : IP 브로드캐스트 주소를 통해 컴퓨터 네트워크로 ICMP 패킷을 전송하는 분산 서비스 거부 공격이다.
> ④ TCP SYN Flooding : TCP 연결 설정(3-way handshake)의 특성을 이용한 공격이다. 클라이언트는 서버에 연결하기 위해 SYN 패킷을 전송하고 서버는 SYN/ACK 패킷을 응답하고 클라이언트의 ACK 응답을 최종적으로 기다린다. 이때 백로그 큐에 연결 정보를 저장하는데, 이러한 ACK 응답 없는 연결이 누적되면 백로그 큐가 가득 차서 더 이상 서버가 연결을 받을 수 없는 상태가 된다.

99 ①

Boink : 데이터를 전송할 때 처음에는 순서대로 시퀀스 번호를 보내나 중간부터 반복되는 시퀀스 번호를 보내어 패킷 조립 시 문제를 일으키는 공격 도구이다.

> **오답 피하기**
> ② Trinoo : UDP Flooding 분산 서비스 거부 공격을 할 수 있는 통합 도구이다.
> ③ TFN 2K : TFN의 발전된 형태로 UDP, TCP, ICMP를 복합적으로 사용하고 포트도 임의로 결정된다. 지정된 TCP 포트에 백도어를 실행할 수 있다.
> ④ Stacheldraht : Linux 시스템용 분산 서비스 거부 공격(DDoS, Distributed Denial of Service)의 에이전트 역할을 하는 악성코드(malware)로 Smurf 공격에 사용될 수 있다.

100 ④

> **오답 피하기**
> ② /var/log/secure : 시스템의 로그인 행위에 대하여 성공, 실패, 인증 과정에 대한 로그가 기록된다.

01 ②	02 ②	03 ③	04 ③	05 ①	06 ②	07 ③	08 ③	09 ④	10 ③
11 ①	12 ④	13 ②	14 ④	15 ①	16 ①	17 ②	18 ②	19 ②	20 ④
21 ④	22 ②	23 ①	24 ②	25 ①	26 ③	27 ③	28 ②	29 ④	30 ④
31 ③	32 ②	33 ④	34 ①	35 ④	36 ③	37 ①	38 ②	39 ①	40 ②
41 ③	42 ③	43 ④	44 ②	45 ①	46 ①	47 ④	48 ③	49 ①	50 ①
51 ①	52 ②	53 ②	54 ④	55 ③	56 ②	57 ①	58 ①	59 ④	60 ②
61 ④	62 ①	63 ①	64 ②	65 ②	66 ①	67 ①	68 ④	69 ③	70 ①
71 ①	72 ②	73 ②	74 ③	75 ①	76 ②	77 ①	78 ④	79 ②	80 ③
81 ①	82 ①	83 ④	84 ④	85 ③	86 ③	87 ②	88 ③	89 ①	90 ③
91 ①	92 ③	93 ④	94 ①	95 ③	96 ①	97 ③	98 ②	99 ②	100 ④

1과목 | 리눅스 실무의 이해

01 ②

클라우드 컴퓨팅은 하드웨어 자원도 서비스 형태로 제공하며 이를 IaaS(Infrastructure as a Service)라고 한다.
- IaaS(Infrastructure as a Service) : 스트리지, 네트워크 등 컴퓨팅 자원을 가상화하여 제공한다.
- PaaS(Platform as a Service) : 사용자가 아닌 개발자가 필요한 개발 도구 및 서비스를 플랫폼화하여 제공한다.
- SaaS(Software as a Service) : 사용자를 위해 클라우드 환경에서 동작하는 응용 프로그램을 서비스로 제공한다.

02 ②

오답 피하기
① 파이프(Pipe) : 다수의 프로세스 간에 데이터를 주고 받기 위한 프로세스 간 통신 방식(Inter Process Communication)이다.
③ 리다이렉션(Redirection) : 프로세스의 표준 입력을 파일, 화면, 장치 등 입력 받을 대상을지정하고 또한 표준 출력을 원하는 대상으로 재지정할 수 있는 매커니즘이다.
④ 가상콘솔(Virtual Console) : 하나의 화면에서 여러 개의 콘솔을 사용할 수 있는 기능으로 리눅스는 총 6개의 가상콘솔을 제공한다.

03 ③

BSD, Apache, MIT 라이선스는 기본적으로 소스코드 취득 및 수정이 가능하며 2차적 저작물 소스코드의 공개 의무를 명시하지 않고 있다.

04 ③

리눅스 운영체제는 전세계 개발자들이 기여(contribution)를 통해 진화하는 자유 소프트웨어(free software)이다. 리눅스 운영체제의 핵심은 커널(Kernel)이며, 커널의 소스코드는 자유롭게 사용, 수정, 배포할 수 있다. 리눅스의 커널 소스코드는 GPL, LGPL 등의 라이선스를 따른다.

05 ①

CentOS는 레드햇 계열의 리눅스이다. 그 밖에도 Fedora, Oracle Linux, Scientific Linux 등이 있다.

06 ②

- $0은 스크립트의 파일명을 의미하지만 '\'로 인해 특수 기호가 아닌 일반 문자로 간주되었다.
- $1은 스크립트의 첫 번째 매개변수를 의미한다.
- $#은 매개변수의 개수를 의미한다.

07 ③

오답 피하기
① SIGQUIT는 Ctrl+\를 입력하면 발생하며, 코어 덤프와 함께 프로세스를 종료한다.
② SIGKILL는 프로세스를 즉시 종료시킨다.
④ SIGSTOP은 정지 시그널로 프로세스를 무조건 정지시킨다.

08 ③

① ntsysv는 텍스트를 기반으로 한 메뉴 형태의 UI(User Interface) 프로그램으로, 서비스(daemon)의 자동 시작을 관리하는 명령어이다.
② chkdsk는 볼륨의 파일 시스템 및 파일 시스템의 메타 데이터의 논리적, 물리적 오류를 체크하는 Windows 운영체제를 위한 명령어이다.
④ systemctl은 system 시스템, 서비스 매니저를 제어하는 명령어로, 자동으로 실행되는 서비스를 등록 및 관리할 수 있다.

> **참고**
>
> 레드햇 계열 7 이전에 사용하였던 chkconfig, service 명령의 역할을 systemctl 명령어가 대신 수행한다. systemctl 명령어는 시스템 및 서비스 전반을 관리할 수 있도록 다양한 기능을 제공한다.

09 ④

프로그램은 수동적 개체(passive entity)이고, 프로세스는 능동적 개체(acive entity)이다.

10 ③

X윈도우는 클라이언트/서버 구조로 되어 있고, 서로 간의 통신을 위해 X 프로토콜을 사용한다.

11 ①

• journaling은 데이터를 디스크에 쓰기 전에 별도의 로그에 데이터를 남겨 놓는 기술로, 전원 공급 문제나 시스템 오류와 같은 상황에 복구가 가능하다. 저널링 기술이 탑재된 파일 시스템에는 ext3, JFS, ReiserFS 등이 있다.
• i-node는 실제 파일과 디렉터리의 데이터 위치를 담고 있는 자료구조이다.
• chkdsk는 볼륨의 파일 시스템 및 파일 시스템의 메타 데이터의 논리적, 물리적 오류를 체크하는 Windows 운영체제를 위한 명령어이다.

12 ④

① RAID-5 : 순환식 패리티 어레이를 포함하고 3개 이상의 디스크 어레이를 요구한다. 쓰기 작업이 많지 않은 다중 사용자 시스템에 적합하고 패리티는 중복 저장하지 않는다.
② RAID-6 : RAID-5와 동일한 방식이나 2차 패리티 정보를 분산 저장하여 2개의 저장 장치에 문제가 발생한 경우에도 복구할 수 있다.
③ RAID-9는 존재하지 않는다.

13 ②

실행 레벨(Run Level)에 따른 실행 작업이 정의되어 있으며 init 프로세스가 시스템을 초기화하는 데 사용한다.

> **참고**
>
> 레드햇 계열 7에서는 /etc/inittab에 실행 레벨을 설정하는 방식이 아닌 systemctl 명령어를 통하여 타겟 유닛(Target Unit)을 설정하는 방식으로 변경되었다.

14 ④

initw, initx, startx 명령어는 리눅스에 존재하지 않는다.

15 ①

② 표준에러(Standard error)의 약어는 stderr이며 파일 디스크립터는 2를 사용한다.
③ 사용자의 로그인 셸을 변경하려면 chsh 명령을 사용한다.
④ 사용자 로그엔 셸 정보는 /etc/passwd 파일의 7번째 필드에서 확인할 수 있다.

16 ①

점보 프레임은 IEEE 802.3 표준에 의거 1,500바이트 이상의 페이로드를 갖는 이더넷 프레임이다. 일반적으로 최대 9,000바이트의 페이로드를 전달할 수 있다.

17 ②

TCP는 3-way handshaking 방식으로 세션을 연결하는 연결 지향(connection oriented) 전송 프로토콜이다. UDP는 비연결형 서비스로 데이터그램 방식으로 사용자의 데이터를 전달한다.

18 ②

ICMP, ARP는 인터넷 계층에 속한 프로토콜이며, IMAP는 응용 계층에 속한 프로토콜이다.

19 ②

IPv6 주소는 16비트 단위 8자리로 구성되고 각각은 콜론(:)으로 구분된다. 보통 16진수 값으로 표기되고 0 값은 생략될 수 있다.

20 ④

ping과 ICMP(Internet Control Message Protocol)를 이용한 네트워크 상태 진단 도구이다. traceroute는 목적지로 이동할 때 패킷이 실제로 이동하는 경로를 검색할 때 사용되며 UDP의 각 데이터그램의 TTL(Time-To-Live) 필드값과 ICMP의 TEM(Time Exceeed Message)을 활용한다.

2과목 | 리눅스 시스템 관리

21 ④

스티키 비트(sticky bit)에 대한 설명이다. 스티키 비트를 추가하기 위해서 문자 방식인 경우 't'를 사용하고 숫자 방식인 경우 '1'을 사용한다.

22 ②

- /proc/ : 프로세스와 시스템 정보를 계층적인 파일 구조로 관리하는 특수한 파일 시스템이다. 이 중에 /proc/PID에 프로세스 관련 정보를 담고 있다.
- /proc/PID의 주요 내용(PID는 임의의 process ID로 숫자)

내용	설명
/proc/PID/cmdline	프로세스를 시작한 명령어
/proc/PID/cwd	프로세스의 현재 작업 디렉터리에 대한 심볼릭 링크
/proc/PID/environ	프로세스와 관련된 환경 변수의 이름과 값
/proc/PID/exe	원본 실행 파일에 대한 심볼릭 링크
/proc/PID/fd	오픈된 파일 기술자에 대한 심볼릭 링크를 포함하는 디렉터리
/proc/PID/maps	힙, 스택과 같은 블록들에 대한 정보를 포함하는 텍스트 파일
/proc/PID/mem	프로세스의 가상 메모리를 보여주는 바이너리로 ptrace를 이용하여 확인
/proc/PID/status	프로세스의 실행 상태, 메모리 사용 등 프로세스에 대한 기본 정보

23 ①

crontab은 분(minute), 시(hour), 일(day of month), 월(month), 요일(day of week) 순으로 설정한다.

24 ②

grep 명령어와 정규 표현식(regular expression)을 통하여 특정한 규칙을 갖는 줄을 검색할 수 있다.

오답 피하기

① grep a lin.txt는 a를 포함한 모든 줄을 찾는다.
③ grep [a] lin.txt는 a를 포함한 모든 줄을 찾는다.
④ grep [^a] lin.txt는 a외의 문자를 포함한 모든 줄을 찾는다.

25 ①

kill 명령어는 프로세스명이 아닌 지정한 PID의 프로세스에게 특정한 시그널을 전송한다.

오답 피하기

② pgrep은 프로세스 이름 전체 또는 일부 매칭이 되는 현재 실행 중인 프로세스를 검색할 수 있는 명령어이다.
③ pkill은 프로세스 이름 전체 또는 지정한 패턴이 프로세스만을 종료한다.
④ killall은 지정한 프로세스 이름과 정확히 일치하는 모든 프로세스에게 시그널을 전송한다.

26 ③

-qf 옵션은 지정한 파일이 포함된 패키지를 찾아준다.

27 ③

오답 피하기
① 82는 Linux swap이다.
② 83은 Linux native이다.
④ fd는 RAID이다.

28 ②

압축 방식이 bz2이므로 'j' 옵션을 사용하고 압축 파일의 내용만 확인하고자 하므로 't' 옵션이 들어간 보기를 찾으면 된다.

오답 피하기
• x 옵션은 묶인 tar 파일 내의 모든 파일을 추출할 때 사용한다.
• v 옵션은 사용자에게 보여주는 정보량을 늘려준다.
• f 옵션은 tar 파일 이름을 지정한다.
• J 옵션은 xz 압축 방식을 사용한다.

29 ④

로더는 LD_LIBRARY_PATH와 /etc/ld.so.conf 환경설정 파일을 검색하여 동적 라이브러리를 로드한다.

30 ④

디렉터리를 대상으로 링크를 생성해야 하므로 ln 명령어의 -s 옵션을 사용하여 심볼릭 링크를 생성한다.

오답 피하기
디렉터리를 대상으로 하드 링크(hard link)를 생성할 수 없다. -s 옵션을 사용하지 않으면 하드 링크를 생성한다.

31 ③

오답 피하기
-f 옵션은 사용자의 계정이 만기된 이후 유예기간을 설정한다.

32 ②

root 사용자의 UID는 0이다.

오답 피하기
/etc/passwd의 두 번째 필드는 비밀번호이다.

33 ④

configure는 config.h.in 파일과 Makefile.in을 바탕으로 Makefile과 config.h 파일을 생성한다.

34 ①

yum 명령어를 사용하여 패키지를 제거하기 위해서는 erase 또는 remove 옵션을 사용한다.

35 ④

오답 피하기
① bg 명령어를 사용해 프로세스를 백그라운드로 보낼 수 있다.
② fg 명령어를 사용하여 백그라운드에서 실행 중인 프로세스를 포어그라운드로 돌릴 수 있다.
③ jobs 명령어는 백그라운드로 실행 중인 프로세스의 목록을 출력한다.

36 ②

오답 피하기
① quotacheck는 지정한 파일 시스템에 대한 사용량을 체크하여 쿼터 기록 파일을 생성하거나 기존 파일을 갱신한다.
③ quotaon은 지정한 파일 시스템에 대한 쿼터 설정을 활성화한다.
④ repquota는 지정한 파일 시스템에 대한 쿼터 정보를 출력한다.

37 ①

jobs 명령어는 백그라운드에서 실행 중인 프로세스의 목록을 출력한다.

38 ②

현재 로그인한 사용자인 'kaituser'의 UID, GID, GROUPS 등의 정보를 출력하고 있다.

39 ①

/etc/group은 그룹명, 패스워드, GID, 멤버 목록 순으로 필드가 구성된다. 쉐도우 파일을 사용한다면 패스워드는 'x'로 기입된다.

40 ②

오답 피하기
① 각각의 사용자들을 위한 홈디렉터리는 /home 디렉터리 하위에 위치한다.
③ /etc/login.defs에는 사용자 계정의 기본 설정값을 정의한다.
④ /etc/default/useradd는 useradd 명령 실행 시 참조하는 기본 정보 파일이다.

41 ③

현재 사용하고 있는 커널의 모듈을 확인하려면 'ls /lib/modules/$(uname −r)/kernel' 명령어를 사용한다.

42 ③

8139cp.ko 모듈의 정보를 출력하는 명령어를 찾는다.

오답 피하기
① lsmod는 현재 로드된 모듈의 목록과 정보를 출력한다.
② depmod는 커널 모듈을 로드하기 위한 의존성을 점검하는 명령어이다.
④ modprobe는 모듈의 의존성을 고려해 모듈을 커널에 로드하거나 언로드하는 명령어이다.

43 ④

오답 피하기
modprobe는 모듈을 로드하거나 언로드하는 명령어이다. modprobe.conf 단일 파일에 모듈들에 대한 환경설정을 할 수도 있고, /etc/modprobe.d 디렉터리에 각 모듈별로 환경설정 파일을 개별로 작성할 수도 있다.

44 ②

lpr 명령어는 BSD 계열이고 lp, lpstat, cancel은 System V 계열이다.

45 ①

오답 피하기
ALSA는 사운드 카드용 장치 드라이버를 위한 API를 제공하는 소프트웨어 프레임워크이다.

46 ①

오답 피하기
② ALSA는 사운드 카드용 장치 드라이버를 위한 API를 제공하는 소프트웨어 프레임워크이며 리눅스에서만 제공된다.
④ PulseAudio는 네트워크 기능이 있는 사운드 서버 프로그램으로 GNU LGPL 2.1을 준수하는 자유 소프트웨어이다.

47 ②

오답 피하기
① pr 명령어는 텍스트 파일을 출력용으로 변환한다.
③ lpq는 프린터 대기열의 상태를 출력한다.
④ lpstat은 현재 설정된 프린터와 클래스, 인쇄 작업에 대한 상태 정보를 출력한다.

48 ③

오답 피하기
① make config는 bash 혹은 csh에서 실행하는 행 단위 환경설정 도구이다.
② make clean은 config 파일을 제외한 실행 파일 및 오브젝트 파일을 모두 제거한다.
④ make xconfig는 X 윈도 환경의 Qt 기반 환경설정 도구이다.

49 ①

② LPD(Line Printer Daemon)는 라인 프린터 서비스 데몬이다.
③ IPP(Internet Printing Protocol)는 631포트를 이용하며 네트워크 프린터와 통신할 때 사용하는 프로토콜이다.
④ LPRng는 LPD 프로토콜을 사용하여 프린터 스풀링과 네트워크 프린트 서버 기능을 제공하는 버클리 프린트 시스템과 호환되는 프린팅 시스템이다.

50 ①

conntrack 문자열을 포함하는 모듈의 목록을 출력하고 있다.

② insmod는 모듈을 로드하기 위한 명령어이다.
③ rmmod는 로드된 모듈을 메모리상에서 제거하기 위한 명령어이다.
④ modprobe는 의존성을 고려하여 모듈을 로드하기 위한 명령어이다.

51 ②

GRUB 패스워드를 설정하기 위해서는 /boot/grub/grub.conf의 password 항목을 사용한다.

• SHA-256, SHA-512 해시 알고리즘을 사용한다면 password --encrypted라고 설정한다.
• md5crypt와 grub-md5-crypt 명령어는 md5 해시를 구하기 위한 명령어이다.

> **참고**
>
> 레드햇 계열 7부터는 GRUB2가 사용된다. GRUB2의 환경설정 파일은 /boot/grub2/grub.cfg이다. 암호화된 패스워드를 설정하려면 password_pbkdf2 항목을 사용하고, 일반 패스워드를 설정하려면 password 항목을 사용한다.

52 ②

① ssh는 IPv4뿐 아니라 IPv6 주소체계에서도 접속이 가능하다.
③ ssh 서버의 환경설정 파일은 /etc/ssh/sshd_config이다.
④ ssh의 기본 암호화 알고리즘은 rsa이다.

53 ②

• -i 옵션은 아카이브에서 파일을 추출한다.
• -c 옵션은 새로운 포터블 형식(SVR4)을 사용한다.
• -v 옵션은 처리과정을 자세히 출력한다.
• -t 옵션은 입력으로 들어오는 내용을 출력한다.

54 ④

① /var/log/btmp는 모든 로그인 실패 기록을 보관하고 있으며 바이너리 형식이다.
② /var/log/wtmp는 각 사용자의 로그인과 로그아웃 기록을 보관하며 바이너리 형식이다.
③ /var/log/lastlog는 각 사용자의 마지막 로그인 기록을 보관하며 바이너리 형식이다.

55 ③

① /var/log/wtmp는 각 사용자의 로그인과 로그아웃 기록을 보관하며 바이너리 형식이다.
② /var/log/lastlog는 각 사용자의 마지막 로그인 기록을 보관하며 바이너리 형식이다.
④ /var/log/boot.log는 부팅 시 발생하는 메시지와 부팅 정보가 로그로 기록된다.

56 ②

/etc/crontab 파일을 통해서도 cron 스케줄링이 가능하나 지문에서는 디렉터리를 요구하므로 답으로 적절하지 않다.

57 ①

- 터미널에서 grub 명령어를 사용하여 grub 프롬프트에 진입할 수 있다. grub 프롬프트상에서 md5crypt를 통해 패스워드에 대한 해시값을 알아낼 수 있고 /etc/grub.conf의 password −md5 항목을 통해 grub 패스워드를 지정할 수 있다.
- 하지만 MD5 해시 알고리즘의 보안 취약점이 발견되어 SHA−128 또는 SHA−256 해시 알고리즘을 사용할 것을 권장한다. 해시 계산을 위해 grub-crypt 명령어를 사용하고 grub.conf에는 password −−encrypted 항목을 사용한다.

58 ①

② nessus는 상용 취약점 스캐너이다.
③ tripwire는 호스트 기반 침입 탐지 시스템이다.
④ tcpdump는 네트워크 트래픽 모니터링 도구이다.

59 ④

dd, cpio, rsync 모두 복구를 위한 대화 모드를 제공하지 않는다.

60 ②

① tar는 −g 옵션을 사용하여 증분 백업을 할 수 있다.
③ rsync의 델타 전송(delta−transfer) 기능을 통해 증분 백업을 할 수 있다.
④ dump는 0−9단계의 레벨을 통해 증분 백업을 할 수 있다.

3과목 네트워크 및 서비스의 활용

61 ④

- 아파치 웹 서버는 /etc/httpd/conf/httpd.conf를 환경설정 파일로 이용한다.
- LoadModule은 DSO(Dynamic Shared Object) 방식으로 로딩할 모듈을 지정한다.

① Include : Include conf.d/*.conf와 같이 지정하여, 모듈을 로딩하기 위한 별도의 설정 파일을 포함하여 사용할 수 있다.
② AddType : 파일 확장자에 대한 MIME(Multipurpose Internet Mail Extension)을 등록하여, 해당 파일에 대한 처리 방식을 지정한다.

62 ①

- virsh : 텍스트 기반의 콘솔 환경에서 가상 머신을 관리해 주는 도구로 생성, 시작, 재시작, 종료, 강제종료 등의 기능을 수행한다. 'virsh start'로 가상 머신을 시작하고, 'virsh shutdown'으로 가상 머신을 종료할 수 있다.
- 'virsh reboot'는 리부팅, 'virsh list'는 VM 목록 확인, 'virsh destroy'는 VM을 강제종료한다.

② libvirtd : libvirt 관리 시스템의 서버 데몬으로 관리 도구와 통신하여 원격 도메인의 명령을 전달한다.
③ virt−top : 가상화 현황을 top과 유사한 형식으로 출력한다.
④ virt−manager : 가상 머신을 손쉽게 시작 및 종료할 수 있고 가상 머신의 CPU 사용량, 호스트 CPU의 사용량 등을 모니터링할 수 있는 GUI 기반의 도구이다.

63 ①

- /etc/named.conf : 존(zone) 파일, 리버스 존(Reverse zone) 파일을 비롯한 DNS 서버의 주요한 환경을 설정하는 설정 파일이다. options, acl, logging, zone 등의 주요 구문이 있으며, 각 구문은 중괄호 "{ }"로 둘러싸고 끝날 때는 세미콜론 ";"을 붙인다.
- acl(Access Control List) 구문은 여러 호스트들을 하나의 이름으로 지정하여 options 구문의 allow−query, allow−transfer 등에 사용할 수 있도록 한다.

64 ②

- 삼바 서버는 /etc/samba/smb.conf를 환경설정 파일로 이용한다.
- 'hosts allow' 설정은 삼바 서버에 접근할 수 있는 호스트를 지정하며, 접근 통제의 역할을 수행한다.
- 'hosts allow' 설정 예

```
hosts allow = 127. 192.168.12. 192.168.13. EXCEPT 192.168.1.11
```

- 예제의 경우 127.0.0.0 대역, 192.168.12.0 대역, 192.168.13.0 대역의 호스트만 접속 할 수 있다. EXCEPT 192.168.1.11은 해당 호스트는 제외한다는 의미이다.
- 네트워크 대역은 192.168.12.0/255.255.255.0와 같은 형식을 사용할 수도 있다.
- 'hosts allow = smbHost'와 같은 형식을 이용하여 접속 가능한 호스트 이름을 지정할 수도 있다.

65 ②

오답 피하기
① GET : URL 형식으로 리소스(resource) 데이터를 요청한다.
③ PUT : 새로운 문서를 만들거나 기존 정보를 갱신하기 위해 사용한다.
④ HEAD : 리소스의 헤더(header) 정보를 요청하며, 서버는 응답 메시지로 본문(body)을 제외한 헤더 정보만 사용한다.

66 ①

- htpasswd : 'htpasswd [옵션] [계정파일] [사용자명]'을 실행 옵션으로 하여 사용자 계정 파일을 관리한다.
- htpasswd의 주요 옵션

항목	설명
−c	- 사용자 계정 파일을 생성한다. - 최초 1번은 −c 옵션으로 계정 파일을 만들어야 한다. 이후에는 생략할 수 있다.
−D	지정한 사용자를 사용자 계정 파일에서 제거한다.
−s	SHA 암호화 방식으로 사용자 계정 파일을 암호화 한다.

오답 피하기
③ apachectl : 아파치 웹 서버의 실행, 종료, 재시작을 위한 도구이다. 아파치 웹 서버 설정 파일인 httpd.conf를 검사하는 기능도 제공한다.
④ httpd : 아파치 웹 서버의 데몬(daemon) 프로그램이다.

67 ①

NFS : TCP/IP를 이용하여 원격 호스트(컴퓨터)의 파일 시스템을 마치 로컬 호스트(PC)에 있는 것처럼 마운트(Mount)하여 사용할 수 있는 서비스이다.

오답 피하기
② NIS : 호스트명, 사용자명, 사용자 암호 등과 같은 시스템 정보를 검색하고 관리하기 위하여 썬(Sun)사가 개발한 서비스로, RPC(Remote Procedure Call)를 이용한다.
③ LDAP : 디렉터리 서비스(Directory Service)를 조회하고 수정하는 TCP 기반 응용 프로토콜이다. LDAP 서버에는 여러 엔트리(entry)가 트리 구조로 되어 있다. 각 엔트리는 다수의 속성으로 구성되어 있으며 각 속성은 '이름, 값'의 형식을 가진다.
④ Active Directory : 마이크로소프트(Microsoft)의 Active Directory는 LDAP을 기반으로 인증 서비스를 제공한다.

68 ④

- givenName : 이름을 나타내는 LDAP의 속성 키워드이다.
- LDAP의 주요 속성

속성	설명	속성	설명
c	국가 이름	ou	부서 이름
st	주 이름(우리나라는 도)	cn	전체 이름(이름+성)
l	도시 혹은 지역	sn	성
street	도로명 주소	giveName	이름
dn	조직 내 고유한 식별자	dc	도메인 네임 요소
rdn	상대(relative) DN	mail	이메일 주소
o	조직(회사) 이름	telephoneNumber	전화번호

69 ③

ypbind : 바인드 정보를 관리하여, NIS 서버와 클라이언트를 연결한다.

오답 피하기

① ypxfrd : ypxfrd.service는 NIS 서버와 NIS 클라이언트 간의 맵핑 속도를 높여준다.
② rpcbind : rpcbind.service는 RPC 서비스를 사용하는 프로그램에 고유번호를 부여하고 RPC 서비스를 관리한다.
④ ypserv : ypserv.service는 NIS 서버의 메인 데몬을 구동한다.

70 ①

ypcat : NIS 데이타베이스의 모든 키의 값을 표시한다. 'ypcat hosts.byname'으로 호스트 관련 정보를 확인할 수 있고 'ypcat passwd.byname'으로 사용자 관련 정보를 확인할 수 있다.

오답 피하기

② yppasswd : NIS 데이터베이스의 암호를 변경한다.
③ ypwhich : NIS 서버 이름을 출력한다.
④ ypwhich −m : NIS 서버의 맵(map) 정보를 출력한다.

71 ①

오답 피하기

② no_root_squash : root 권한 접근을 허용한다.
③ all_squash : NFS 클라이언트에서 접근하는 모든 사용자(root 포함)의 권한을 nobody(또는 nfsnobody)로 매핑시킨다.

72 ②

• smbclient : 'smbclient [옵션] [호스트명]'의 명령 형식을 따르며, 삼바의 공유 디렉터리 정보를 확인하고, 서버에 접속한다.
• 호스트의 공유 폴더 이름은 '//172.30.1.12/[공유폴더]/' 혹은 '\\172.30.1.12\[공유폴더]\'과 같이 지정할 수 있다. 단, '\'을 이용할 경우 실제 입력 시 '\\\\172.30.1.12\\[공유폴더]\\'와 같이 '\'를 2개씩 이용해야 한다.

오답 피하기

③ smbstatus : 삼바의 현재 접속 정보를 확인하는 명령어이다.
④ testparm : 삼바의 설정 정보를 확인하는 명령어이다.

73 ②

evolution : X 윈도우를 위한 메일 클라이언트 프로그램이다.

오답 피하기

① postfix : 메일 서버 역할(Mail/Message Transfer Agent, MTA)을 수행하는 프로그램이다.
③ qmail : SMTP 프로토콜을 이용하여 메일을 전송하는 프로그램이다.
④ sendmail : SMTP 프로토콜을 이용하여 메일을 전송하는 프로그램이다.

74 ③

• '/etc/mail/sendmail.cf' 파일은 sendmail의 주 설정 파일로, sendmail의 기본 동작 방식을 지정한다.
• Dj : 메일 발송 시 발신 도메인 이름을 강제로 지정한다.

오답 피하기

① Cw : 메일 수신 호스트의 이름을 설정하며, 보통 도메인명을 이용한다.
② Fw : 여러 개의 도메인명을 수신 호스트의 이름으로 이용할 경우 관련 설정 파일을 지정한다.

75 ①

sendmail의 주요 설정 파일

설정파일	설명
/etc/mail/sendmail.cf	sendmail의 기본(main) 설정 파일이다.
/etc/mail/sendmail.mc	• sendmail의 설정을 편리하게 관리할 수 있는 보조파일이며, m4 유틸리티를 'm4 sendmail.mc 〉 sendmail.cf'와 같이 사용하여 sendmail.cf를 생성한다. • sendmail-cf 패키지가 필요하다.
/etc/aliases	• 메일의 별칭 혹은 특정 계정으로 수신한 이메일을 다른 계정으로 전달하도록 설정하며, 보통 여러 사람에게 전달할 때 사용한다. • '[수신 계정]: [전달 계정]'의 형식을 따르며, ':include:[파일 이름]'으로 사용자 이름이 저장된 파일을 설정할 수 있다. • sendmail이 참조하는 파일은 /etc/aliases.db이므로 /etc/aliases를 수정한 후 newaliases나 'sendmail -bi' 명령으로 적용한다. • 예 webmaster: ihduser, kaituser admin::include:/etc/mail_admin
/etc/mail/access	• 메일 서버에 접속하는 호스트의 접근을 제어하는 설정파일로 스팸 메일 방지 등에 사용할 수 있다. • 설정 방법은 '[정책 대상] [정책]'의 형식을 사용한다. 정책 대상은 '도메인명, IP, 메일주소'을 사용하며, 정책은 '릴레이 허용(RELAY), 거부(DISCARD), 거부 후 메시지 전송(REJECT), DNS 조회 실패 시에도 허용(OK)'을 지정할 수 있다. • 'makemap hash /etc/mail/access 〈 /etc/mail/access'와 같은 방식으로 '/etc/mail/access.db'에 적용한다. • 예 Connect:127.0.0.1 OK From:abnormal@youngjin-mail.com REJECT To:youngjin-mail.com RELAY
/etc/mail/virtusertable	• 가상의 메일 계정으로 들어오는 메일을 특정 계정으로 전달하는 정보를 설정한다. • 'makemap hash /etc/mail/virtusertable 〈 /etc/mail/virtusertable'와 같은 방식으로 '/etc/mail/virtusertable.db'에 적용한다. • 예 info@foo.com foo-info info@bar.com bar-info
/etc/mail/local-host-names	• sendmail에서 수신할 메일의 도메인과 호스트, 즉 메일 수신지를 설정하며, sendmail을 다시 시작하여 적용한다. • 예 youngjin-mail.com
~/.forward	• 사용자 개인이 수신한 메일을 다른 메일로 포워딩(Forwarding)할 때 설정하는 파일로, 원하는 메일 주소를 한 줄씩 추가한다.

76 ②

/etc/named.conf : 존(zone) 파일, 리버스 존(Reverse zone) 파일을 비롯한 DNS 서버의 주요한 환경을 설정하는 설정 파일이다. 이때, 별도의 파일에 설정 항목을 정의한 후 include 지시자를 이용하여 포함할 수 있다.

오답 피하기

① zone : zone 구문은 도메인을 관리하기 위한 데이터 파일인 zone 파일을 지정한다.
③ directory : zone 파일의 저장 디렉터리를 설정하며, 반드시 필요한 항목이다.

- zone 구문은 도메인을 관리하기 위한 데이터 파일인 zone 파일을 지정한다.
- zone 구문의 기본 형식과 예제

기본 형식	설정 예제

zone [도메인명] IN {
  type [master | slave | hint];
  file [존 파일명];
};
	"." IN {
	type hint;
	file "named.ca";
	};
	zone "linux.or.kr" IN {
	type master;
	file "linux.zone";
	};

– hint : 루트 도메인을 지정한다. – master : 1차 네임서버를 지정한다. – slave : 2차 네임서버를 지정한다.	– "."은 루트 도메인을 의미한다. – 리버스 존의 설정은 IP 주소(예 210.109.3.5) 중 마지막을 제외하고 "3.109.210.in−addr.arpa"와 같은 형식을 따른다.

- MX : Mail exchanger, 도메인 이름에 대한 메일 교환 서버
- 보통의 경우 MX 뒤에 우선순위가 숫자로 지정되며, 도메인명을 이용할 경우 반드시 '.'으로 끝나야 한다.

오답 피하기

① Xen : 전가상화, 반가상화를 모두 지원하는 하이퍼바이저 기반의 가상화 기술이다.

③ Docker : 하이퍼바이저를 사용하거나 게스트 운영체제를 설치하지 않고, 서버 운영에 필요한 프로그램과 라이브러리만 이미지로 만들어 프로세스처럼 동작시키는 경량화된 가상화 방식이다.

④ Ansible : 오픈 소스 소프트웨어 프로비저닝, 구성 관리, 애플리케이션 배포 도구이다.

telnet 서비스의 데몬 이름인 in.telnetd를 지정한다.

> **참고**
>
> - 최근 리눅스의 경우 CentOS 6까지 xinetd 방식으로 이용하던 많은 서비스들이 단독 데몬으로 전환되거나 systemd에 의한 관리방식으로 통합되었다.
> - systemd 방식은 socket 기능(ondemand activation)을 통해 효율적으로 메모리를 관리할 수 있으며, 이에 따라 기존 xinetd를 통해 제공하던 rsync, telnet 등의 서비스가 systemd 방식으로 통합되었다.
> - TCP Wrapper를 사용하려면 xinetd 방식으로 서비스되거나 libwrap 라이브러리를 사용해야 한다. 대표적으로 sshd의 경우 TCP Wrapper를 사용할 수 있다.
> - 최근 리눅스는 xinetd, TCP Wrapper를 제공하는 서비스가 제한적이므로, 접근 제한이 필요할 경우 firewalld 혹은 iptables 사용을 권장한다.

PHP 5.3 버전부터 〈?php~?〉 형식으로 소스코드를 작성하도록 변경되었다.

Xen : 전가상화, 반가상화를 모두 지원하는 하이퍼바이저 기반의 가상화 기술이다.

오답 피하기

② KVM : KVM은 인텔 CPU가 지원하는 VT−x 및 AMD−V를 기반으로 CPU 전가상화를 지원하는 기술이다. 비록 CPU 반가상 기술을 지원하지 않으나 이더넷, Disk I/O, 그래픽 등의 반가상화를 지원한다.

③ VirtualBox : 오라클이 주도하여 개발 및 배포하고 있는 x86 기반 가상화 소프트웨어이다.

④ Docker : 하이퍼바이저를 사용하거나 게스트 운영체제를 설치하지 않고, 서버 운영에 필요한 프로그램과 라이브러리만 이미지로 만들어 프로세스처럼 동작시키는 경량화된 가상화 방식이다.

83 ④

/etc/sysconfig/network : /etc/sysconfig/network에 NIS 도메인명을 설정하여 부팅 시 항상 적용되도록 할 수 있다.

오답 피하기

① /etc/hosts : 도메인 이름과 IP 주소의 매핑 정보를 설정하는 파일이다.
② /etc/yp.conf : NIS 바인드 정보를 관리하는 ypbind의 환경설정 파일이다.

84 ④

• showmount : NFS 서버의 익스포트된 정보를 확인하는 명령로 'showmont [옵션] [호스트명]'의 형식을 따른다.
• showmount의 주요 옵션

옵션	설명
-a	'호스트명:디렉터리' 형식으로 모든 내용을 출력한다.
-e	지정한 호스트에서 익스포트된 정보를 출력한다.
-d	NFS 클라이언트 호스트(PC)에서 마운트한 목록을 출력한다.

오답 피하기

① exportfs : NFS 서버의 익스포트(export)된 디렉터리 정보, 즉 공유 목록을 관리하는 명령어이다.
② nfsstat : NFS 및 RPC 연결에 대한 통계 정보를 표시하는 명령어이다.
③ rpcinfo : 메모리에 로딩된 RPC 기반 서비스 테이블을 관리하는 명령어이다. 서비스 테이블이란 프로그램과 포트번호를 매핑한 테이블을 의미한다.

85 ③

• FTP 서비스인 vsftpd는 /etc/vsftpd/vsftpd.conf를 환경설정 파일로 이용한다.
• vsftpd.conf의 주요 설정 항목

항목	설명
anonymous_enable=YES	익명(anonymous) 사용자의 접속을 허가한다.
anon_upload_enable=YES	익명 사용자의 업로드를 허가한다.
anon_mkdir_write_enable=YES	익명 사용자가 새로운 디렉터리를 만드는 것을 허가한다.
local_enable=YES	로컬 계정 사용자의 접속을 허가한다.
write_enable=YES	FTP 쓰기(write) 명령을 허가한다.
local_umask=022	기본 umask 값인 077을 지정한 값(022)으로 변경한다.
chroot_local_user=YES	접속한 사용자의 홈 디렉터리를 최상위 디렉터리가 되도록 지정한다.
chroot_list_enable=YES	홈 디렉터리의 상위 디렉터리로 이동할 수 있는 사용자 목록을 사용한다.
chroot_list_file=[파일명]	/etc/vsftpd/chroot_list와 같이 상위 디렉터리로 이동할 수 있는 사용자 목록을 담은 파일을 지정한다.
chown_uploads=YES	익명 사용자가 업로드한 파일의 소유권을 변경한다.
chown_username=[계정명]	익명 사용자가 업로드한 파일의 소유권을 갖게 될 사용자를 설정한다.
pam_service_name=[이름]	vsftpd와 같이 PAM 인증에 사용할 설정 파일의 이름을 지정한다.
userlist_enable=YES	/etc/vsftpd/userlist를 사용한다.
tcp_wrapper=YES	tcp_wrapper를 이용하여 접근제어를 수행한다.
session_support=YES	wtmp에 로그를 남겨 last 명령으로 접속 여부를 확인할 수 있다.
dirmessage_enable=YES	디렉터리 이동 시 해당 디렉터리의 메시지(.message 파일의 내용)가 표시된다.
ftpd_banner=[메시지]	FTP 접속 시 표시될 환영 메시지를 설정한다.
xferlog_enable=YES	FTP 관련 로그를 기록한다.
xferlog_file=[경로명]	/var/log/xferlog와 같이 로그파일 경로를 지정한다.
xferlog_std_format=YES	로그파일이 표준 포맷을 사용하도록 설정한다.
listen_port=[포트번호]	21과 같이 vsftpd의 접속포트를 지정한다.

ftp_data_port=[포트번호]	20과 같이 데이터 전송에 사용할 포트를 지정한다.
listen=YES	스탠드어론(standalone) 모드로 동작 시 설정하는 항목이다.
idle_session_timeout=[초]	Idle 상태에서 접속을 유지할 최대 시간을 설정한다. (기본 300초)
data_connection_timeout=[초]	Data connection을 끊기 전까지의 대기시간을 설정한다. (기본 60초)
max_clients=[최대값]	접속할 수 있는 클라이언트(client)의 최대 허용 건수를 지정한다.
max_per_ip=[최대값]	한 IP 주소당 접속할 수 있는 최대 허용 건수를 지정한다.

86 ③

오답 피하기

① POP3 : 110번 포트를 이용하며 메일을 수신하는 프로토콜이다.
② IMAP : 이메일 서버로부터 이메일을 가져오는 데 사용하며, POP3와 달리 이메일 메시지를 서버에 남겨 두었다 나중에 삭제할 수 있다.
④ SNMP : IP 네트워크상에 위치한 장치로부터 정보를 수집, 관리, 제어하는 프로토콜이다.

87 ②

오답 피하기

① aliases : 메일의 별칭 혹은 특정 계정으로 수신한 이메일을 다른 계정으로 전달하도록 설정하며 보통 여러 사람에게 전달할 때 사용한다.
③ virtusertable : 가상의 메일 계정으로 들어오는 메일을 특정 계정으로 전달하는 정보를 설정한다.
④ local-host-names : sendmail에서 수신할 메일의 도메인과 호스트, 즉 메일 수신지를 설정한다.

88 ③

/var/named : 루트(root) 도메인 서버의 정보를 담은 named.ca, 사용자가 설정한 zone 파일 등을 저장하는 디렉터리이다.

89 ①

오답 피하기

② 에뮬레이션(Emulation) : 물리적인 특징이 다른 장치를 범용적인 모델로 인식하여 사용할 수 있도록 지원하는 것을 의미한다.
③ 절연(Insulation) : 하나의 가상화 서비스에 문제가 발생하여도 다른 서비스로 장애가 전이되지 않도록 관리하는 것을 의미한다.
④ 프로비저닝(Provisioning) : 사용자의 요구사항에 맞게 할당, 배치, 배포할 수 있도록 만들어 놓은 것을 의미한다.

90 ③

오답 피하기

① xm : Xen을 관리하는 명령어이다.
④ virt-manager : 가상 머신을 손쉽게 시작 및 종료할 수 있고, 가상 머신의 CPU 사용량, 호스트 CPU 사용량 등을 모니터링할 수 있는 GUI 기반의 도구이다.

91 ①

• xinetd 의 기본 설정 파일은 '/etc/xinetd.conf'이다.
• cps : 초당 최대 요청과 이를 초과할 경우 접속 제한 시간을 설정한다.

참고

• 최근 리눅스의 경우 CentOS 6까지 xinetd 방식으로 이용하던 많은 서비스들이 단독 데몬으로 전환되거나 systemd에 의한 관리방식으로 통합되었다.
• systemd 방식은 socket 기능(ondemand activation)을 통해 효율적으로 메모리를 관리할 수 있으며, 이에 따라 기존 xinetd를 통해 제공하던 rsync, telnet 등의 서비스가 systemd 방식으로 통합되었다.

---

92 ③

- squid는 '/etc/squid/squid.conf' 파일을 환경설정 파일로 이용한다.
- squid.conf의 주요 옵션 항목

옵션	설명
cache_dir [옵션]	• 옵션 : cache_dir ufs [경로] [캐시데이터크기] [첫번째디렉터리수] [두번째디렉터리수] • ufs : squid의 저장 포맷 • 예 cache_dir ufs /var/spool/squid 100 16 256
http_port [포트번호]	• 사용할 포트 번호를 지정한다. • 예 http_port 3128
acl [별칭] src [IP 주소 대역] acl [별칭] dst [IP 주소 대역] acl [별칭] port [포트 번호] acl [별칭] srcdomain [도메인명] acl [별칭] dstdomain [도메인명]	• acl 구문으로 별칭을 지정한 후, 별칭에 대한 접근 권한을 설정한다. −http_access allow [별칭] : 접근 허가 −http_access deny [별칭] : 접근 거부 • 예 acl local src 192.168.10.0/255.255.255.0 http_access allow local http_access deny all acl Safe_ports port 80 acl Safe_ports port 21 http_access deny !Safe_ports
cache_mem [크기]	• 캐시의 크기를 설정한다. • 예 cache_mem 2048 MB
cache_log [로그파일경로]	로그파일을 지정한다.

93 ④

- DHCP 데몬(daemon)인 dhcpd는 /etc/dhcp/dhcpd.conf를 설정 파일로 이용한다. 이때 설정 문장 뒤에는 반드시 세미콜론(;)이 있어야 한다.
- dhcpd.conf의 주요 설정 항목

설정 항목	설명
range	클라이언트에 할당할 IP 범위를 지정한다.
range dynamic−bootp	DCHP 클라이언트와 BOOTP 클라이언트를 함께 지원한다.
option domain−name	도메인 이름을 지정한다.
option domain−name−servers	네임서버를 지정한다.
option routers	게이트웨이 주소를 지정한다.
option broadcast−address	브로드캐스팅 주소를 지정한다.
default−lease−time	초(second) 단위로 임대요청 만료시간을 지정한다.
max−lease−time	초 단위로 클라이언트가 사용할 IP의 최대 시간을 지정한다.
options subnet−mask	서브넷 마스크를 지정한다.
fixed−address	특정 MAC 주소를 갖는 시스템에 고정적인 IP 주소를 할당한다.

94 ①

VNC 서비스는 비트맵 이미지 기반의 RFB(Remote Frame Buffer) 프로토콜을 이용하고 GUI(Graphic User Interface) 방식으로 원격 컴퓨터에 접속 및 사용하는 기능을 제공한다.

오답 피하기

② NTP(Network Time Protocol) : NTP 서버를 이용하여 시간을 동기화하는 서비스이다.
③ MQTT(MQ Telemetry Transport) : 발행(Publish)−구독(Subscribe) 기반의 메시징 프로토콜(ISO/IEC PRF 20922)이다.
④ DHCP(Dynamic Host Configuration Protocol) : DHCP 서버로부터 클라이언트가 사용할 IP 주소와 관련 정보를 할당받아 사용하기 위한 프로토콜이다.

95 ③

- 아파치 웹 서버의 환경설정은 '/etc/httpd/conf/httpd.conf' 파일을 기본으로 이용하나, 아파치 2.2 이후의 버전부터 관리의 편의성을 위해 별도의 설정 파일로 구성할 수도 있다. 별도의 설정 파일은 '/etc/httpd/conf.d' 디렉터리에 저장된다. 별도의 설정 파일은 '/etc/httpd/conf/httpd.conf' 설정 파일에서 Include 지시자로 포함할 수 있다. 기본값으로, 'Include conf.d/*.conf'로 설정되어 모든 설정 파일들이 포함된다.
- ServerName : 서버의 호스트 이름을 지정한다. 기본값은 'ServerName www.example.com:80'이며 '#'로 주석 처리되어 있다.

오답 피하기

① ServerRoot : 아파치 웹 서버의 주요 파일들이 저장된 최상위 디렉터리를 절대경로로 지정한다.
② ServerAdmin : 아파치 웹 서버 관리자의 이메일 주소를 지정하여, 서버에 문제가 발생할 경우 에러메시지에 함께 표시한다.
④ DocumentRoot : 웹 문서가 저장되는 기본 디렉터리 경로를 지정한다.

96 ①

오답 피하기

② nat : Network Address Translation. 즉, IP 주소 및 포트를 변환하고 관리한다.
③ filter : iptables의 기본 테이블로 패킷 필터링 기능을 담당한다.
④ mangle : 성능 향상을 위한 TOS(Type of Service) 설정과 같이 패킷 데이터를 변경하는 특수 규칙을 적용한다.

> **CentOS 7**
>
> CentOS 7은 firewalld를 기본 방화벽으로 사용하고 iptables 대비 편리한 사용성을 제공한다. 그러나 iptables를 사용하면 보다 상세하고 명확한 규칙 설정이 가능하므로 iptables는 여전히 중요하며, firewalld도 내부적으로 iptables를 기반으로 동작한다. 이후 출제 문제의 패턴을 예상하기 어려우므로 firewalld와 iptables를 모두 확인해 두어야 한다.

97 ③

오답 피하기

① UDP Flooding : 대량의 UDP 패킷을 전송하여 공격 대상의 자원을 소모시키는 공격 기법이다.
② Land Attack : 공격 대상에 IP 패킷을 보낼 때 '발신자 IP, 수신자 IP'를 모두 공격 대상의 IP'로 하여 문제를 일으키게 하는 공격 기법이다.
④ Teardrop Attack : IP fragmentation에 따라 패킷을 재조립할 때 오프셋(offset)을 임의로 변조하여 문제를 일으키는 공격 기법이다.

98 ②

오답 피하기

③ REJECT : 패킷을 거부하며 상대에게 응답 메시지를 전송한다.
④ RETURN : 호출 체인 내에서 패킷 처리를 계속 진행한다.

99 ②

C 언어의 malloc( ) 함수는 힙(heap) 메모리를 할당한다. 따라서 malloc( ) 함수로 메모리를 할당한 후 free( ) 함수로 해제하지 않을 경우 메모리 자원이 고갈될 수 있다.

100 ④

오답 피하기

① John the Ripper : 사전 방식으로 구성된 데이터를 이용하여 패스워드 무작위 대입 공격을 할 수 있는 도구이다.
② Tripwire : 호스트 기반 침입 탐지 시스템으로서 네트워크 침입 탐지보다는 외부 침입으로 인한 파일 시스템상의 주요 시스템 파일의 변경을 탐지하는 무결성 점검 도구이다.
③ Stacheldraht : Linux 시스템용 분산 서비스 거부 공격(DDoS, Distributed Denial of Service)의 에이전트 역할을 하는 악성코드(malware)로 Smurf 공격에 사용될 수 있다.

PART
05

2차 시험 기출문제

CHAPTER

01

∨

해설과 함께 보는
최신 기출문제

1급	소요 시간	문항 수
	총 100분	총 16문항

수험번호 : _____

성 명 : _____

01~10 단답식

01 다음은 사용자를 관리하는 과정이다. 조건에 맞게 (   ) 안에 알맞은 내용을 적으시오. (4점)

새로 입사한 인턴 사원을 위해 ihduser 사용자 계정을 생성하였다.
\# useradd −m ihduser

가. 패스워드 변경일을 2024−9−30 로 설정하고, 계정 만기일을 2024−12−31로 설정한다.
\# (①) (②) −E 2024−12−31 ihduser

나. 패스워드 변경 최대기간을 3일로 설정한다.
\# (①) (③) ihduser

다. ihduser의 패스워드 입력 오류로 계정이 잠겼으므로, 이를 해제한다.
\# (④) ihduser

■ 조건
- ①번은 명령어이다.
- ②, ③번은 ①번에 대한 옵션과 설정값을 기입한다.
- ④번은 명령어와 명령어에 대한 옵션을 기입한다.

답안

①
②
③
④

정답

① chage
② −d 2024−09−30 (또는 −−lastday)
③ −M 3 (또는 −−maxdays)
④ usermod −U (또는 −−unlock)

해설

① 사용자의 비밀번호 및 계정 상태를 관리하는 명령어이다.
② 비밀번호 마지막 변경일을 2024년 9월 30일로 설정한다.
③ 비밀번호 최대 사용 기간을 3일로 설정한다.
④ 잠긴 계정을 해제하는 명령어이다.

02 다음은 웹사이트의 권한 설정 과정이다. 조건에 맞게 (   ) 안에 알맞은 내용을 적으시오. (4점)

가. 지정한 경로와 하위 경로에 대하여 소유자에게 읽기, 쓰기 권한을 부여하고 다른 사용자에게는 읽기 권한을 부여한다.

(①) (②) /var/www/html

나. 지정한 경로와 하위 경로에 대하여 디렉터리를 모두 찾아 소유자에게 읽기, 쓰기, 실행 권한을 부여하고 다른 사용자에게는 읽기, 실행 권한을 부여한다.

find /var/www/html (③) (④) {} \;

■ 조건

- ①번은 명령어이다.
- ②번은 ①번의 옵션과 옵션값이다.
- ③, ④번은 find 명령어의 옵션과 옵션값이다.

답안

①
②
③
④

··

정답

① chmod
② -R 644 (또는 --recursive)
③ -type d
④ -exec chmod 755

해설

① 파일 및 디렉토리의 권한을 변경하는 명령어이다.
② 재귀적으로 /var/www/html과 그 하위 디렉토리 및 파일에 대해 소유자에게 읽기, 쓰기 권한을 부여하고, 다른 사용자에게는 읽기 권한만 부여한다.
③ 디렉토리만 찾는 옵션이다.
④ 찾은 디렉토리에 대해 chmod 755 명령을 실행하여, 소유자는 읽기, 쓰기, 실행 권한을, 다른 사용자에게는 읽기, 실행 권한을 부여한다.

03 다음은 시스템의 프로세스 관리 과정이다. 조건에 맞게 (　　　) 안에 알맞은 내용을 적으시오. (4점)

가. 프로세스 목록을 메모리 사용량으로 정렬하여 표시한다.
(①) −eo cmd,%mem −−(②)=−%mem | head

나. 메모리 점유율이 많은 프로세스의 식별자를 확인한다.
(③) java

다. 해당 프로세스를 강제 종료한다.
(④) 24601

■ 조건
- ①번은 명령어이다.
- ②번은 ①번의 옵션과 옵션값이다.
- ③, ④번은 find 명령어의 옵션과 옵션값이다.

| 답안 |

①

②

③

④

....

| 정답 |

① ps
② sort
③ pgrep
④ kill −9 (또는 −SIGKILL)

| 해설 |

① 시스템의 프로세스를 확인하는 명령어이다.
② 메모리 사용량(%mem)을 기준으로 내림차순으로 정렬한다.
③ 프로세스 이름으로 해당 프로세스의 PID(프로세스 식별자)를 찾는 명령어이다.
④ 프로세스 24601을 강제로 종료하는 명령어. −9는 SIGKILL 신호로, 즉시 종료를 의미한다.

04 다음은 패키지 관리 과정이다. 조건에 맞게 ( ) 안에 알맞은 내용을 적으시오. (4점)

> gcc 명령어의 실행 오류가 발견되어 관련 개발 도구 패키지를 재설치하려고 한다.
>
> 가. Development Tools 그룹패키지의 정보를 확인한다.
> # yum (①) 'Development Tools'
>
> 나. 설치된 패키지 중 gcc 가 있는지 확인한다.
> # yum list (②) | grep −i 'gcc'
>
> 다. 패키지 관리자의 캐시를 삭제한 후, Development Tools 그룹 패키지를 다시 설치한다.
> # yum (③) all
> # yum (④) "Development Tools"
> # yum groupinstall "Development Tools"

> ■ 조건
> ①~④번은 yum 명령어의 옵션이다.

답안

①

②

③

④

정답
① groupinfo
② installed
③ clean
④ groupremove

해설
① 패키지 그룹에 대한 정보를 확인하는 명령어이다.
② 현재 시스템에 설치된 패키지 목록을 표시한다.
③ 명령어는 패키지 관리자의 캐시 파일 및 임시 데이터를 삭제한다.
④ 특정 패키지 그룹을 제거한다.

2차 시험 기출문제

05 다음은 모듈 관리 과정이다. 조건에 맞게 (　　) 안에 알맞은 내용을 적으시오. (4점)

가. e1000 모듈을 로드하면서 연관된 모듈도 함께 로드한다.
(①) e1000

나. e1000 모듈이 로드될 때마다 적용할 설정 파일을 생성한다.
vi /etc/(②)/e1000.conf

다. e1000.conf 파일에 e1000 모듈의 성능을 조절하기 위해 InterruptThrottleRate 매개변수를 3으로 설정한다.

(③)

라. 부팅 시 자동으로 e1000 모듈이 로드되도록 설정 파일을 생성한다.
vi /etc/(④)/e1000.conf

■ 조건
- ①번은 명령어이다.
- ②, ④번은 디렉터리명이다.
- ③번은 ②번에서 생성한 파일에 기입할 설정 내용이다.

▌답안

①

②

③

④

정답
① modprobe
② modprobe.d
③ options e1000 InterruptThrottleRate=3
④ modules-load.d

해설
① 모듈을 로드할 때 해당 모듈과 연관된 다른 모듈(의존성 모듈)도 자동으로 함께 로드하는 명령어이다.
② /etc/modprobe.d/ 디렉터리는 커널 모듈이 로드될 때 필요한 설정을 저장하는 위치이다.
③ options 키워드를 사용하여 특정 모듈에 대해 설정할 매개변수를 지정한다.
④ /etc/modules-load.d/ 디렉터리는 시스템 부팅 시 자동으로 로드할 모듈을 지정하는 위치이다.

06 다음은 RAID 관리 과정이다. 조건에 맞게 (   ) 안에 알맞은 내용을 적으시오. (4점)

가. 다음은 2개의 하드디스크를 이용해서 미러링(mirroring) 기술이 적용된 RAID를 구성하는 과정이다.
(①) (②) /dev/md0 (③) /dev/sdb1 /dev/sdc1

나. RAID 구성이 완료된 장치의 정보를 확인하다.
cat (④)

■ 조건
- ①번은 명령어이다.
- ②번은 ①번에 대한 단일 옵션이다.
- ③, ④번은 ①번에 대한 복수 옵션이다.

┃ 답안
①
②
③
④

정답
① mdadm
② --create (또는 -C)
③ --level=1 --raid-devices=2 (또는 -l=1 -n=2)
④ /proc/mdstat

해설
① RAID 관리를 위한 명령어이다.
② RAID 를 생성하기 위한 옵션이다.
③ --level=1은 RAID 1(미러링)을 구성한다는 의미이고, --raid-devices=2는 두 개의 디스크를 사용하여 미러링을 구성한다는 옵션이다.
④ 현재 시스템에 설정된 RAID 배열 상태를 보여주는 파일이며 RAID 배열의 동작 여부와 상태를 확인한다.

07 다음은 시스템 로그 관련 설정을 하는 과정이다. 조건에 맞게 (   ) 안에 알맞은 내용을 적으시오. (4점)

> 가. 모든 서비스(facility)에 대해 우선순위(priority) 1단계의 위험한 상황인 경우에 root 및 ihduser 사용자의 터미널로 관련 로그를 전송한다.
> (①) (②)
> 나. 커널 서비스(facility)에서 발생하는 error 수준 메시지만 /var/log/kern_error에 기록한다.
> (③) /var/log/kern_error
> 다. 인증 서비스 관련 로그는 로컬 시스템의 세 번째 터미널로 전송한다.
> authpriv.* (④)

> ■ 조건
> • ①번과 ③번은 facility.priority 형식으로 기입한다.
> • ②번과 ④번은 관련 설정(action)을 기입한다.

답안

①

②

③

④

정답

① *.alert
② root,ihduser (또는 :omusrmsg:root,ihduser)
③ kern.err
④ /dev/tty3

해설

① 우선순위 1단계는 alert 이다.
② 사용자명 입력도 가능하지만 :omusrmsg: 를 통해 명확하게 사용자에게 전송함을 표시 가능하다.
③ 커널 서비스는 kern이다.
④ /dev/tty3 는 세번째 터미널을 의미한다.

08 다음은 시스템 관련 로그 정보를 명령어를 사용해서 확인하는 과정이다. 조건에 맞게 (   ) 안에 알맞은 내용을 적으시오. (4점)

가. ihduser 사용자의 최종 접속한 로그 기록만 출력한다.
(①) ihduser
나. 로그인 뿐 아니라 로그아웃 기록도 확인하기 위한 로그 파일을 조회 시도한다.
cat (②) | grep 'ihduser'
다. (②) 가 바이너리 형식으로 조회가 불가능하여, 관련 명령어를 통해 조회한다.
(③) ihduser
라. 가장 최근의 로그인 실패 기록 중 3개를 출력한다.
(④)

■ 조건
- ①번은 관련 명령어를 기입하고, 만약 관련 옵션이 필요한 경우에는 옵션도 한 번에 기입한다. (예 ls, ls -al)
- ②번은 사용자 로그와 관련된 파일 위치 및 파일명이다.
- ③, ④번은 관련 명령어 또는 관련 명령어 및 옵션의 조합으로 한 번에 기입한다.

┃ 답안

①
②
③
④

정답
① lastlog -u
② /var/log/wtmp
③ last
④ lastb -n 3 또는 lastb -3

해설
① ihduser 사용자의 최종 로그인 기록 확인
② 로그인 및 로그아웃 기록이 저장된 로그 파일
③ ihduser 사용자의 로그인/로그아웃 기록 조회
④ 가장 최근 실패한 로그인 시도 3건 조회

09 다음은 파일 속성(attribute)을 사용해서 보안을 강화하는 과정이다. 조건에 맞게 (   ) 안에 알맞은 내용을 적으시오. (4점)

금융 데이터 관리팀에서 관리하는 디렉터리에 대한 보안을 강화하는 과정이다. 금융 데이터 관리팀의 계정은 finance_group에 속해있다.

가. 디렉터리에 대한 ACL 권한을 확인한다.
(①) /customer_data

나. 디렉터리에 대한 모든 권한을 제거한다.
(②) /customer_data

다. 디렉터리에 대하여 금융 데이터 관리 팀에게 기본적로 읽기 권한을 부여한다.
(③) /customer_data

라. 디렉터리에 파일을 읽고, 쓸 수 있는 권한은 admin 사용자에게만 부여한다.
(④) /customer_data

■ 조건
• ①번은 명령어이다.
• ②, ③, ④번은 명령어와 옵션의 조합이다.

답안

①
②
③
④

정답

① getfacl
② setfacl -b
③ setfacl -m d:g:finance_group:r
④ setfacl -m u:admin:rw

해설

① 파일 또는 디렉터리의 ACL 권한을 확인할 때 사용한다.
② -b 옵션은 지정된 파일 또는 디렉터리의 모든 ACL 설정을 삭제한다.
③ d: 옵션은 디렉터리에 추가되는 파일에 대해 기본적으로 설정될 권한을 지정하는 데 사용한다.
④ **특정 사용자에게 권한 부여는** setfacl -m u:〈사용자〉:〈권한〉 형식을 따른다.

10 다음은 /dev/sda1을 파일로 백업하는 과정이다. 조건에 맞게 (   ) 안에 알맞은 내용을 적으시오. (4점)

− /dev/sda1 디스크를 backup.img 파일로 백업한다.

#(①)(②)

− backup.img를 /dev/sdb1 디스크로 복원한다.

#(③)(④)

■ 조건
- ①, ③번은 관련 명령어만 기입한다.
- ②, ④번은 ①, ③번에 사용되는 명령어의 옵션, 옵션 및 인자값 등을 한 번에 기입한다.

답안

①

②

③

④

....

정답

① dd
② if=/dev/sda1 of=backup.img
③ dd
④ if=backup.img of=/dev/sdb1

해설

dd 명령어로 지정한 파티션 또는 디스크를 백업 또는 복원 할 수 있다. if 옵션으로 입력 파일(장치)를 지정하고 of 옵션으로 출력 파일(장치)를 지정한다.

11 다음은 아파치 웹 서버를 설치하고 PHP와 연동하기 위한 설정 과정이다. 조건에 맞게 (   ) 안에 알맞은 내용을 적으시오. (12점)

가. 아파치 웹서버를 설치한다.
sudo dnf −y (①) httpd

나. 아파치 웹 서버가 설치되어 있음을 확인한다.
sudo dnf (②) installed | grep httpd

다. PHP를 설치한다.
sudo dnf −y (①) php

라. /etc/httpd/conf/httpd.conf 파일에 PHP 파일을 해석할 수 있는 MIME 타입을 추가하고 PHP 파일을 기본 페이지 인식할 수 있도록 설정한다.
vi /etc/httpd/conf/httpd.conf
(중간 생략)
(③) application/x−httpd−php.php.php3.php4.php5
(중간 생략)
(④) index.html index.php

■ 조건
- ①, ②번은 dnf의 명령어 옵션을 기입한다.
- ③번은 설정을 위한 항목명만 기입한다.
- ④번은 설정을 위한 항목명만 기입한다.

답안

①
②
③
④

....

정답

① install
② list
③ AddType
④ DirectoryIndex

해설

① install 옵션 : dnf에서 패키지를 설치할 때 사용하는 옵션이다.
② list 옵션 : dnf에서 설치된 패키지 목록을 출력할 때 사용하는 옵션이다.
③ AddType : 파일확장자에 대한 MIME(Multipurpose Internet Mail Extension)을 등록, 해당 파일에 대한 처리 방식을 지정한다.
④ DirectoryIndex : 웹 디렉터리를 방문할 경우 처음으로 열릴(Open) 파일목록을 정의한다.

12 다음은 삼바 서버를 설정하고 사용하기 위한 과정 중 일부이다. 조건에 맞게 (　　) 안에 알맞은 내용을 적으시오. (8점)

> 가. /etc/samba/smb.conf 의 설정 값을 다음 조건에 따라 지정한다.
> － 윈도우에서 접근할 폴더의 이름은 www 이다.
> － 공유 디렉터리 경로는 /usr/local/apache/htdocs 이다.
> － 접근 가능한 사용자는 youngjin 이다.
> － 파일 생성과 삭제 권한을 부여한다.
> # vi /etc/samba/smb.conf
> (중간 생략)
> [www]
> comment = Web Directory
> (①) = /usr/local/apache/htdcos
> (②) = youngjin
> (③) = yes
>
> 나. 삼바 사용자 계정으로 youngjin을 추가하고 패스워드를 설정한다.
> # (④) -a youngjin

> ■ 조건
> • ①, ②, ③번은 설정을 위한 항목명만 기입한다.
> • ④번은 관련 명령어만 기입한다.

답안

①

②

③

④

정답

① path
② valid users
③ writeable
④ smbpasswd

해설

① path : 공유 디렉터리의 절대경로를 지정한다.
② valid users : 접근 가능한 사용자를 지정한다.
③ writable : 쓰기 가능하도록 설정한다.
④ smbpasswd : 삼바 계정과 패스워드를 설정하고 관리하는 명령어이다.

13 다음은 sendmail에서 메일의 별칭 혹은 특정 계정으로 수신한 이메일을 다른 계정으로 전달하도록 설정하는 과정이다. 조건에 맞게 (   ) 안에 알맞은 내용을 적으시오. (8점)

가. 관련 설정 파일을 vi 편집기로 편집을 시작한다.
vi /etc/(①)

나. webmaster로 전송된 메일을 youngjin으로 전달하도록 설정한다.
(②)

다. admin 계정으로 전달된 메일을 /etc/mail_admin 파일에 저장된 계정으로 전달하도록 설정한다.
admin: (③) /etc/mail_admin

라. 관련 내용을 저장한 후 적용한다.
(④)

■ 조건
- ①번은 설정 파일의 명칭이다.
- ②번은 설정항목명과 설정의 조합이다.
- ③번은 설정을 위해 사용하는 형식명이다.
- ④번은 하나의 명령어이며 추가 옵션은 없다.

답안

①
②
③
④

....

정답

① aliases
② webmaster: youngjin
③ :include:
④ newaliases

해설

① /etc/aliases : 메일의 별칭 혹은 특정 계정으로 수신한 이메일을 다른 계정으로 전달하기 위해 사용하는 설정 파일이다.
② '[수신계정]: [전달계정]'의 형식으로 설정한다.
③ ':include:[파일명]'을 이용하여 사용자 이름이 지정된 파일을 설정한다.
④ newaliases 명령으로 설정한 내용을 적용한다.

14 다음은 DNS 서버의 zone 파일을 설정하는 과정이다. 조건에 맞게 (   ) 안에 알맞은 내용을 적으시오. (12점)

```
( ① ) 1D
@      IN ( ② ) ns.youngjin.com. admin.youngjin.com. (
     2020080302     ;Serial
     7200           ;Refresh
     3600           ;Retry
     1209600        ;Expire
     3600           ;Minimum
)
IN ( ③ ) 10 youngjin.com.
( ④ )
```

■ 조건
- ①번은 설정한 정보를 다른 DNS 서버에서 조회하였을 경우 캐시에 보관할 시간을 지정하기 위해 사용한다.
- ②번은 도메인 관리자 메일, 일련번호 등 DNS의 핵심 정보를 지정하기 위한 레코드를 의미하기 위해 사용한다.
- ③번은 youngjin.com으로 메일을 받을 수 있도록 설정하는 항목을 위해 사용한다.
- ④번은 www 도메인을 사용하는 호스트의 IP 주소를 192.168.56.22로 설정한다.

답안

①

②

③

④

정답

① $TTL
② SOA
③ MX
④ www IN A 192.168.56.22

해설

① $TTL : Time To Live의 약자로 설정한 정보를 다른DNS 서버에서 조회하였을 경우 캐시에 보관할 시간을 지정한다(zone 파일의 첫번째 라인에 위치).
② SOA : Start Of Authority의 약자로 도메인 관리자 메일, 일련번호 등 DNS 핵심 정보를 지정하는 레코드 타입이다.
③ MX : 도메인 이름에 대한 메일 교환 서버를 지정하는 레코드 타입이다.
④ www IN A 192.168.56.22 : www에 대한 IP 주소 v4 (A 타입)을 지정한다.

15 다음은 'Order, Allow, Deny'를 이용하여 아파치 웹 서버의 접근 통제를 설정하는 과정이다. 조건에 맞게 (　　) 안에 알맞은 내용을 적으시오. (8점)

Order (①), (②)
(③)
(④)

■ 조건
- ①, ②번은 Allow, Deny에 해당하지 않는 클라이언트의 접근은 기본 허락하도록 설정하는 방식이다.
- ③번은 모든 접근을 거부한다.
- ④번은 네트워크 주소가 192.168.0.0에 해당하는 IP 대역에서 접근할 수 있다.

■ 답안
①
②
③
④

정답
① Deny
② Allow
③ Deny from all
④ Allow from 192.168.0 혹은 Allow from 192.168.0. (끝에 .이 있음) 혹은 192.168.0.0/255.255.225.0

해설
①, ② Order Deny, Allow는 Deny를 먼저 적용한 후 Allow를 적용한다는 의미이며, Deny나 Allow에 해당하지 않는 클라이언트는 접근을 기본 허가한다.
③ Deny from all : 모든 접근을 거부한다.
④ Allow from 192.168.0.0/255.255.255.0 : 192.168.0.0/24의 IP 대역에 해당하는 클라이언트의 접근을 허가한다.

16 다음은 iptables를 이용하여 방화벽 규칙(rule)을 설정하고 관리하는 과정이다. 조건에 맞게 (   ) 안에 알맞은 내용을 적으시오. (12점)

가. 방화벽 규칙을 초기화 한다.
iptables (①)

나. 방화벽의 기본 규칙을 들어오는 패킷에 대하여 거부(DROP) 한다.
iptables (②) INPUT DROP

다. TCP 프로토콜의 80번 포트를 대상으로 들어오는 패킷은 허용한다.
(③)

라. 설정한 정보를 파일로 저장하여, 이후 다시 사용할 수 있도록 한다.
(④) 〉 firewall.rules

■ 조건
- ①, ②번은 iptables의 단일 옵션이다.
- ③번은 설정을 위한 전체 명령을 한 줄로 기술한다.
- ④번은 명령어만 기술한다.

답안

①
②
③
④

정답
① -F
② -P
③ iptables -A INPUT -p tcp --dport 80 -j ACCEPT
④ iptables-save

해설
① -F : 방화벽 룰을 초기화 하는 옵션이다.
② -P : 방화벽의 기본 정책을 지정하는 옵션이다.
③ iptables -A INPUT -p tcp --dport 80 -j ACCEPT : -A (룰을 추가), -p (프로토콜 지정), --dport (목적포트 지정) -j ACCEPT (룰에 해당될 경우 허용하도록 지정)
④ iptables-save 〉 **파일명** : 지정한 파일명으로 설정한 방화벽 룰을 저장한다.
※ iptables-restore 〈 **파일명** : 지정한 파일명으로부터 방화벽 룰을 읽어들여 설정한다.

1급	소요 시간	문항 수
	총 100분	총 16문항

수험번호 : _____

성   명 : _____

01~10 **단답식**

01 다음 조건에 맞게 사용자 정보를 변경하려고 할 때 (   ) 안에 알맞은 내용을 적으시오. (4점)

(①) (②) (③) (④) ihduser

■ 조건
- ihduser의 사용자명을 kaituser로 변경한다.
- 홈 디렉터리를 /home/ihduser에서 /home/kaituser로 변경하고, 기존에 소유했던 파일이나 디렉터리도 그대로 이용 가능하도록 한다.
- ①번은 해당 명령어를 기재한다.
- ②~④번은 명령어의 옵션 또는 옵션과 관련된 인자값을 기재한다.

답안

①
②
③
④

정답
① usermod
② -l kaituser
③ -d /home/kaituser
④ -m
(②~④는 순서 무관. ①번 명령어를 틀렸을 경우 옵션 채점 제외)

해설
- usermod 명령어를 이용하여 기존 사용자의 설정을 변경할 수 있다.
- usermod 옵션 설명

옵션	설명
-d, --home	사용자의 홈 디렉터리를 변경한다. 만일 -m 옵션을 함께 사용한다면 현재의 홈 디렉터리의 내용이 새로운 홈 디렉터리로 복사되고 디렉터리가 존재하지 않는다면 생성도 해준다.
-l, --login	사용자의 로그인 이름을 변경한다.
-m, --move-home	사용자의 홈 디렉터리의 내용을 새로운 홈 디렉터리로 옮긴다. -d 옵션과 함께 사용한다.

02 다음은 사용자를 관리하는 과정이다. 조건에 맞게 ( ) 안에 알맞은 내용을 적으시오. (4점)

> 가. ihduser 사용자가 패스워드 입력 없이 사용자명만 입력하면 로그인이 가능하도록 설정한다.
> # (①) (②) ihduser
> 나. kaituser는 다음 로그인 시에 패스워드를 반드시 바꾸도록 설정한다.
> # (①) (③) kaituser
> 다. examuser의 패스워드가 만료된 후 3일이 지나면 로그인이 불가능하도록 설정한다.
> # (①) (④) examuser

> ■ 조건
> • ①번은 해당 명령어를 기재한다. ①번의 명령어가 틀리면 ②~④번은 배점하지 않는다.
> • ②~④번은 명령어의 옵션 또는 옵션과 관련된 인자값을 기재하는데, 옵션과 관련된 인자값은 하나의 괄호로 처리한다. (예 -d /home/ihduser)

답안

①

②

③

④

정답

① passwd
② -d
③ -e
④ -i 3

해설

• passwd를 통해 사용자의 패스워드를 변경하거나 삭제할 수 있다.
• passwd 옵션 설명

옵션	설명
-d, --delete	사용자의 패스워드를 삭제한다.
-e, --expire	사용자의 패스워드를 만료한다. 사용자는 다음 로그인할 때 패스워드를 변경해야 한다.
-i, --inactive	사용자의 패스워드가 만료된 이후로 사용자 계정을 비활성화할 때까지 유예기간을 지정한다.

03 다음은 사용자의 디스크 쿼터(Disk Quota)를 설정하는 과정이다. (   ) 안에 알맞은 내용을 적으시오. (4점)

가. /etc/fstab 파일에서 /home 관련된 영역의 4번째 필드에 추가로 기재해야 할 옵션 값을 적는다.
(①)
나. /home 영역을 다시 마운트한다.
(②) /home
다. 파일 시스템을 체크하여 quota 기록 파일을 생성한다.
(③) /home
라. kaituser 사용자에 대한 쿼터를 설정한다.
(④) kaituser

■ 조건
- ①번은 관련 값만 기재한다.
- ②번은 명령어와 관련 옵션을 한 번에 기재한다.
- ③번은 해당 명령어를 기재한다.
- ④번은 해당 명령어만 기재한다. (실행되는 명령어를 기재)

■ 답안

①

②

③

④

■ 정답
① usrquota
② mount -o remount
③ quotacheck 또는 quotacheck -mf
③ edquota 또는 edquota -u

■ 해설
- usrquota를 통해 사용자의 디스크 쿼터를 설정할 수 있다. 참고로 grpquota를 지정하면 그룹의 디스크 쿼터를 설정할 수 있다.
- mount는 특정 장치를 파일 시스템의 특정 경로로 마운트할 수 있다. 특히 -o 옵션은 아래 표와 같은 다양한 세부 옵션을 지정할 수 있다.

옵션	설명
default	rw, suid, dev, auto, nouser, async 옵션이 설정되며 기본 설정값이다.
ro	읽기 전용으로 마운트한다.
rw	읽기, 쓰기 모두 가능하도록 마운트한다.
remount	이미 마운트된 파일 시스템을 다시 마운트한다.

- quotacheck는 지정한 파일 시스템에 대한 사용량을 체크하여 쿼터 기록 파일을 생성하거나 기존의 파일을 갱신한다.

옵션	설명
-m, --no-remount	파일 시스템을 읽기 전용으로 remount하는 동작을 수행하지 않는다.
-f, --force	이미 쿼터 기능이 활성화된 상태에서 사용량을 체크하여 새로 쿼터 파일을 생성하고자 할 때 사용한다.

- edquota는 사용자 또는 그룹을 위한 쿼터를 편집하는 명령어이다.

옵션	설명
-u	지정한 사용자의 사용자 쿼터를 설정하며, 기본값이다.

04 다음은 파일 및 디렉터리를 관리하는 과정이다. 조건에 맞게 (   ) 안에 알맞은 내용을 적으시오. (4점)

가. /usr/local/apache/htdocs 디렉터리를 /var/www/html로도 접근이 가능하도록 링크를 설정한다.
(①) (②) (③)
나. /project/lin.sh 파일의 내용과 동일한 내용이 보존되도록 /backup/lin.sh를 생성한다. /project/lin.sh 파일이 삭제되어도 /backup/lin.sh 파일의 내용은 그대로 유지되도록 한다.
(①) (④)

■ 조건

- ①번은 해당 명령어를 기재한다. ①번의 명령어가 틀리면 ②~④번은 배점하지 않는다.
- ②~③번은 명령어의 옵션 또는 옵션과 관련된 인자값을 기재하는데, 옵션과 관련된 인자값은 하나의 괄호로 처리한다. (예 - d /home/ihduser)
- ④번은 ①번에 기재되는 명령어를 제외하고 나머지 모든 내용을 하나로 기재한다.

▌답안

①

②

③

④

▌정답

① ln
② -s /usr/local/apache/htdocs
③ /var/www/html
④ /project/lin.sh /backup/lin.sh
(②~③은 조합해서 순서 맞으면 정답)

▌해설

ln을 통해 하드 링크와 심볼릭 링크를 설정할 수 있다.

구분	하드 링크	심볼릭 링크
명령어	ln test.txt t	ln -s test.text t
특징	• 동일한 i-node를 갖는다. • i-node로 바로 데이터에 접근한다. • 같은 파일 시스템에서만 가능하다. • 디렉터리는 지원하지 않는다.	• i-node가 다르다. • 데이터 접근 시, 원본 i-node를 경유한다. • 다른 파일 시스템에서도 가능하다. • 디렉터리도 가능하다.

05 다음 조건에 맞게 프로세스의 우선순위를 변경하려고 할 때 (   ) 안에 알맞은 내용을 적으시오. (4점)

가. 로그인해서 사용 중인 bash의 NI 및 PRI 값을 확인한다.

\# (①)

나. bash 프로세스에 설정된 NI값을 10만큼 감소시켜 우선순위를 높인다.

\# (②) bash

다. PID가 513인 프로세스의 NI값을 할당 가능한 최댓값으로 지정해서 우선순위를 높인다.

\# (③) (④) 513

■ 조건

- ①번은 명령어 또는 명령어와 옵션 조합으로 기재한다.
- ②번은 명령어를 기재한다.
- ③번은 해당 명령어만 기재한다. ③번의 명령어가 틀리면 ④번은 배점하지 않는다.
- ④번은 명령어의 설정값, 옵션, 옵션과 관련된 인자값 등을 기재하는데, 옵션과 관련된 인자값이 있는 경우에는 하나의 괄호로 처리한다. (예 -d /home/ihduser)

| 답안 |

①

②

③

④

| 정답 |

① ps -l 또는 top
② nice ―10 또는 nice -n -10
③ renice
④ -20 또는 -n -20

| 해설 |

ps -l 옵션을 사용하여 PRI 및 NI 값을 확인할 수 있다.

옵션	설명
-l	• 긴 포맷(long format)으로 출력한다. • F, S, UID, PID, PPID, C, PRI, NI, ADDR, SZ, WCHAN, TTY, TIME, CMD 순으로 출력한다.
l	• BSD 형식의 긴 형식으로 출력한다. • F, UID, PID, PPID, PRI, NI, VSZ, RSS, WCHAN, STAT, TTY, TIME, CMD 순으로 출력한다.

- top 명령어는 현재 실행 중인 프로세스에 대한 정보를 실시간으로 제공한다. PID, USER, PR, NI, VRT, RES, SHR, S %CPU, %MEM, TIME+, COMMAND와 같은 정보를 보여준다.
- nice는 프로세스의 우선순위를 의미하는 nice(NI) 값을 설정한다. '-n' 옵션이나 '-' 옵션을 사용하여 NI 값을 지정할 수 있다.
- nice는 프로세스 시작 시 NI 값을 부여하지만 renice는 실행 중인 프로세스에 대해 NI 값을 변경할 수 있다. '-n' 옵션에 NI 값을 지정할 수 있으며 '-n' 옵션은 생략 가능하다.

06 다음은 ihduser 사용자가 설정한 cron 작업을 조정하는 과정이다. (   ) 안에 알맞은 내용을 적으시오. (4점)

가. ihduser 사용자가 설정한 cron 작업 내용을 확인한다.
(①) (②) ihduser
나. ihduser 사용자가 설정한 cron 작업 내용을 수정한다.
(①) (③) ihduser
다. ihduser 사용자가 설정한 cron 작업 파일을 삭제한다.
(①) (④) ihduser

■ 조건
- ①번은 명령어만 기재한다.
- ②~④번은 필요한 옵션을 한 번에 기재한다.

답안

①
②
③
④

정답

① crontab
② -l -u 또는 -lu
③ -e -u 또는 -eu
④ -r -u 또는 -ru

해설

crontab은 사용자가 반복적으로 수행할 작업을 예약할 때 사용하는 명령어이다.

옵션	설명
file	특정 파일에 설정되어 있는 내용을 크론 설정 파일에 반영한다.
-u user	crontab을 열람하고 수정할 수 있는 사용자를 지정한다.
-l	현재 crontab 설정을 표시한다.
-r	현재 crontab 설정을 제거한다.
-e	• crontab 설정을 편집한다. • 환경변수 VISUAL 또는 EDITOR에 지정되어 있는 편집기가 실행된다.

07 다음은 rpm으로 설치된 특정 패키지 제거 및 이후에 발생된 문제점을 찾는 과정이다. 조건에 맞게 (   ) 안에 알맞은 내용을 적으시오. (4점)

가. rpm 패키지로 설치된 mysql를 제거하는데, 의존성은 무시한다.
rpm (①) mysql
나. mysql 패키지를 제거했더니, postfix가 정상적으로 동작하지 않는다. postfix의 실행 명령어의 위치 정보를 출력하는 명령을 적는다.
(②) postfix
다. postfix가 참고하는 동적 라이브러리 정보를 확인하는 명령을 기재한다.
(③) (④)

■ 조건
- ①번은 필요한 옵션을 한 번에 기재한다.
- ②번은 실행되는 명령어만 기재한다. 옵션이나 인자값은 기재하지 않는다.
- ③번은 명령어만 기재한다.
- ④번은 관련 파일의 경로를 절대경로로 기재한다. (제공된 리눅스 버전 기준)

답안

①

②

③

④

....

정답
① -e ──nodeps
② which 또는 whereis
③ ldd
④ /usr/sbin/postfix

해설
- rpm은 소스코드 또는 패키지를 시스템에 설치하기 위한 오픈소스 패키지 관리 시스템이다.

옵션	설명
-e	지정한 패키지를 삭제한다.
──nodeps	패키지를 설치하거나 업그레이드하기 전에 의존성 체크를 하지 않는다.

- which는 특정 명령어의 절대 경로를 출력하고 whereis는 명령어의 절대 경로, 소스 위치, 도움말(man) 패키지 파일의 위치를 출력한다.
- ldd는 지정한 프로그램의 의존성을 확인하는 명령어이다.

08 다음은 C언어로 작성된 소스 파일을 전달 받아 컴파일하는 과정이다. 조건에 맞게 (   ) 안에 알맞은 내용을 적으시오. (4점)

가. 묶여진 파일의 압축을 해제하는데, 파일 목록 등과 같은 진행 과정은 화면에 표시하지 않는다.
tar (①) project.tar.xz
나. sum.c를 컴파일하여 sum.o라는 목적(object) 파일을 생성한다.
(②) (③) sum.c
다. sum.o 및 add.o와 같이 2개의 목적 파일을 이용해서 calc라는 실행 명령을 생성한다.
(②) (④) sum.o add.o

■ 조건

- ①번은 압축 등 꼭 필요한 옵션만 한 번에 기재한다.
- ②번은 명령어만 기재한다.
- ③번과 ④번은 명령어의 옵션 또는 옵션과 관련된 인자값을 기재하는데, 옵션과 관련된 인자값은 하나의 괄호로 처리한다. (예 - d /home/ihduser)

| 답안 |

①

②

③

④

....

| 정답 |

① Jxf 또는 -Jxf
② gcc
③ -c
④ -o calc

| 해설 |

- tar는 파일을 압축하거나 압축된 파일을 해제한다.

옵션	설명
J	.tar.xz 방식으로 압축된 파일을 읽거나 압축해제한다.
x	(--extract) 압축된 파일을 압축해제한다.
f	(--file) 파일명을 지정한다.

- gcc는 GNU 프로젝트에서 개발하였고 C, C++, Objective-C, Fortran, Java, Ada, Go 등 다양한 프로그래밍 언어를 지원하는 컴파일러이다.

옵션	의미
-o	컴파일할 때 기본 이름 대신에 실행 파일의 이름을 지정하는 옵션이다.
-c	• 지정한 소스코드를 컴파일하여 목적 파일(.o 파일)을 생성한다. • 이때 목적 파일을 하나로 합치는 링크는 수행하지 않는다.
-std	• 컴파일할 언어의 버전을 선택한다. • 예를 들어 -std=c11이라고 하면 C언어 11 버전으로 컴파일을 수행한다.

09 다음은 모듈 관련 작업을 진행하는 과정이다. 조건에 맞게 (   ) 안에 알맞은 내용을 적으시오. (4점)

가. 사용 가능한 모듈 목록 정보를 출력한다.
(①) (②)
나. ip6table_filter 모듈을 제거하면서 관련 모듈도 같이 제거한다.
(①) (③) ip6table_filter
다. 3c59x.ko 모듈 관련 정보를 출력한다.
(④) 3c59x.ko

■ 조건
- ①번과 ④번은 명령어만 기재한다.
- ②번과 ③번은 명령어의 옵션만 기재한다.

답안
①
②
③
④

정답
① modprobe
② -l
③ -r
④ modinfo

해설
- modprobe는 모듈의 의존성을 고려해 모듈을 커널에 로드하거나 언로드한다.

옵션	의미
-l, --list	로드 가능한 모듈의 리스트를 출력한다.
-r, --remove	• 모듈을 제거한다. • 의존성이 있는 모듈이 존재하고 참조가 없다면 이들도 함께 자동으로 언로드한다. • 여러 모듈을 지정할 수도 있다.
-c, --showconfig	모듈 관련 환경설정 파일의 내용을 모두 출력한다.

- modinfo는 지정한 모듈에 대한 정보를 출력한다.

참고

최근 리눅스의 경우 modprobe의 -l 옵션은 더이상 제공되지 않는다. 커널 모듈 목록은 /lib/modules 디렉터리 이하 커널 버전에 따라 분류되어 관리되고 있다. modprobe -l 명령어 대신에 다음과 같은 명령어의 조합을 사용해 볼 수 있다.

```
# find /lib/modules/$(uname -r) -type f -name '*.ko*' | more
```

10 다음은 명령어를 이용해서 로그를 확인하는 과정이다. 조건에 맞게 (   ) 안에 알맞은 내용을 적으시오. (4점)

가. 최근에 재부팅한 정보 2개만 출력한다.

(①)

나. 로컬 시스템의 3번째 터미널 창(/dev/tty3)에 로그인이 성공한 정보를 출력한다.

(②)

다. kaituser가 로그인에 실패한 정보를 출력한다.

(③)

라. ihduser의 최종 로그인한 정보를 출력한다.

(④)

■ 조건

①~④번은 명령어, 옵션, 옵션과 관련된 인자값 등 결과를 확인할 수 있는 방법을 하나의 명령으로 기재한다.

답안

①

②

③

④

정답

① last –2 reboot 또는 last –n 2 reboot
② last 3 또는 last tty3
③ lastb kaituser
④ lastlog –u ihduser 또는 lastlog ─user ihduser

해설

• last는 모든 사용자의 로그인, 로그아웃 기록을 출력한다. 인자로 'reboot'를 이용하면 재부팅한 정보만 출력한다. 또는 '–' 옵션이나 '–n' 옵션을 사용해 출력할 개수를 설정할 수도 있다.
• lastb는 접속 실패 정보를 출력하는 명령어이다. 'lastb [옵션] [사용자명]'을 명령어 형식으로 이용한다.
• lastlog는 /var/log/lastlog 정보를 참조하여 각 계정에 대한 마지막 로그인 정보를 출력한다. 인자로 '–u' 또는 '─user'을 이용하여 특정 사용자에 대한 정보만 출력할 수 있다.

11 다음 조건에 따라 아파치 웹 서버 환경설정을 진행하려고 한다. 관련 환경설정 파일의 항목과 값을 적으시오. (8점)

> 가. 허가 거부된 페이지에 접근할 경우에 제공되는 페이지를 설정한다.
> (①)(②)/forbidden.html
> 나. 인증되지 않은 경우에 제공되는 페이지를 설정한다.
> (①)(③)/unauth.html
> 다. 존재하지 않는 웹 문서에 접근할 때 제공되는 페이지를 설정한다.
> (①)(④)/not_found.html

> ■ 조건
> 항목과 값 입력 시에 대소문자를 구분하여 정확히 기재한다. (◉ LogLevel warn)

답안

①
②
③
④

정답

① ErrorDocument
② 403
③ 401
④ 404

해설

· ErrorDocument를 통해 오류 처리 방식을 등록할 수 있다. 오류 처리 방식으로는 plain text, local redirect, external redirect가 있다.
· HTTP 4xx 상태코드

상태코드	설명
400	− Bad Request − 클라이언트의 요청이 잘못되었다(문법오류).
401	− Unauthorized − 요청에 대한 권한이 부족하다(인증실패).
402	− Payment Required − 결재가 필요한 요청이다.
403	− Forbidden − 리소스에 대한 권한이 없다(인가실패).
404	− Not Found − 존재하지 않은 리소스를 요청하였다.

12 다음은 NIS 클라이언트에서 명령어를 사용해서 다양한 정보를 조회하고 변경하는 과정이다. 조건에 맞게 (   ) 안에 알맞은 내용을 적으시오. (12점)

가. 지정된 NIS 서버 이름을 출력한다.
(①)
나. NIS 서버의 맵 파일을 출력한다.
(①) (②)
다. NIS 서버의 사용자 관련 정보를 출력한다.
(③) passwd.byname
라. NIS 서버에 등록된 lin 사용자의 패스워드를 변경한다.
(④) lin

■ 조건
- ①, ③, ④번은 관련 명령어만 기재한다.
- ②번은 명령어의 옵션을 기재한다. ①번의 명령어가 틀리면 ②번은 배점하지 않는다.

답안

①
②
③
④

....

정답

① ypwhich
② -m
③ ypcat
④ yppasswd

해설

- ypwhich는 NIS를 이용하여 로그인한 후 인증에 사용한 NIS 서버를 조회한다. '-m' 옵션을 사용하여 NIS 서버의 맵(map) 정보를 출력한다.
- ypcat은 NIS 서버의 구성 파일(맵 파일)의 내용을 확인한다.
- yppasswd는 NIS 서버에 등록된 사용자의 비밀번호를 변경한다.

13 다음은 NFS 서버 및 클라이언트에서 명령어를 사용해서 정보를 확인하는 과정이다. 조건에 맞게 ( ) 안에 알맞은 내용을 적으시오. (12점)

가. NFS 서버에서 외부에 공유된 내용을 세부적인 설정 정보를 포함해서 자세히 출력한다.

(①)

나. NFS 클라이언트에서 NFS 서버인 192.168.12.22의 공유된 정보를 확인한다.

(②) 192.168.12.22

다. RPC 관련 정보를 확인한다.

(③)

라. NFS 서버 또는 NFS 클라이언트에서 NFS 관련 상태 정보를 출력한다.

(④)

■ 조건
①~④번은 명령어 또는 명령어와 옵션 조합으로 기재한다.

답안

①

②

③

④

정답

① exportfs -v
② showmount -e
③ rpcinfo 또는 nfsstat -r
④ nfsstat

해설

• exportfs는 NFS 서버의 익스포트(export)된 디렉터리 정보, 즉 공유 목록을 관리하는 명령어로 'exportfs [옵션][호스트명]'의 형식을 따른다. '-v' 옵션은 상세한 내용을 출력한다.

• showmount는 NFC 클라이언트에서 NFS 서버의 익스포트된 정보를 확인하는 명령어로 'showmount [옵션][호스트명]'의 형식을 따른다.

• rpcinfo는 메모리에 로딩된 PRC 기반 서비스 테이블을 관리하는 명령어이다.

• nfsstat은 NFS 및 RPC 연결에 대한 통계 정보를 표시하는 명령어이다.

14 다음은 삼바 서버를 설정하는 과정이다. 조건에 맞게 (   ) 안에 알맞은 내용을 적으시오. (8점)

가. 윈도우 운영체제에서 이름으로 접근할 때의 명칭은 ihd_com으로 지정한다.

(①)

나. 공유 그룹명은 IHD로 지정한다.

(②)

다. 서버에 대한 설명은 IHD server로 지정한다.

(③)

라. 접근할 수 있는 호스트는 192.168.5.0 네트워크에 대역에 속한 모든 호스트들과 로컬 시스템으로 제한한다.

(④)

■ 조건

①~④번은 관련 항목과 값을 한 번에 기재한다.

📋 답안

①

②

③

④

....

📋 정답

① netbios name = ihd_com
② workgroup = IHD
③ server string = IHDserver
④ hosts allow= 127. 192.168.5.
(분리자 콤마 가능)

📋 해설

• 삼바 서버의 환경설정 파일은 /etc/samba/smb.conf에 위치하며 Global Section과 Share Definition 영역으로 구성되어 있다.
• netbios name을 통하여 접속 시 사용할 이름을 지정한다.
• workgroup을 통하여 공유 그룹명을 지정한다. 이는 윈도우의 작업 그룹과 동일하다.
• server string을 통하여 서버에 대한 설명을 지정한다.
• hosts allow를 통하여 삼바 서버에 접근할 수 있는 호스트를 지정한다.

15 하나의 메일 서버에 여러 도메인을 사용하는 환경에서 동일한 메일 계정을 요구 받아 관련 설정을 하는 과정이다. 조건에 맞게 (　　) 안에 알맞은 내용을 적으시오. (8점)

가. linux.com 도메인의 webmaster 계정은 ihduser에게 전달되도록 설정하고, windows.com 도메인의 web-master 계정은 kaituser에게 전달되도록 설정한다.

\# vi (①)

(②)

(③)

나. 수정된 내용을 반영하는 makemap 명령어를 기술한다.

\# (④)

■ 조건

• ①번은 관련 파일명을 절대경로로 기재한다.

• ②과 ③번은 관련 설정을 하나씩 기재한다. (순서 무관)

• ④번은 설정한 내용이 적용되도록 실행하는 명령어를 한 번에 기재한다.

답안

①

②

③

④

정답

① /etc/mail/virtusertable

② webmaster@linux.com ihduser

③ webmaster@windows.com kaituser

④ makemap hash /etc/mail/virtusertable 〈 /etc/mail/virtusertable

(②번과 ③번은 순서 무관)

해설

• /etc/mail/virtusertable 환경설정 파일에 가상 계정으로 들어오는 메일을 특정 계정으로 전달하는 정보를 설정할 수 있다.

• 'makemap hash /etc/mail/virtusertable 〈 /etc/mail/virtusertable' 명령으로 변경사항을 '/etc/mail/irtusertable.db'에 적용할 수 있다.

16 다음은 TCP Wrapper를 이용해 외부의 호스트들의 접근을 제어하는 과정이다. 현재 관련 파일 설정을 통해 모든 호스트에 대한 접근이 거부된 상태일 경우 작업 사항에 맞게 (   ) 안에 알맞은 내용을 적으시오. (12점)

가. 특정 호스트들에 대한 허가 관련 설정을 위해 관련 파일을 편집기로 작업한다.
vi (①)
나. 모든 서비스에 대해 로컬호스트와 ihd.or.kr 도메인을 사용하는 호스트들은 모두 허가한다.
(②)
다. 텔넷 서비스는 192.168.5.13번 호스트만 허가한다.
(③)
라. ssh는 192.168.5.0 네트워크 대역에 속한 모든 호스트를 허가한다.
(④)

■ 조건
- ①번은 해당 파일명을 절대경로로 기재한다.
- ②~④번은 관련 항목의 설정값을 하나씩 기재한다.

답안

①
②
③
④

정답

① /etc/hosts.allow
② ALL: localhost, .ihd.or.kr
③ in.telnetd: 192.168.5.13
④ sshd: 192.168.5. 또는sshd: 192.168.5.0/255.255.255.0
(분리자 공백 가능)

해설

TCP Wrapper는 /etc/hosts.allow 파일과 /etc/hosts.deny 설정 파일을 이용하여 접근 제어를 제공한다.
- /etc/hosts.allow를 이용하여 특정 호스트에 대한 허가 관련 설정을 할 수 있다.
- 모든 서비스를 지정하기 위해 'ALL:'를 사용한다.
- 텔넷 서비스를 지정하기 위해 'in.telnetd'를 사용한다.
- ssh 서비스를 지정하기 위해 'sshd'를 사용한다.

참고

- 최근 리눅스의 경우 CentOS 6까지 xinetd 방식으로 이용하던 많은 서비스들이 단독 데몬으로 전환되거나 systemd에 의한 관리방식으로 통합되었다.
- systemd 방식은 socket 기능(ondemand activation)을 통해 효율적으로 메모리를 관리할 수 있으며, 이에 따라 기존 xinetd를 통해 제공하던 rsync, telnet 등의 서비스가 systemd 방식으로 통합되었다.
- TCP Wrapper를 사용하려면 xinetd 방식으로 서비스되거나 libwrap 라이브러리를 사용해야 한다. 대표적으로 sshd의 경우 TCP Wrapper를 사용할 수 있다.
- 최근 리눅스는 xinetd, TCP Wrapper를 제공하는 서비스가 제한적이므로, 접근 제한이 필요할 경우 firewalld 혹은 iptables 사용을 권장한다.

1급	소요 시간	문항 수
	총 100분	총 16문항

수험번호 : _____

성   명 : _____

01~10 **단답식**

01 다음 설명에 해당하는 파일명 또는 디렉터리명을 적으시오. (4점)

> ① 사용자에게 부여되는 UID의 최댓값을 변경하려고 한다.
> ② 사용자 추가 시 www이라는 디렉터리를 사용자에게 기본적으로 제공하려고 한다.
> ③ 사용자 추가 시 생성되는 홈 디렉터리의 기본 위치를 /users 디렉터리 내에 생성되도록 변경하려고 한다.
> ④ 사용자 패스워드에 적용된 암호화 알고리즘의 정확한 이름을 확인하려고 한다.

> ■ 조건
> 모든 파일명과 디렉터리명은 절대경로로 기입한다.

■ 답안

①

②

③

④

정답

① /etc/login.defs
② /etc/skel
③ /etc/default/useradd
④ /etc/login.defs

해설

• /etc/login.defs : 사용자 계정의 속성 설정을 위한 기본값을 정의한다.
　– /etc/logins.defs 의 주요 설정

항목	기본값	설명
MAIL_DIR	/var/spool/mail	기본 메일 디렉터리
PASS_MAX_DAYS	99999	패스워드의 최대 사용일
PASS_MIN_DAY	0	패스워드의 최소 사용일
PASS_WARN_AGE	7	패스워드의 만료 경고일
PASS_MIN_LEN	5	패스워드의 최소 길이
UID_MIN, UID_MAX	500~60000	사용자 계정의 UID 범위
GID_MIN, GID_MAX	500~60000	사용자 계정의 GID 범위
GREATE_HOME	yes	홈 디렉터리의 생성 여부
UMASK	077	umask 기본값 설정
USERGROUPS_ENAB	yes	사용자 계정 삭제 시 그룹 삭제 여부 결정
ENCRYPT_METHOD	SHA512	암호화 기법
USERDEL_CMD	/user/sbin/userdel_local	사용자 계정을 삭제할 경우 실행될 명령 지정

• /etc/skel : useradd 명령어로 사용자 계정을 생성할 때 '/etc/skel' 디렉터리의 내용이 사용자의 홈 디렉터리로 자동 복사된다.
• /etc/default/useradd : useradd 명령어로 계정 생성 시 가장 먼저 참조하는 파일로 기본 설정값을 저장한다.
　– /etc/default/useradd의 주요 설정

항목	설명
GROUP	기본 소속 그룹을 지정한다.
HOME	홈 디렉터리 경로를 지정한다.
INACTIVE	패스워드 종료일 이후의 유효기간 여부를 설정한다. • −1 : 기능 비활성화한다. • 0 : 패스워드 만료기간이 되면 바로 잠근다. • 1 이상의 숫자 : 패스워드 만료기간이 되어도 지정한 숫자의 날짜(day) 동안 패스워드가 유효하다.
EXPIRE	계정 만료기간을 지정한다.
SHELL	기본셸을 지정한다.
SKEL	홈 디렉터리 생성 시 함께 생성되는 skel 디렉터리의 경로를 지정한다.
CREATE_MAIL_SPOOL	YES로 설정하면 계정 생성 시 메일함도 함께 생성한다.

02 dd 명령을 이용해서 스왑 파일(swap file)을 조건에 맞게 생성하려고 할 때 (   ) 안에 알맞은 내용을 적으시오. (4점)

```
# dd ( ① )( ② )( ③ )( ④ )
```

■ 조건
- 스왑 파일명은 최상위 디렉터리인 /에 swap_file로 지정한다.
- 스왑 파일의 크기는 1GB로 지정한다.
- 블록의 크기는 1kilobyte로 지정한다.

| 답안

①
②
③
④

정답

① if=/dev/zero
② of=/swap_file
③ bs=1k 또는 bs=1024 또는 bs=1000 또는 bs=1kB 등
④ count=1024000 또는 count=1000000
(①~④번 순서와 무관)

해설

- dd(data dumper) 명령어는 데이터를 블록 단위로 복사할 수 있는 명령어로 파티션이나 디스크 단위의 백업에 사용할 수 있다. 리눅스는 스왑 파일을 이용하여 하드디스크의 일부를 메모리 영역으로 사용할 수 있도록 하며, 'dd if=/dev/zero of=/swap_file bs=1024 count=1024000'과 같이 하여 1GB의 스왑 파일을 만들 수 있다.
- dd 명령어의 주요 옵션

옵션	설명
if=[파일경로]	입력 파일의 경로를 지정하며 장치명을 사용할 수도 있다.
of=[파일경로]	출력 파일의 경로를 지정하며 장치명을 사용할 수도 있다.
bs=[숫자]	한 번에 읽고 쓸 블록의 최대 바이트 크기를 지정한다.
count=[숫자]	지정한 블록 수만큼 복사한다.

03 다음은 프로세스를 확인하는 과정이다. 조건에 맞게 (   ) 안에 알맞은 내용을 적으시오. (4점)

> 가. ihduser 사용자가 실행한 프로세스의 PID값을 출력한다.
> # (①) (②) ihduser
> 나. PID가 14513인 프로세스를 실행한 명령어의 절대경로를 출력한다.
> # (③)

> ■ 조건
> • ①은 명령어만 기재하고, ②번은 명령어의 옵션만 기재한다. ①번의 명령어가 틀리면 ②
>   번은 배점하지 않는다.
> • ③번은 '명령어', '명령어 옵션', '명령어 옵션 인자값' 등 해당 정보를 출력할 수 있는 내용
>   의 형식으로 기입한다.

답안

①

②

③

정답

① pgrep
② -u
③ ls -l /proc/14513/exe 또는 which 'ps -p 14513 -o comm='

해설

• pgrep : 프로세스 정보를 출력하는 ps 명령과 원하는 정보를 추출하는 grep 명령어를 하나로 통합한 명령어이다.
  - pgrep의 주요 옵션

옵션	설명
-l, --list-name	PID와 프로세스 이름을 출력한다.
-f, --full	전체 프로세스 이름을 조건 매칭에 이용한다.
-g, --pgroup	지정한 GID에 해당하는 PID를 출력한다.
-u, --euid	사용자 ID(effective ID)에 해당하는 PID를 출력한다.
-U	사용자 ID(Real ID)에 해당하는 PID를 출력한다.

- **/proc/** : 프로세스와 시스템 정보를 계층적인 파일 구조로 관리하는 특수한 파일 시스템이다. 이중 /proc/PID에 프로세스 관련 정보를 담고 있다.
  - /proc/PID/의 주요 내용(PID는 임의의 process ID로 숫자)

내용	설명
/proc/PID/cmdline	프로세스를 시작한 명령어
/proc/PID/cwd	프로세스의 현재 작업 디렉터리에 대한 심볼릭 링크
/proc/PID/environ	프로세스와 관련된 환경변수의 이름과 값
/proc/PID/exe	원본 실행 파일에 대한 심볼릭 링크
/proc/PID/fd	오픈된 파일 기술자에 대한 심볼릭 링크를 포함하는 디렉터리
/proc/PID/maps	힙, 스택과 같은 블록들에 대한 정보를 포함하는 텍스트 파일
/proc/PID/mem	프로세스의 가상 메모리를 보여주는 바이너리로 ptrace를 이용하여 확인
/proc/PID/status	프로세스의 실행 상태, 메모리 사용 등 프로세스에 대한 기본 정보

- **which** : 특정 명령어의 절대경로를 출력하는 명령어이다.
- **ps** : 현재 실행 중인 프로세스의 목록을 출력하는 명령어.
  - ps의 주요 옵션

옵션	설명
-e	모든 프로세스의 목록을 출력한다.
-f	UID, PID 등 전체 정보를 출력한다.
-l	UID, PID, 프로세스 플래그, 프로세스 상태, 우선순위 등 자세한 정로를 list(가로로 긴 형식)로 출력한다.
-p	특정 PID의 프로세스 정보를 출력한다.
-u	특정 UID(effective ID)의 프로세스 정보를 출력한다.
-U	특정 UID(Real ID)의 프로세스 정보를 출력한다.
-o	직접 정의한 형식으로 정보를 출력한다. • '-o pid=' : PID만 출력한다. • '-o comm=' : 프로그램 이름만 출력한다.

04 다음은 yum을 이용해서 텔넷(telnet) 서버를 확인 후에 설치하는 과정이다. 조건에 맞게 (　　　) 안에 알맞은 내용을 적으시오. (4점)

> 가. 시스템에 설치된 패키지에 대한 정보를 출력한다.
>
> # yum (①)
>
> 나. telnet이라는 문자열과 관련된 패키지 정보를 출력한다.
>
> # yum (②)
>
> 다. telnet-server 패키지의 버전, 사이즈, 요약, 설명 등의 기본 정보를 출력한다.
>
> # yum (③) telnet-server
>
> 라. telnet-server 패키지를 설치한다.
>
> # yum (④) telnet-server

| 답안 |

①

②

③

④

| 정답 |

① list installed
② search telnet
③ info
④ install

| 해설 |

• yum(Yellow dog Updater, Modified)은 기존 rpm 명령을 개선한 레드햇 계열 배포판의 패키지(package) 관리도구이다.
• yum의 주요 명령 옵션

명령 옵션	설명
yum install '패키지명' -y	설치 여부를 묻는 질문에 'Yes'로 작동 응답하여 설치 진행한다.
check-update	업데이트 가능 목록을 확인한다.
remove	패키지를 삭제한다.
search	인터넷에서 설치 가능한 패키지 확인한다.
info	패키지 정보를 확인한다.
list	관련 단어가 포함되어 있는 패키지 목록을 확인한다.

05 다음은 커널 컴파일을 진행하는 과정의 일부이다. 조건에 맞게 (   ) 안에 알맞은 내용을 적으시오. (4점)

가. 커널 컴파일을 실행하기 전에 관련 정보를 초기화하고 파일을 삭제한다.
make (①)
나. 커널 컴파일 관련 옵션 설정 작업을 Qt 기반의 환경에서 진행한다.
make (②)

■ 조건
①번은 기존에 생성된 환경설정 파일, 다양한 백업 파일뿐만 아니라 패치 파일 등 모든 관련 파일을 삭제한다.

답안

①
②

....

정답

① distclean
② xconfig

해설

make 관련 주요 명령어

명령	설명
make	Makefile을 이용하여 object, library, binary(실행 파일)를 생성한다.
make install	make 파일로 만들어진 파일을 타깃 디렉터리로 복사(설치)한다.
make distclean	소스코드를 처음 다운로드받은 후 압축을 해제한 상태로 만든다.
make clean	컴파일 이전 상태로 만든다. 즉 컴파일로 생성한 파일을 삭제한다.
make mrproper	컴파일 환경설정값, 버전 정보 등 컴파일에 영향을 주는 정보들을 삭제한다.
make menuconfig	텍스트 기반의 메뉴를 제공하여 옵션을 설정한다.
make xconfig	커널 컴파일 옵션 설정 시 X 윈도우 환경의 Qt 기반 설정 도구를 사용한다.
make nconfig	텍스트 기반 메뉴로 색상(color)과 F1~F9의 기능키를 지원한다.

06 다음은 디스크 관련 정보를 확인하는 과정이다. 작업 사항에 맞게 (   ) 안에 알맞은 내용을 적으시오. (4점)

> 가. /dev/sda1에 부여되어 있는 UUID 값을 출력한다.
> # (①) /dev/sda1
> 나. /dev/sda1의 블록 사이즈 정보를 출력한다.
> # (②) /dev/sda1

> ■ 조건
> ①과 ②번은 '명령어', '명령어 옵션', '명령어 옵션 인자값' 등 해당 정보를 출력할 수 있는 내용을 기입한다.

답안

①

②

중**정답**

① blkid 또는 dumpe2fs 또는 blikd device
② dumpe2fs 또는 blockdev —getbsz 또는 blockdev —report

해설

• blkid : 블록 디바이스의 속성과 UUID 등 정보를 출력해 주는 명령어로 'blkid [옵션] [대상]'의 명령 형식을 갖는다. 이때 특정 대상을 지정하지 않으면 전체 장치를 대상으로 한다.
 – blkid 명령어의 주요 옵션

옵션	설명
−i	I/O 제한 정보를 출력한다.
−U [uuid]	uuid를 갖는 장치를 대상으로 한다
−p	저수준 슈퍼 블록 모드를 이용하여 자세한 정보를 출력한다.
− t TYPE=[타입]	해당 타입의 장치를 대상으로 한다.
−o [타입]	list 형식 등을 타입으로 지정하여 해당 포맷에 맞추어 출력한다.

• dumpe2fs : 파일 시스템의 블록에 대한 정보를 출력하는 리눅스 명령어이다.
 – dumpe2fs 명령어의 주요 옵션

옵션	설명
−b	배드블록으로 지정된 정보를 출력한다.
−h	블록 그룹을 제외하고 슈퍼 블록 정보만 출력한다.
−x	16진수 형태로 블록 그룹 정보를 출력한다.
−V	버전 정보를 출력한다.

PART 05

2차 시험 기출문제

고최신 기출문제 03회 2-237

- blockdev : 블록 장치의 ioctl(Input Output Control)을 호출하는 리눅스 명령어이다.
  - blockdev 명령어의 주요 옵션

옵션	설명
--report	블록 장치의 정보를 출력한다.
--setro	읽기 전용으로 설정한다.
--setrw	읽기/쓰기로 설정한다.
--getbsz	블록 사이즈를 출력한다.
--getsz	512-byte 섹터의 크기를 출력한다.
--flushbufs	내부 버퍼를 장치에 쓴다.

07 다음은 last 명령으로 참조되는 로그 파일의 로테이션 관련 설정을 하는 과정이다. (   ) 안에 알맞은 내용을 적으시오. (4점)

```
# vi ( ① )
( ② ) {
( ③ )
}
```

■ 조건
- ①과 ②번은 관련 파일명을 절대경로로 기재한다.
- ③번은 해당 로그 파일의 정보를 일반 사용자들이 볼 수 없도록 허가권 및 소유권을 지정한다. 조건과 관련된 내용 한 줄만을 기재한다.

답안

①

②

③

....

정답

① /etc/logrotate.conf
② /var/log/wtmp
③ create 0600 root utmp 또는 create 0600 root root (0600 대신에 0660 가능)

해설

- logrotate : 시간에 따라 크기가 커질 수 있는 로그 파일을 일정 기간(시간/주/월/년), 크기 등 지정 조건에 따라 백업하는 명령어이며 /etc/logrotate.conf 설정 파일을 이용한다.
- /var/log/wtmp : 로그인, 로그아웃, 재부팅 이력을 기록하며 last 명령으로 확인한다.
- 지문에 따른 logrotate.conf의 내용을 예를 들어 발췌하면 아래와 같다.

예시	설명

/var/log/wtmp {
weekly
create 0600 root utmp
rotate 4
}
	- /var/log/wtmp 로그에 대한 설정이다.
	- 매주 로그 파일을 백업하고 새롭게 바꾼다.
	- 신규 로그 파일의 퍼미션을 0600으로 하고, root를 소유자로 utmp를 소유그룹으로 한다.
	- rotate 4는 로그 파일을 4세대 분으로 남긴다. 이 경우 weekly로 로그를 백업하므로 총 4week 분이 남겨진다.

08 다음은 로테이션 된 지난 로그 파일을 확인하는 과정이다. 조건에 맞게 (   ) 안에 알맞은 내용을 적으시오. (4점)

> 가. 로그인에 실패한 접속 기록을 출력한다.
> # (①) (②)-20180331
> 나. 로그인에 성공한 접속 기록을 출력한다.
> # (③) (④)-20180331

> ■ 조건
> • ①과 ③번은 '명령어', '명령어 옵션' 등 해당 정보를 출력할 수 있는 내용의 형식으로 기입한다.
> • ②과 ④번은 관련 파일명을 기입한다.
> • 정확한 명령어와 파일 조합만을 정답으로 인정한다.

답안

①
②
③
④

정답

① lastb -f
② /var/log/btmp
③ last -f
④ /var/log/wtmp

해설

• lastb : /var/log/btmp 로그 파일을 참조하여 로그인 실패 기록을 확인하며 'lastb [옵션] [사용자명]'을 명령어 형식으로 이용한다.
• last : /var/log/wtmp 정보를 참조하여 로그인, 로그아웃, 리부팅 이력을 확인하는 명령어로 'last [옵션] [사용자명]'을 명령어 형식으로 이용한다.
  - last의 주요 명령 옵션

옵션	설명
-f [파일명]	로그 로테이션이 설정된 경우 다른 로그 파일의 기록을 볼 수 있도록 파일명을 지정한다.
-t [YYYYMMDDHHMMSS]	지정한 시간 이전의 로그 기록을 출력한다.
-n [숫자]	가장 최근부터 해당 숫자만큼만 출력한다.
-[숫자]	-n [숫자]와 동일하다.
-R	호스트 필드는 출력하지 않는다.
-a	호스트 필드를 가장 마지막에 출력한다.
-d	외부 접속 시 기록되는 원격 IP를 host 이름으로 변경한다.
-F	로그인 및 로그아웃 시간을 출력한다.
-w	사용자의 전체 이름 혹은 전체 도메인 이름을 출력한다.

09 다음은 운영 중인 sshd 서버로 접근하는 root 계정에 대한 거부 설정을 하는 과정이다. 조건 맞게 ( ) 안에 알맞은 내용을 적으시오. (4점)

```
# vi ( ① )
( ② )
```

■ 조건
- ①번은 관련 파일명을 절대경로로 기입한다.
- ②번은 관련 항목과 값만 한 줄로 기입한다.

답안

①

②

정답

① /etc/ssh/sshd_config
② PermitRootLogin no

해설
- sshd는 /etc/ssh/sshd_config을 설정 파일로 이용한다.
- sshd_conf의 주요 지시자

지시자	설명
Port	SSH 서비스의 기본 포트 22를 지정한 포트로 변경하여 사용한다.
ListenAddress	SSH 서버에서 listen할 localhost 주소로 0.0.0.0는 모든 네트워크를 의미한다.
PermitRootLogin	no로 설정하여 root 계정의 접근을 금지한다.
PrintLastLog	로그인 시 지난번 로그인 기록을 보여준다.
LoginGraceTime	지정한 시간 안에 로그인하지 않으면 자동으로 접속을 해제한다.
X11Forwarding	원격에서 X11 포워딩을 허용할지 설정한다.
PrintMotd	yes로 설정하면 /etc/motd 파일의 환영 메시지 등의 정보를 로그인 시 출력한다.
TCPKeepAlive	yes를 지정하면 일정시간 간격으로 메시지를 전달하여 클라이언트의 접속 유지 여부를 확인한다.

10 다음은 cpio를 이용해서 시스템의 데이터를 백업하고 복원하는 과정이다. 작업 사항에 맞게 (　　) 안에 알맞은 내용을 적으시오. (4점)

> 가. /home 디렉터리를 home.cpio로 백업을 진행하는데, 데이터 형식을 SVR4 portable format with no CRC로하고 진행 과정을 상세히 출력한다.
> # (①) | cpio (②)
>
> 나. 백업된 home.cpio로 데이터를 복원한다. 데이터 형식은 SVR4 portable format with no CRC로 지정하고 진행 과정을 상세히 출력한다.
> # cpio (③)

> ■ 조건
> • ①번은 '명령어', '명령어 옵션', '명령어 옵션 인자값' 등 해당 작업을 처리할 수 있는 내용의 형식으로 기입한다.
> • ②과 ③번은 옵션 또는 '옵션 인자값' 등 해당 작업을 처리할 수 있는 내용의 형식으로 기입한다.

PART 05 2차 시험 기출문제

| 답안 |

①

②

③

정답

① find /home 또는 find /home −print
② −ocv 〉 home.cpio 또는 −ocvF home.cpio
③ −icv 〈 home.cpio 또는 −icvF home.cpio
(②과 ③번에서 −c 옵션 대신에 −H newc 또는 −−format=newc 가능)

해설

• cpio(copy in and out) 명령어는 대상 파일들을 복사하거나 하나의 파일로 아카이빙(Archiving) 혹은 아카이빙된 파일을 복원할 수 있으며 'cpio [옵션] [디렉터리 혹은 파일이름]'의 명령어 형식을 갖는다.
  − cpio의 주요 옵션

옵션	설명
−o	−−create와 동일하며 표준 입력으로 전달받은 파일 목록을 표준 출력 형태로 복사한다.
−i	−−extract와 동일하며 cpio를 이용하여 아카이빙한 파일들을 복원한다.
−p [디렉테리]	표준 입력으로 전달받은 파일 목록을 지정한 디렉터리로 복사한다.
−F	• '−−file'과 동일하며 주어진 파일명을 이용한다. • cpio는 표준 입·출력을 이용하므로 redirection을 이용하면 −F 옵션을 지정한 것과 동일한 효과를 갖는다.
v 플래그	실행 중 정보(파일 이름)를 표시한다.
c 플래그	• ASCII 문자 양식으로 헤더 정보를 읽고 기록한다. • 아카이빙 시 c 플래그를 지정한 경우 복원 시에도 c 플래그를 지정해야 한다.
d 플래그	cpio 수행 시 디렉터리를 자동으로 생성할 수 있다.

• 문제 지문에서 백업은 'find 명령의 결과를 파이프를 이용하여 cpio 명령에 전달'하는 방식이다.
• 문제 지문에서 복원은 '백업된 정보를 리다이렉트(redirect)를 이용하여 cpio 명령에 전달'하는 방식이다.

최신 기출문제 03회 2-241

11 다음은 NIS 도메인명을 설정하는 과정이다. 조건에 맞게 (   ) 안에 알맞은 내용을 적으시오. (6점)

가. 관련 명령어를 사용해서 NIS 도메인명을 ihd.or.kr로 지정한다.
(①) ihd.or.kr
나. 재부팅 시에도 관련 NIS 도메인명이 적용시키기 위해 관련 파일에 등록한다.
vi (②)
(③)

■ 조건
- ①번은 관련 명령어만 기재한다.
- ②은 관련 파일명을 절대경로로 기입한다.
- ③번은 관련 설정 내용을 기입한다.

■ 답안

①

②

③

■ 정답

① nisdomainname
② /etc/sysconfig/network
③ NISDOMAIN=ihd.or.kr

■ 해설

- NIS(Network Information Service) : 호스트명, 사용자명, 사용자 암호 등과 같은 시스템 정보를 검색하고 관리하기 위하여 썬(Sun)사가 개발한 서비스이다.
- nisdomainame 명령을 이용하면 실행 시 NIS 도메인명을 사용할 수 있으나 시스템을 리부팅하면 설정한 정보가 사라지게 된다.
- /etc/sysconfig/network에 NIS 도메인명을 설정하여 시스템 부팅 시 항상 적용되도록 할 수 있다.

12 다음은 아파치 웹 사용자 인증 및 점검하는 과정이다. 조건에 맞게 (   ) 안에 알맞은 내용을 적으시오. (12점)

가. ihduser라는 웹 사용자를 생성하는데, 관련 파일은 /usr/local/apache/conf/password로 생성한다.

\# (①) (②)

나. 아파치 환경설정 파일의 문법적 오류가 있는지 여부를 점검한다.

\# (③)

다. 아파치 웹 서버를 재시작하지 않고, 변경된 환경설정 파일 정보만을 다시 읽어들인다.

\# (④)

■ 조건

- ①번은 관련 명령어만 기재한다. (①번의 명령어가 틀리면 ②번은 배점하지 않는다.)
- ②은 명령어의 옵션 또는 옵션과 관련된 인자값을 기입하는데, 옵션과 관련된 인자값이 있는 경우에는 하나의 괄호로 처리한다. (**예** -d /home/ihduser)
- ③과 ④번은 '명령어', '명령어 옵션', '명령어 옵션 인자값' 등 해당 정보를 출력할 수 있는 내용의 형식으로 기입한다.

| 답안 |

①

②

③

④

....

| 정답 |

① htpasswd

② -c /usr/local/apache/conf/password ihduser

③ httpd -t 또는 service httpd configtest (service httpd 대신에 apachectl 가능)

④ httpd -k graceful 또는 service httpd graceful (service httpd 대신에 apachectl 가능)

- **htpasswd** : 아파치에서 사용자 인증 파일을 생성하고 관리해 주는 명령어로 'htpasswd [옵션] [passwdfile] [username] [password]' 형식을 따른다.
  - htpasswd 명령의 주요 옵션

옵션	설명
-b	명령행 파라메터로 받은 암호를 이용하여 배치 모드로 동작한다.
-c	명령행 인자로 전달받은 'passwdfile'을 만든다.
-n	파일을 수정하지 않고 결과를 출력한다.
-p	암호(password)를 별도로 암호화하지 않고 그대로 사용한다.
-m	MD5 암호화 알고리즘을 이용하여 암호화한다.
-d	CRYPT 암호화를 이용하여 암호화한다.
-s	SHA 암호화 알고리즘을 이용하여 암호화한다.
-D	username이 passwdfile에 있다면 해당 사용자를 삭제한다.
passwdfile	사용자명과 암호를 함께 저장하는 파일명으로 -c 옵션을 이용하여 생성한다.
username	passwdfile에 새롭게 추가하거나 수정할 사용자 이름을 지정한다.
password	-b 옵션과 함께 사용되며 암호화하여 저장할 암호를 지정한다.

- **httpd** : 아파치 데몬의 실행 파일로 명령행 옵션으로 별도의 기능을 수행할 수 있다.
  - httpd 의 주요 옵션

옵션	설명
-d [루트 디렉터리 경로명]	아파치의 루트 디렉터리를 지정하여 실행한다.
-f [설정 파일 경로명]	아파치 설정 파일의 경로명을 지정한다.
-v	아파치의 버전을 출력한다.
-l	컴파일 시 사용한 모듈 목록을 출력한다.
-L	설정 가능한 지시자를 출력한다.
-S	설정되어 있는 가상 호스트 목록을 출력한다.
-t	설정 파일의 문법을 점검한다.

- **apachectl** : 아파치 웹 서버를 시작·종료·재시작 등을 할 수 있는 명령어이다.
  - apachectrl의 주요 옵션

옵션	설명
start	아파치 웹 서버를 실행한다.
stop	아파치 웹 서버를 종료한다.
restart	아파치 웹 서버를 재시작한다.
fullstatus	아파치 웹 서버의 실행 상태를 자세히 표시한다.
status	아파치 웹 서버의 실행 상태를 간단히 표시한다.
graceful	기존의 연결된 접속을 해제하지 않고 재시작한다.
configest	httpd.conf 설정 파일을 검사한다.
help	도움말을 표시한다.

13 다음은 vsftpd 서버를 설정하는 과정이다. 조건에 맞게 ( ) 안에 알맞은 내용을 적으시오. (9점)

가. ihduser와 kaituser의 FTP 서버 접근을 거부하도록 설정한다.
vi (①)
ihduser
kaituser

나. 접속한 사용자의 홈 디렉터리를 최상위 디렉터리로 지정한다.
vi (②)
(③)

■ 조건
- ①과 ②번은 관련 파일명을 절대경로로 기입한다.
- ③번은 관련 항목과 값만 한 줄로 기입한다.

┃ 답안

①
②
③

정답
① /etc/vsftpd/ftpusers 또는 /etc/vsftpd/user_list
② /etc/vsftpd/vsftpd.conf
③ chroot_local_user=YES

- /etc/vsftpd/ftpusers에 등록된 모든 계정은 접속 차단된다. vsftpd의 설정 파일인 /etc/vsftpd/vsftpd.conf의 항목 중 'userlist_enable=YES'로 설정하면 ftpusers과 함께 vsftpd.user_list에 등록된 모든 계정도 접속 차단된다.
- FTP 서비스인 vsftpd는 /etc/vsftpd/vsftpd.conf를 환경설정 파일로 이용한다.
- vsftpd.conf의 주요 설정 항목

항목	설명
anonymous_enable=YES	익명(anonymous) 사용자의 접속을 허가한다.
anon_upload_enable=YES	익명 사용자의 업로드를 허가한다.
local_enable=YES	로컬 계정 사용자의 접속을 허가한다.
write_enable=YES	FTT 쓰기(write) 명령을 허가한다.
local_umask=022	기본 umask값인 077을 지정한 값(022)으로 변경한다.
chroot_local_user=YES	접속한 사용자의 홈 디렉터리를 최상위 디렉터리가 되도록 지정한다.
chroot_list_enable=YES	홈 디렉터리의 상위 디렉터리로 이동할 수 있는 사용자 목록을 사용한다.
chroot_list_file=[파일명]	/etc/vsftpd/chroot_list와 같이 상위 디렉터리로 이동할 수 있는 사용자 목록을 담은 파일을 지정한다.
chown_uploads=YES	익명 사용자가 업로드한 파일의 소유권을 변경한다.
chown_username=[계정명]	익명 사용자가 업로드한 파일의 소유권을 갖게 될 사용자를 설정한다.
pam_service_name=[이름]	vsftpd와 같이 PAM 인증에 사용할 설정 파일의 이름을 지정한다.
userlist_enable=YES	/etc/vsftpd/user_list를 사용한다.
tcp_wrapper=YES	tcp_wrapper를 이용하여 접근제어를 수행한다.
session_support=YES	wtmp에 로그를 남겨 last 명령으로 접속 여부를 확인할 수 있다.
dirmessage_enable=YES	디렉터리 이동 시 해당 디렉터리의 메시지(.message 파일의 내용)가 표시된다.
ftpd_banner=[메시지]	FTP 접속시 표시될 환영 메시지를 설정한다.
xferlog_enable=YES	FTP 관련 로그를 기록한다.
xferlog_file=[경로명]	/var/log/xferlog와 같이 로그 파일 경로를 지정한다.
xferlog_std_format=YES	로그 파일이 표준 포맷을 사용하도록 설정한다.
listen_port=[포트번호]	21과 같이 vsftpd의 접속 포트를 지정한다.
ftp_data_port=[포트번호]	20과 같이 데이터 전송에 사용할 포트를 지정한다.
listen=YES	스탠드어론(standalone) 모드로 동작 시 설정하는 항목이다.
idle_session_timeout=[초]	Idle 상태에서 접속을 유지할 최대 시간을 설정한다(기본 300초).
data_connection_timeout=[초]	Data connection을 끊기 전까지의 대기시간을 설정한다(기본 60초).
max_clients=[최대값]	접속할 수 있는 클라이언트(client)의 최대 허용 건수를 지정한다.
max_per_ip=[최대값]	한 IP 주소당 접속할 수 있는 최대 허용 건수를 지정한다.

14 다음은 DNS 서버의 zone 파일을 설정하는 과정이다. 조건에 맞게 (   ) 안에 알맞은 내용을 적으시오. (9점)

```
@          IN SOA ns.ihd.or.kr. kait.ihd.or.kr. (
--중략
3H )        ; minimum
IN NS ns.ihd.or.kr.
IN A 192.168.12.22
( ① )
( ② )
( ③ )
```

■ 조건

- ①번은 ihd.or.kr 도메인으로 메일을 받을 수 있도록 설정 내용을 한 줄로 기입한다.
- ②번은 www 도메인을 사용하는 호스트의 IP 주소를 192.168.12.22로 설정한다.
- ③번은 www1 도메인으로 접속하는 경우에도 www 호스트로 연결시킨다.

답안

①

②

③

① IN MX 10 ihd.or.kr. (IN 생략 가능) (10 대신에 0 이상의 양의 정수값은 모두 가능, 앞부분에 공백 또는 도메인명 가능)
② www IN A 192.168.12.22 (IN 생략 가능)
③ www1 IN CNAME www (IN 생략 가능)

해설

- zone 파일은 도메인 이름과 IP 주소 혹은 관련 리소스 간 매핑(mapping)을 포함하며, 개별 도메인은 '[도메인명] [IN] [Class] [Record Type] [우선순위] [도메인 혹은 IP]'의 형식으로 구성한다.
  - 도메인명 : 도메인 이름, 호스트 이름, 공백, @ 등이 올 수 있다. @은 현재 도메인을 가리키며 공백은 바로 위 자원을 이용하게 된다. 도메인 이름을 사용할 경우 마지막에 '.'을 추가해야 한다.
  - Class : 일반적으로 인터넷 클래스인 IN을 사용하며, 레코드에 대한 클래스를 지정한다.
  - Record Type : 레코드의 타입을 지정한다.
- DNS의 주요 레코드 타입

타입	설명
A (Address Mapping Records)	도메인 이름에 해당하는 IPv4 주소
AAAA (IPv6 Address Records)	도메인 이름에 해당하는 IPv6 주소
CNAME (Canonical Name)	도메인 이름의 별칭
HINFO (Host Information)	CPU, OS 유형 등 호스트에 대한 정보
MX (Mail exchanger)	도메인 이름에 대한 메일 교환 서버
NS (Name Server)	호스트에 대한 공식 네임 서버
PTR (Reverse-lookup Pointer records)	IP 주소를 기반으로 도메인 이름 반환
SOA (Start of Authority)	도메인 관리자 메일, 일련번호 등 DNS 핵심 정보 지정
TXT (Text)	임의의 텍스트 문자열 저장

15 다음은 iptables를 이용해서 NAT를 설정하는 과정이다. 작업 사항에 맞게 (   ) 안에 알맞은 내용을 적으시오. (12점)

가. 첫 번째 이더넷카드(eth0)를 통해 외부로 나가는 패킷에 203.247.5.13번 IP 주소를 부여한다.
iptables (①) –o eth0 (②) ––to 203.247.5.13
나. 203.247.12.22의 80번 포트로 들어오는 패킷을 192.168.5.13의 80번 포트로 연결한다.
iptables (③) –p tcp –d 203.247.12.22 ––dport 80 (④) ––to 192.168.5.13:80

■ 조건
①~④번은 작업 사항에 알맞은 내용을 기입한다.

▎ 답안

①

②

③

④

정답
① → t nat –A POSTROUTING
② → j SNAT
③ → t nat –A PREROUTING
④ → j DNAT

해설
· iptables을 이용하여 nat를 설정하려면, '–t nat' 옵션으로 nat 테이블을 선택하고, '–A [체인명]'으로 원하는 체인을 추가한다.
· 주요 match 규칙 항목

match 규칙	설명
–s, ––source	출발지 IP, 도메인을 설정한다.
–d, ––destination	목적지 IP, 도메인을 설정한다.
!	뒤에 따라오는 규칙은 제외한다.
–p, ––protocol	tcp, udp, icmp 등 프로토콜을 설정한다.
–i, ––in–interface	입력 네트워크 인터페이스를 선택한다.
–o, ––out–interface	출력 네트워크 인터페이스를 선택한다.
––sport	– 소스 포트를 설정한다. – ':'를 이용하여 포트의 범위를 설정할 수 있다.
––dport	– 타깃 포트를 설정한다. – ':'를 이용하여 포트의 범위를 설정할 수 있다.
––tcp–flags	SYN, ACK, FIN, RST, URG, PSH, ALL, NONE 등 TCP flag를 지정한다.
––syn	TCP flag로 SYN만 가진 것을 지정한다.
––icmp–type	– ICMP 타입을 지정한다. – echo–request(8), echo–reply(0), destination–unreachable(3) 등이 있다.
–m, ––match	특정 모듈, 규칙과 매치한다.
––state	연결 상태와 매치한다.
––string	응용 계층의 데이터 바이트 순서와 매치한다.

• 체인 내부의 주요 옵션 항목

옵션	설명
-A	새로운 정책을 가장 마지막에 추가/등록한다.
-I [체인] [라인번호]	지정한 라인번호에 추가한다.
-D [체인] [라인번호]	정책을 제거한다.
-R [체인] [라인번호]	정책을 수정한다.

• nat 테이블의 chain

chain	설명
PREROUTING	패킷의 도착지 주소를 변경한다.
POSTROUTING	패킷의 출발지 주소를 변경하며 masquerade라고도 한다.
OUTPUT	호스트에서 밖으로 흐르는 패킷의 도착지 주소를 변경한다.
INPUT	호스트 밖에서 안으로 흐르는 패킷의 주소를 변경한다.

• -j [정책명]으로 원하는 nat를 지정할 수 있다.
• NAT의 종류

기준	세부 항목
Network 구분	- Normal NAT : 사설 IP를 공인 IP로 변환한다. - Reverse NAT : 공인 IP를 사설 IP로 변환한다. - Exclude NAT : NAT를 적용하지 않는 host/network를 지정한다. - Redirect NAT : 특정 시스템으로 지정한 곳으로 포워딩한다.
IP 개수, 고정 여부	- Dynamic NAT : 다수의 사설 IP와 다수의 공인 IP를 동적으로 매핑한다. - Static NAT : 사설 IP와 공인 IP를 1:1로 고정하여 매핑한다.
주소 변경 여부	- SNAT(Source NAT) : 소스 IP 주소를 변경한다. - DNAT(Destination NAT) : 목적지 IP 주소를 변경한다.

> **참고**
>
> 최근 리눅스는 firewalld를 기본 방화벽으로 사용하고 iptables 대비 편리한 사용성을 제공한다. 그러나 iptables를 사용하면 보다 상세하고 명확한 규칙 설정이 가능하므로 iptables는 여전히 중요하며, firewalld도 내부적으로 iptables를 기반으로 동작한다. 이후 출제 문제의 패턴을 예상하기 어려우므로 firewalld와 iptables를 모두 확인해 두어야 한다.

16 다음은 DHCP 서버 운영을 위해 환경설정 파일에 주요 설정을 진행하는 과정이다. 작업 사항에 맞게 ( ) 안에 알맞은 내용을 적으시오. (12점)

가. 할당할 IP 주소 대역을 192.168.5.1부터 192.168.5.253로 지정하고, DHCP 클라이언트뿐만 아니라 BOOTP 클라이언트도 함께 할당한다.

(①)

나. 할당할 도메인명은 ihd.or.kr로 지정한다.

(②)

다. 할당할 게이트웨이 주소를 192.168.5.254로 지정한다.

(③)

라. 할당할 브로드캐스트 주소는 192.168.5.255로 지정한다.

(④)

■ 조건

①~④번은 조건과 관련된 항목과 설정값을 한 줄씩 기입한다.

┃ 답안

①

②

③

④

정답

① range dynamic-bootp 192.168.5.1 192.168.5.253;
② option domain-name "ihd.or.kr";
③ option routers 192.168.5.254;
④ option broadcast-address 192.168.5.255;

해설

· DHCP 데몬(daemon)인 dhcpd는 /etc/dhcp/dhcpd.conf를 설정 파일로 사용한다.
· dhcpd.conf의 주요 설정 항목

설정 항목	설명
range	클라이언트에 할당할 IP 범위를 지정한다.
range dynamic-bootp	DCHP 클라이언트와 BOOTP 클라이언트를 함께 지원한다.
option domain-name	도메인 이름을 지정한다.
option domain-name-servers	네임 서버를 지정한다.
option routers	게이트웨이 주소를 지정한다.
option broadcast-address	브로드캐스팅 주소를 지정한다.
default-lease-time	초(second) 단위로 임대요청 만료시간을 지정한다.
max-lease-time	초 단위로 클라이언트가 사용할 IP의 최대 시간을 지정한다.

02

해설과 따로 보는
최신 기출문제

1급	소요 시간	문항 수
	총 100분	총 16문항

수험번호 : _____

성   명 : _____

정답 & 해설 ▶ 2-292쪽

01~10 단답식

01 다음은 리눅스 쉘 스크립트를 작성하고 실행하는 과정이다. 조건에 맞게 (   ) 안에 알맞은 내용을 적으시오. (4점)

> 가. ~/test.sh를 파일명으로 하여 리눅스 쉘 스크립트를 작성한다. 다음은 ~/test.sh의 내용 중 일부이다.
>
> ```
> #! /bin/bash
> ( ① ) hello
> {
>     echo "Hello World"
> }
>
> numParam = ( ② )
>
> # 파라미터의 개수가 1개 이면, 첫번째 파라미터의 내용을 출력한다.
> if [ $numParam −eq 1 ]
> then
>     echo "$1"
> fi
>
> hello
> ```
>
> 나. ~/test.sh의 소유자에게만 실행 권한을 추가한다. 단, 기타의 권한은 변경 없이 유지한다.
> # chmod (③) ~/test.sh
>
> 다. 새로운 쉘을 통해 ~/test.sh를 실행한다.
> # (④) ~/test.sh

■ 조건
- ①번은 쉘 스크립트에서 함수를 정의하기 위한 키워드만 기재한다.
- ②번은 쉘 스크립트 실행 시 함께 전달되는 파라미터(인자)의 개수를 의미한다.
- ③번은 소유자에게만 실행 권한을 추가하기 위한 옵션으로, 실행 권한 이외의 권한은 기존 내용을 유지한다.
- ④번은 쉘 스크립트를 실행하는 명령어만 기재한다.

답안

①

②

③

④

02 다음은 프로세스의 우선순위를 변경하기 위한 명령어의 예이다. 조건에 맞게 (　　　) 안에 알맞은 내용을 적으시오. (4점)

가. 프로세스가 실행될 때의 NI값을 확인한다.
(①)

나. myfile.txt를 인자로 하여 nano 프로세스를 실행한다. 이때 기존 NI 값에서 13을 증가한다.
(①) (②) nano myfile.txt

다. 현재 실행 중인 PID (Process ID)가 987인 프로세스와 master 사용자의 모든 프로세스를 13으로 설정한다.
(③) 13 −p 987
(③) 13 (④) master

■ 조건
- ①번은 프로세스가 실행될 때의 기본 NI 값을 출력하는 명령어이다.
- ②번은 NI값을 13 증가하기 위한 옵션이다.
- ③번은 실행 중인 프로세스의 NI값을 변경할 수 있는 명령어이다.
- ④번은 사용자 계정을 지정하기 위한 옵션이다.

답안

①

②

③

④

03 다음은 커널 모듈을 관리하기 위한 명령어의 활용 예이다. 조건에 맞게 (   ) 안에 알맞은 내용을 적으시오. (4점)

가. /proc/modules 파일을 기반으로 현재 로드된 모듈의 리스트와 정보를 출력한다.
(①)

나. 새롭게 작성한 dummy 모듈을 로드 한다.
(②) /home/francis/dummy.ko

다. 모듈을 로드할 때 의존성 문제가 발생하였다. 이를 해결하기 의존성 있는 모듈을 먼저 로드한 후 지정한 모듈을 로딩한다.
(③) dummy

라. 모듈을 제거하되 의존성 있는 모듈이 존재하고 참조가 없다면 이들도 함께 언로드한다.
(③) (④) dummy

■ 조건
- ①번은 현재 로드된 모듈의 리스트와 정보를 출력하는 명령어이다.
- ②번은 모듈을 로드하는 명령어이다.
- ③번은 모듈의 의존성을 고려하여 모듈을 커널에 로드 혹은 언로드하는 명령어이다.
- ④번은 모듈을 제거하기 위해 사용하는 옵션이다.

답안

①
②
③
④

04 다음은 ~/hello.txt의 내용을 프린트로 출력하고 관리하기 위한 명령어이다. 조건에 맞게 (   ) 안에 알맞은 내용을 적으시오. 단, BSD 프린팅 시스템의 명령어를 사용한다. (4점)

> 가. ~/hello.txt의 내용을 10장 출력한다.
> # (①) ~/hello.txt
>
> 나. 대기 된 상태로 아직 출력되지 않은 내용을 출력 작업에서 삭제한다.
> # (②)

> ■ 조건
> • ①번은 BSD 프린팅 시스템의 프린트 출력을 명령어이며 10장을 출력하기 위한 옵션을 함께 지정한다.
> • ②번은 BSD 프린팅 시스템의 프린트 취소하는 명령어이며, 프린터 대기열의 모든 작업을 취소하는 옵션을 함께 지정한다.

┌ 답안 ┐

①

②

05 다음은 리눅스 보안을 위하여 로그인, 로그아웃 등의 현황을 점검하는 과정이다. 조건에 맞게 (   )
안에 알맞은 내용을 적으시오. (4점)

가. btmp 로그파일을 참고하여 실패한 로그인 정보의 최근 3번의 기록을 출력한다.
(①) -3

나. lastlog 로그파일을 참고하여 3일 이내의 사용자 로그인 기록을 출력한다.
(②) (③) 3

다. wtmp 로그파일을 참고하여 최근 3번의 로그인, 로그아웃 기록을 출력한다.
(④) -3

■ 조건
- ①번은 btmp 로그파일의 내용을 출력하는 명령어이다.
- ②, ③번은 lastlog 로그파일의 내용을 출력하는 명령어와 날짜를 지정하는 옵션이다. 이
  때 지정한 날짜보다 최근의 로그인 기록을 출력한다.
- ④번은 wtmp 로그파일의 내용을 출력하는 명령어이다.

■ 답안

①

②

③

④

06 다음은 리눅스 보안 강화를 위하여 커널 매개변수를 관리하는 과정이다. 조건에 맞게 (   ) 안에 알맞은 내용을 적으시오. (4점)

가. /proc/sys 디렉터리 이하의 모든 커널 매개 변수를 출력한다.
(①) -a

나. ICMP Echo (PING) 요청에 대한 응답을 거부하도록 설정한다.
(①) (②) net.ipv4.icmp_echo_ignore_all=1

다. TCP SYN FLOODING 공격에 대응하기 위하여 SYNCOOKIE를 설정한다.
(①) (②) (③)=1

라. 스머프 공격 (Smurf Attack) 공격에 대응하기 위하여 ICMP BROADCAST를 차단한다.
(①) (②) /proc/sys/net/ipv4/icmp_echo_ignore_broadcasts=(④)

■ 조건
- ①번은 proc/sys 디렉터리 이하의 커널 매개변수를 확인하거나 설정하는 명령어이다.
- ①, ②번은 커널 매개변수에 값을 지정하기 위한 명령어와 옵션이다.
- ③번은 SYNCOOKIE 사용을 지정하는 커널 매개변수이다.
- ④번은 /proc/sys/net/ipv4/icmp_echo_ignore_broadcasts 매개변수의 동작을 활성화 (지정)하기 위한 설정값이다.

▌ 답안

①
②
③
④

07 다음은 리눅스 사용자 계정과 로그인 관련 설정을 정의하는 과정이다. 조건에 맞게 (   ) 안에 알맞은 내용을 적으시오. (4점)

가. 사용자 계정에 할당되는 사용자 ID (UID)의 최소 및 최대값을 확인하기 위하여 설정 파일의 내용을 확인한다.
cat (①)

나. 패스워드의 최대 사용일을 확인한다.
cat (①) | grep (②)

다. 패스워드의 최소 길이를 확인한다.
cat (①) | grep (③)

라. 사용자가 새로운 파일을 만들 경우 설정되는 기본 권한의 기준을 확인한다.
cat (①) | grep (④)

■ 조건
- ①번은 패스워드 최대 사용일, 패스워드 최소 사용일, 패스워드 만료 경고일, useradd 명령어 사용시 홈 디렉터리 생성 여부 등, 리눅스 사용자 계정 관리 및 인증 설정을 지정하는 설정 파일로 절대경로로 기입한다.
- ②번은 패스워드 최대 사용일을 지정하는 항목의 이름이다.
- ③번은 패스워드 최소 길이를 지정하는 항목의 이름이다.
- ④번은 새로운 파일을 만들 경우 설정되는 기본 권한을 위한 값을 지정하는 항목의 이름이다.

답안

①

②

③

④

08 다음은 리눅스 커널 컴파일을 위한 과정이다. 조건에 맞게 (   ) 안에 알맞은 내용을 적으시오. (4점)

가. 커널 소스코드를 다운로드 하고 압축을 해제한 후 관련 폴더로 이동한다.
(①) https://git.kernel.org/torvalds/t/linux-4.17-rc2.tar.gz
tar tar xvzf linux-4.17-rc2.tar.gz
cd linux-4.17-rc2

나. 커널 환경설정을 하기 전 기존의 오브젝트 파일, config 파일, 다양한 백업 파일을 모두 제거한다. 만약 처음 커널 컴파일을 하는 것이라면 이 과정은 생략 가능하다.
make (②)

다. make menuconfig 명령어를 이용하여 원하는 커널의 기능을 활성화 한다.
make menuconfig

라. 1MB 이상의 커널을 컴파일 하여 커널 이미지를 생성한다.
make (③)

마. 커널에서 사용할 모듈을 컴파일 하고 설치한다.
make modules
sudo make (④)
sudo make modules_install

바. 시스템을 재부팅한다.
sudo reboot now

■ 조건
- ①번은 웹 URL을 이용하여 해당 URL이 지정한 파일을 다운로드 받는 명령어이다.
- ②번은 커널 환경설정을 포함하여 모든 파일을 모두 제거하는 옵션이다.
- ③번은 커널을 컴파일하는 옵션으로 1MB 이상의 커널을 컴파일 할 때 사용한다.
- ④번은 컴파일(빌드)한 모듈을 모듈을 /lib/modules/kernel-version 이하에 설치하는 옵션이다.

━━ 답안

①

②

③

④

09 다음은 SSH 서버를 설치한 후 루트(root) 로그인을 허용하기 위한 과정이다. 조건에 맞게 (   ) 안에 알맞은 내용을 적으시오. (4점)

가. ssh 서버를 설치 및 실행하고, 리부팅 시에도 자동실행 하도록 지정한다.
sudo yum −y intall sshd
sudo (①) start sshd
sudo (①) (②) sshd

나. ssh 서버의 루트 로그인을 허용하기 위하여 설정 파일을 편집한다.
sudo vi /etc/ssh/sshd_config
…
…
(③) yes
…

라. 설정을 적용하기 위하여 ssh 서버를 재실행 한다.
(①) (④) sshd

■ 조건
- ①번은 서비스를 실행, 종료, 재실행, 자동실행하기 위해 사용할 수 있는 명령어이다.
- ②번은 리부팅 시에도 자동실행하도록 지정하는 옵션이다.
- ③번은 root 로그인을 허용하기 위한 설정항목으로 대소문자를 구분하여 기술한다.
- ④번은 서비스의 종료와 실행을 연이어 수행하는 옵션이다.

▌ 답안

①

②

③

④

10 다음은 리눅스 명령어를 실행하고 제어하는 과정 중 일부이다. 조건에 맞게 (   ) 안에 알맞은 내용을 적으시오. (4점)

가. SSH를 이용하여 원격접속 후 ping 명령을 백그라운드로 실행한다. 이때 터미널을 종료하여도 명령어가 계속 실행되도록 한다.
\# (①) ping google.com (②)
[1] 733824
…

나. 현재 실행 중인 작업의 목록을 확인한다.
\# (③)
[1]+ Running   (①) ping google.com (②)

다. 실행한 ping 명령을 강제 종료한다.
\# ps
733706 pts/0   00:00:00 bash
733824 pts/0   00:00:00 ping
733838 pts/0   00:00:00 ps

\# kill (④)
\# ps
…
[1]+ Terminated   (①) ping google.com
…

■ 조건
- ①번은 터미널을 이용하여 로그인한 세션이 종료되어도 프로세스를 계속 실행할 수 있도록 지정하는 명령어이다.
- ②번은 프로그램을 백그라운드로 실행하기 위하여 지정한다.
- ③번은 현재 실행 중인 작업의 목록을 확인하는 명령어이며 별도의 옵션 없이 명령어만으로 동작한다.
- ④번은 실행 중인 ping 명령을 강제 종료하기 위해 지정하는 kill의 인자값이다. 단, 지정하는 인자의 개수는 1개이다.

답안

①

②

③

④

11 다음은 메일 서버의 접근통제 설정과정 중 일부이다. 조건에 맞게 (　　) 안에 알맞은 내용을 적으시오. (8점)

127.0.0.1에서 연결을 시도하는 모든 호스트를 허용한다.
발신자의 이메일 주소가 abnormal@youngjin-mail.com인 경우 모든 이메일을 거부 후 메시지를 전송한다.
목적지 주소가 youngjin-mail.com 도메인일 경우 중계를 허용한다.

vi (①)
Connect:127.0.0.1 OK
From:abnormal@youngjin-mail.com (②)
To:youngjin-mail.com (③)

..

(④)

systemctl restart sendmail

■ 조건
- ①번은 메일 서버에 접속하는 호스트의 접근을 제어하는 설정 파일의 전체 경로이다.
- ②번은 거부를 의미하는 정책 설정값이다.
- ③번은 중계를 의미하는 정책 설정값이다.
- ④번은 편집한 설정파일로부터 해시맵 파일을 생성하는 명령어이다.

▌답안
①
②
③
④

12 다음 조건에 따라 아파치 웹 서버 환경설정 파일의 설정항목과 값을 적으시오. (12점)

가. 아파치 웹서버의 기본 포트를 7070으로 지정한다.
(①)

나. 아파치 웹 서버의 서버이름을 www.youngjin-master.com 으로 하고 기본 포트는 7070으로 한다.
(②)

다. 웹 서버 관리자의 이메일 주소를 master@youngjin-master.com으로 지정한다.
(③)

라. 기본 MIME 타입을 text/plain으로 지정한다.
(④)

■ 조건
①, ②, ③, ④번은 설정 항목명과 값을 대소문자를 구분하여 한 줄로 정확히 작성한다.

답안

①

②

③

④

13 다음 조건에 따라 squid 프록시 서버 환경설정 파일의 설정항목과 값을 적으시오. (12점)

가. 사용할 포트 번호를 8888로 설정한다.
(①)

나. 192.168.10.0 대역의 호스트 별칭을 master로 지정하고, master의 접근을 허가한다.
(②)
(③)

다. 캐시의 크기를 2048 MB로 설정한다.
(④)

■ 조건
①, ②, ③, ④번은 설정 항목명과 값을 대소문자를 구분하여 한 줄로 정확히 작성한다.

답안

①

②

③

④

14 다음 조건에 따라 firewalld 방화벽의 규칙을 설정 및 적용하는 명령어를 작성하시오. (8점)

가. 아파치 웹서버를 위한 포트를 서비스 명을 이용하여 추가한다.
(①)

나. vsftp를 위한 포트번호인 20, 21 포트를 포트번호를 이용하여 추가한다.
(②)

다. firewalld를 재실행하지 않고 추가(설정)한 내용을 적용한다.
(③)

■ 조건
①, ②, ③번은 명령어와 관련 옵션(인자)를 대소문자를 고려하여 한 줄로 작성한다. 단, 모든 설정은 public zone을 대상으로 한다.

┃ 답안

①

②

③

15 다음은 네트워크 접근통제를 위한 iptables 명령어의 예이다. 조건에 따라 명령어와 관련 옵션을 작성하시오. (12점)

> 가. INPUT 체인에서 소스 주소가 192.168.10.7이고 목적지 주소가 localhost인 패킷을 거부한다.
> (①)
>
> 나. INPUT 체인에서 소스 주소가 192.168.10.7인 ICMP 패킷을 거부하며 대상 호스트에 메시지를 전달한다.
> (②)
>
> 다. www.youngin-test.com의 80번 포트에 접속하는 것을 차단하기 위하여 OUTPUT 체인에 관련 정책을 등록한다. 단, 사용하는 네트워크 인터페이스의 이름은 eth0 이다.
> (③)
>
> 라. INPUT 체인에 설정된 정책을 번호와 함께 출력한다.
> (④)

> ■ 조건
> ①, ②, ③번은 명령어와 관련 옵션(인자)를 대소문자를 고려하여 한 줄로 작성한다.

답안

①

②

③

④

16 다음은 네트워크 침입 탐지를 위한 snort 룰의 설정 예이다. 조건에 따라 알맞은 설정 항목(옵션)을 적으시오. (8점)

> 외부에서 내부(192.168.10.0/24) 대역의 80포트로 이동하는 패킷 중 "passwd" 문자열이 포함된 패킷이 발견되면 "passwd detected"라는 경고 메시지를 발생시킨다. 단, passwd는 대소문자를 구분하지 않고 비교하여 포함여부를 판단한다.
>
> (①) tcp any any -> 192.168.10.0/24 80 ((②):"passwd detected"; (③):"passwd"; (④); sid:1000001;)

■ 조건

①, ②, ③, ④번은 작성하고자 하는 룰에 따른 설정(옵션)으로 대소문자를 구분하여 하나의 단어로 작성한다.

답안

①

②

③

④

1급	소요 시간	문항 수
	총 100분	총 16문항

수험번호 : _____

성   명 : _____

정답 & 해설 ▶ **2-297쪽**

01~10 단답식

01 다음은 사용자를 관리하는 과정이다. 조건에 맞게 (   ) 안에 알맞은 내용을 적으시오. (4점)

> 가. 고계산용 클러스터를 구축하기 위해 ihduser 사용자의 패스워드 입력 없이 로그인이 가능하도록 설정한다.
> # (①) (②) ihduser
> 나. ihduser의 사용자의 패스워드 변경일을 2020년 9월 18일로 설정하고, 계정 만기일을 2020년 12월 31일로 설정한다.
> # (③) –d 18523 (④) 2020–12–31 ihduser

> ■ 조건
> • ①번과 ③번은 관련 명령어만 기입한다.
> • ②번과 ④번은 각각 ①번과 ③번에 사용되는 명령어의 옵션을 하나만 기입한다. 명령어가 틀리면 채점하지 않는다.

답안

①

②

③

④

02 다음은 사용자의 디스크 사용량을 제한하기 위해 쿼터(Disk Quota)를 설정하는 과정이다. 조건에 맞게 ( ) 안에 알맞은 내용을 적으시오. (4점)

가. 사전 준비 사항
사용자의 디스크 쿼터를 설정하기 위해서는 (①) 파일에서 설정하려는 파티션과 관련된 항목의 (②) 번째 필드에 (③)을 추가 기입하고 다시 마운트하거나 재시작 해야 한다.
나. 사용자 쿼터 정보가 기록되는 파일을 생성한다.
(④) /home

■ 조건
- ①번은 파일명을 절대 경로로 기입한다.
- ②번은 관련 필드에 해당하는 정수 값만 기입한다.
- ③번은 추가로 설정해야할 내용만을 기입한다.
- ④번은 관련 명령어만 기입한다.

┌ 답안 ┐
①
②
③
④

03 다음은 cron을 이용한 프로세스 스케줄링을 관리하는 과정이다. 조건에 맞게 (   ) 안에 알맞은 내용을 적으시오. (4점)

> 가. ihduser가 예약한 작업의 시간을 변경하려고 한다.
> # (①) (②) ihduser
> 나. /etc/check.sh는 월, 목, 금요일에 오전 4시 5분에 실행한다.
> (③) /etc/check.sh
> 다. /etc/heartbeat.sh 명령을 10분 주기로 실행한다.
> (④) /etc/heartbeat.sh

> ■ 조건
> • ①번은 관련 명령어만 기입한다.
> • ②번은 ①번에 사용되는 명령어의 옵션이나 설정값을 한 번에 기입한다. 명령어가 틀리면 채점하지 않는다. (예 −l −u, −alF, −g ihd)
> • ③번과 ④번은 cron 항목 중에 날짜 및 시간 관련 5가지 설정에 대해서만 조건과 형식에 맞게 순차적으로 기입한다.

답안

①

②

③

④

04 다음은 rpm 명령을 이용해서 패키지를 관리하는 과정이다. 조건에 맞게 (   ) 안에 알맞은 내용을 적으시오. (4점)

가. vsftpd 패키지와 의존적인 관계에 있는 파일, 라이브러리, 패키지 목록을 출력한다.
rpm (①) vsftpd
나. /etc/shadow 파일을 설치한 패키지 정보를 출력한다.
rpm (②) /etc/shadow
다. 지정한 패키지 파일이 설치될 파일이나 디렉터리를 미리 확인한다.
rpm (③) totem-2.28.6-2.el6.i686.rpm
라. vsftpd 패키지의 환경설정 파일 정보만 출력한다.
rpm (④) vsftpd

■ 조건
①~④번은 관련 옵션만 한 번에 기입한다. (예) -l -u, -alF, -l)

답안

①
②
③
④

05 다음은 모듈 관련 작업 및 커널 컴파일을 진행하는 과정이다. 조건에 맞게 (   ) 안에 알맞은 내용을 적으시오. (4점)

가. 모듈 간의 의존성이 기록된 파일명을 절대 경로로 기입한다.
(①)
나. 커널 모듈 간의 의존성을 관리하는 명령으로 ①번에 해당하는 파일과 맵 파일을 생성한다.
(②)
다. 커널 컴파일 과정에서 선택한 모듈(m으로 선택)을 생성하는 명령을 기입한다.
(③)
라. 커널 컴파일 과정에서 생성한 모듈을 설치하는 명령을 기입한다.
(④)

■ 조건
• ①번은 응시한 리눅스 버전에 맞게 파일명을 절대 경로로 기입한다.
• ②~④번은 관련 명령어만 기입한다.

답안

①
②
③
④

06 다음은 시스템 및 주변 장치 정보를 확인하는 과정이다. 조건에 맞게 (   ) 안에 알맞은 내용을 적으시오. (4점)

가. 시스템에 장착된 CPU 정보를 확인할 수 있는 파일명을 절대 경로로 기입한다.
(①)
나. 시스템에 장착된 메모리 정보를 확인할 수 있는 파일명을 절대 경로로 기입한다.
(②)
다. 시스템에서 사용 중인 RAID 정보를 확인할 수 있는 파일명을 절대 경로로 기입한다.
(③)
라. 시스템에서 사용 중인 커널 버전 정보를 확인할 수 있는 파일명을 절대 경로로 기입한다.
(④)

■ 조건
①~④번은 파일명을 절대 경로로 기입한다.

■ 답안
①
②
③
④

07 다음은 시스템 로그 관련 설정을 하는 과정이다. 조건에 맞게 (   ) 안에 알맞은 내용을 적으시오. (4점)

가. 모든 서비스(facility)에 대해 가장 최고 수준(priority)의 위험한 상황인 경우에 root 및 ihduser 사용자의 터미널로 관련 로그를 전송한다.
(①)   (②)
나. 메일 서비스(facility)에서 발생하는 error 수준 메시지만 /var/log/mail_error에 기록한다.
(③)   /var/log/mail_error
다. 인증 서비스 관련 로그는 로컬 시스템의 두 번째 터미널로 전송한다.
authpriv.*   (④)

■ 조건
• ①번과 ③번은 facility.priority 형식으로 기입한다.
• ②번과 ④번은 관련 설정(action)을 기입한다.

■ 답안
①
②
③
④

08 다음은 시스템 관련 로그 정보를 명령어를 사용해서 확인하는 과정이다. 조건에 맞게 (   ) 안에 알맞은 내용을 적으시오. (4점)

가. ihduser 사용자의 로그인 정보를 출력한다.

\# (①) ihduser

나. ihduser 사용자의 최종 접속한 로그 기록만 출력한다.

\# (②) ihduser

다. ihduser 사용자의 로그 실패 기록을 출력한다.

\# (③) ihduser

라. 가장 최근에 로그인에 실패한 3개의 기록을 출력한다.

\# (④)

■ 조건

- ①번은 관련 명령어를 기입하고, 만약 관련 옵션이 필요한 경우에는 옵션도 한 번에 기입한다. (**예** ls, ls -al)
- ②~④번은 관련 명령어 또는 관련 명령어 및 옵션의 조합으로 한 번에 기입한다.

▌답안

①

②

③

④

09 다음은 ssh 클라이언트에서 ssh 서버인 192.168.12.22로 접근하는 과정이다. 조건에 맞게 (   ) 안에 알맞은 내용을 적으시오. (4점)

> 가. 현재 ihduser로 로그인되어 있는 상태이다. kaituser로 계정을 변경해서 접근하는 명령을 기입한다.
> $ ssh (①)
> 나. ssh 서버의 포트 번호가 180번으로 변경된 경우에 접근하는 명령을 기입한다.
> $ ssh (②)
> 다. ssh 서버의 홈 디렉터리에 data 디렉터리는 생성하는 명령을 기입한다.
> $ ssh (③)
> 라. ssh 서버에 키 기반 인증을 위해 ssh 클라이언트에서 관련 키 쌍을 생성하는 명령을 기입한다.
> $ (④)

> ■ 조건
> • ①~③번은 옵션 및 관련 인자값 등을 한 번에 기입한다. (예 − a, − g ihd)
> • ④번은 관련 명령어를 기입하는데, 옵션이 필요한 경우에는 한 번에 기입한다.

답안

①
②
③
④

10 다음은 /dev/sda1을 /dev/sdb1으로 백업하는 과정이다. 조건에 맞게 (   ) 안에 알맞은 내용을 적으시오. (4점)

> /dev/sda1을 블록 사이즈 4KB 단위로 하여 /dev/sdb1으로 백업한다.
> # (①) (②)

> ■ 조건
> • ①번은 관련 명령어만 기입한다.
> • ②번은 ①번에 사용되는 명령어의 옵션, 옵션 및 인자값 등을 한 번에 기입한다.

답안

①
②

11 다음은 아파치 웹 사용자 인증을 위해 설정하는 과정이다. 조건에 맞게 (　　　) 안에 알맞은 내용을 적으시오. (12점)

> 가. 아파치 웹 사용자로 ihduser를 생성하고, 저장되는 파일명은 /etc/password로 지정한다. (단, /etc/password 는 처음 생성하는 파일이다.)
> # (①) (②) /etc/password ihduser
> 나. httpd.conf 파일에 인증할 디렉터리 관련 설정을 한다.
> 〈Directory "/usr/local/apache/htdocs/admin"〉
> 　　　AllowOverride (③)
> 〈/Directory〉
> 다. 아파치 웹 사용자 인증 대상 디렉터리인 /usr/local/apache/htdocs에 생성할 파일명을 기입한다.
> (④)

> ■ 조건
> • ①번은 관련 명령어만 기입한다.
> • ②번은 ①번에 사용되는 명령어의 옵션을 기입한다. 명령어가 틀리면 채점하지 않는다.
> • ③번은 설정값만 기입한다.
> • ④번은 해당 디렉터리 안에 생성할 파일명을 기입한다.

█ 답안

①

②

③

④

12 다음은 삼바 서버 관련해서 설정 내용을 확인하는 과정이다. 조건에 맞게 (   ) 안에 알맞은 내용을 적으시오. (8점)

> 가. 삼바 클라이언트에서 삼바 서버로 운영 중인 192.168.5.13의 공유 디렉터리를 확인한다.
> # (①) (②) 192.168.5.13
> 나. 공유된 디렉터리가 192.168.5.13의 data 디렉터리로 확인되었다. 접근하는 명령을 기입한다.
> # (①) (③)
> 다. 삼바 서버에서 환경설정 파일인 smb.conf 파일의 설정 여부를 확인한다.
> # (④)

> ■ 조건
> • ①번은 관련 명령어만 기입한다.
> • ②번은 ①번에 사용되는 명령어의 옵션을 기입한다. 명령어가 틀리면 채점하지 않는다.
> • ③번은 지정한 디렉터리 접근할 때 사용하는 설정값만 기입한다.
> • ④번은 관련 명령어만 기입한다.

답안

①

②

③

④

13 다음은 하나의 메일 서버에 여러 도메인을 사용하는 환경에서 동일한 메일 계정을 요구하여 설정하는 과정이다. 조건에 맞게 (   ) 안에 알맞은 내용을 적으시오. (8점)

가. ihd.or.kr 계정과 kait.or.kr 계정 모두 ceo라는 메일 계정을 요구한 상태이다. ihd.or.kr의 ceo 메일 계정은 ih-duser로 포워딩시키고, kait.or.kr의 ceo 메일 계정은 kaituser로 포워딩시킨다.
\# vi (①)
(②)
(③)
나. 위의 설정을 적용시킬 명령을 기입한다.
(④)

■ 조건
- ①번은 관련 파일명을 절대 경로로 기입한다.
- ②번과 ③번은 관련 설정을 한 줄씩 기입한다. (순서는 무관)
- ④번은 관련 설정을 적용시킬 명령을 한 줄로 기입한다.

▎답안
①
②
③
④

14 다음은 DNS 서버의 환경설정 파일에 관련 내용에 따라 설정하는 과정이다. 조건에 맞게 (   ) 안에 알맞은 내용을 적으시오. (12점)

가. IP 주소가 192.168.5.13 및 192.168.12.22인 호스트와 192.168.6.0 네트워크 대역에 속한 호스트를 ihd라는 하나의 명칭으로 지정한다.
(①)
나. 도메인에 대한 질의를 다른 DNS 서버인 168.126.63.1로 넘기는데, 이 서버에서 응답이 없을 경우에만 질의응답을 처리한다.
(②)
(③)
라. 네임 서버에 질의할 수 있는 호스트를 192.168.28.0 네트워크 대역에 속한 호스트, 192.168.12.17, ihd로 묶인 호스트만 가능하도록 설정한다.
(④)

■ 조건
- ①~④번은 관련 설정 내용을 한 줄씩 기입한다.
- ②번과 ③번은 순서 무관하게 기입한다.

📋 답안

①

②

③

④

15 다음은 TCP Wrapper를 이용해서 접근 제어를 설정하는 과정이다. 조건에 맞게 (　　　) 안에 알맞은 내용을 적으시오. (8점)

가. 모든 서비스에 대한 모든 호스트의 접근을 차단한다.
vi /etc/hosts.deny
(①)
나. 텔넷 서비스에 대해 192.168.5.0 네트워크 대역에 속한 호스트의 접근을 허가한다.
(②)
다. ssh 서비스에 대해 IP 주소가 192.168.5.13인 호스트만 허가한다.
(③)
라. vsftpd 서비스에 대해 ihd.or.kr 도메인에 속한 호스트만 허가한다.
(④)

■ 조건
• ①번은 제시된 조건과 관련된 설정값을 한 줄로 기입한다.
• ②~④번은 /etc/hosts.allow에 설정하는 과정이고, 제시된 조건과 관련된 설정값을 한 줄씩 기입한다.

| 답안 |

①

②

③

④

16 다음 그림과 같이 하나의 공인 IP 주소를 이용해서 다수의 서버를 연결하여 구성한 상태이고, iptables 를 이용해서 방화벽 규칙(rule)을 설정하는 과정이다. 조건에 맞게 (   ) 안에 알맞은 내용을 적으시 오. (12점)

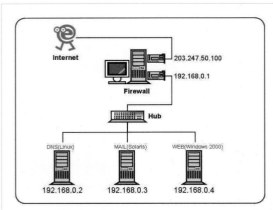

외부로부터 들어오는 웹 서비스 요청을 내부의 사설 IP 주소가 192.168.0.4인 웹 서버로 전달한다.
\# iptables −t (①) −A (②) −p (③) −d 203.247.50.100 (④) −j
(⑤) −−to (⑥)

■ 조건
①~⑥번은 명령어의 옵션, 설정값, 옵션 및 인자값을 조건에 맞게 기입한다.

📝 답안

①

②

③

④

⑤

⑥

1급	소요 시간	문항 수
	총 100분	총 16문항

수험번호 : _____

성   명 : _____

정답 & 해설 ▶ 2-306쪽

01~10 단답식

01 다음은 사용자를 관리하는 과정이다. 조건에 맞게 (   ) 안에 알맞은 내용을 적으시오. (4점)

> 가. ihduser 사용자의 정보를 확인한다.
> # (①) (②) ihduser
> ihduser PS 2020-04-01 0 99999 7 -1 (Password set, SHA512 crypt)
> 나. ihduser의 로그인을 일시적으로 제한한다.
> # (①) (③) ihduser
> 다. ihduser의 로그인 제한을 해제한다.
> # (①) (④) ihduser

> ■ 조건
> • ①번은 관련 명령어만 기입한다.
> • ②~④번은 ①번에 사용되는 명령어의 옵션만 기입한다. 명령어가 틀리면 채점하지 않는다.

답안

①
②
③
④

02 다음은 디렉터리에 권한을 설정하는 과정이다. 조건에 맞게 ( ) 안에 알맞은 내용을 적으시오. (4점)

/project라는 디렉터리를 해당 그룹에 속한 사용자들만 접근하고, 파일을 생성/삭제할 수 있도록 한다. 또한 해당 디렉터리 안에 파일 생성 시 /project라는 디렉터리의 소유 그룹인 project로 자동 할당되도록 한다. 마지막으로 파일 삭제 시에는 본인이 생성한 파일만 가능하도록 한다.
(①) (②) /project

■ 조건
- ①번은 관련 명령어만 기입한다.
- ②번은 ①번에 사용되는 명령어의 옵션이나 설정값을 기입한다. 명령어가 틀리면 채점하지 않는다.

▌ 답안

①

②

03 다음 조건에 맞게 프로세스의 우선순위를 변경하려고 할 때 ( ) 안에 알맞은 내용을 적으시오. (4점)

> PID가 1222인 프로세스의 NI 값을 할당 가능한 최댓값으로 설정하여 우선순위를 최대한 높인다.
> # (①) (②) 1222

> ■ 조건
> * ①번은 관련 명령어만 기입한다.
> * ②번은 명령어의 옵션 또는 옵션과 관련된 인자값을 기입하는데, 옵션과 관련된 인자값이 있는 경우에는 하나의 괄호로 처리한다. (◉ −d /home/ihduser)
> * ①번의 명령어가 틀린 경우에 ②번은 채점하지 않는다.

답안

①

②

04 다음은 yum을 이용해서 패키지를 설치하고 관리하는 과정이다. 조건에 맞게 ( ) 안에 알맞은 내용을 적으시오. (4점)

> 가. telnet이라는 문자열이 들어있는 패키지를 찾는다.
> # yum (①) telnet
> 나. telnet−server라는 패키지를 설치한다.
> # yum (②) telnet−server
> 다. telnet−server라는 패키지를 제거한다.
> # yum (③) telnet−server
> 라. 작업한 이력을 확인한다.
> # yum (④)

> ■ 조건
> 관련 명령어만 기입한다.

답안

①

②

③

④

05 다음은 커널 컴파일을 진행하는 과정의 일부이다. 조건에 맞게 (   ) 안에 알맞은 내용을 적으시오. (4점)

> 가. 커널 컴파일을 실행한 적이 있어서 관련 정보를 초기화하고 모든 파일을 제거한다.
> # make (①)
> 나. 커널 컴파일 관련 옵션 설정 작업을 텍스트 메뉴 기반에서 커서를 이용하려고 한다.
> # make (②)

> ■ 조건
> ①번은 지원되는 제거 명령 중에 가장 강력한 명령어를 기입한다.

■ 답안

①

②

06 다음은 디바이스 장치를 추가하고 관련 파일에 등록하는 과정이다. 조건에 맞게 (   ) 안에 알맞은 내용을 적으시오. (4점)

> [root@ihd ~]# vi /etc/fstab
> (①)   (②)   (③) (④)   1 1

> ■ 조건
> • ext4 파일 시스템으로 포맷된 /dev/sdb1을 /home2로 자동 마운트되도록 설정한다.
> • 추가적으로 사용자의 디스크 사용량을 제한하기 위해 쿼터(Quota)를 설정한다.

■ 답안

①

②

③

④

07 다음은 시스템 로그 관련 설정을 하는 과정이다. 조건에 맞게 (   ) 안에 알맞은 내용을 적으시오. (4점)

> ssh와 같은 인증 관련 모든 메시지는 TCP 기반으로 192.168.12.22 호스트에게 전달하여 기록한다.
> (①)   (②)

■ 조건
- ①번은 facility.priority 형식으로 기입한다.
- ②번은 action을 기입한다.

■ 답안

①

②

08 시스템 로그인에 실패한 정보를 현재 로그 파일의 기록부터 지난 로그 파일 순으로 확인하는 과정이다. 조건에 맞게 (   ) 안에 알맞은 내용을 적으시오. (4점)

> 가. 로그인에 실패한 정보를 출력한다.
> # (①)
> 나. 지난 로그 파일의 기록을 확인한다.
> # (①) (②)   /var/log/btmp-20200331

■ 조건
- ①번은 관련 명령어만 기입한다.
- ②번은 ①번에 사용되는 명령어의 옵션만 기입한다. 명령어가 틀리면 채점하지 않는다.

■ 답안

①

②

09 ssh 서버를 통해 로그인하는 root 계정의 접근을 차단하려고 한다. 조건에 맞게 (   ) 안에 알맞은 내용을 적으시오. (4점)

> 가. ssh 서버의 환경설정 파일을 편집한다.
> # vi (①)
> 나. 관련 항목과 설정값을 기입한다.
> (②)

> ■ 조건
> • ①번은 해당 파일명을 절대 경로로 기입한다.
> • ②번은 관련 설정을 한 번에 기입한다.

■ 답안

①

②

10 다음은 /home 디렉터리를 백업하고 복원하는 과정이다. 조건에 맞게 (   ) 안에 알맞은 내용을 적으시오. (4점)

> 가. 생성되는 아카이브 포맷 형식을 'new SVR4 portable format with no CRC'로 지정하고, 과정을 상세히 출력한다.
> # find /home | (①) (②) 〉 home.backup
> 나. 현재 디렉터리에 '가' 항에서 백업한 파일을 이용해서 복원하는데, 필요할 경우 디렉터리를 생성한다.
> # (①) (③) 〈 home.backup

> ■ 조건
> • ①번은 관련 명령어만 기입한다.
> • ②~③번은 ①번에 사용되는 명령어의 옵션을 기입한다. 명령어가 틀리면 채점하지 않는다.

■ 답안

①

②

③

11 다음 조건에 따라 아파치 웹 서버 환경설정을 진행하려고 한다. 관련 환경설정 파일의 항목과 값을 적으시오. (8점)

① 도메인명을 www.ihd.or.kr로 지정하고 포트 번호는 80번을 사용한다.
② 웹 문서가 위치하는 디렉터리의 경우는 /usr/local/apache2/htdocs로 변경한다.
③ 웹 디렉터리 접근 시에 인식되는 인덱스 파일의 순서를 index.html, index.htm, index.php 순으로 지정한다.
④ 일반 사용자의 웹 디렉터리를 www로 지정한다.

■ 조건
①~④번은 항목과 값을 하나로 기입하고 대소문자를 구분하여 정확히 기재한다.

■ 답안
①
②
③
④

12 다음은 삼바 서버를 설정하는 과정이다. 조건에 맞게 (   ) 안에 알맞은 내용을 적으시오. (12점)

가. 윈도우 운영체제를 사용하는 시스템과의 공유 그룹명을 ihd로 설정한다.
(①)
나. 삼바 서버에 대한 설명을 "IHD File Server"로 설정한다.
(②)
다. 윈도우 운영체제에서 이름으로 접속할 때는 "IHD_Server"로 설정한다.
(③)
라. 삼바 서버에 접속을 허용할 호스트는 192.168.12.0 네트워크 대역에 속한 호스트만 가능하도록 한다.
(④)

■ 조건
①~④번은 관련 항목과 값을 한 번에 기재한다.

■ 답안
①
②
③
④

13 다음은 메일 서버를 설정하는 과정이다. 조건에 맞게 (　　　) 안에 알맞은 내용을 적으시오. (10점)

가. 메일 서버에 사용하는 도메인인 ihd.or.kr을 등록한다.
　# vi (①)
　ihd.or.kr
나. 발신 도메인을 무조건 ihd.or.kr로 설정한다.
　# vi (②)
　(③)
다. 발신지 도메인이 spam.com으로부터 오는 메일을 거부한다.
　# vi (④)
　(⑤)

■ 조건
• ①, ②, ④번은 관련 파일명을 절대 경로로 기입한다.
• ③, ⑤번은 관련 설정을 한 줄로 기입한다.

　답안

①

②

③

④

⑤

14 다음은 DNS 서버의 zone 파일을 설정하는 과정이다. 조건에 맞게 (   ) 안에 알맞은 내용을 적으시오. (12점)

```
@   IN SOA ( ① ) ( ② ) (
               -- 중략 --
               3H )  ; minimum
     IN NS      ns.ihd.or.kr.
     IN A       192.168.5.13
   ( ③ )
   ( ④ )
```

■ 조건
- ①과 ②번은 설정되는 도메인이 ihd.or.kr이고, 관리자 메일이 kait@ihd.or.kr일 때 관련 설정 내용을 기입한다.
- ③번은 ihd.or.kr 도메인으로 메일을 받을 수 있도록 설정 내용을 한 줄로 기입한다.
- ④번은 www 도메인을 사용하는 호스트의 IP 주소를 192.168.5.13으로 설정한다.

▌답안
①
②
③
④

15 다음은 Proxy 서버 운영을 위해 squid 환경설정 파일에 주요 설정을 진행하는 과정이다. 조건에 맞게 (   ) 안에 알맞은 내용을 적으시오. (6점)

```
가. Proxy 서버 포트를 8080으로 설정한다.
 ( ① )
나. 192.168.12.0 네트워크 대역에 속한 호스트들의 별칭을 kaitnet으로 설정하고, 해당 호스트들의 사용을 허가하도록 설정한다.
 ( ② )
 ( ③ )
```

■ 조건
- ①번은 제시된 조건과 관련된 항목 및 설정값을 한 줄로 기입한다.
- ②~③번은 제시된 조건과 관련된 항목 및 설정값을 한 줄씩 기입한다.

▌답안
①
②
③

16 다음은 방화벽 규칙(rule)을 확인하고 저장 및 관리하는 과정이다. 조건에 맞게 (   ) 안에 알맞은 내용을 적으시오. (12점)

가. 현재 설정되어 있는 iptables의 규칙(rule)을 firewall.sh 파일로 저장한다.
 # (①) (②) firewall.sh
나. 현재 설정되어 있는 iptables의 규칙(rule)을 전부 제거한다.
 # iptables (③)
다. firewall.sh 파일에 저장되어 있는 iptables의 규칙(rule)을 불러와서 반영한다.
 # (④) (⑤) firewall.sh
라. 적용된 iptables의 규칙(rule)을 확인한다.
 # iptables (⑥)

■ 조건
• ①과 ④번은 관련 명령어를 기입한다.
• ②와 ⑤번은 해당 조건을 만족시킬 수 있는 명령어의 옵션이나 기호 등을 기입한다.
• ③과 ⑥번은 관련 옵션을 기입한다.

답안

①
②
③
④
⑤

해설과 따로 보는
최신 기출문제
정답 & 해설

최신 기출문제 01회 2-252쪽

01 ① function
   ② $#
   ③ u+x
   ④ bash 또는 /bin/bash
02 ① nice 또는 sudo nice
   ② −13 또는 −n13 또는 −−adjustment=13
   ③ renice 또는 sudo renice
   ④ −u
03 ① lsmod 또는 sudo lsmod
   ② insmod 또는 sudo insmod 또는 modprobe 또는 sudo modprobe
   ③ modprobe 또는 sudo modprobe
   ④ −r 또는 −−remove
04 ① lpr −# 10
   ② lprm −
05 ① lastb
   ② lastlog
   ③ −t 또는 −−time
   ④ last
06 ① sysctl
   ② −w
   ③ /proc/sys/net/ipv4/tcp_syncookies
   ④ 1
07 ① /etc/login.defs
   ② PASS_MAX_DAYS
   ③ PASS_MIN_LEN
   ④ UMASK
08 ① wget
   ② mrproper
   ③ bzImage
   ④ install
09 ① systemctl
   ② enable
   ③ PermitRootLogin
   ④ restart
10 ① nohup
   ② &
   ③ jobs
   ④ 733824

11 ① /etc/mail/access

② REJECT

③ RELAY

④ makemap hash /etc/mail/access 〈 /etc/mail/access

12 ① Listen 7070

② ServerName www.youngjin-master.com:7070

③ ServerAdmin master@youngjin-master.com

④ DefaultType text/plain

13 ① http_port 8888

② acl master src 192.168.10.0/255.255.255.0 또는 acl master src 192.168.10.0/24

③ http_access allow master

④ cache_mem 2048 MB

14 ① firewall-cmd --zone=public --permanent --add-service=http

② firewall-cmd --zone=public --permanent --add-port=20-21/tcp 또는 firewall-cmd --zone=public
--permanent --add-port=20/tcp --add-port=21/tcp

③ firewall-cmd --reload

15 ① iptables -A INPUT -s 192.168.10.7 -d localhost -j DROP

② iptables -A INPUT -s 192.168.10.7 -p icmp -j REJECT

③ iptables -A OUTPUT -p tcp -d www.youngjin-test.com --dport 80 -o eth0 -j DROP

④ iptables -L INPUT --line-numbers

16 ① alert

② msg

③ content

④ nocase

01~10 단답식

01

① 쉘 스크립트 내에서 함수를 정의할 경우 function 키워드를 이용한다.

② 환경변수의 값을 참조할 경우 환경변수 앞에 $을 붙인다. 이때 $#은 쉘스크립트에 전달되는 인자의 개수를 의미하며, $1, $2, $3… 은 각각 첫번째, 2번째, 3번째… 인자의 값을 의미한다.

③ chmod 명령의 인자로 u+x를 지정하면 기존 권한은 유지하며 소유자에게 실행권한을 추가한다. 만일 744와 같이 지정하면 소유자에게 실행권한이 설정되지만, 기존 권한이 변경될 수 있다.

④ bash 명령어를 이용하여 새로운 셸을 통해 스크립트를 실행한다.

02

① nice 명령은 프로세스의 우선순위를 의미하는 nice 값을 설정한다. 추가 옵션 없이 실행하면 프로세스가 생성될 때 기본 nice 값을 출력한다.

② nice 명령의 옵션으로 -n, --adjustment를 이용하거나 -숫자 형식을 지정하여 NI값을 추가(증가)할 수 있다.

③ renice는 현재 실행 중인 프로세스의 NI값을 변경할 수 있다.

④ renice는 -u 옵션과 함께 계정을 지정하여 특정 사용자가 실행한 프로세스를 대상으로 명령을 수행할 수 있다.

03

① lsmod는 현재 로드된 모듈의 리스트와 정보를 출력한다.

② insmod는 커널에 모듈을 로드한다. modprobe는 커널에 모듈을 로드하되 의존성을 고려하여 관련 모듈을 함께 로드한다.

③ modprobe는 모듈의 의존성을 고려해 모듈을 커널에 로드하거나 언로드한다. 모듈을 로드하기 전에 먼저 로드해야 할 모듈이 있다면, 즉 의존성이 있는 모듈이 있다면 해당 모듈을 먼저 로드하고 그 다음 대상이 되는 모듈을 로드한다.

④ modprobe는 -r 또는 --remove 옵션으로 모듈을 제거한다. 의존성이 있는 모듈이 존재하고 참조가 없다면 이들도 함께 자동으로 언로드한다.

04

① lpr은 BSD 프린팅 시스템의 프린트 출력 명령어이며 -# 옵션으로 출력 매수를 지정한다.

② lprm은 BSD 프린팅 시스템의 프린트 취소 명령어이며 - 옵션을 지정하여 프린터 대기열에 있는 모든 작업을 취소한다.

05

① lastb는 btmp 로그파일을 참고하여 로그인 실패 기록을 출력한다. −n 숫자 또는 −숫자 옵션을 지정하여 최근 기준 출력할 라인 수를 지정할 수 있다.
②, ③ lastlog는 lastlog 로그파일을 참고하여 로그인 이름, 포트, 로그인 시간 등을 출력한다. −t 또는 −−time 옵션을 이용하여 지정한 날짜 보다 최근 로그인 기록을 출력한다.
④ last는 wtmp 파일이 생성된 이후로 모든 사용자의 로그인, 로그아웃 기록을 출력한다. −n 숫자 또는 −숫자 옵션을 지정하여 최근 기준 출력할 라인 수를 지정할 수 있다.

06

①, ② sysctl은 proc/sys 디렉터리 이하의 커널 매개변수를 확인하거나 설정하는 명령어이며, −w 옵션으로 지정한 변수에 값을 지정한다.
③ /proc/sys/net/ipv4/tcp_syncookies은 SYNCOOKIE를 설정하기 위한 커널 매개변수이다.
④ icmp_echo_ignore_broadcasts=1로 설정하여 해당 매개변수의 기능을 활성화(지정)할 수 있다.

07

①, ②, ③, ④ /etc/login.defs는 패스워드 최대 사용일(PASS_MAX_DAYS), 패스워드 최소 사용일(PASS_MIN_DAYS), 패스 워드 만료 경고일(PASS_WARN_AGE) 등을 설정할 수 있는 환경설정 파일이다. 세부 설정 항목은 다음과 같다.

환경설정	내용
MAIL_DIR	사용자의 메일 보관함 위치이다.
PASS_MAX_DAYS	패스워드를 사용할 수 있는 최대일이다.
PASS_MIN_DAYS	패스워드를 기본적으로 유지해야 하는 최소일이다.
PASS_MIN_LEN	패스워드의 최소 길이이다.
PASS_WARN_AGE	패스워드 만료 전 경고 일수이다.
UID_MIN	useradd 명령어를 통해 UID 자동 생성 시 최솟값이다.
UID_MAX	useradd 명령어를 통해 UID 자동 생성 시 최댓값이다.
GID_MIN	groupadd 명령어를 통해 GID 자동 생성 시 최솟값이다.
GID_MAX	groupadd 명령어를 통해 GID 자동 생성 시 최댓값이다.
CREATE_HOME	• useradd 명령어 사용 시 홈 디렉터리 생성 여부를 지정한다. • useradd의 −m 옵션을 사용한다면 이 설정보다 우선한다.
UMASK	• 사용자의 umask값을 설정한다. • 설정값이 없으면 022로 설정된다.
USERGROUPS_ENAB	Yes로 설정되어 있다면 userdel을 통해 사용자 삭제 시 그룹도 삭제된다. 단 그룹에 속한 사용자가 없어야 한다.
ENCRYPT_METHOD	• 패스워드 암호화를 위한 기본 알고리즘을 설정한다. • DES, MD5, SHA256, SHA512 등의 값을 가질 수 있다.

08

• ①의 wget은 URL이 지정한 파일 혹은 내용을 local file로 다운로드하는 명령어이다.
• ②의 make mrproper는 커널 환경설정을 하기 전 기존의 오브젝트 파일, config 파일, 다양한 백업 파일을 모두 제거한다. 만약 처음 커널 컴파일을 하는 것이라면 이 과정은 생략 가능하다
• ③의 make bzImage는 1MB 이상의 커널을 컴파일 하여 커널 이미지를 생성하기 위해 사용한다. 만약 zImage로 컴파일했을 때 "System is too big" 오류가 발생했다면 더 많은 부분을 모듈 로 만들어 커널 크기를 줄이거나 bzImage로 컴파일해야 한다. 특히 bzImage는 커널 생성 후 bzip2로 압축해야 한다.
• ④의 sudo make install은 컴파일 완료된 모듈을 /lib/modules/kernel−version 이하에 설치한다.

09

• ①, ②, ④의 systemctl 명령어를 이용하여 서비스를 제어할 수 있으며, start(시작), stop(멈춤), enable(자동실행), disable(자동실행해제), restart(재실행), status(상태확인)의 옵션을 이용할 수 있다.
• ③ PermitRootLogin 설정값을 이용하여 루트 로그인을 제어(허용 혹은 금지)할 수 있다.

## 10

① nohup의 의미는 'no hangup'이다. 일반적으로 시스템에서 로그아웃하면 관련된 모든 프로세스는 자동으로 종료된다. 로그아웃한 세션과 연관된 모든 프로세스에게 HUP 시그널을 보내기 때문이다. 그러나 nohup을 사용하면 해당 시그널을 가로채 무시하기 때문에 로그아웃 하더라도 프로세스를 계속 실행할 수 있다.
② 명령어 실행시 &를 추가하여 백그라운드로 실행한다.
③ jobs는 백그라운드로 실행 중인 프로세스나 현재 중지된 프로세스의 목록을 출력하는 명령어이다.
④ kill 명령어의 인자로 PID (Process ID)를 지정하여 해당 프로세스를 강제 종료할 수 있다. kill 명령에 별도의 시그널을 지정하지 않는 경우 기본 값으로 프로세스 종료를 위한 TERM 시그널을 보낸다.

11~16 작업식

① /etc/mail/access은 메일 서버에 접속하는 호스트의 접근을 제어하는 설정 파일이다.
②, ③의 정책은 '릴레이(중계) 허용(RELAY), 거부(DISCARD), 거부 후 메시지 전송(REJECT)' 등을 지정할 수 있다.
④ makemap hash /etc/mail/virtusertable 〈 /etc/mail/virtusertable'와 같은 명령으로 '/etc/mail/virtusertable.db'에 적용한다.

## 12

①, ②, ③, ④ 아파치 웹서버의 기본 설정 파일인 /etc/httpd/conf/httpd.conf의 주요 설정 항목은 다음과 같다.

주요 설정 항목	설명
ServerRoot	• 아파치 웹 서버의 주요 파일들이 저장된 최상위 디렉터리를 절대경로로 지정한다. • 기본값 : ServerRoot = "/etc/httpd"
Listen	• 아파치 웹 서버가 사용할 TCP 포트 번호를 지정한다. • 기본값 : Listen 80
LoadModule	• DSO(Dynamic Shared Object) 방식으로 로딩할 모듈을 지정한다. • Include conf.d/*.conf와 같이 지정하여, 모듈을 로딩하기 위한 별도의 설정 파일을 포함하여 사용할 수도 있다. • 예 LoadModule php5_module modules/libphp5.so
User	• 아파치 실행 데몬(daemon)의 사용자 권한을 지정한다. • 시스템 보안을 위하여 root로 설정하지 않도록 한다. • 기본값 : User apache
Group	• 아파치 실행 데몬의 그룹 권한을 지정한다. • 시스템 보안을 위하여 root로 설정하지 않도록 한다. • 기본값 : Group apache
ServerAdmin	• 아파치 웹 서버 관리자의 이메일 주소를 지정하여, 서버에 문제가 발생할 경우 에러메시지에 함께 표시한다. • 기본값 : ServerAdmin root@localhost
ServerName	• 서버의 호스트 이름을 지정한다. • 기본값 : ServerName www.example.com:80 • 기본 설정값이 주석(#)으로 처리되어 있으므로, 적절한 값으로 변경하여 적용한다.
DocumentRoot	• 웹 문서가 저장되는 기본 디렉터리 경로를 지정한다. • 기본값 : DocumentRoot "/var/www/html"
DirectoryIndex	• 웹 디렉터리를 방문할 경우 처음으로 열릴(Open) 파일 목록을 정의한다. • 예 DirectoryIndex index.html index.htm index.php index.jsp
AccessFilename	• 각 디렉터리별 추가 설정을 위해 각각 저장하는 설정 파일을 지정한다. 보통 접근제어(Access Control) 방식 등을 지정할 때 사용한다. • 기본값 : AccessFileName .htaccess
ErrorLog	• 아파치 웹 서버의 에러로그 파일의 위치를 지정한다. • 기본값 : ErrorLog logs/error_log
LogLevel	• 에러로그를 기록하는 수준을 결정한다. • 기본값 : LogLevel warn • 로그레벨의 종류는 이후에 설명할 별도의 단락을 참고한다.
DefaultType	• 기본 MIME 타입을 지정하며, 별도의 타입을 등록하지 않는 문서(콘텐츠)에 대한 기본값으로 동작한다. • 기본값 : DefaultType text/plain

PART 05

2차 시험 기출문제

13 ───

①, ②, ③, ④ squid 프록시 서버의 기본 설정파일인 /etc/squid/squid.conf의 주요 설정 항목은 다음과 같다.

옵션	설명
cache_dir [옵션]	• 캐시 데이터가 저장될 경로명을 지정한다. • 옵션 : cache_dir ufs [경로] [캐시 데이터 크기, MB] [첫번째 디렉터리 수] [두 번째 디렉터리 수] • ufs : squid의 저장 포맷 • 예 cache_dir ufs /var/spool/squid 100 16 256
http_port [포트 번호]	• 사용할 포트 번호를 지정한다. • 예 http_port 3128

acl [별칭] src [IP 주소 대역]
acl [별칭] dst [IP 주소 대역]
acl [별칭] port [포트 번호]
acl [별칭] srcdomain [도메인명]
acl [별칭] dstdomain [도메인명]
	• acl 구문으로 별칭을 지정한 후, 별칭에 대한 접근 권한을 설정한다.
	  – http_access allow [별칭] : 접근 허가
	  – http_access deny [별칭] : 접근 거부
	• 예
	acl local src 192.168.10.0/255.255.255.0
	http_access allow local
	http_access deny all
	
	acl Safe_ports port 80
	acl Safe_ports port 21
	http_access deny !Safe_ports

cache_mem [크기]	• 캐시의 크기를 설정한다. • 예 cache_mem 2048 MB
cache_log [로그 파일경로]	로그 파일을 지정한다.

14 ───

①, ②, ③, ④ firewalld는 최근 리눅스에서 방화벽 규칙(rule)을 관리하는 데몬으로, 기존에 사용되던 iptables를 대신한다. 기존의 iptables와 달리 fire-walld는 서비스 중단 없이 실시간으로 방화벽 규칙을 변경할 수 있어 보다 유연한 방화벽 관리를 제공한다. firewall-cmd는 firewalld를 제어하는 명령어로, 방화벽 규칙을 추가하거나 제거하고, 설정을 관리하는 데 사용한다.

15 ───

iptables는 리눅스의 방화벽이라고도 하며 패킷 필터링 정책을 사용하여 특정 패킷을 분석하고 허용 혹은 차단할 수 있다.

16 ───

① alert : 경고 메시지를 발생하고 로그를 남긴다.
② msg : 출력할 메시지를 지정한다.
③ content : 페이로드(Payload) 내부에서 검색할 문자열을 지정한다.
④ nocase : 문자열 검색 시 대소문자를 구별하지 않는다
• Snort Rule의 주요 옵션 항목은 다음과 같다.

항목	설명
msg	출력할 메시지를 지정한다.
sid	설정한 룰의 식별자를 지정하며 사용자가 작성한 룰은 1000000 이상으로 한다.
content	페이로드(Payload) 내부에서 검색할 문자열을 지정한다.
depth	검사할 바이트 수를 지정한다.
offset	검사를 시작할 위치를 지정한다.
distance	– 앞에 설정한 룰의 결과에서 지정한 숫자(바이트 수)만큼 떨어진 지점부터 검사한다. – 예 content:"Hi":content:"Hello":distance:1:이면, "Hi" 문자를 찾은 뒤 1바이트 이후부터 "Hello" 문자열을 검사한다.
within	시작점부터 검사하되 지정한 바이트 수 내에서만 검사한다.
nocase	문자열 검색 시 대소문자를 구별하지 않는다.
sameip	소스와 목표 IP 주소가 동일한 것을 검사한다.

01 ① passwd

   ② -d 또는 --delete

   ③ chage

   ④ -E 또는 --expiredate

02 ① /etc/fstab

   ② 4

   ③ usrquota

   ④ quotacheck

03 ① crontab

   ② -e -u 또는 -eu

   ③ 5 4 * * 1,4,5 (1,4,5 대신에 mon,thu,fri)

   ④ */10 * * * * 또는 0-59/10 * * * * 또는 0,10,20,30,40,50 * * * *

04 ① -qR 또는 -q --requires

   ② -qf 또는 -qif

   ③ -qlp

   ④ -qc

05 ① /lib/modules/커널버전/modules.dep

    (커널 버전 : 2.6.33.3-85.fc13.i686, 2.6.33.3-85.fc13.x86_64)

   ② depmod

   ③ make modules

   ④ make modules_install

06 ① /proc/cpuinfo

   ② /proc/meminfo

   ③ /proc/mdstat

   ④ /proc/version

07 ① *.emerg 또는 *.panic

   ② root,ihduser 또는 :omusrmsg:root,ihduser

   ③ mail.=error 또는 mail.=err

   ④ /dev/tty2

08 ① last

   ② lastlog -u

   ③ lastb

   ④ lastb -n 3 또는 lastb -3

09 ① kaituser@192.168.12.22 또는 -l kaituser 192.168.12.22

   ② -p 180 192.168.12.22

   ③ 192.168.12.22 mkdir data (또는 ~/data)

   ④ ssh-keygen

10 ① dd

   ② if=/dev/sda1 of=/dev/sdb1 bs=4096 (또는 bs=4k)

11 ① htpasswd

   ② -c

   ③ AuthConfig

   ④ .htaccess

12 ① smbclient

    ② −L

    ③ \\\\192.168.5.13\\data 또는 //192.168.5.13/data

    ④ testparm

13 ① /etc/mail/virtusertable

    ② ceo@ihd.or.kr ihduser

    ③ ceo@kait.or.kr kaituser

    ④ makemap hash /etc/mail/virtusertable 〈 /etc/mail/virtusertable

14 ① acl "ihd" { 192.168.5.13; 192.168.12.22; 192.168.6/24; }; (또는 192.168.6.0/24)

    ② forward first;

    ③ forwarders { 168.126.63.1; }; (②번과 ③번은 순서 무관)

    ④ allow−query { 192.168.28/24; 192.168.12.17; ihd; }; (또는 192.168.28.0/24)

15 ① ALL: ALL

    ② in.telnetd: 192.168.5. (또는 192.168.5.0/255.255.255.0)

    ③ sshd: 192.168.5.13

    ④ vsftpd: .ihd.or.kr

16 ① nat

    ② PREROUTING

    ③ tcp

    ④ −−dport 80

    ⑤ DNAT

    ⑥ 192.168.0.4:80

01~10 단답식

01

• passwd는 사용자의 패스워드를 설정, 변경, 삭제하는 명령어이다.

• passwd 명령의 주요 옵션

옵션	설명
−l	Lock. 계정을 잠금으로 로그인이 불가능하게 설정한다.
−u	Unlock. 계정을 잠금 해제하여 로그인이 가능하게 설정한다.
−S	계정 정보를 자세히 출력한다.
−d	계정에 설정된 암호를 제거하여 패스워드 없이 로그인이 가능하게 설정한다.
−n	패스워드 변경 후 최소한 사용해야 하는 날짜 수를 지정한다.
−x	패스워드의 유효기간을 지정한다.
−w	패스워드 만료 전 경고 날짜를 지정한다.
−i	패스워드 만료 후 로그인이 불가능해질 때까지의 기간을 지정한다.
−e	다음 로그인 시 패스워드를 무조건 변경하도록 강제한다.

• chage : 'chage [옵션] [사용자 계정]' 명령어 형식으로 사용자 패스워드의 만료일을 설정 혹은 변경할 수 있다.

• chage의 주요 옵션

옵션	설명
−d	패스워드 변경일을 지정한다.
−E	사용자 계정의 만료일을 지정한다.

−I	– 패스워드 유효기간 종료 후 계정이 비활성화 될 일(day)수를 지정한다. – 예를 들어 10으로 설정하면 암호 만료일부터 10일간 새로운 암호를 입력하라는 메시지가 표시되며, 10일이 지나면 계정이 만료 된다.
−m	패스워드를 변경할 수 있는 최소일수를 지정한다.
−M	패스워드 변경일 이후 패스워드의 유효일수를 지정한다.
−W	패스워드 만료 기간 이전 며칠간 경고 메시지를 표시할지 지정한다.
−l [사용자]	지정한 사용자의 패스워드 만기 정보를 출력한다.

02

• /etc/fstab : 리눅스 부팅 시 자동으로 장치를 마운트할 때 참조하는 파일로 총 6개의 필드를 정보를 사용한다.
  – 파일 시스템 장치명 : 파티션 혹은 장치의 위치
  – 마운트 포인트 : 어떠한 디렉터리로 연결할 것인지 지정
  – 파일 시스템 종류 : nfs, NTFS, ext3, ext4, iso9660(DVD) 등
  – 마운트 옵션 : auto(부팅 시 자동 마운트), rw(읽기/쓰기), nouser(root만 마운트 가능), exec(실행 허용), Set−UID(SetUID, SetGID 허용), quota (Quota 설정 가능), default(rw, nouser, auto, exec, Set−UID) 등
  – 덤프 : 백업 여부 지정(0 : 불가능, 1 : 가능)
  – 무결성 검사 : fsck에 의한 무결성 검사 우선순위(0 : 하지 않음, 1 : 우선순위 1로 검사, 2 : 우선순위 2로 검사)
• /etc/fstab의 4번째 필드에 usrquota를 지정하여 사용자의 디스크 쿼터를 설정할 수 있고, grpquota를 지정하여 그룹의 디스크 쿼터를 설정할 수 있다.
• quotacheck : 파일 시스템을 검사하여 쿼터 설정을 최신으로 갱신한다.

03

• crontab은 사용자가 반복적으로 수행할 작업을 예약할 때 사용하는 명령어이다.
• crontab 명령의 주요 옵션

옵션	설명
file	특정 파일에 설정되어 있는 내용을 크론 설정 파일에 반영한다.
−u user	crontab을 열람하고 수정할 수 있는 사용자를 지정한다.
−l	현재 crontab 설정을 표시한다.
−r	현재 crontab 설정을 제거한다.
−e	– crontab 설정을 편집한다. – 환경변수 VISUAL 또는 EDITOR에 지정되어 있는 편집기가 실행된다.

• 형식 : [minute] [hour] [day_of_month] [month] [weekday] [command]
  – minute(분) : 0~59
  – hour(시) : 0~23
  – day_of_month(일) : 1~31
  – month(월) : 1~12
  – weekday(요일) : 0~6(일요일~토요일)
  – command(명령) : 실행하고자 하는 명령어

04

• rpm 명령어는 레드햇 기반 리눅스에서 패키지 관리를 지원한다.
• '의존성 목록을 확인'할 경우, '−R' 혹은 '−−requires' 옵션을 사용한다.
• '패키지 파일이 설치될 파일이나 디렉터리를 미리 확인'할 경우, 기본 질의 옵션인 '−q'와 목록 확인을 위한 '−l', 패키지를 대상으로 하는 '−p' 옵션을 함께 사용하여 '−qlp'가 된다.
• rpm의 기본 옵션

옵션	설명
−v	자세한 정보를 출력한다.
−−quiet	에러 메시지 외에는 다른 정보를 출력하지 않는다.
−−version	rpm의 버전을 출력한다.

- rpm의 설치 및 업데이트 옵션

옵션	설명
−i	동일한 패키지가 설치되어 있지 않은 경우 패키지를 새로 설치한다.
−h	설치 혹은 업그레이드 진행 상황을 # 문자를 이용하여 표시한다.
−U	패키지를 업그레이드한다. 기존에 설치된 패키지가 없을 경우 새로 설치한다.
−F	이전 버전이 설치되어 있는 경우에만 업그레이드한다
−−force	기존에 패키지가 설치되어 있더라도 강제로 설치한다.
−−nodeps	패키지 설치, 업데이트 및 삭제 시 의존성을 점검하지 않는다.
−−test	실제 설치하지 않고 잠재적 충돌이 있는지 체크한다.

- rpm의 제거 옵션

옵션	설명
−e	패키지를 삭제한다.
−−nodeps	패키지 삭제 시 의존성을 점검하지 않는다.
−−test	실제 삭제하지 않고 모의로 삭제한다.
−−allmatches	패키지의 모든 버전을 제거한다.

- rpm의 질의 옵션

옵션	설명
−q	질의를 위해 기본적으로 사용해야 하는 옵션으로 패키지 이름, 버전, 릴리즈 등 간단한 정보가 표시된다.
−i	패키지 정보, 이름, 버전, 설명 등 패키지에 대한 자세한 정보를 표시한다.
−l	패키지의 목록을 출력한다.
−f	지정한 파일을 설치한 패키지를 출력한다.
−a	설치된 모든 패키지에 대하여 질의한다.
−c	패키지의 설정 파일이나 스크립트 파일을 출력한다.
−s	패키지의 각 파일 상태를 normal, not installed, replaced로 표시한다.

- rpm의 검증 옵션

옵션	설명
−V	검증 시 사용하는 기본 옵션이다.
−−test	실제 삭제하지 않고 모의로 삭제한다.

05

- 커널 모듈의 의존성 정보를 담고 있는 파일의 위치는 '/lib/modules/커널버전/modules.dep'이며, depmod 명령으로 의존성을 검사하여 modules. dep 파일을 갱신한다.
- 커널 컴파일 관련 make 명령어
  - make mrproper : 커널 소스의 설정값을 초기화한다.
  - make xconfig : X 윈도우 환경의 Qt 기반 설정 도구를 사용하여 커널 컴파일 옵션을 설정한다.
  - make bzImage : 압축된 커널 이미지를 만든다.
  - make modules : 커널 환경설정에서 모듈로 설정한 기능들을 컴파일한다.
  - make modules_install : 컴파일된 커널 모듈을 /lib/modules 아래 설치한다.
  - make install : 컴파일한 모듈을 설치한다.

- /proc : 프로세스와 시스템 정보를 계층적인 파일 구조로 관리하는 특수한 파일 시스템이다.
- /proc 디렉터리의 주요 파일명

파일명	설명
/proc/cmdline	부팅 시 커널로드할 때 인자로 넘어온 옵션 정보
/proc/cpuinfo	CPU 제조사, 모델, 속도, 코어 개수 등 CPU 정보
/proc/devices	현재 시스템에 로드된 디바이스 드라이버 목록
/proc/fb	프레임 버퍼 정보
/proc/filesystems	커널이 지원하는 파일 시스템 목록
/proc/interrupts	시스템에서 사용 중인 인터럽트(IRQ) 정보
/proc/iomem	메모리맵 I/O 정보
/proc/ioports	포트 I/O 정보
/proc/kallsyms	커널 심볼 정보
/proc/loadavg	1분, 5분, 15분간 시스템의 평균 부하량
/proc/meminfo	전체 메모리 크기, 캐시, 활성화, 비활성화, 스왑 등 메모리 정보
/proc/misc	기타 장치의 정보
/proc/mounts	마운트된 장치의 정보
/proc/partitions	파티션 정보
/pro/stat	시스템의 상태 정보
/proc/swaps	스왑 파일 및 파티션의 크기와 사용량 및 우선순위
/proc/uptime	시스템 동작 시간
/proc/version	리눅스 커널 정보

- /etc/rsyslog.conf 파일을 이용하여 리눅스 시스템의 다양한 로그 파일 저장 방식을 설정할 수 있다.
- 로그 출력 규칙을 설정하는 Rules 섹션의 각 Rule은 selector와 action으로 구성되고, selector는 다시 facility와 priority로 구성된다.

```
facility.priority action
```

- 하나의 priority에 대해 facility는 ','를 통해 여러 개 설정이 가능하다. 또한 selector는 ';'를 통해 여러 개 지정이 가능하다.

Rule 섹션 구성요소	설명
facility	- 로그 메시지를 발생하는 프로그램을 지칭한다. ','를 통해 여러 개의 facility를 지정할 수도 있다. - facility의 종류는 auth, authpriv, cron, daemon, kern, lpr, mail, mark, news, security(auth와 동일), syslog, user, uucp, local0~local7 중 하나이다.
priority	- 로그 메시지의 수준을 뜻한다. - 지정한 수준보다 높은 수준의 메시지만을 출력한다. - 수준이 높을수록 priority 값은 작다. - priority 값 앞에 '='을 지정하면 해당 수준만 출력하고 '!'를 지정하면 지정한 수준 외의 로그만 출력한다. - '*'은 모든 메시지를 출력한다.
action	- selector에 선택된 로그에 대한 액션을 지정한다. - 보통은 로그 파일을 지정한다.

• priority가 가질 수 있는 수준은 다음과 같으며, 값이 작을수록 우선순위가 높다.

level	priority	설명
8	none	– 지정한 우선순위가 없음을 뜻한다. – facility에 .none을 설정하면 해당 facility는 로그 메시지를 출력하지 않는다.
7	debug	디버깅 메시지이다.
6	info	정보 메시지이다.
5	notice	알림 메시지이다.
4	warning, warn	경고 메시지이다.
3	error, err	에러 메시지이다.
2	crit	중요 메시지이다.
1	alert	시스템을 사용할 수는 있지만 위험이 발생했다는 메시지이다.

• action은 보통 로그 파일을 지정하지만 네트워크로 메시지를 전달하는 등 그 외의 설정이 가능하다.

action	설명
file	지정한 파일에 로그를 기록한다.
@host	UDP 프로토콜을 사용하여 지정한 호스트로 메시지를 전달한다.
@@host	TCP 프로토콜을 사용하여 지정한 호스트로 메시지를 전달한다.
user	지정한 사용자가 로그인한 터미널로 전달한다.
*	현재 로그인되어 있는 모든 사용자의 터미널로 전달한다.
콘솔 또는 터미널	지정한 터미널로 메시지를 전달한다.

08 ----

• last : /var/log/wtmp 정보를 참조하여 로그인, 로그아웃, 리부팅 이력을 확인하는 명령어로 'last [옵션] [사용자명]'을 명령어 형식으로 이용한다.
• lastb : /var/log/btmp 로그 파일을 참조하여 로그인 실패 기록을 확인하며 'lastb [옵션] [사용자명]'을 명령어 형식으로 이용한다.
• lastb 명령의 주요 옵션

옵션	설명
-f [파일명]	로그 로테이션이 설정된 경우, 다른 로그 파일의 기록을 볼 수 있도록 파일명을 지정한다.
-t [YYYYMMDDHHMMSS]	지정한 시간 이전의 로그 기록을 출력한다.
-n [숫자]	가장 최근부터 해당 숫자만큼만 출력한다.
-[숫자]	-n [숫자]와 동일하다.
-R	호스트 필드는 출력하지 않는다.
-a	호스트 필드를 가장 마지막에 출력한다.
-d	로컬을 제외한 외부 접속정보만 출력한다.
-F	로그인 및 로그아웃 시간을 출력한다.
-w	사용자의 전체 이름 혹은 전체 도메인 이름을 출력한다.

• lastlog : /var/log/lastlog 정보를 참조하여 각 계정에 대한 마지막 로그인 정보를 출력한다. 인자로 '-u' 또는 '--user'을 이용하여 특정 사용자에 대한 정보만 출력할 수 있다.

09

- ssh를 이용한 원격 접속 시 'ssh [사용자계정]@[원격지IP]' 형식을 이용한다. 이때, 접속 후 수행할 명령문도 함께 입력할 수 있다.
- ssh 명령의 주요 옵션

주요 옵션	설명
-l	원격 시스템 로그인에 사용할 계정을 지정한다.
-p	원격 호스트 연결에 사용할 포트 번호를 지정한다.
-v	자세한 정보를 표시한다.

- ssh-keygen 명령어로 개인키와 공개키를 생성하고 공개키를 원격 서버에 복사해 두면 비밀번호 입력 없이 ssh 접속이 가능하다.

10

- dd : 데이터를 블록 단위로 변환 혹은 복사하는 명령어로 파티션이나 디스크 단위의 백업에 사용할 수 있다.
- dd 명령어의 주요 옵션

옵션	설명
if	표준 입력 대신에 지정한 파일이나 장치에서 읽는다.
of	표준 출력 대신에 파일이나 장치로 쓴다.
bs	블록을 읽거나 기록할 때 사용하는 크기를 바이트 단위로 지정한다.

11~16 작업식

11

- htpasswd : 'htpasswd [옵션] [계정파일] [사용자명]'을 실행 옵션으로 하여 사용자 계정 파일을 관리한다.
- htpasswd의 주요 옵션

항목	설명
-c	– 사용자 계정 파일을 생성한다. – 최초 1번은 -c 옵션으로 계정 파일을 만들어야 한다. 이후에는 생략할 수 있다.
-D	지정한 사용자를 사용자 계정 파일에서 제거한다.
-s	SHA 암호화 방식으로 사용자 계정 파일을 암호화 한다.

- 특정 페이지에 사용자 인증을 설정하기 위하여 대상 디렉터리의 AllowOverride 설정 항목에 AuthConfig를 지정한다. 또한 대상 디렉터리에 '.htaccess 파일을 생성한다.
- '.htaccess' 파일 예제

```
예제 파일명 : /var/www/html/admin/.htaccess
AuthType Basic
AuthName "Master Login"
AuthUserFile /etc/password
Require valid-user
```

- '.htaccess'의 주요 설명 항목

항목	설명
AuthType	Basic, Digest 방식의 인증 방식을 지정한다.
AuthName	브라우저의 인증 창에 표시될 이름(메시지)를 설정한다.
AuthUserFile	사용자 계정 파일을 지정한다.
Require	접속을 허가할 사용자를 지정한다. – Require valid-user : 사용자 계정 파일에 등록된 사용자 모두를 허가한다. – Require [사용자명, 사용자명 …] : 특정 사용자 계정만 허가한다.

12

- smbclient : 'smbclient [옵션] [호스트명]'의 명령 형식을 따르며, 삼바의 공유 디렉터리 정보를 확인하고, 서버에 접속한다.
- smbclient의 주요 명령 옵션

옵션	설명
-L	삼바 서버의 공유 디렉터리 정보를 표시한다.
-M	메시지를 전송한다.
-U [사용자 이름]	사용자 이름을 지정한다.
-p [TCP 포트]	서버의 TCP 포트 번호를 지정한다.

- 호스트의 공유 폴더 이름은 '//172.30.1.12/[공유폴더]/' 혹은 '\\172.30.1.12\[공유폴더]\'와 같이 지정할 수 있다. 단, '\'을 이용할 경우 실제 입력 시 '\\\\ 172.30.1.12\\[공유폴더]\\'와 같이 '\'를 2개씩 이용해야 한다.
- testparm : 삼바의 설정 정보를 확인하는 명령어이다.

13

- /etc/mail/virtusertable : 가상의 메일 계정으로 들어오는 메일을 특정 계정으로 전달하는 정보를 설정한다.
- 예

```
info@foo.com foo-info
info@bar.com bar-info
```

- 'makemap hash /etc/mail/virtusertable 〈 /etc/mail/virtusertable'와 같은 명령으로 '/etc/mail/virtusertable.db'에 적용한다.

14

- DNS 서버는 /etc/named.conf를 환경설정 파일로 이용한다.
- /etc/named.conf의 형식 : options, acl, logging, zone 등의 주요 구문이 있으며, 각 구문은 중괄호 "{ }"로 둘러싸고 끝날 때는 세미콜론 ";"을 사용한다.
- acl(Access Control List) 구문은 여러 호스트들을 하나의 이름으로 지정하여 options 구문의 allow-query, allow-transfer 등에 사용할 수 있도록 한다. 따라서 options 구문 이전에 설정해야 한다.
- acl 구문의 설정 예 : ihd 란 이름을 별칭으로 사용한다.

```
acl "ihd" { 192.168.2.24; 192.168.4/24; };
```

- options 구문의 주요 설정 항목

설정 항목	설명
directory	- zone 파일의 저장 디렉터리를 설정하며, 반드시 필요한 항목이다. - 예 directory "/var/named";
dump-file	- 정보 갱신 시 저장 파일로 사용할 dump-file의 파일명을 지정한다. - 예 dump-file "/var/named/data/cache_dump.db";
statistics-file	- 통계 정보를 저장할 파일명을 지정한다. - 예 statistics-file "/var/named/data/named_stats.txt";
memstatistics-file	- 메모리 통계 정보를 저장할 파일명을 지정한다. - 예 memstatistics-file "/var/named/data/named_mem_stats.txt";
forward	- forwarders 옵션과 함께 사용하며, only 혹은 first 값을 가진다. - forward only : 도메인 주소에 대한 질의를 다른 서버에게 넘긴다. - forward first : 다른 서버에서 응답이 없을 경우, 자신이 응답하도록 설정한다.
forwarders	- forward를 처리할 서버를 지정한다. - 여러 개의 서버를 세미콜론으로 구분하여 설정한다.
allow-query	- 네임서버에 질의할 수 있는 호스트를 지정한다. - 예 allow-query { localhost; };
allow-transfer	- 존(zone) 파일 내용을 복사(transfer)할 대상을 제한한다. - 예 allow- transfer { 172.3.1.0/24; };

## 15

- TCP Wrappe는 '/etc/hosts.allow' 파일과 '/etc/hosts.deny' 설정 파일을 이용하여 접근 제어를 제공한다.
- 접근을 허가하는 호스트는 '/etc/hosts.allow'에 등록하고 접근을 거부하는 호스트는 '/etc/hosts. deny'에 등록한다. 설정 파일은 hosts.allow → hosts. deny 순으로 적용된다. 따라서 hosts.allow와 hosts.deny의 규칙이 중복되면 hosts.deny 규칙은 무시된다.
- 모든 서비스를 지정하기 위해 'ALL:'를 사용한다.
- 텔넷 서비스를 지정하기 위해 'in.telnetd'를 사용한다.
- ssh 서비스를 지정하기 위해 'sshd'를 사용한다.
- vsftp 서비스를 지정하기 위해 'vsftpd'를 사용한다.

> **참고**
>
> - 최근 리눅스의 경우 CentOS 6까지 xinetd 방식으로 이용하던 많은 서비스들이 단독 데몬으로 전환되거나 systemd에 의한 관리방식으로 통합되었다.
> - systemd 방식은 socket 기능(ondemand activation)을 통해 효율적으로 메모리를 관리할 수 있으며, 이에 따라 기존 xinetd를 통해 제공하던 rsync, telnet 등의 서비스가 systemd 방식으로 통합되었다.
> - TCP Wrapper를 사용하려면 xinetd 방식으로 서비스되거나 libwrap 라이브러리를 사용해야 한다. 대표적으로 sshd의 경우 TCP Wrapper를 사용할 수 있다.
> - 최근 리눅스는 xinetd, TCP Wrapper를 제공하는 서비스가 제한적이므로, 접근 제한이 필요할 경우 firewalld 혹은 iptables 사용을 권장한다.

## 16

- NAT(Network Address Translation)은 네트워크 주소를 변환하는 기능을 수행한다.
- iptables는 SNAT과 DNAT을 지원한다. SNAT을 이용하면 공인 IP 주소 하나를 다수의 호스트가 공유하여 인터넷을 사용할 수 있으며, DNAT을 이용하면 하나의 공인 IP로 여러 개의 서버에 접속하도록 구성할 수 있다.
- DNAT은 목적지 IP 주소를 변경하는 것으로 NAT 테이블의 PREROUTING 체인에 정책을 설정한다.
- DNAT 설정 예제

iptables DNAT 설정 예제	설명
$ iptables −t nat −A PREROUTING −p tcp −d 222.235.10.7 −−dport 80 −j DNAT −−to 192.168.10.7:80	− −t nat : nat 테이블을 선택한다. − −A PREROUTING : PREROUTING 체인에 정책을 설정한다. − −p tcp : TCP 프로토콜을 대상으로 한다. − −d 222.235.10.7 : 목적지 주소가 222.235.10.7인 경우를 점검한다. − −−dport 80 : 목적지 포트가 80인 경우를 점검한다. − −j DNAT : DNAT으로 설정한다. − −−to 192.168.10.7:80 : 목적지 주소를 192.168.10.7로, 포트를 80으로 변경하여 연결한다.

01 ① passwd

  ② -S

  ③ -l

  ④ -u

02 ① chmod

  ② 3070 또는 3770

03 ① renice

  ② -20 또는 -n -20 또는 --adjustment=-20

04 ① search

  ② install

  ③ remove 또는 erase

  ④ history

05 ① distclean

  ② menuconfig

06 ① /dev/sdb1

  ② /home2

  ③ ext4

  ④ defaults,usrquota

07 ① authpriv.*

  ② @@192.168.12.22

08 ① lastb

  ② -f

09 ① /etc/ssh/sshd_config

  ② PermitRootLogin   no

10 ① cpio

  ② -ocv

  ③ -icdv 또는 -icd 또는 -id

11 ① ServerName www.ihd.or.kr:80

  ② DocumentRoot "/usr/local/apache2/htdocs"

  ③ DirectoryIndex index.html index.htm index.php

  ④ UserDir www

12 ① workgroup = ihd

  ② server string = IHD File Server

  ③ netbios name = IHD_Server

  ④ hosts allow = 192.168.12. (192.168.12.0/255.255.255.0도 가능)

13 ① /etc/mail/local-host-names

  ② /etc/mail/sendmail.cf

  ③ Djihd.or.kr

  ④ /etc/mail/access

  ⑤ From:spam.com REJECT (또는 DISCARD)

14 ① ns.ihd.or.kr.

  ② kait.ihd.or.kr.

  ③ IN MX 10 ihd.or.kr.

    (10 대신에 0 이상의 양의 정수값은 모두 가능. 앞 부분에 공백 필요)

  ④ www IN A 192.168.5.13 (③, ④ IN 생략 가능)

15 ① http_port 8080

② acl kaitnet src 192.168.12.0/255.255.255.0 (또는 192.168.12.0/24)

③ http_access allow kaitnet

16 ① iptables-save

② 〉

③ -F 또는 --flush

④ iptables-restore

⑤ 〈

⑥ -L 또는 --list -S 또는 --list-rules

01~10 단답식

01

- passwd는 사용자의 패스워드를 설정, 변경, 삭제하는 명령어이다.
- passwd 명령의 주요 옵션

옵션	설명
-l	Lock. 계정을 잠금으로 로그인이 불가능하게 설정한다.
-u	Unlock. 계정을 잠금 해제하여 로그인이 가능하게 설정한다.
-S	계정 정보를 자세히 출력한다.
-d	계정에 설정된 암호를 제거하여 패스워드 없이 로그인이 가능하게 설정한다.
-n	패스워드 변경 후 최소한 사용해야 하는 날짜 수를 지정한다.
-x	패스워드의 유효기간을 지정한다.
-w	패스워드 만료 전 경고 날짜를 지정한다.
-i	패스워드 만료 후 로그인이 불가능해질 때까지의 기간을 지정한다.
-e	다음 로그인 시 패스워드를 무조건 변경하도록 강제한다.

02

- chmod 명령으로 권한을 설정할 경우 사용자(u 옵션), 그룹(g 옵션), 다른 사용자(o 옵션)를 지정하고, rwx로 각각 읽기/쓰기/실행 권한을 설정할 수 있다. chmod 명령과 숫자를 이용하여 권한을 설정할 경우 '사용자/그룹/다른사용자'의 순으로 값이 설정된다. 여기에 리눅스는 특수권한을 함께 지원한다.
- 리눅스 특수권한

특수권한	설명
SetUID	파일의 소유자 권한으로 동작한다. (4000)
SetGID	파일의 소유그룹 권한으로 동작한다. (2000)
Sticky Bit	누구나 파일을 생성할 수 있으나, 자신이 생성한 파일 및 디렉터리 이외에는 수정 및 삭제가 불가능하다. (1000)

- 디렉터리 권한 : r(내부 내용 확인), w(내부에 파일 생성 · 삭제), x(내부로 이동)을 조합하여 설정할 수 있다.
- 지문의 내용에 따라 /project에는 SetGID와 StickyBit가 설정된다.

03

renice는 PID로 기존 프로세스의 우선순위를 −20~19 사이의 값으로 변경할 수 있다. 다만 낮은 값으로 변경하여 우선순위를 높이려면 root 권한이 필요하다. '−n' 옵션에 NI 값을 지정할 수 있으며 '−n' 옵션은 생략 가능하다.

04

• yum : 패키지 관리 명령어로 /etc/yum.repos.d/ 디렉터리의 저장소 파일(.repo)을 참조하여 동작한다.
• yum의 주요 명령 옵션

명령 옵션	설명
install	패키지를 설치한다.
check—update	업데이트 가능 목록을 확인한다.
remove	패키지를 삭제한다.
search	인터넷에서 설치 가능한 패키지를 확인한다.
info	패키지 정보를 확인한다.
list	관련 단어가 포함되어 있는 패키지 목록을 확인한다.

05

make 관련 주요 명령어

명령	설명
make	Makefile을 이용하여 object, library, binary(실행 파일)을 생성한다.
make install	make 파일로 만들어진 파일을 타깃 디렉터리로 복사(설치)한다.
make distclean	소스코드를 처음 다운로드 받은 후 압축을 해제한 상태로 만든다
make clean	컴파일 이전 상태로 만든다. 즉, 컴파일로 생성한 파일을 삭제한다.
make mrproper	컴파일 환경설정값, 버전 정보 등 컴파일에 영향을 주는 정보들을 삭제한다.
make menuconfig	텍스트 기반의 메뉴를 제공하여 옵션을 설정한다
make xconfig	커널 컴파일 옵션 설정 시 X 윈도 환경의 Qt 기반 설정 도구를 사용한다.
make nconfig	텍스트 기반 메뉴로 색상(color)과 [F1]~[F9]의 기능키를 지원한다.

06

/etc/fstab : 리눅스 부팅 시 자동으로 장치를 마운트할 때 참조하는 파일로 총 6개의 필드를 정보를 사용한다.
• 파일 시스템 장치명 : 파티션 혹은 장치의 위치
• 마운트 포인트 : 어떠한 디렉터리로 연결할 것인지 지정
• 파일 시스템 종류 : nfs, NTFS, ext3, ext4, iso9660(DVD) 등
• 마운트 옵션 : auto(부팅 시 자동 마운트), rw(읽기/쓰기), nouser(root만 마운트 가능), exec(실행 허용), Set—UID(SetUID, SetGID 허용), quota(Quota 설정 가능), default(rw, nouser, auto, exec, Set—UID) 등
• 덤프 : 백업 여부 지정(0 : 불가능, 1 : 가능)
• 무결성 검사 : fsck에 의한 무결성 검사 우선순위(0 : 하지 않음, 1 : 우선순위 1로 검사, 2 : 우선순위 2로 검사)

07

• /etc/rsyslog.conf 파일을 이용하여 리눅스 시스템의 다양한 로그 파일 저장 방식을 설정할 수 있다.
• 로그 출력 규칙을 설정하는 Rules 섹션의 각 Rule은 selector와 action으로 구성되고, selector는 다시 facility와 priority로 구성된다.

```
facility.priority action
```

• 하나의 priority에 대해 facility는 ','를 통해 여러 개 설정이 가능하다. 또한 selector는 ';'를 통해 여러 개 지정이 가능하다.

Rule 섹션 구성요소	설명
facility	– 로그 메시지를 발생하는 프로그램을 지칭한다. ','를 통해 여러 개의 facility를 지정할 수도 있다. – facility의 종류는 auth, authpriv, cron, daemon, kern, lpr, mail, mark, news, security(auth와 동일), syslog, user, uucp, local0~local7 중 하나이다.
priority	– 로그 메시지의 수준을 뜻한다. – 지정한 수준보다 높은 수준의 메시지만을 출력한다. – 수준이 높을수록 priority 값은 작다. – priority 값 앞에 '='을 지정하면 해당 수준만 출력하고 '!'를 지정하면 지정한 수준 외의 로그만 출력한다. – '*'은 모든 메시지를 출력한다.

action	
	– selector에 선택된 로그에 대한 액션을 지정한다. – 보통은 로그 파일을 지정한다.

• action은 보통 로그 파일을 지정하지만 네트워크로 메시지를 전달하는 등 그 외의 설정이 가능하다.

action	설명
file	지정한 파일에 로그를 기록한다.
@host	UDP 프로토콜을 사용하여 지정한 호스트로 메시지를 전달한다.
@@host	TCP 프로토콜을 사용하여 지정한 호스트로 메시지를 전달한다.
user	지정한 사용자가 로그인한 터미널로 전달한다.
*	현재 로그인되어 있는 모든 사용자의 터미널로 전달한다.
콘솔 또는 터미널	지정한 터미널로 메시지를 전달한다.

08

• lastb : /var/log/btmp 로그 파일을 참조하여 로그인 실패 기록을 확인하며 'lastb [옵션] [사용자명]'을 명령어 형식으로 이용한다.
• lastb의 주요 명령 옵션

옵션	설명
–f [파일명]	로그 로테이션이 설정된 경우, 다른 로그 파일의 기록을 볼 수 있도록 파일명을 지정한다.
–t [YYYYMMDDHHMMSS]	지정한 시간 이전의 로그 기록을 출력한다.
–n [숫자]	가장 최근부터 해당 숫자만큼만 출력한다.
–[숫자]	–n [숫자]와 동일하다.
–R	호스트 필드는 출력하지 않는다.
–a	호스트 필드를 가장 마지막에 출력한다.
–d	로컬을 제외한 외부 접속정보만 출력한다.
–F	로그인 및 로그아웃 시간을 출력한다.
–w	사용자의 전체 이름 혹은 전체 도메인 이름을 출력한다.

09

• sshd는 /etc/ssh/sshd_config을 설정 파일로 이용한다.
• sshd_conf의 주요 지시자

지시자	설명
Port	SSH 서비스의 기본 포트 22를 지정한 포트로 변경하여 사용한다.
ListenAddress	SSH 서버에서 listen할 localhost 주소로 0.0.0.0는 모든 네트워크를 의미한다.
PermitRootLogin	no로 설정하여 root 계정의 접근을 금지한다.
PrintLastLog	로그인 시 지난번 로그인 기록을 보여준다.
LoginGraceTime	지정한 시간 안에 로그인하지 않으면 자동으로 접속을 해제한다.
X11Forwarding	원격에서 X11 포워딩을 허용할지 설정한다.
PrintMotd	yes로 설정하면 /etc/motd 파일의 환영 메시지 등의 정보를 로그인 시 출력한다.
TCPKeepAlive	yes를 지정하면 일정시간 간격으로 메시지를 전달하여 클라이언트의 접속 유지 여부를 확인한다.

10

- cpio(copy in and out) 명령어는 대상 파일들을 복사하거나 하나의 파일로 아카이빙(Archiving) 혹은 아카이빙된 파일을 복원할 수 있으며 'cpio [옵션] [디렉터리 혹은 파일이름]'의 명령어 형식을 갖는다.
- cpio의 주요 옵션

옵션	설명
-o	--create와 동일하며 표준 입력으로 전달 받은 파일 목록을 표준 출력 형태로 복사한다.
-i	--extract와 동일하며, cpio를 이용하여 아카이빙한 파일들을 복원한다.
-p [디렉터리]	표준 입력으로 전달받은 파일 목록을 지정한 디렉터리로 복사한다.
-F	- '--file'과 동일하며 주어진 파일명을 이용한다. - cpio는 표준 입·출력을 이용하므로, redirection을 이용하면 -F 옵션을 지정한 것과 동일한 효과를 갖는다.
v 플래그	실행 중 정보(파일 이름)를 표시한다.
c 플래그	- ASCII 문자 양식으로 헤더 정보를 읽고 기록한다. - 아카이빙 시 c 플래그를 지정한 경우, 복원 시에도 c 플래그를 지정해야 한다.
d 플래그	cpio 수행 시 디렉터리를 자동으로 생성할 수 있다.

- 문제 지문에서 백업은 'find 명령의 결과를 파이프를 이용하여 cpio 명령에 전달'하는 방식이고, 복원은 '백업된 정보를 리다이렉트(redirect)를 이용하여 cpio 명령에 전달'하는 방식이다.

11~16 작업식

11

- 아파치 웹 서버는 /etc/httpd/conf/httpd.conf를 환경설정 파일로 이용한다.
- httpd.conf의 주요 설정 항목

설정	내용
ServerRoot	웹 서버의 주요 파일들이 저장된 최상위 디렉터리를 지정한다.
Listen	웹 서버가 이용할 포트 번호를 지정한다.
ServerName	웹 서버의 호스트 이름을 지정한다.
DocumentRoot	HTML과 같은 웹 서버의 컨텐트가 저장되는 루트 디렉터리를 지정한다.
UserDir	일반 사용자의 웹 디렉터리를 지정한다.
ServerAdmin	관리자의 메일 주소를 지정한다.
DirectoryIndex	웹 브라우저(클라이언트)의 요청에 따라 지정한 순서의 파일을 응답으로 전송한다.
ServerTokens	HTTP 응답헤더에 포함하여 전송할 서버의 정보 수준으로, 보안을 위해 최소 정보만 사용하도록 prod로 설정하는 것을 권장한다
KeepAlive	On으로 설정하면 아파치의 한 프로세스로 특정 사용자의 지속적인 요청 작업을 계속 처리한다.

12

삼바 서버의 환경설정 파일은 /etc/samba/smb.conf에 위치하며, Global Section과 Share Definition 영역으로 구성되어 있다.
- workgroup을 통하여 공유 그룹명을 지정한다. 이는 윈도우의 작업 그룹과 동일하다.
- server string을 통하여 서버에 대한 설명을 지정한다.
- netbios name을 통하여 접속 시 사용할 이름을 지정한다.
- hosts allow를 통하여 삼바 서버에 접근할 수 있는 호스트를 지정한다.

- /etc/mail/local-host-names : sendmail에서 수신할 메일의 도메인과 호스트, 즉 메일 수신지를 설정하며 sendmail을 다시 시작하여 적용한다.
- /etc/mail/sendmail.cf : sendmail의 기본(main) 설정 파일이다.

주요 설정 항목	설명
Cw	- 메일 수신 호스트의 이름을 설정하며, 보통 도메인명을 이용한다. 만일, 여러 개의 도메인을 이용할 경우 'Fw' 항목으로 관련 설정 파일을 별도로 지정할 수 있다. - 기본값 : Cwlocalhost
Fw	- 여러 개의 도메인명을 수신 호스트의 이름으로 이용할 경우 관련 설정 파일을 지정한다. - 기본값 : Fw/etc/mail/local-host-names
Dj	- 메일 발송 시, 발신 도메인 이름을 강제로 지정한다. 발신 도메인의 이름을 일반적으로 sendmail이 자동으로 결정하므로 특별한 경우에만 사용한다. - ⓓ Djyoungjin-mail.com
Dn	- sendmail이 회신(return) 메일을 보낼 때 사용하는 사용자 이름을 지정한다. - 기본값 : DnMAILER-DAEMON
FR-o	- Relay를 허용할 도메인을 설정한다. - 기본값 : FR-o /etc/mail/relay-domains
Kaccess	- sendmail 접근제어를 담당하며, 특정 호스트 혹은 도메인에 대한 접근 허가 여부를 설정한 파일을 지정한다. - 기본값 : Kaccess hash -T〈TMPF〉-o /etc/mail/access.db

- /etc/mail/access : 메일 서버에 접속하는 호스트의 접근을 제어하는 설정 파일로 스팸 메일 방지 등에 사용할 수 있다. 설정 방법은 '[정책 대상] [정책]'의 형식을 사용한다. 정책 대상은 '도메인명, IP, 메일주소'를 사용하며, 정책은 '릴레이 허용(RELAY), 거부(DISCARD), 거부 후 메시지 전송(RE-JECT), DNS 조회 실패 시에도 허용(OK)'을 지정할 수 있다. 'makemap hash /etc/mail/access 〈 /etc/mail/access'와 같은 방식으로 '/etc/mail/access.db'에 적용한다.

- zone 구문은 도메인을 관리하기 위한 데이터 파일인 zone 파일을 지정한다.
- zone 구문의 기본 형식과 예제

기본 형식	설정 예제

zone [도메인명] IN {
  type [master | slave | hint];
  file [존 파일명];
};
	"." IN {
	type hint;
	file "named.ca";
	};
	zone "linux.or.kr" IN {
	type master;
	file "linux.zone";
	};

- hint : 루트 도메인을 지정한다. - master : 1차 네임서버를 지정한다. - slave : 2차 네임서버를 지정한다.	- "."은 루트 도메인을 의미한다. - 리버스 존의 설정은 IP 주소(ⓓ 210.109.3.5) 중 마지막을 제외하고 "3.109.210.in-addr.arpa"와 같은 형식을 따른다.

- '계정.도메인.' 형식으로 관리자의 이메일 주소를 지정한다.
- zone 파일의 주요 레코드 타입

타입	설명
A (Address Mapping Records)	도메인 이름에 해당하는 IPv4 주소
AAAA (IPv6 Address Records)	도메인 이름에 해당하는 IPv6 주소
CNAME (Canonical Name)	도메인 이름의 별칭
HINFO (Host Information)	CPU, OS 유형 등 호스트에 대한 정보
MX (Mail exchanger)	도메인 이름에 대한 메일 교환 서버
NS (Name Server)	호스트에 대한 공식 네임 서버
PTR (Reverse-lookup Pointer records)	IP 주소를 기반으로 도메인 이름 반환

SOA (Start of Authority)	도메인 관리자 메일, 일련번호 등 DNS 핵심 정보 지정
TXT (Text)	임의의 텍스트 문자열 저장

15

- squid는 '/etc/squid/squid.conf' 파일을 환경설정 파일로 이용한다.
- squid.conf의 주요 옵션 항목

옵션	설명
cache_dir [옵션]	• 옵션 : cache_dir ufs [경로] [캐시데이터크기] [첫번째디렉터리수] [두번째디렉터리수] • ufs : squid의 저장 포맷 • 예 cache_dir ufs /var/spool/squid 100 16 256
http_port [포트번호]	• 사용할 포트 번호를 지정한다. • 예 http_port 3128
acl [별칭] src [IP 주소 대역] acl [별칭] dst [IP 주소 대역] acl [별칭] port [포트 번호] acl [별칭] srcdomain [도메인명] acl [별칭] dstdomain [도메인명]	• acl 구문으로 별칭을 지정한 후, 별칭에 대한 접근 권한을 설정한다. 　－http_access allow [별칭] : 접근 허가 　－http_access deny [별칭] : 접근 거부 • 예 acl local src 192.168.10.0/255.255.255.0 http_access allow local http_access deny all acl Safe_ports port 80 acl Safe_ports port 21 http_access deny !Safe_ports
cache_mem [크기]	• 캐시의 크기를 설정한다. • 예 cache_mem 2048 MB
cache_log [로그파일경로]	로그파일을 지정한다.

16

- 'iptables –save'는 iptables 정책을 파일로 저장하는 명령어로 'iptables –save 〉 파일명'의 형식을 따른다.
- 'iptables –restore'는 저장된 iptables 정책 파일을 읽어들여 적용하는 명령어로 ' iptables –restore 〈 파일명'의 형식을 따른다.
- 체인을 대상으로 한 주요 action 항목

항목	설명
–N	－ ––new–chain － 새로운 정책 체인을 만든다.
–X	－ ––delete–chain － INPUT, OUTPUT, FORWARD를 제외한 비어있는 정책 체인을 제거한다.
–L	－ ––list － 현재 정책 체인 목록을 표시한다.
–F	－ ––flush － 지정한 체인에 설정된 모든 정책을 삭제한다.
–C	－ 패킷을 테스트한다.
–P	－ ––policy － 체인의 기본 정책을 설정한다.
–Z	－ ––zero － 체인 내의 모든 규칙들의 패킷과 바이트 카운트를 0으로 설정한다.